U0727500

后浪

全译解说本

[明] 萧良有 编撰
[明] 杨臣诤 增订
[清] 刘有廉 辑注

马辛民 艾俊川 译注

龙文鞭影

海峡出版发行集团
海峡书局

图书在版编目（ＣＩＰ）数据

龙文鞭影：全译解说本 /（明）萧良有编撰；（明）
杨臣诤增订；（清）刘有廉辑注；马辛民，艾俊川译注
. -- 福州：海峡书局，2022.4
　　ISBN 978-7-5567-0903-8

　　Ⅰ.①龙… Ⅱ.①萧… ②杨… ③刘… ④马… ⑤艾
… Ⅲ.①古汉语－启蒙读物 Ⅳ.① H194.1

中国版本图书馆 CIP 数据核字 (2022) 第 010571 号

龙文鞭影（全译解说本）
LONGWENBIANYING（QUANYI JIESHUOBEN）

[明] 萧良有 编撰　 [明] 杨臣诤 增订　 [清] 刘有廉 辑注
马辛民　 艾俊川 译注

出版人	林　彬		选题策划	后浪出版公司
出版统筹	吴兴元		编辑统筹	梅天明　宋希於
责任编辑	廖飞琴　龙文涛		特约编辑	何　唯
封面设计	黄　海		装帧制造	墨白空间
营销推广	ONEBOOK			

出版发行	海峡书局		社　址	福州市白马中路 15 号
邮　编	350001			海峡出版发行集团 2 楼

印　刷	天津中印联印务有限公司		开　本	880 mm × 1194 mm 1/32
印　张	14		字　数	324 千字
版　次	2022 年 4 月第 1 版		印　次	2022 年 4 月第 1 次印刷
书　号	ISBN 978-7-5567-0903-8		定　价	58.00 元

后浪出版咨询(北京)有限责任公司　版权所有，侵权必究

投诉信箱：copyright@hinabook.com　fawu@hinabook.com

未经许可，不得以任何方式复制或者抄袭本书部分或全部内容

本书若有印、装质量问题，请与本公司联系调换，电话 010-64072833

前　言

　　蒙学读物是中国古代儿童接受启蒙教育时的读本，中国人自古以来就重视儿童教育。我们的老师、北京大学中文系倪其心教授对传统蒙学和蒙学经典深有研究。他曾教诲我们，从汉代起，适应普及教育的需要，民间出现并流行着的通俗文化识字课本如《仓颉篇》《急就章》之类，用七言韵语编辑社会生活百科知识，易记易通，利于传播。历代相沿发展，逐渐出现了一批实用、简括、稳定、适宜的儿童启蒙教学课本，积累了一些教学经验和方法，形成了古代普及文化教育的传统。在今天弘扬中华民族优秀传统文化的背景下，这批经过历史淘汰而流传下来的蒙学课本有了新的用途、新的功能，即经过精心细致的整理，加以注释，予以今译，分析评介，可以使其成为普及传统文化知识的读物，古为今用，推陈出新。

　　在老师的鼓励和支持下，我们选择经典蒙学著作《三字经》《百家姓》《千字文》《幼学琼林》及《龙文鞭影》进行标点、注释和翻译，不仅希望启蒙今天的儿童等低年龄段读者，还希望为更好地传承中国传统文化尽一份力。

　　《三字经》《百家姓》《千字文》是中国古代以文字浅显、流传广泛著称的三种蒙学读物，所用汉字大多为常用字，识字功能明确，同时言简意丰，让儿童增长见闻知识，初步明白道理。早在明代，教育家吕坤在《社学要略》中便评论说："先读《三字经》，以习见闻；《百家姓》，以便日用；《千字文》，亦有义理。"三种书各有所长，常常配合使用，相辅相成，为初步学习传统文化奠定基础。

《三字经》的作者尚存争论，一般认为是南宋的王应麟，后世又有所增补。它是从最简单的"人"字教起的识字课本，但全文又从人性本善，论及五行自然、伦理道德、经典子书、历史兴亡、名人榜样，三字一句，朗朗上口，起到对儿童的人生观、世界观初步教育的作用。

《百家姓》是一种姓氏文化的识字教材，编于宋朝，因宋朝皇帝姓赵，故以"赵"姓起首，但著者已不可考。《百家姓》全文收录四百四十个姓氏，可以教会儿童辨识姓氏，使其具备日常社交能力；在给姓氏加上背景注释后，可以了解每个姓氏的起源和著名人物。

《千字文》是今存较早的完整的蒙学教材，编撰者是南朝梁的周兴嗣。此书原是贵族子弟的习字法帖，内容则包含广泛，大体叙述了古代中国人对自然、社会、文化的整体认识，强调学习者应遵循的伦理道德和应具有的品行修养。《千字文》用一千个不重复的字编成四字韵文，每句又意义完整、构思巧妙，所以清代大学者顾炎武称赞它"不独以文传，而又以其巧传"。

相较于《三字经》《百家姓》《千字文》，《幼学琼林》和《龙文鞭影》的篇幅增多，知识趋杂。儿童在认识一定汉字的基础上，需要积累各方面的常用知识和写作技巧，此时阅读《幼学琼林》和《龙文鞭影》，可以为之后的精进奠定基础。

《幼学琼林》最初叫《幼学须知》，又有《成语考》《故事寻源》等名称，明末程登吉编撰，清代邹圣脉进行增补。其内容涉及天文地理、社会风俗、典章制度、艺术文化、花木鸟兽、名物技艺等多方面，涵括了古代社会的常用词汇和基本知识，大致相当于古代知识百科。全书分为四卷，按类编排，每一类别中，首先阐述概念，进而介绍相关的常识、常用词汇，最后讲述有关的历史故事，其内容之广博、知识之全面、故事之有趣，非常符合儿童和青少年的认知特点。在文体方面，《幼学琼林》的句子字数长短不等，都是对偶的，这在古时候是为学习写作文章提供的基础训练，在今天则可供品味古文的雕琢对称之美。

《龙文鞭影》是一部以文史典故为主要内容的蒙学读本。其雏形《蒙养故事》由明代萧良有编成，明末清初杨臣诤将其补充订正为《龙文鞭影》，至清代刘有廉又为之删改增益。书名的寓意指"龙文，良马也，见鞭影则疾驰，不俟驱策而后腾骧也"，意为儿童读后，自己就知道上进。其突出特点是典故数量多、覆盖面广。全书收录了自上古时期到唐宋元明的上千个历史故事，种类齐全，不局限于传统道德教育和知识教育，其中文史典故占比较大，注重故事性、趣味性、文学性，在文体上则四字一句，按平水韵编排，对诗歌写作进行启蒙。阅读此书，可以了解历史知识，积累文学素材，提高写作水平。

进阶学习是古代启蒙教育行之有效的经验，也是今天优秀传统文化传承的可靠路径。包括儿童在内的传统文化初学者，由《三字经》《百家姓》《千字文》识写汉字、打好基础，由《幼学琼林》了解古代社会，由《龙文鞭影》汲取历史典故，逐步深入，可以快速有效地积累传统文化基本知识，培养文言文与诗词阅读语感，在潜移默化中增进写作技巧、文化水平。

蒙学教育需要经典的教材，也离不开优秀的教法。古代的儿童教育者根据当时的学生和教材情况，总结出很多教学经验和方法，对今天引导儿童和青少年学习传统文化知识仍有作用。为此我们还选译了清人石天基的《训蒙辑要》和王筠的《教童子法》两种蒙学教法专著，以供参考。

启蒙书首先是识字书，讲究简单易学，像《三字经》《百家姓》和《千字文》的本文，长的一千多字，短的只有几百字，在古代，书中的字义主要依靠塾师讲解。自清代以来，这些蒙学教材也出现带注释的版本，而加上注释，它们更适合作为传统文化的普及读物来阅读。我们对这几部书，就选取或参考古人的注本及近人相关研究，根据每部书的不同特点，运用不同的整理方法，做了翻译和注释，总的思路是不做烦琐考证，而是以这几本书为依托，古今文本对照，以简明扼要的现代释读介绍古代文化知识。

本系列读物曾于三十年前出版，后浪出版公司认为这套书对于今天的读者仍有价值，提议再版。考虑到读者阅读习惯与需求的变化，在后浪同仁的支持下，本次新版做了相应的修订，完善了注释、解说，版式上也进行了必要的调整、规范和升级。

倪其心老师曾告诫我们，蒙学读本不同于文学著作，其实质为抽象的文字、成语词条的联缀。蒙学读本能否成为可读的读物，很大程度上取决于整理者的知识水平和表达能力。如今再版，我们铭记师训，尽量使译文、注释忠于原文，保证知识的准确性、语言符合现代表达和语法规范，力求深入浅出，生动有趣，特别注意辨别传统文化的良莠，必要时加以正确的引导，让读者获得健康有益的阅读体验。希望读者对书中可能出现的错误不吝指正。

译注者

凡 例

一、本书以清人刘有廉重辑《龙文鞭影》的刻本作为底本，并以他本参校。

二、为了方便读者阅读领会，本书正文分条列示，正文后附"译文"和"解说"两部分，是为"全译解说本"。

三、"译文"部分系以白话文翻译本书正文。"解说"部分，大体是对正文中出现的疑难字词，以及历史背景、典故、地理、职官等进行诠释，必要时并对正文大意略作疏通。相同条目原则上只注一次，但有时个别条目相隔较远，含义各有侧重，则互见或另注。为醒目起见，各条"解说"前以◎标识。

四、本书译文及解说部分，曾参阅各种古注或近人研究、考证书籍或文章，为免烦琐，不再一一著录，非敢掠美，统致敬意。

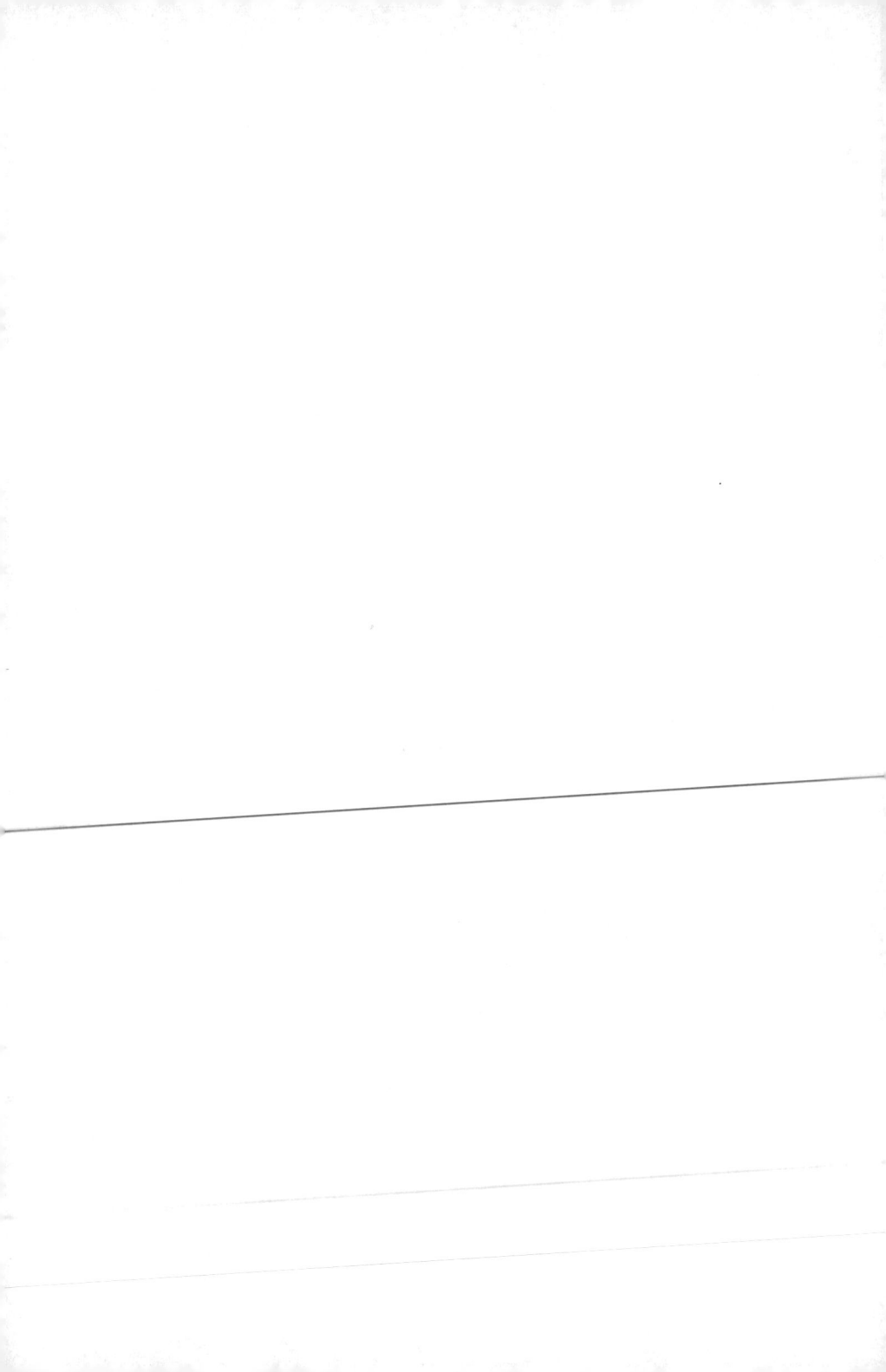

目 录

卷一

卷二

卷三

卷五

卷 一

一、东 韵

尧眉八彩，舜目重瞳。

【译文】尧的眉毛有八种颜色，舜的眼睛有两个瞳仁。

【解说】◎尧，陶唐氏，历史上又称为唐尧。舜，有虞氏，历史上又称虞舜。尧是我国传说中最早的帝王，后来他把王位传给了舜。古代传说认为他们都是圣人，所以连相貌都与普通人不一样。其实他们都是原始社会后期部落联盟的首领。

商王祷雨，汉帝歌风。

【译文】商汤祈祷下雨，汉高祖高唱《大风歌》。

【解说】◎商王指商汤，他是商朝的第一位国王。《史记》记载，商朝在推翻夏朝的统治后，一连大旱七年，商汤亲自到野外的桑林中祈祷，对自己在治理国家等六个方面的失误进行了反省，终于感动了上天，下了一场大雨。 ◎汉帝指汉高祖刘邦。刘邦在推翻秦朝的统治建立汉朝之后，回到家乡沛，召集乡亲父老饮酒欢乐。席间，刘邦即兴唱了一首歌，歌词是："大风起兮云飞扬，威加海内兮归故乡，安得猛士兮守四方。"这就是有名的《大风歌》。

明皇游月，圣祖咏虹。

【译文】唐明皇梦游月宫，明太祖吟咏彩虹。

【解说】◎唐玄宗李隆基，历史上也称唐明皇，他精通音乐。相传玄宗在中秋节的晚上，梦游月宫，听到了天上的仙乐，醒来后就按记忆谱写了《霓裳羽衣曲》。　◎圣祖指明太祖朱元璋。一次彭友信遇见朱元璋微服私访，正巧雨后初晴，天上出现一道彩虹，朱元璋就吟了两句诗："谁把青红线两条，和云和雨系天腰。"然后命令彭友信续完。彭友信应声说道："玉皇昨夜銮舆出，万里长空架彩桥。"才思敏捷，受到了皇帝的赞赏。

失羊王育，牧豕承宫。

【译文】王育为求学丢失了羊，承宫放猪也不忘学习。

【解说】◎王育是晋代人，他小时候家里很穷，靠给别人放羊谋生，但他酷爱学习，一有时间就在地上学写字，结果把羊丢了，必须卖掉自己才能偿还。他的好学精神感动了别人，别人就出钱帮他赔了羊，又资助他上了学，最后成了很有成就的人。　◎承宫是东汉时期的人，他八岁起就给别人放猪，但他也酷爱学习，每路过学校就在窗外听课。由于他勤学不倦，终于成为当时的大学者。

笔掣子敬，书等黄中。

【译文】王子敬的笔抽不掉，贾黄中要读和身子一样长的书。

【解说】◎晋代王献之，字子敬，是我国大书法家王羲之的儿子。献之七八岁的时候就学习书法，非常用心。一次王羲之悄悄走到他背后，突然去抽他手中的笔，结果没有抽出来，王羲之就知道他以后能有成就。后来王献之果然成了和他父亲齐名的大书法家，后世把他们父子称为"二王"。　◎贾黄中是宋代人，从小就聪明好学。父亲从他五岁就教他读书，每天都是展开书卷与他身高对比，督促他读和他身子一样长的一段，叫作读"等身书"。由于他努力不懈，十五岁就中了进士。

恺崇尚靡，浑濬争功。

【译文】王恺、石崇喜欢奢侈，王浑、王濬争夺战功。

【解说】◎晋代的王恺（kǎi）、石崇都是历史上有名的有钱人，他们生活奢侈，互相比赛挥霍浪费，最终都家败人亡。　◎王濬（jùn）是三国后期晋国的大将，担任益州刺史时奉命率兵进攻吴国。他率领大军顺长江直流而下，一鼓作气攻下吴国的都城建康，灭掉了孙吴，统一了中国。晋朝的另一个大将王浑认为吴国的主力军是他打败的，因此主要功劳是他的，就和王濬争功，诬告王濬不听指挥。他的行为受到了后人的指责。

彭女斫虎，冯妤当熊。

【译文】彭氏女砍虎救父亲，冯婕妤挡熊救皇帝。

【解说】◎《宋史》记载，洪州有一位姓彭的少女，一天随父亲上山砍柴，遇见了老虎，父亲被虎咬住，十分危险。她立刻拔刀上前，砍跑了老虎，救下了父亲，受到了人们的称赞。斫（zhuó），砍。　◎冯妤（yú）是冯婕妤的简称，婕妤是皇帝妃子的一种称号。冯婕妤是汉元帝的妃子，一天随元帝去虎圈看斗兽表演，一头熊跑了出来，直扑皇帝，所有的人都吓得惊慌躲藏，只有冯婕妤冲到熊的面前，挡住了它。

房谋杜断，阳孝尊忠。

【译文】房玄龄多谋，杜如晦善断；王阳是孝子，王尊是忠臣。

【解说】◎房玄龄、杜如晦，都是唐代初年有名的宰相。房玄龄长于出谋划策，分析各种情况，杜如晦善于做出决断。他们二人共同处理政务，总是互相配合，把事情办得很好。 ◎《汉书·王尊传》记载，王尊、王阳都曾做过益州刺史，也就是现在四川的地方官。当时去四川的路很险要，王阳路过最危险的邛崃（qióng lái）九折阪的时候，认为为了做官而去冒险，辜负了父母的养育之恩，是不孝的表现，后来就辞官归里了。当王尊路过这里的时候，认为克服艰难险阻是做臣子的职责，就快马加鞭冲了过去。根据当时的观念，人们认为王阳是孝子，王尊是忠臣。

邴原拟鹤，郭瑀比鸿。

【译文】邴原被比成高飞的白鹤，郭瑀自比为自由的鸿雁。

【解说】◎《世说新语·赏誉》记载，邴（bǐng）原到辽东去躲避战乱，辽东太守公孙度很赏识他。后来中原安定，邴原想回故乡，被公孙度扣留，邴原就在夜里偷偷跑掉了。公孙度手下的人想去追他回来，公孙度说："邴先生就是大家所说的云中的白鹤，不是捕鹌鹑的网能抓住的。"就让他去了。 ◎《晋书·郭瑀传》记载，郭瑀（yǔ）是晋代的隐士，凉州牧张天锡派人用重礼来请他去做官，他指着天上飞着的大雁说："这种鸟，可以把它装在笼子里吗？"然后就躲起来了。

崔洪为鹞，桓典乘骢。

【译文】清正的崔洪被看作鹞鹰，刚直的桓典爱骑青骢马。

【解说】◎《晋书·崔洪传》记载，晋代的崔洪是博陵安平人，为官清正严厉，不徇私情。当时的人编了歌谣说："丛生棘刺，来自博陵。在南为鹞，在北为鹰。"意思是说：来自博陵的这个刺儿头，就像南方的鹞（yào）子和北方的鹰一样厉害。 ◎《后汉书·桓典传》记载，东汉时的桓典，爱骑青骢马。他担任侍御史的时候，正值宦官专权，但他秉公办事，毫不畏惧。当时京城里有不法行为的人，都躲着他，有所收敛，说："行行且止，避骢马御史。"

二、冬 韵

司马涤器，伯鸾赁春。

【译文】司马相如为爱情甘愿卖酒洗碗，梁鸿替人春米还保持夫妻恩爱。

【解说】◎《史记·司马相如传》记载，汉代大文学家司马相如，爱上了卓王孙的女儿卓文君，文君就在黑夜和相如私奔。因相如家穷，就靠卖酒谋生，卓文君站柜台卖酒，司马相如在门前洗碗。涤（dí），就是洗。 ◎《后汉书·逸民传》记载，伯鸾（luán）是东汉梁鸿的字。梁鸿很重气节，受到一个叫孟光的女子的爱慕，一直到三十岁非梁鸿不嫁。梁鸿知道后，就娶她为妻，不在乎孟光又胖又黑又丑，力气大得可以举起石臼来。婚后夫妻志同道合，非常恩爱。后来梁鸿因为作了讥刺朝政的《五噫之歌》，惹恼了皇帝，不得不逃到外乡，隐姓埋名，为别人春（chōng）米维持生活，但孟光非常尊敬他，每做好饭都把托盘举到眼眉那么高，请梁鸿先吃。这就是"举案齐眉"的故事。

扬雄吐凤，刘勰雕龙。

【译文】扬雄梦见口吐凤凰，刘勰创作《文心雕龙》。

【解说】◎《西京杂记》卷二记载，西汉大学者扬雄写作《太玄经》时，梦见口中吐出凤凰，都落在他写的书上。 ◎刘勰（xié）是南朝梁的文学家，他写作了我国古代著名文学理论著作《文心雕龙》。

白花粲齿，贺宿罗胸。

【译文】李白的诗读起来像花一样灿烂，李贺的才华就像二十八宿都在他的胸中。

【解说】◎李白是我国唐代大诗人。据《开元天宝遗事》记载，当时的人认为他的诗句，就像春天绚丽的花朵，在人的牙齿之间开放，因此称为"李白粲花"。粲（càn），灿烂。　◎李贺是唐代著名青年诗人，相传七岁时就才华出众，出口成章，当时的大文豪韩愈和皇甫湜慕名而来，李贺就以二人来访为题材，当场写就了一首诗《高轩过》，内有"二十八宿罗心胸"的句子，受到二人的高度赞扬。二十八宿（xiù），我国古代指天空中的二十八个主要星座。

李征染柳，丁兆生松。

【译文】李固言中状元的征兆是柳汁染绿衣服，丁固做司徒的预兆是梦见身上长了松树。

【解说】◎《云仙杂记》卷一记载，唐代李固言未考中进士以前，一天走到一棵古柳树下，听到有人弹指作响在叫他，问是谁，回答说："我是柳树神九烈君，已经用柳汁染了你的衣服，如果你科举考中，穿了蓝袍可别忘了谢我呀。"李固言不久果然中了状元。　◎《三国志·吴志》记载，丁固是三国时吴国人，孙皓任命他为司徒。在丁固还做尚书的时候，梦见肚子上长了一棵松树，就对别人说："松字，拆开写是十八公，难道十八年后我要做三公吗？"果然就做了三公之一的司徒。

杜甫诗史，崔光文宗。

【译文】杜甫的诗被称为诗史，崔光被看作是文章的宗主。

【解说】◎杜甫是我国唐代大诗人，他的诗，真实反映了当时社会的历史情况，在唐代，就被称为"诗史"。　◎《北史·崔光传》记载，崔光是北魏的文学家，魏孝文帝非常欣赏他，常说："崔光的文章就像浩荡的黄河奔腾到海，他真是当前大家共仰的文章宗主。"

羊子七载，东方三冬。

【译文】 乐羊子求学七年不回家，东方朔学字三年就够用。

【解说】 ◎《后汉书·列女传》记载，东汉时乐羊子的妻子是非常有见识的人，她鼓励丈夫出外求学，结果一年后羊子因为思念妻子就回来了。她就拿着刀走到织机前说："织布由丝开始，一点一点，积少成多，最后才织成一匹，如果把织机砍断，以前的功夫就都白费了。夫君求学，也好比织布，应该一点点积累不间断，如果中途放弃，就像这织机一样，怎么会有成就呢？"乐羊子听了很感动，就回去继续学业，一连七年没回家。　◎《汉书·东方朔传》记载，汉武帝登基以后，各地的贤士纷纷上书，自我推荐。东方朔上书说："我十三岁学字，学了三个寒暑，读史作文已足够用了。十五学击剑，十六学诗书，十九学兵法，身材高大，相貌堂堂，德才兼备，可以做天子的大臣了。"汉武帝见他说话口气这么大，对他有好感，就让他做了官。

易衣谢混，倒屣蔡邕。

【译文】 谢混更换了衣服接见羊欣，蔡邕倒穿着鞋子去迎接王粲。

【解说】 ◎《南史·羊欣传》记载，羊欣是南朝宋书法家，一次他去见名士谢混，谢混更换了衣服，打扫了席子才见他，以示对他的尊重。从此羊欣更有名了。　◎《三国志·王粲传》记载，东汉末年文学家王粲，很受当时大文学家蔡邕（yōng）的重视，蔡家常常车马盈巷，宾朋满座，一听说王粲来了，蔡邕急急忙忙倒穿着鞋去迎接他，而王粲年龄很小，满座的人都感到惊奇。蔡邕说："王粲的才华，我不如他。"屣（xǐ），鞋。

韩当芍药，李兆芙蓉。

【译文】韩琦应验了芍药发芽是担任宰相的预兆，李固言中状元的预兆是芙蓉镜。

【解说】◎《后山谈丛》卷一记载，扬州有一种叫"金带围"的芍药不结种子，有时开出一枝花，城中就出一个宰相。韩琦担任太守时，忽然开了四枝，韩琦就自认是其中一个，当时同在扬州的王珪、王安石应了另两个，还有一枝久久没有人应。韩琦闭门拒客，心里暗想，今天如果有客来，不管是谁，就应在他身上。结果晚上陈升之来到。最后这四个人都做了宰相。 ◎《酉阳杂俎》续集卷二记载了李固言中状元的另一个传说。李固言落榜之后到四川去游览，遇见了一位老妇人，对他说："你明年在芙蓉镜下中进士，二十四年后担任宰相，将做四川的长官，只是到时候我看不见了。"第二年李固言果然中了状元，考试的题目中有"人镜芙蓉"的内容。

学士击钵，诗僧撞钟。

【译文】学士们在敲一下钵的时间里就能作一首诗，和尚作了好诗后兴奋得半夜撞钟。

【解说】◎《南史》记载，南朝齐的竟陵王萧子良曾经在夜间召集诗人萧文琰、丘令楷、江洪等聚会作诗，规定蜡烛烧掉一寸就得完成一首。萧文琰说："这有什么难的。"就和丘、江二人一起敲打铜钵，响声消失后就都完成了一首。 ◎《癸辛杂识》后集记载，宋代有一名和尚爱好写诗，描写中秋节的月亮："此夜一轮满"，一直到第二年中秋才想出第二句"清光何处无"。兴奋得半夜起来，撞响了庙里的钟，把全城人都惊醒了。

报冰王霸，祷水耿恭。

【译文】王霸为安定军心虚报冰情，耿恭为士兵祈祷泉水。

【解说】◎《后汉书·王霸传》记载，王霸是汉光武帝的大将，一次光武帝被王郎追赶至滹沱河，正遇上滹沱河河里流水（解冻了），没有船只无法过河，光武帝就派王霸去观察情况。王霸怕涣散军心，就假称河上结冰，冰面结实，可以通行人马，使大家鼓起勇气，渡过了难关。　◎《后汉书·耿恭传》记载，东汉耿恭，率领部队在沙漠地带的疏勒与匈奴作战，被匈奴切断了水源。汉军在城中打井十五丈深，还没打出水来，部队断水，情况十分危急。耿恭就向井礼拜，替士兵祈祷，结果井中冒出了清泉。匈奴听说后以为汉军有神灵保佑，就撤退了。

三、江　韵

鱼头目鲁，骥足展庞。

【译文】鲁宗道被看作鱼头参政，庞统像扬蹄奔驰的骏马。

【解说】◎《宋史·鲁宗道传》记载，鲁宗道担任参知政事，当时皇亲国戚都怕他，叫他"鱼头参政"，因为他的姓"鲁"上面是鱼字头，也因为他又硬又刺，就像鱼头一样。　◎《三国志·蜀志》记载，庞统在最初投靠刘备的时候，只被任命为耒阳令，结果治理得不好，被免了官。东吴的鲁肃就写信给刘备说："庞统的才能不仅仅是治理一个县，只有给他更重的任务，他才能像骏马到了千里平原上那样甩开蹄子奔驰。"诸葛亮也这样说，刘备就给他委派了更重要的官职。

裴文船下，张笔鼎扛。

【译文】裴廷裕文思敏捷就如船顺流直下，张籍笔力雄健可以扛鼎。

【解说】◎《唐摭言》卷十三记载，唐末的裴廷裕，文思敏捷，当时号称"下水船"。　◎张籍是唐代著名诗人，韩愈《病中赠张十八》诗中称他"龙文百斛鼎，笔力可独扛（gāng）"，就是说他的诗文笔力雄健有力量，就好像能扛起沉重的金鼎似的。

贤称广受，逸表薛逢。

【译文】疏广、疏受被称为贤能的人，薛方、逢萌是隐士的表率。

【解说】◎《汉书·疏广传》记载，汉代的疏广担任太子太傅，他的侄子疏受担任太子少傅，叔侄二人都受到太子的尊敬，享有很高的声望。但是二人不留恋官位，能够急流勇退，一齐向皇帝称病请求退休，大家都赞叹他们是贤人。　◎薛方、逢萌都是西汉末年王莽当政时候的人，他们看到政治黑暗，就都辞官退隐，远走他乡。

轩辕凤阁，刺史鸡窗。

【译文】轩辕黄帝的高阁中落着凤凰，兖州刺史窗前的鸡会说话。

【解说】◎轩辕氏，就是中华民族的始祖黄帝。相传黄帝的周围都落着凤凰，它们不吃凡间的东西，有的在东园里，有的在高阁上，还有的在庭院中叫，雄的唱歌，雌的跳舞。　◎传说晋代兖州刺史宋处宗养了一只长鸣鸡，非常喜欢它，一直用笼子养在窗前。那只鸡会说人话，整天和宋处宗谈论问题，很有深度，使宋处宗得益匪浅。

伶尝荷锸，稹欲烧缸。

【译文】刘伶曾经让人扛着锸跟着自己，元稹想死后让人烧成酒缸。

【解说】◎《晋书·刘伶传》记载，刘伶是竹林七贤之一，他放荡不羁，酷爱饮酒，经常乘着鹿车，带着一壶酒，让人扛着一把锹跟着，说："醉死了你就就地埋了我。"他的妻子苦苦劝他不要多喝酒，他说："可以，但我自己不能克制，给我准备酒肉，我向神发誓。"结果他发誓道："天生刘伶，以酒为名，一饮一斛，五斗解醒。妇人之言，慎不可听。"最后又喝了个大醉。锸（chā），锹。　◎元稹是唐代诗人，他有首《放言》诗说："他时定葬烧缸地，卖与人家得酒盛。"意思是说死后一定把我葬在挖土烧缸的地方，好把我变成酒缸盛酒。

相崇清净，将选奇庞。

【译文】汉代的丞相崇尚清净无为，唐代的徐懋功选拔将领都挑相貌堂堂的人。

【解说】◎汉代初年，丞相崇尚清净无为的政治学说，在政策上不做大的变化。第一任丞相萧何死后，他的继任者曹参一切都按照前任的做法不加变更，每逢有人想提建议，他就劝客人喝酒，把他灌醉。这种政策使人民得到了休养生息的机会，因此受到拥护。　◎《唐书·李勣传》记载，徐勣（jì）字懋（mào）功，后来皇帝赐他姓李，所以也叫李勣。他在选派将领的时候，都要选那些高大威武、相貌堂堂的人。别人问他缘故，他说："薄命的人不能建立功勋。"庞（páng），通"庞"，大。

汉高除害，项羽坑降。

【译文】汉高祖刘邦废除秦朝苛法为民除害，楚霸王项羽活埋了

秦朝的降兵。

【解说】◎《汉书·高帝纪》记载，汉高祖刘邦灭掉了秦朝，进入咸阳，召集各地父老说："父老们受秦朝残酷法律的残害太深了。我今天约法三章，除去杀人偿命、伤人及盗窃要抵罪外，其余的全部废除。我进入咸阳，是为大家除害的。"结果受到了秦人的拥戴。 ◎《资治通鉴》记载，西楚霸王项羽在新安城南将秦朝投降的二十多万士兵活埋，以防他们暴动。

立风胡马，吠雪奇哤。

【译文】北方的胡马向着北风站立，广东的狗看见下雪就狂叫不止。

【解说】◎《吴越春秋》卷二记载，楚国的伯喜投奔到吴国，伍子胥让他做了大夫，参与国事。有人问伍子胥："你为什么那么相信他呢？"子胥回答说："我仇恨的人和伯喜仇恨的人相同。你没听说过歌里唱道，同病相怜，就连北方的胡马也喜欢北风，南方的燕子都喜欢太阳吗？我们是同一类的人啊。" ◎唐代柳宗元在《答韦中立论师道书》中说，四川因为少晴多雨，太阳出来了，狗都觉得奇怪，就向着太阳大叫。广东的狗没有见过雪，一逢下雪就奔跑狂叫，直至雪化了才停止。哤（máng），多毛的狗。

戴良谁偶，许慎无双。

【译文】有谁能和戴良相比，许慎的学问天下无双。

【解说】◎《后汉书·逸民传》记载，戴良是东汉人，很有才华，说出话来常常惊世骇俗。他的同乡谢继孝问他："你自己看看天下谁能和你比。"戴良回答说："我好比山东的孔子，西羌的大禹，是天下独一无二的人物，谁配跟我比呢？" ◎许慎字叔重，是东汉著名学者，撰写

了我国最早的一部字典《说文解字》。他年轻时就博学多才，尤其精通经学，当时的人称："五经无双许叔重。"

柳眠汉苑，枫落吴江。

【译文】汉代皇家园林中的柳树每天睡三觉，崔信明的诗"枫落吴江冷"一句最好。

【解说】◎相传汉代的皇家园林中有一株柳树，长得像人，每天扬起三次，伏倒三次，就像起床睡觉一样，大家叫这棵柳树为"人柳"。◎《唐书·文艺传》记载，唐代崔信明很自负，说他的文章好过唐初有名的文学家李百药，别人觉得他是吹牛。当时有一个叫郑世翼的，也很狂傲，在江上遇见了崔信明，就说："听说过您的名句'枫落吴江冷'，我想看看您别的文章。"崔信明很高兴，就拿出很多篇给他看，郑世翼没看完，就说："我看到的没有听到的高妙。"把文章都扔进了江里。

四、支　韵

高逢白帝，禹梦玄夷。

【译文】汉高祖斩白蛇起义，大禹梦见玄夷传授神书。

【解说】◎《汉书·高帝纪》记载，汉高祖刘邦刚开始反秦起义的时候，在丰西亭遇见一条大蛇挡路，刘邦就拔剑将蛇砍为两段。后来的人路过这里的时候，看到一个老妇人在那里痛哭，就上去问缘故，老妇人说："我的儿子白帝子，变为蛇挡道，被赤帝子杀了，我所以哭。"　◎《吴越春秋》卷四记载，大禹治水的时候，登衡山，用白

马血祭祀山神。夜里梦见一个穿红绣衣的男子，自称是苍水使者玄夷，对禹说："想得到山神的金简书，就到黄帝岩下斋戒祈祷。"几个月后，禹登上宛委山，果然发现了金简书，里面记载着治水的方法。

吟风程子，立雪杨时。

【译文】程颐、程颢吟风弄月，杨时为拜师在大雪天里恭敬等候。

【解说】◎《宋史·道学传》记载，程颐（yí）、程颢（hào）兄弟是北宋著名哲学家，他们青年时拜周敦颐为师，师徒们经常仿效孔子和他的学生，到大自然中吟风弄月，寻求自然的哲理。 ◎杨时也是宋代哲学家，他在已经很有成就之后，拜程颢为师。程颢死后，又拜程颐为师，当时年已四十岁了。他有一次去见程颐，程颐正坐着睡觉，杨时就静静地站着等他，到程颐醒来的时候，门外的雪已经一尺深了。这就是"程门立雪"的故事。

韦母隔幔，董生下帷。

【译文】韦逞的母亲隔着幔帐讲授《周礼》，董仲舒放下帷幕讲学。

【解说】◎《晋书·列女传》记载，韦逞的母亲宋氏，已经八十多岁，精通当时已快失传的《周礼》学，于是苻坚就派了一百二十个学生，隔着红纱的帘幕听她讲课。 ◎《汉书·董仲舒传》记载，汉代大学者董仲舒，在汉景帝时担任博士，隔着帷幕给学生讲学。他专心讲学读书，三年没到园中去过，以致有的学生都没见过他的面。

献之窥豹，梦得探骊。

【译文】王献之被说成是管中窥豹，刘梦得摘取了骊龙的夜明珠。

【解说】◎《世说新语·方正》记载，王献之刚几岁的时候，他家的手下人在赌博，王献之看见有胜负，就说了一句与胜负有关的成语"南风不竞"，那些人欺负他年小，就说："这个小孩看事情就像从竹管中看豹子，只看见一两个斑纹，就出来说。"王献之生气了，瞪着眼说："远比不上荀粲，近比不了刘恢。"然后一甩袖子就走了。荀粲、刘恢都以善于说话著名。　◎《全唐诗话》卷三记载，唐代著名诗人刘禹锡，字梦得。一次他与元稹、白居易等大诗人在白家聚会，共同以《西塞山怀古》为题赋诗。刘禹锡满饮一杯，酒喝完了，诗也写完了，这就是"王濬楼船下益州"这首著名的《西塞山怀古》。白居易读了后，说："大家到骊（lí）龙的颔下摸宝珠，你先得到了，我们捡点剩鳞有什么用。"于是就不再写了。骊龙是黑色的龙，传说它的颔下有夜明珠。

秉去三惑，震畏四知。

【译文】杨秉不受酒、色、财的诱惑，杨震畏惧天知、神知、你知、我知。

【解说】◎《后汉书·杨震传》记载，东汉的杨震是我国古代著名的清官。他调任东莱太守，去赴任的时候，路过昌邑，昌邑的县令王密是他以前栽培过的人，就在夜里去见他，并送了他十金。杨震说："我了解你，你却不了解我，这是为什么呢？"王密说："黑夜里又没有人知道。"杨震说："天知，神知，我知，你知，怎么能说没人知道呢？"王密很惭愧地回去了。杨震的清白家风一直传下去，他的儿子杨秉也和父亲一样，为官清廉。他不饮酒，妻子又早丧，又以清白著称，因此自己和别人说："我不受三种诱惑，就是酒、色、财。"范晔在《杨震传》后面的赞里赞道："杨氏载德，仍世柱国。震畏四知，秉去三惑。"

阮籍青眼，马良白眉。

【译文】阮籍会用青白眼看人，白眉毛的马良才华出众。

【解说】◎《晋书·阮籍传》记载，晋代的阮籍蔑视礼法，对那些顽固遵守礼法的人，就用白眼珠去看。阮籍的母亲死了，嵇喜来吊丧，阮籍就给了他一个白眼，使他很不高兴。嵇喜的弟弟嵇康听说了，就带着酒抱着琴来了，阮籍就非常高兴，用黑眼珠看他，给他一个青眼。青，黑色。　◎《三国志·蜀志》记载，马良有兄弟五人，他们的字中都有一个"常"字。他们兄弟都很有才华，马良尤其出众，家乡的人就编了谚语说："马氏五常，白眉最良。"因为马良的眉毛中有白毛，所以这么说。

邓云艾艾，周曰期期。

【译文】邓艾称呼自己时直说"艾艾"，周昌说话的时候总带"期期"。

【解说】◎邓艾是三国后期晋国人，周昌为西汉人，这两个人说话都口吃。《世说新语》记载，邓艾每称呼自己的名字时总是"艾、艾"地重复，晋文王就和他开玩笑说："你说艾、艾，是有几个邓艾呀？"邓艾回答说："古人的歌里唱，'凤兮凤兮'，本来只有一只凤。"　◎《汉书》记载，周昌做御史大夫，敢于直言强谏。汉高祖刘邦想废立太子，周昌强烈反对，皇帝问他理由，他盛怒之下，又加上口吃，说："我说话不利落，可是我期期知道这不可以。皇上虽然想废太子，我期期反对。"说得刘邦都笑了。期期，是形容话说不出来的样子。后来这两个典故合成一个成语"期期艾艾"。

德言破照，百里炊扊。

【译文】徐德言战乱中破镜重圆，百里奚夫妻分别时烧门闩煮鸡。

【解说】◎《本事诗》记载，南朝陈时，陈后主的妹妹乐昌公主，在战乱中与丈夫徐德言离散。临别时德言把一面铜镜分成两半，每人收藏一半，约定正月十五到市场上去卖，互相寻访。陈国灭亡后，乐昌公主被杨素抢入府中，正月十五就派丫鬟拿铜镜去卖，徐德言也到市上卖镜，两个破镜正好对成一个完整的。这件事被杨素知道了，就让他们夫妻团聚，这就是"破镜重圆"的故事。　◎《风俗通》记载，战国时的百里奚，做了秦国的丞相。一天在堂上演奏音乐，他雇来的洗衣服的女人自称懂音乐，就弹琴唱了三首歌。歌里唱的是："百里奚，换了五张羊皮，临近分别的时候，烧掉了门闩来煮母鸡，今天得到了富贵，就把我忘记。"原来这个女人就是百里奚的原妻。两个人经过相认，又夫妻团圆了。扊，扊扅（yǎn yí），门闩。

毓会偷酒，纪谌成糜。

【译文】钟毓、钟会偷吃父亲的酒，陈纪、陈谌把饭做成了粥。

【解说】◎《世说新语·言语》记载，三国钟毓（yù）、钟会小的时候，趁父亲睡觉，偷喝药酒。正好父亲醒来，就假装睡着偷偷看。钟毓先礼拜了然后喝，钟会喝了也不拜。父亲就问钟毓为什么要拜，钟毓说："举行典礼的时候要敬酒，所以不敢不拜。"又问钟会为什么不拜，钟会说："偷酒喝本身就不对，所以不拜。"　◎《世说新语·夙慧》记载，汉代陈寔有两个儿子陈纪、陈谌（chén）很聪明。一天有客人来拜访陈寔，他就让两个儿子去做饭，自己和客人谈论。陈纪、陈谌只顾偷听大人谈话，结果把饭做成了粥。父亲问缘故，二人回答说只顾偷听说话了。父亲问："你们还记得些什么吗?"二人就把大人的话全部复述了一遍，他们的父亲非常高兴，说："吃粥就可以，不必吃饭了。"糜（mí），粥。

刘琨笳奏，郭超笛吹。

【译文】刘琨吹奏胡笳退敌，郭超吹奏笛子解围。

【解说】◎《晋书·刘琨传》记载，晋代的刘琨（kūn）镇守北方，在晋阳被胡人的军队包围，城中无计退兵，刘琨于是趁着月光登上城楼吹口哨，敌军听了都凄然长叹。刘琨半夜又吹奏起胡笳（jiā），敌军都闻声落泪，思念起家乡来。到早晨又吹奏一遍，敌人就解围撤退了。　◎《琅嬛记》上说，汉代李陵被匈奴单于的军队包围，半夜命令郭超吹奏笛子。笛声音调悲凉，敌人听了思乡落泪，就解围撤走了。

五、微　韵

昌黎讼恶，伯玉知非。

【译文】韩昌黎反省缺点，蘧伯玉知道以前的不足。

【解说】◎韩愈是唐代著名文学家，他的郡望是昌黎，所以人们也叫他韩昌黎。他写了一篇《五箴》，对自己在五个方面的缺点进行批评。讼（sòng），责备。　◎《淮南子》卷二有一则寓言，说蘧（qú）伯玉五十岁的时候，能够知道四十九岁做得不对的地方。这是因为做的时候不容易发现，而过去以后就容易发现了。

碑悲羊祜，诗诵申徽。

【译文】望见石碑就怀念羊祜，大家争诵申徽的诗。

【解说】◎《晋书·羊祜传》记载，羊祜（hù）是三国后期晋的著名将领，他奉命镇守与吴国接壤的荆州，开设学校，兴办贸易，很有政绩，深受爱戴。他死后，当地人民为纪念他，在他生前喜欢游览的岘山上

立了一块碑，看到碑的人没有不落泪的，他的继任者杜预称之为"堕泪碑"。 ◎《北史·周·申徽传》记载，北周的申徽，担任襄州刺史，他以汉代的清官杨震为榜样，为官廉明。他离任的时候，襄州人民送了很远也不忍他离去。申徽深受感动，就在清水亭题了一首诗。结果全城老少，争相观看申使君的手迹，把诗抄回去诵读。

为乌次仲，化鹤令威。

【译文】王次仲变为大乌鸦，丁令威变为仙鹤。

【解说】◎《水经注》卷十三记载，秦代王次仲，少年时就有大志，潜心修道，年仅二十，就把当时通行的篆书改进为隶书。秦始皇政务繁忙，发现隶书简单易写，非常实用，心里高兴就召他到咸阳，召了三次他都没有来。秦始皇发怒，就命令用囚车把他押到咸阳。王次仲在路上就变成一只大乌鸦，逃出囚车飞走了。 ◎《搜神后记》卷一记载，丁令威是辽东人，在灵虚山学道，后来就变成鹤回到辽东，落在城门的华表上。这时有个少年弯弓想射他，他就飞到空中说道："有鸟有鸟丁令威，去家千年今始归，城郭如故人民非，何不学仙冢累累。"然后就冲霄而去。

徐愧养直，卢惭子微。

【译文】徐俯愧对苏养直，司马子微使卢藏用感到惭愧。

【解说】◎《世说新语补》记载，南宋的苏庠字养直，在京口隐居。绍兴年间，和徐俯一起被征召做官，苏庠没有去，徐俯应召。徐俯在赴任的路上，拜访苏庠。二人平时下棋，苏不如徐，这天苏庠拿起一枚棋子对徐俯说："今天你还得让我这一着。"意思是不满徐既已归隐又复出做官，徐俯觉得很惭愧。 ◎《唐书·卢藏用传》记载，卢藏用中进士后，隐居在终南山，但他不是真心隐居，而是在山中等待机会，

因此很关心世事，当时的人叫他"随驾隐士"，后来终于做了大官。司马承祯字子微，也是一位隐士，一次他应召到朝廷后准备回山，卢藏用指着终南山说："这里真有些好地方。"司马承祯慢悠悠地说："依我看，这地方是做官的捷径罢了。"说得卢藏用很惭愧。

周颙忽瘦，陈平何肥。

【译文】 周颙为什么忽然瘦了，陈平为什么这样肥胖。

【解说】 ◎《世说新语·言语》记载，庾（yǔ）亮去拜访周颙（yǐ），周颙问："你有什么高兴事而忽然胖了？"庾亮说："你有什么伤心事而忽然瘦了？"周说："我也没什么忧愁事，只不过是清气天天来，浊气天天去。" ◎《汉书·陈平传》记载，西汉初年著名政治家陈平，年轻的时候家里穷，但喜欢读书。他和大哥住在一起，家里有三十亩田，都是大哥耕种，让他去学习。陈平长得高大漂亮，有人问他，家里那么穷，你是吃什么吃得这样胖的？他的嫂子生气他不搞生产，就说："也就是吃糠。有这样的小叔还不如没有。"陈平的大哥知道了，就把妻子休了。

孟母断织，曾母下机。

【译文】 孟子的母亲割断了正在织的布，曾参的母亲从织机上跳下来跑了。

【解说】 ◎《列女传》卷一记载，孟子的母亲非常懂得教育孩子。她为了孟子有一个良好的环境，就搬了三次家。一次孟子从学校中途回来，孟母正在织布，她知道孟子逃学回来，就把织机上的布割断了，说："你逃学就像我割断这匹布。"孟子明白了道理，日夜勤奋，终于成为有名的大思想家。 ◎《史记·甘茂传》中甘茂给秦武王讲了一个故事：曾参是孔子弟子，有名的贤人。一天，有一个和他同名的人杀了

人，别人误认为是曾子，就来告诉他的母亲。曾母当时正在织布，她对儿子很自信，不动声色继续织下去。一会儿又一个人来告诉，曾母还是照常织布，等第三个人来告诉，曾母相信了，就扔掉了梭子，跳墙跑了。这说明不管多好的人，说他坏话的人多了，就容易使人相信。

隆讥远志，维报当归。

【译文】郝隆借远志讽刺谢安，姜维回答母亲要"当归"的要求。

【解说】◎《世说新语·排调》记载，晋代的谢安退隐东山，后来迫于形势就又出山做了官。一次有人送给桓温药草，里面有远志，桓温就问谢安："这种药又叫远志，又叫小草，为什么一种东西有两个名字呢？"谢安还没有回答，在一边的郝隆接声说："这太容易解释了。在山里的时候是远志，出来以后就是小草。"谢安感到非常惭愧。　◎孙盛《杂记》记载，三国时蜀国的姜维，最早见诸葛亮时，和母亲失散，后来收到母亲的信，让他找"当归"，就是让他早回去。姜维回答说："良田百顷，不在一亩；但有远志，不在当归。"当归、远志都是草药名。

李耳雌守，赵温雄飞。

【译文】李耳提倡柔弱，赵温立志图强奋发。

【解说】◎李耳就是老子。他在《道德经》中提出"知雄守雌"的概念，含义是虽然知道什么是雄强，却应该安于柔雌而不与人争。这是老子提倡的清净无为的处世思想。　◎《后汉书·赵典传》记载，赵温最初做一个小官，叹息道："大丈夫应该像雄鸟那样展翅高飞，怎么能像雌鸟那样伏在窝里呢？"于是辞官而去。后来终于建功立业。

卫图笔阵，谢解议围。

【译文】卫夫人创作《笔阵图》，谢道韫为王献之解围。

【解说】◎卫夫人是晋代大书法家王羲之的老师，她创作了研究书法的著作《笔阵图》。　◎《晋书·列女传》记载，王凝之的妻子谢道韫（yùn），是晋代有名的才女。凝之的弟弟王献之与客人辩论，理屈词穷，谢道韫说："我来给小弟解围。"接着用王献之的论题与客人辩论，把客人驳倒了。

援甘马革，章奋牛衣。

【译文】马援甘愿战死疆场用马皮裹尸体，王章从穿牛衣的境地发奋有为。

【解说】◎《后汉书·马援传》记载，东汉马援是有名的战将，被任命为伏波将军。他曾经说过："大丈夫就应该死在疆场上，用马皮裹着尸体埋掉，怎么能躺在床上，死在儿女们手中呢？"　◎《汉书·王章传》记载，汉代的王章没做官的时候，在长安游学，和妻子住在一起，有了病又没有被盖，躲在给牛御寒的牛衣中哭泣，他妻子责备他说："以你的才学，京师中谁能比得上，现在处境艰难，不自己激励自己发奋图强，反而哭泣，你多没出息。"王章受到激励，振作精神，终于摆脱了困境。

六、鱼　韵

家性钟瑾，宅相魏舒。

【译文】钟瑾继承了好家风，魏舒是宁家的好外甥。

【解说】◎《后汉书·钟皓传》记载，东汉的钟瑾，是李修的外孙，他勤奋好学，遇事退让，李修很喜欢他，常说："钟瑾的性情像我家的，国家兴盛时能够治理国家，国家动乱时能够免于灾祸。"后来又把孙女嫁给了他。　◎《晋书·魏舒传》记载，魏舒由母亲宁氏家抚养大，宁家建房子，请风水先生来看。风水先生说："看这房子的风水，能出一个富贵的外甥。"外祖母见魏舒自小聪明，心想有可能。魏舒说："我一定努力证明外祖母这房子的相法。"后来就把"宅相"作为外甥的代名词。

行惭许允，文赏卢储。

【译文】许允为自己的行为惭愧，卢储的文章受到赏识。

【解说】◎《世说新语·贤媛》记载，许允是三国时魏国人，他娶的妻子阮氏奇丑，行过结婚礼后，许允不入洞房，后被桓范劝入，看见妻子，就又往外走，阮氏拉住他的衣袖，许允对妻子说："女人应该有德、言、容、功四德，你有几德？"阮氏说："我欠缺的只是容貌。然而男人有百种善行，你有几种？"许允说："都有。"阮氏说："德是各种行为之首，你却好色不好德，还说什么都有。"许允听了非常惭愧，从此对妻子很敬重。　◎《太平广记》卷一百八十一记载，唐代李翱做江淮地方官时，有一个读书人卢储送文章请他指点，李翱把文章放在桌上，被他的长女看到。女儿看过之后，说："这个人能中状元。"李翱听到觉得很惊奇。第二年，卢储果然中了状元，李翱就将女儿嫁给了他。

阅道随鹤，嗣宗乘驴。

【译文】赵阅道带着鹤赴任，阮嗣宗骑着驴赴任。

【解说】◎宋代赵抃（biàn）字阅道。《宋史》记载，赵抃担任成都知府，只带了一张琴一只鹤只身入川。　◎晋代阮籍字嗣宗。《晋史》记载，阮籍对晋文帝说："我曾经去过东平，很喜欢那里的风土人情。"

皇帝就任命他为东平相。阮籍骑着驴赴任，到了东平把官署的围墙都拆掉，使里外都能看见，推行简单宽松的政策，将东平治理得非常好。

汉阴凿隧，郑国穿渠。

【译文】汉阴的老人讲了凿井的道理，郑国开凿了郑国渠。

【解说】◎《庄子·外篇》记载，子贡路过汉阴，见到一个老人凿井浇地，要下到井里用瓮装了水再上来，子贡问："你为什么不用一些提水的机械呢？"老人就给他讲了一番不用机械的道理："用了机械就会产生机心，而机心是不利于道德修养的。" ◎《汉书》记载，战国时韩国为了消耗秦国的力量，使它无力东伐，就派水工郑国去秦国，说服秦开凿了一条连接泾水和洛水的水渠—— 郑国渠，这是我国古代一项重要的水利工程。郑国渠长三百余里，使关中平原变成了肥沃的土地，秦国因此而富强，为秦消灭六国、统一中国准备了条件。

陈蕃下榻，潘岳同舆。

【译文】陈蕃为徐穉放下床榻，潘岳和夏侯湛同乘一辆车。

【解说】◎《后汉书·徐穉传》记载，东汉南昌人徐穉（zhì）家境贫寒，自己耕种为生，但以德行著名，家乡屡次推荐他到官府做官，都被他拒绝。当时陈蕃担任南昌太守，对他很尊重，陈蕃不接待宾客，只有徐穉来的时候才特意为他设一张床，徐穉走了之后就挂起来。 ◎《晋书·夏侯湛传》记载，晋代的夏侯湛，很有才华，且相貌俊美，他和另一个文学家潘岳交情很好，经常和潘岳同乘一辆车出入，京城的人称为"连璧"。

毛义奉檄，温峤绝裾。

【译文】毛义接受征召去做官，温峤拽断衣襟去做官。

【解说】◎《后汉书》记载，东汉时毛义，年轻时家贫但很有气节，尤其以孝敬母亲出名。南阳的张奉慕名拜访，刚坐下，恰巧府里征召毛义的文书到了，任命他做县令，毛义喜形于色。张奉就看不起他，走了。后来毛义的母亲死了，毛义就辞官回乡，虽屡次征召再也不出来做官了。张奉这才明白，毛义起初奉召做官，是因为家贫母老，为孝顺母亲不得已的事。檄（xí），征召的文书。　◎《晋书·温峤传》记载，晋代温峤，在东晋刚建立的时候被任命为散骑侍郎，他的母亲崔氏拉住他的衣襟不让他走，他就把衣襟拽断走了。后来他母亲死了，他坚决要求辞官葬母，但没有得到批准。裾（jū），衣襟。

翟门罗爵，范釜生鱼。

【译文】翟家的大门口可以张网捕鸟，范冉的锅中生了鱼。

【解说】◎《汉书》记载，下邦（guī）地方的翟公做廷尉时，家中宾客满门，后来被罢了官，客人一个也不来，门外可以设网捕鸟。后来翟公又被任命为廷尉，客人又都想来，翟公就在门上写了两行大字，说："一死一生，乃知交情；一贫一富，乃知交态；一贵一贱，交情乃见。"爵，与"雀"字通用。　◎《后汉书·独行传》记载，东汉范冉字史云，桓帝时被任命为莱芜令，因为死了母亲没到任。后来朝廷想任命他做御史，他就带着一家逃走了，过着流浪困苦的生活，时时断粮断炊，如此十几年，他的志向也没有半点改变。家乡的人唱道："甑中生尘范史云，釜中生鱼范莱芜。"形容他生活的艰苦。甑（zèng），釜（fǔ），都是古代的炊事用具。

舒州赠帛，单父驱车。

【译文】张镇周在舒州分赠金帛，宓子贱在单父驾车疾驰。

【解说】◎《资治通鉴》记载，唐代舒州人张镇周被任命为舒州都督。

他回到家乡，召集亲朋好友，痛饮了十天，又给每个人赠送了钱，说："今天的张镇周还能和老朋友欢乐，明天以后就是舒州都督，治理舒州已是我的分内事了。"从此以后他对犯法的人毫不宽容，将舒州治理得很安定。 ◎《说苑》卷七记载，宓（fú）子贱将担任单（shàn）父的地方官，临赴任时，去见阳昼说："你有什么忠言要告诉我吗？"阳昼说："我没做过官，不知道如何治理地方，不过有两条钓鱼的经验，可以告诉你。一扔进鱼饵马上就迎着鱼钩上的鱼叫阳鱎（jiǎo），肉又薄味道又不好；那些若有若无，又像吃又像不吃的是鲂（fáng）鱼，肉又厚又美。"子贱说："好。"然后就去赴任。还没到单父，那些有势力的人就都在道上迎接他，宓子贱说："车快走，车快走，阳昼所说的阳鱎来了。"到了单父之后，就请县里德高望重的人一起治理县政。

魏舒百日，董遇三余。

【译文】魏舒用了百天就学有专长，董遇利用三余的时间读书。

【解说】◎《晋书·魏舒传》记载，晋代的魏舒长得高大英俊，但头脑不是很聪明。四十多岁的时候，郡里组织考试，同族的人因他学无专长，劝他不要去，可以得到清高的名声。魏舒说："如果考不上，是我不行，但怎么能去窃取不参加考试的虚名当成自己的光荣呢？"于是就自学了一百天，每天学习一门功课，结果一试中第，后来还封了侯。 ◎《魏略》记载，三国时魏国的董遇，是当时著名的学者，有人想跟他学习，他不肯教，总说："读书百遍，其义自见。"求学的人说："苦于没有时间。"董遇说："冬天是一年的余暇，夜晚是白天的余暇，阴天是晴天的余暇，都是读书的好时候。"

雄传奇字，邕秘异书。

【译文】扬雄传授难认的字，蔡邕秘藏少见的书。

【解说】◎《汉书·扬雄传》记载，汉代大学者扬雄因为甄丰、刘棻案件的牵连，将受逮捕，就从天禄阁上跳下来，几乎摔死。王莽了解情况，原来扬雄并不知情，只是曾经教刘棻认过难认的字，也就不再追查他了。　　◎东汉大思想家王充的著作《论衡》完成后，在社会上没有流传，被蔡邕得到，他就把它藏起来，作为他与别人谈论时的资料。当时的人猜测蔡邕得到了奇书，有人就到他的帐子中去搜，果然搜出了《论衡》，就要拿走，蔡邕叮咛道："就你和我两个人看，千万别叫别人知道。"

七、虞　韵

弹冠王贡，结绶萧朱。

【译文】王吉、贡禹弹冠相庆，萧育、朱博一起做官。

【解说】◎王吉、贡禹、萧育、朱博都是汉代人，其中王吉和贡禹是好朋友，萧育和朱博是好朋友。王吉和贡禹不论做什么事都一起做，所以当王吉当了官以后，别人就说："王阳在位，贡公弹冠。"因为王吉字子阳，这句话的意思是说王子阳做了官，贡禹就弹弹帽子的灰尘也准备去做官。后来萧育也做了官，又有人说："萧朱结绶，王贡弹冠"，意思是说萧育做了官，朱博就把系官印的带子系好也准备去做官。绶（shòu），系印的带子。后也用"弹冠相庆"来形容互相祝贺。

渔人鹬蚌，田父麑卢。

【译文】鹬蚌相争，渔人得利；犬兔相逐，农夫兼得。

【解说】◎这二则寓言都出自《战国策》。《燕策》记载了苏代讲的一个

故事。一天，蚌刚张开壳晒太阳，一只鹬鸟就去啄他的肉，蚌就把壳合上，把鹬的嘴夹在里面。鹬（yù）说："今天不下雨，明天不下雨，一定会有一只死蚌。"蚌说："今天出不来，明天出不来，一定会有一只死鹬。"他们谁也不肯让步，结果一个渔夫走到这里，没费力气就把他们都抓住了。　◎《齐策》记淳于髡（kūn）讲的故事说："韩子卢是天下跑得最快的狗，东郭逡（jùn）是天下最狡猾的兔子。韩子卢追东郭逡，绕山绕了三圈，翻山翻了五次，结果都累死了，被农夫毫不费力地捡走了。"

冰山右相，铜臭司徒。

【译文】权势熏天的右丞相不过是冰山，买来的司徒有铜臭味。

【解说】◎《资治通鉴》记载，唐玄宗时，杨贵妃的堂兄杨国忠担任右丞相，权势极大。有人劝陕郡进士张彖（tuàn）去拜见他，张彖说："你们倚靠杨国忠就像倚泰山一样，照我看只不过是冰山罢了，一旦太阳出来，你们还依靠什么呢？"于是就到嵩山隐居去了。　◎《后汉书》记载，汉灵帝时朝政腐败，公开出卖官爵。崔烈是很有名望的人，也花了五百万钱买了一个司徒做，于是被人看不起。崔烈就问他儿子崔钧："我位居三公，别人都说我些什么？"崔钧说："父亲你从年轻时就有名声，别人说你不是不该做三公，但这么个做法，让天下失望。"崔烈又问为什么，崔钧说："大家嫌有铜臭气。"崔烈恼羞成怒，打了儿子一顿大棍。

郑家诗婢，郗氏文奴。

【译文】郑玄的婢女通《诗经》，郗愔的家奴懂文章。

【解说】◎《世说新语·文学》记载，汉代大学者郑玄家奴婢都读书，一天一个婢女惹郑玄生了气，郑玄就让人把她拽到泥中，一会儿另一

个婢女过来看到，就问："胡为乎泥中？"她答道："薄言往愬，逢彼之怒。"这两人说的话，都是《诗经》中的诗句。　◎《晋书·刘惔传》记载，东晋刘惔（tán）和王羲之交情很好。当时的大官僚郗（xī）愔家有一个家奴，很懂得文章，王羲之喜欢他，就常向刘惔夸奖他。刘惔问："比郗愔怎么样？"王羲之说："他怎么能和郗愔比呢？"刘惔说："如果比不上郗愔，他还是一般的奴隶罢了。"

机叹闻鹤，翰思食鲈。

【译文】陆机叹息再也听不到鹤鸣，张翰想吃家乡的鲈鱼。

【解说】◎《世说新语·尤悔》记载，西晋文学家陆机，在内乱中担任河北都督，因战败被杀。临刑时叹息说："想听华亭的鹤鸣声，还能够吗？"华亭就是现在的上海，陆机兄弟在此生活过很长一段时期。　◎晋代的张翰，是吴郡人，很有才华，被齐王司马冏（jiǒng）聘为幕僚。张翰因为秋风起来了，就想起吴地的蔬菜、莼羹和鲈鱼的美味，说："人生贵在想做什么就做什么，怎么能困在几千里外求名求官呢？"于是就回故乡去了。

资钱元振，付麦尧夫。

【译文】郭元振资助别人钱财，范纯仁送给朋友麦子。

【解说】◎唐代郭元振，十六岁入太学读书，家里给他寄来四十万钱，作为生活费。忽然有一个戴孝的人敲门说："我家有五代人死了没埋葬，现在想把丧事一齐办了，但是缺钱，听说你家里给你寄钱来了，能帮帮我吗？"郭元振当即让他用车一次全拉走了，也没问他是谁。　◎宋代范仲淹的次子范纯仁，字尧夫。范仲淹派纯仁去苏州取五百斛麦了。回来的路上，船停在丹阳，遇见了石曼卿，范纯仁就问他在此地停了多久了，石曼卿回答："两个多月了。我家有三口人死了

没葬，想去北方埋葬，但是没有可以帮助我的人。"范纯仁听了，就把装麦子的船给了他。回去后，得到了范仲淹的赞许。斛（hú），古代十斗为一斛。

关西孔子，江左夷吾。

【译文】杨震被称为关西的孔子，王导被看作东晋的管仲。

【解说】◎《后汉书·杨震传》记载，东汉杨震是华阴人，从小好学，精通经典。因为华阴在函谷关以西，当时的读书人都称赞杨震道："关西孔子杨伯起。"杨震字伯起。　◎《晋书·温峤传》记载，东晋刚建立的时候，温峤担任左长史，当时政事繁多，温峤很忧虑。等到见到王导，谈话之后，温峤高兴地说："江南自有管夷吾，我还愁什么呢！"夷吾是管仲的字，他是春秋时齐国的贤相。

时市豆腐，郑蒸葫芦。

【译文】时戡每天买豆腐，郑余庆待客蒸葫芦。

【解说】◎宋代的时戡（jī）担任青阳县丞，廉洁奉公，勤政爱民。他吃不起肉，每天都买几块豆腐，以至于县里的人称豆腐为"小宰羊"。当时尊称县丞为"小宰"。　◎《玉泉子》记载，唐代担任过宰相的郑余庆，清廉俭朴，品德高尚。一次忽然召集老朋友和同僚到家里吃饭，大家因为尊重他，清早就都到了。快到中午，郑余庆吩咐道："告诉厨师，要蒸烂，去毛，别弄折脖子。"大家一听，都以为是蒸鸡鸭一类的东西，等端上来一看，原来每个人面前一个蒸葫芦。大家看主人吃得很香，只好硬着头皮吃下去。

亮唯谨慎，端不糊涂。

【译文】诸葛亮一生唯谨慎，吕端大事不糊涂。

【解说】◎诸葛亮平生做事，以谨慎著称，他自己也这样看。他在《出师表》中就说过这样的话："先帝知臣谨慎，故临崩寄臣以大事也。"　◎《宋史·吕端传》记载，宋太宗想任命吕端为宰相，有人说："吕端为人糊涂。"太宗说："他小事糊涂，大事不糊涂。"坚持任用了他。

仲升投笔，介子弃觚。

【译文】班超投笔从戎，傅介子弃文从武。

【解说】◎《后汉书·班超传》记载，东汉的班超，字仲升，随兄长班固在洛阳，家里穷，被官府雇去写字，并以此供养母亲。他曾扔掉笔感叹道："大丈夫没有别的志向，也应该学习傅介子、张骞，立功边域，来博取封侯，怎么能长期抄书写字呢！"别的人都笑他，他说："你们这些人怎么能知道壮士的志向呢！"后来，他终于平定了西域，立了战功，被封为定远侯。　◎傅介子是西汉时期的人。《西京杂记》卷三记载，他十四岁的时候，喜欢写字。一次他扔掉手中的木简感叹道："大丈夫应该立功边疆，怎么能坐在这儿做文人呢？"后来他出使西域，设计斩了楼兰王，被封为义阳侯。觚（gū），古代用来书写的木简。

八、齐　韵

马援聚米，王元丸泥。

【译文】马援用米摆出地形分析敌情，王元要用一块封泥封住函谷关。

【解说】◎《后汉书·马援传》记载，汉光武帝亲征隗嚣（wěi xiāo），马援为他分析敌情，用米堆成山谷的样子，就像现代军事上用的沙盘，在上面指点形势，开示道路，明明白白，一目了然。皇帝高兴地说："敌人全在我眼中了。"第二天发起进攻，敌人大败。　◎《后汉书·隗嚣传》记载，隗嚣是东汉初的叛将，他的部将王元为他分析情况时说："现在天水富庶，兵马最强，大王如果北面占领了西北黄河一带，东面占领了关中，拥有了秦朝原来的旧地，我请求用一块封泥封住函谷关。"意思是用很少一点兵力据险固守。后来演化成成语"丸泥封关"。

春风明道，霁月濂溪。

【译文】程颢的态度就像春风一样亲切感人，周敦颐的品格就像雨后的月亮那样明净。

【解说】◎《宋名臣言行录》记载，宋代朱光庭去见著名哲学家程颢，回来后对人说："我在春风中坐了一个月。"程颢字明道。　◎周敦颐也是宋代哲学家，别号濂溪。黄庭坚曾称赞他的风格气度，说他人品特别高，胸怀磊落，就像雨过天晴后的光风霁月一样。

陈平多辙，李广成蹊。

【译文】陈平的门前多长者的车辙，李广的为人不用宣扬就谁都知道。

【解说】◎《汉书·陈平传》记载，陈平青年时家里贫穷，又好读书不事生产，到了该结婚的时候，富人、穷人都不肯把女儿嫁给他。后来他的同乡张负来到陈家，见他家虽然地处陋巷，连门都是用草席做的，然而门前有很多地位高的人的车轮印，从陈平的交往中看出他以后一定会有成就，就把孙女嫁给了他。　◎李广是汉代名将，在与匈奴的战争中建立了很多功绩，但受到不公平的对待，最后自杀身亡。他不善于讲话，然而死的时候，天下不论认识他还是不认识他的人，都为他伤心落泪。司马迁在《史记·李将军列传》中说，这是因为大家都相信他。就像谚语所说的："桃李不言，下自成蹊（xī）。"桃树李树虽然不会说话，但他们的花和果实，自然会招引人们在树下来往不绝，踩出一条小路来。

楚子射虎，唐帝斫猊。

【译文】楚国的熊渠子误把石头当成老虎来射，唐德宗挥剑砍碎了铁狮子。

【解说】◎《新序》卷四记载，楚国的熊渠子夜晚出行，看见一块卧着的石头，以为是老虎，就一箭射去，连箭的羽毛都射进石头里了。走到跟前一看，原来是一块石头，回去再射，箭碰折了，石上连痕迹都没留下。熊渠子由此悟出了"精诚所至，金石为开"的道理。　◎《杜阳杂编》卷上记载，唐代朱泚作乱时，唐德宗逃出长安，他手提火精剑，出了内殿，叹息道："千万年的江山，难道就被这些鼠辈偷走了吗？"挥剑去砍门前的铁狮子，狮子应手而碎。侍从都高呼万岁，德宗说："如果打碎这些贼寇，就像砍这个狮子，就不值得忧虑了。"猊（ní），狻猊，就是狮子。

珠还合浦，钱选会稽。

【译文】珍珠又回到了合浦，刘宠只接受了会稽人的一枚大钱。

【解说】◎《后汉书·循吏传》记载，东汉的孟尝，担任合浦太守。合浦盛产珍珠，原先的地方官贪婪无耻，大肆掠取，无止无休，珍珠就渐渐迁到交趾去了。合浦人民无法用珠来交换粮食，很多人都饿死了。孟尝到任后，革除了以前的弊端，政通人和，不到一年，珍珠又回到了合浦。　◎《后汉书·刘宠传》记载，东汉刘宠担任会（kuài）稽太守，禁止官吏扰民，采取措施使地方得到了治理。他离任时，山阴县五六个老人，须发皆白，每人拿了一百枚大钱给他送行，赞扬他的政绩。刘宠最后只好从每人那里选了一枚接受了。

陈寔聚德，窦俨步奎。

【译文】陈寔和朋友聚会时，天上的德星也聚会，窦俨能推算出五星聚奎。

【解说】◎《续晋阳秋》记载，东汉的陈寔（shí）以品德高尚著名，一次他率领子侄们去拜访荀淑父子，负责观察天象的人发现天上的德星也聚集到一起，就向皇帝报告说："这一定是五百里内有贤人聚会。" ◎《宋史·窦俨传》说窦俨（yǎn）善于观测天象，他曾经推算出五大行星将在二十八宿的奎宿附近相会，时间是丁卯。后来到宋太祖乾德五年丁卯（967年）三月果然发生了这种天文现象。

无忌捕鹞，西巴纵麑。

【译文】魏无忌追捕鹞鹰，秦西巴放走了小鹿。

【解说】◎《艺文类聚》卷九十一引《列士传》记载，战国时魏公子无忌，一次正在吃饭，有一只斑鸠飞到他的饭桌下面。无忌让人出去看，只见一只鹞鹰从房上飞走了，无忌就把斑鸠放走，没想到鹞鹰又追回来把它吃掉了。魏无忌非常不安，说："斑鸠让我救它，但还是让鹞鹰吃了，我对不起它。谁能替我抓到这只鹞，他要什么我赏他什么。"后来终于抓到了那只鹞鹰，为斑鸠报了仇。各地的人见他对一只鸟都这么讲信义，就都纷纷来投靠他。 ◎《韩非子》卷七记载，孟孙打猎捉了一只小鹿，就叫秦西巴用车拉回去，母鹿跟在车后面悲鸣，秦西巴心中不忍，就把小鹿放了。回去以后，孟孙大怒，就把他赶走了。可是过了三个月，又请他来做儿子的老师。有人就问孟孙："以前差点治他的罪，现在又请他做老师，这是为什么呢？"孟孙说："如果见捉了小鹿都不忍心，那么对我儿子会怎么样呢？"麑（ní），小鹿。

韩彭逐鹿，琨逖闻鸡。

【译文】韩信、彭越逐鹿天下，刘琨、祖逖闻鸡起舞。

【解说】◎《汉书·蒯通传》记载，西汉建立后，韩信、彭越先后因谋反被杀，韩信临死时叹息说："真后悔没听蒯（kuǎi）通的话。"汉高祖就把蒯通抓来，要煮死他，问道："你为什么要教韩信造反呢？"蒯通回答："狗只为他的主人叫，当时我只知道有韩信，不知道有陛下。况且秦朝失去天下，就像一只鹿跑了出来，天下都在追它，有本领的人先得到。大家都想做皇帝，只是力量不够罢了，你能把他们都杀了吗？"刘邦认为有理，就把他放了。 ◎《晋书·祖逖传》记载，晋代的祖逖（tì）和刘琨是好朋友，都胸怀大志。他们在半夜听到鸡叫声，这在当时的人看来是不吉利的，刘琨说："这不是什么坏声音啊。"就起床练习舞剑。这就是闻鸡起舞的故事。

衡僧煨芋，唐帝烧梨。

【译文】衡山的和尚为李泌烧芋头，唐肃宗为李泌煮梨子。

【解说】◎李泌（bì）是唐代著名的宰相，他年轻的时候，在衡岳寺读书，发现寺中一个干杂活的和尚，名叫明瓒，是一位隐居的高人，就去向他请教。当时明瓒正在烧芋头，就把自己吃了一半的芋头给了李泌，并告诉他以后能担任十年宰相，后来果然应验了。煨，读wēi。 ◎唐玄宗把李泌召入宫中，让后来成为唐肃宗的太子李亨与他交朋友。太子对他非常友好，当时李泌修道，不吃一般的食物，太子常常亲自为他煮两个梨。

潘令花县，苏公封堤。

【译文】潘县令栽了一县花，苏东坡修了西湖的长堤。

【解说】◎晋代的潘岳担任河阳县的县令，在县里栽种了许多桃树、李树，当时的人称为"河阳一县花"。 ◎宋代大诗人苏轼，号东坡。他在担任杭州地方官的时候，因为西湖多年没有疏浚，湖中淤泥过多，西湖水量所剩无几，就发动人民清挖湖底，用挖出的土堆成了一条贯通南北的长堤。后来人们为了纪念他，就把这条堤命名为苏堤。

九、佳　韵

庾敳赋意，阮籍咏怀。

【译文】庾敳写作《意赋》，阮籍创作《咏怀诗》。

【解说】◎晋代的文学家庾敳（yǔ ái），看到当时社会战乱不已，国家多难，就写了一篇表达自己感想的赋《意赋》。他的侄子庾亮看到了，就说："如果真有感受，那么这是无法用笔完全表达出来的，如果没有，又能写出来些什么呢？"庾敳答道："写的就是有和没有之间的东西。" ◎晋代阮籍是文学史上著名的诗人，他曾创作了一组抒发自己感情的诗《咏怀诗》，共八十多首，是历代传诵的佳作。

谢安石室，羊侃水斋。

【译文】谢安在山洞中做隐士，羊侃在水斋中看歌舞。

【解说】◎晋朝的谢安未做宰相之前，在东山做隐士，每天与王羲之等人游山玩水，吟诗论文，没有要出来做官的意思。他曾经坐在山洞中，面对着深谷，悠然自得地说："这样的生活和古代的隐士没有两样啊。"　◎羊侃是南北朝时梁朝人，他精通音乐，能够自己谱曲，又喜欢铺张奢侈。他去衡州的时候，在两艘船中间架起了三间房子，叫作水斋，装饰得非常华丽，设置歌女和乐队，沿途饮酒作乐。

窦家五桂，王氏三槐。

【译文】窦家的五个儿子像五棵桂树，王家的三棵槐树象征子孙昌盛。

【解说】◎五代时窦禹钧有五个儿子，以窦仪为首，全都中了进士。因为旧时候用"折桂"来比喻中进士，所以当时有个叫冯道的人就赠给他们父子一首诗，其中有"灵椿一株老，丹桂五枝芳"的句子，来赞扬他们父子。　◎宋代的王祐，在院子中种了三棵槐树，说："我的后代子孙，一定有做大官位至三公的人，这三棵树就是证明。"后来他的儿子王旦果然做了宰相，被封为魏国公。

元镇倔强，复之乖崖。

【译文】赵元镇倔强不屈，张复之与众不同。

【解说】◎宋代的赵鼎，字元镇，他担任宰相的时候，反对秦桧的投降政策，受到秦桧的陷害，被流放到边远的潮州，但他表示绝不屈服。秦桧知道后，说："这老家伙还像原来那样倔强。"加紧了对他的迫害，终于将赵鼎迫害致死。但在临死前，赵鼎还为自己写了副挽联，其中有"气作山河壮本朝"的句子，表达了他誓不屈服的凛然正气。　◎宋代名臣张咏，字复之，他在为自己的画像题词时，给自己起了个别号叫"乖崖公"，并解释说："乖是与世俗不同，崖也是与世俗不同，我取这个名字，来表达我的品格。"

孔杨戏谑，王葛诙谐。

【译文】孔、杨二人互相开玩笑，王导、诸葛恢说话诙谐。

【解说】◎《世说新语·言语》记载，晋代时，有一个姓杨的孩子，刚刚九岁，非常聪明。孔坦去看他的父亲，父亲不在，小孩就拿水果招待客人。水果中有杨梅，孔坦就和小孩开玩笑说："这是你们家的果子。"（杨梅以"杨"字开头。）小孩应声回答道："我没听说孔雀是先生家的鸟啊。"（孔雀以"孔"字开头。）谑（xuè），开玩笑。　◎晋代诸葛恢名声比王导小一些，王导曾和他开玩笑，说："大家都说王葛，并不说葛王，说明王姓比葛姓有名。"诸葛恢回敬道："不说马驴，而说驴马，就能说明驴一定比马强吗？"

周王礼洛，夏后安淮。

【译文】周成王祭祀洛水，夏禹治理了淮河。

【解说】◎周武王死了之后，他的儿子成王继位，由于年纪太小，就由他的叔叔周公旦帮助执政。周公为周朝建立了各种礼仪制度，又和成王一起去祭祀洛水，相传洛水中浮起了神龟，背上都刻着字，上面写着对周朝前途的预言。周公把这些预言记下来后，龟甲上的字便消失了。　◎夏后就是大禹，后就是王的意思。大禹治水的时候，淮河最难治理。相传禹三次来到桐柏山，才抓住了淮河的水神，名叫无支祈。禹治服了他，淮河才安定下来，流入大海，不再发生水患。

齐廷观蝎，惠帝问蛙。

【译文】齐后主观看毒蝎吃人，晋惠帝不知青蛙是何物。

【解说】◎北齐的皇帝齐后主，昏庸残暴。一天他问冀州刺史什么最好玩，刺史回答说将蝎子和蛆放在一起，看蝎子咬蛆是最好玩的事。后主就连夜命令捉蝎子，到天亮时共捉到二三升，把它们放在澡盆中，再把人脱光衣服放进去，听人被蝎子蜇（zhē）咬发出的惨叫声。齐后主高兴得哈哈大笑，说："这么好玩的事，为什么不早早用快马来报告呢？"　◎晋惠帝也是有名的昏庸皇帝。一次他听到青蛙叫，就问身边的人："这叫的东西是官府的，还是私人的？"那人没法回答，只好说："在官府地里的，就是官府；在私人地里的，就是私人的。"还有一次，国家发生了饥荒，人民很多人被饿死，晋惠帝很奇怪，问："他们为什么不吃肉粥呢？"

东坡称快，德操言佳。

【译文】苏东坡读到好文章就说痛快，司马徽评论别人只肯说好。

【解说】◎苏东坡就是北宋大文学家苏轼，他在评论别人的文章时，对他赞赏的，只说痛快，而不加别的评语。　◎三国时司马徽，字德操，善于评论人物。当时荆州的长官刘表不能容纳有才能的人，司马徽为保护这些人就不加评论。有人来问他某个人怎么样，他就说："好，好。"他的妻子说："别人有问题请教，你就应该仔细回答，别人并不是来听你说好的。"司马徽回答说："你这话说得也好。"

燕蝠诉凤，蛮触争蜗。

【译文】燕子和蝙蝠找凤凰告状，蛮国和触国争夺蜗牛角。

【解说】◎宋代苏舜举给苏轼讲了一个寓言：燕子白天活动，所以把日出当作早晨，把日落当作晚上。而蝙蝠夜间活动，所以把日落当作早晨，日出当作晚上。二人争吵不休，没有结果，就去找凤凰裁判，在路上碰见一只鸟，对燕子说："不用去了，凤凰放假不在，现在是猫头鹰代理。"猫头鹰也是黑白不分的动物。这个寓言用来比喻分不清是非。　◎《庄子》中有一则寓言说，在蜗牛的左角上有一个国家，叫蛮国；在蜗牛的右角上也有一个国家，叫触国。蛮、触两国经常为争夺领土展开战争，死伤惨重，结果争到的土地只有蜗牛角大。这个寓言比喻为微不足道的利益而争斗。

窍开浑沌，阙补女娲。

【译文】浑沌被开了窍，女娲补好了天。

【解说】◎浑沌是古人认为天地生成之前模糊一团的形状，浑沌被打破，才有了天地。《庄子》中用它来讲了一个故事，说浑沌是中央的帝王，他对来访的南海和北海的帝王很好，这两个人就商量怎样报答他，说："人都有眼、耳、鼻、口七窍，来看、听、呼吸和吃饭，而浑沌一个也没有，我们给他打开七窍吧。"一天开凿一个，七天后七窍都有了，而浑沌也死了。　◎女娲补天是我国古老的神话传说。天地形成之后，天还有缺口，女娲就炼了五色石把缺口补上了。阙，与"缺"通用。

十、灰　韵

渊明摘菊，和靖植梅。

【译文】陶渊明采摘菊花，林和靖种植梅花。

【解说】◎晋代大诗人陶潜，字渊明，非常喜欢菊花。有一年九月九日重阳节，陶渊明家贫没有酒，就在屋子旁边的菊花丛中采了一大把菊花，对着花坐着。陶渊明的一首诗中还有"采菊东篱下，悠然见南山"的名句。　◎宋代诗人林逋（bū）死后，皇帝封给他"和靖先生"的称号，因此人们又叫他林和靖。他隐居在杭州西湖，种了很多梅花，养了很多鹤。因为他一生没有娶妻，所以人们说梅花就是他的妻子，鹤就是他的孩子。

准吟太华，绰赋天台。

【译文】寇准·七岁就写了歌颂华山的诗，孙绰写了一篇《天台山赋》。

【解说】◎宋代寇准在七岁的时候，写了一首吟咏华山的诗："只有天在上，更无山与齐。举头红日近，回首白云低。"他的老师非常欣赏，就对他父亲说："寇准小小年纪就出口不凡，将来一定能做到宰相。"后来果然如此。　◎晋代的孙绰写了一篇描写天台山的《天台山赋》，自己非常得意，就对朋友说："你把我这篇文章扔到地上，应该能听到清脆的金石声。"

信崇张范，让重陈雷。

【译文】张邵、范式严守信义，陈重、雷义互相谦让。

【解说】◎东汉的张邵（shào）、范式同在太学读书，二人成为好朋友。临分手时，范式约定二年后的某一天去张邵家拜望他的母亲。快到这一天了，张邵就让母亲准备酒菜，母亲说："二年前的约定，相隔几千里，为什么这么认真呢？"张邵说："范式是讲信用的人，他说来一定会来的。"到了约定的时间，范式果然来了。　◎东汉陈重、雷义是好朋友，官府推举陈重为孝廉，陈重就推荐雷义，前后让了十几次。官府推举雷义为茂才，雷义就让给陈重，没有被批准，雷义就假装发疯躲起来了。

台名视草，馆号翘材。

【译文】宋代学士院中有一个视草台，公孙弘建了一个翘材馆。

【解说】◎视草指旧时大臣代替皇帝起草诏书、命令等。宋代负责起草文书的机构学士院中有一个视草台，大臣们每当要起草文件时，就穿上正式的礼服坐在台边。　◎西汉的丞相公孙弘，建了一个翘材馆，来接待贤才。翘材就是出色的人才的意思。

穆生决去，贾令重来。

【译文】穆生坚决要求离去，贾县令又官复原职。

【解说】◎汉高祖刘邦的弟弟楚元王刘郊，对他的大臣穆生、白生、申公非常礼待。穆生不喝烈酒，每逢宴会，元王就给他准备甜酒。刘郊死了之后，他的儿子刘戊继位，开始还准备，后来就忘了。穆生认为这是厌烦他的表示，就坚决要求离去。申公、白生继续留在那里，结果因为给刘戊提意见，受到了侮辱。　◎五代的贾郁担任仙游县令，对部下要求很严，不容许衙吏出错误。他离任的时候，一个衙吏痛饮表示庆祝，贾郁发怒说："我一定再来此县做县令，好惩罚你。"那个人说："你要是能再来，铁船也能渡海了。"后来贾郁果然又重新担任了仙游县令，那个衙吏盗窃了数万公款，被他治了罪。

任优役放，潘败租催。

【译文】任涛因为作诗出色被免除了赋役，潘大临的诗兴被催租人败坏了。

【解说】◎唐代江西人任涛，诗做得很出色，但参加了几次科举考试，都没有考中。李骘（zhì）担任江西长官时，免除了他的赋役，这是在当时只有中了科举的人才能享受的优待。人们议论纷纷，李骘说："江西境内凡是作诗能比得上任涛的，都可以免除赋役。"　◎宋代诗人潘大临，家里贫穷，但诗写得非常好。一天他听到林间的风雨声，诗兴大发，在墙上题了一句诗："满城风雨近重阳。"正在这时，催租的人来了，顿时觉得败兴，再也写不下去了。

脯龙程子，咒虎童恢。

【译文】程颢把龙制成肉干，童恢谴责吃人的老虎。

【解说】◎宋代哲学家程颢在上元县做官，当地一个水池中生长着一种蜥蜴（xī yì），当地的人迷信，认为是龙，对它们顶礼膜拜。程颢把它们抓来做成了肉干。脯（fǔ），干肉。　◎东汉童恢担任不其县令，县中有虎吃人，童恢生擒了两只，就对它们说："老虎只应该吃牲畜，怎么能吃人呢？法律规定，杀人偿命，你如果是杀人的，就低头认罪，如果不是，就高声喊冤。"这时就有一只虎低头闭眼，另一只高声吼叫。童恢就杀了前一只，放了后一只。

初平叱石，元放掷杯。

【译文】黄初平能叫石块变成羊群，左元放把酒杯抛到梁上。

【解说】◎黄初平是丹溪人，进山学道四十多年，他的哥哥去找他，有人说他正在放羊。哥哥找到他，却发现没有羊，就问他羊在哪里，初平一指山上的白石头说："那就是羊，只是你看不出罢了。"接着对着石头喊了一声："羊，起来。"满山的白石就变成了几万只羊。叱（chì），吆喝。　◎三国时的道士左慈，字元放，能够"变化"。曹操把他找来，想杀掉他。左慈已经知道了，就向曹操要一杯酒，喝完后把杯子抛向屋梁，杯子就悬在屋梁下摇晃，却不掉下来。在大家都看杯子的时候，左慈已经不见了。

米负季路，衣娱老莱。

【译文】子路为父母背米，老莱子穿着小孩的衣服逗父母高兴。

【解说】◎季路就是子路，是孔子的学生。他对孔子说："我赡养父母的时候，常常自己吃野菜，从百里外给父母背米。父母死了之后，我做了官，有钱有势，但是我还想吃着野菜为父母背米，可这已经不可能了。"孔子说："子路就是那种在父母活着的时候尽力孝敬，死了以后能经常思念的人。"　◎老莱子是古代一位孝子，非常孝顺父母。他七十岁的时候，为了让父母高兴，就穿着婴儿穿的花衣服玩，跌倒了就学婴儿趴在地上哭。

伯雍璧玉，太真镜台。

【译文】羊伯雍用珍贵的璧玉求婚，温峤用玉镜台作聘礼。

【解说】◎羊伯雍义务为行人提供饮水，坚持了三年。这一天，有个人喝完水后给了他一斗石子，让他种在地里，并说这些石子都能变成美玉。当地一个姓徐的大户人家有个女儿非常漂亮，伯雍去求婚。徐家提出要五对白璧作聘礼，本以为伯雍绝对办不到，没想到伯雍到了种玉田里，很容易地找了五对白璧。徐家见了十分吃惊，真的把女儿嫁给了他。　◎温峤是晋代人，字太真，很有才华。第一个妻子病死以后，他一直没有续娶。他的姑妈刘氏有个女儿，既聪明又漂亮，刘氏托他给物色一门亲事。温峤暗中想让这姑娘嫁给自己，于是几天后向刘氏报告，说已物色好一个人，门当户对。又拿出一个玉镜台作为聘礼。刘氏十分高兴。举行婚礼那天，新娘偷偷从纱窗后面看新郎，一看新郎是温峤，禁不住大笑起来，说道："我一直怀疑这家伙要捣鬼，果不其然。"

十一、真 韵

孟嘉落帽，郭泰垫巾。

【译文】孟嘉被风吹落了帽子，郭泰的头巾塌陷了一角。

【解说】◎晋朝孟嘉是征西大将军桓温的部下。九月九日重阳节，桓温在龙山设宴，手下的人都来了。这时一阵风吹来，将孟嘉的帽子吹落在地上而他却没感觉到，桓温叫大家不要声张，想看看他的举动。结果孟嘉发现后举止很得体，话也说得非常巧妙。 ◎东汉郭泰品貌出众，很受当时的人的崇拜。一次他在路上遇到大雨，头上戴的头巾被雨打湿，塌陷了一角。结果人们纷纷模仿他，都将头巾折起一角来。垫，在这里的意思是塌陷。

去思何武，留借寇恂。

【译文】何武离开后常被思念，寇恂被百姓借去做太守。

【解说】◎何武是汉代人，担任大司空，喜欢提拔人才，赞扬别人的优点，因此每离开一个地方，都常被人思念。 ◎寇恂是东汉人，曾经担任过颍川太守。后来颍川发生了叛乱，这时他已经到朝廷担任职务，就陪同皇帝亲征，很快平定了叛乱。颍川的百姓拦住路对皇帝说："希望向皇上再借寇恂担任一年太守。"

周瑜推宅，鲁肃指困。

【译文】周瑜把住宅送给孙策，鲁肃将一仓米借给周瑜。

【解说】◎三国时，周瑜和孙策关系亲密，孙策的父亲孙坚起兵讨伐董卓，把家搬到周瑜的家乡舒州，周瑜就把自己在道南的大宅子送给孙策，和他共通有无。后来周瑜做了将领，知道鲁肃很有钱，又讲义气，喜欢结交朋友，就去请求他援助军粮。鲁肃家里有两仓米，各装三千斛，就用手指指着一仓，送给了周瑜。囷（qūn），粮仓。斛（hú），计量单位，一斛相当于十斗。

授带裴度，还金甄彬。

【译文】裴度把拾到的玉带交给了失主，甄彬送还拾到的金子。

【解说】◎唐代的裴度游览洛阳香山的佛寺时，拾到一位拜佛的妇女丢失的一袋东西，没有追上失主，就在原地等到天黑。第二天一早又去寺庙里等待，终于看见失主回来寻找。裴度就上前询问，那位妇女对他说，她因为父亲无罪被抓，向别人借了两条玉带，一条犀带，价值千金，准备用来救父亲，不幸丢失了。裴度核实了东西确实是她的，就把玉带交还了她。   ◎南朝的甄（zhēn）彬曾经拿了一捆麻，到长沙一个庙里的当铺去抵押钱，后来把麻赎回来，发现里边夹着五两金子，就拿去送还。这金子正是当铺丢失的，和尚很感动，要把金子的一半分给他，甄彬说："如果我想要这些金子，原来拾到时就不会还你。你看我像这种人吗？"

武昌买水，京兆致薪。

【译文】武昌太守买水吃，京兆太守搜集柴草。

【解说】◎南朝梁代的何远，担任武昌太守时非常廉洁，不收一文钱。武昌人吃江水，何远嫌夏天的江水太温，就花钱买别人的井水，有人不收钱，他就把水还回去。   ◎三国时魏国的京兆太守颜斐，提倡教育。他不仅建立学校，还规定百姓凡是交纳租税时，车上都要顺便带两束柴草，用来给学生在冬天生火，融化笔砚上的冰，结果当地的教育水平很快就提高了。

羽民虎仆，唐帝龙宾。

【译文】羽民国出产虎仆毛，唐玄宗遇见了墨精龙宾。

【解说】◎相传远古时有一个羽民国，那里有一种动物，毛像豹子的，可以制笔，叫虎仆毛。 ◎唐玄宗一天看见他用的墨上有一个小道士，就像苍蝇那么大，正在乱跑，就大喊一声，那个小人听见喊声，立即行礼说道："我是墨的精灵——黑松使者，凡是文人用的墨上面都有我。"龙宾，即墨精。

军称娘子，城号夫人。

【译文】妇女组成的军队被称为娘子军，妇女守卫的城池被称为夫人城。

【解说】◎唐高祖的女儿平阳公主，曾经组织了一支军队帮助高祖作战。她带领精兵万人，和秦王李世民会师长安，人称为"娘子军"。 ◎东晋的朱序守卫的襄阳城，被前秦苻（fú）坚围困。朱序的母亲韩氏到城上观察，认为西北角可能被攻陷，就带领城里的妇女，在西北角又修了一段新城。后来西北角果然被攻开了，大家便固守新城，敌人久攻不下，就从襄阳撤退了，人们称这座城为"夫人城"。

推产许武，合财田真。

【译文】许武把家产推让给兄弟，田真兄弟把财产合在一起。

【解说】◎东汉许武被地方官推举为孝廉，可以出去做官了，他因为两个弟弟许晏、许普还没有名气，想让他们成名，就借口分家，把值钱的良田美宅分给自己，把不好的都留给了两个弟弟。从此社会上都骂许武太贪婪无耻，赞扬许晏等能够谦让，终于使许晏、许普都被推荐。这时许武召集亲朋，讲了自己的安排，并把这些年挣来的家业全部给了两个弟弟，人们这才知道许武的一片苦心。 ◎梁代的田真兄弟三人分家，所有的财产都平均三分。房前有棵紫荆树，大家商量劈成三片。第二天去砍树的时候，发现树已枯死了。田真见了，就对兄弟说："荆树知道要分离，就枯死了，我们兄弟还不如树啊。"于是兄弟们又把财产合在一起，紫荆树也又重新茂盛起来。

孙非识面，韦岂呈身。

【译文】孙抃和他推荐的人没见过面，韦澳怎肯做呈身御史。

【解说】◎宋代的孙抃担任御史中丞时，推荐两个人做御史，别人问他："你没和那两个人见过面，为什么要推荐他们呢?"孙抃回答道："古人耻于做把自己送上门的御史，今天为什么还要要求见过面呢?" ◎唐朝人韦澳做官十年没有升迁，御史中丞高元裕想推荐他做御史，让他来见见面，韦澳不去。他哥哥问他："高元裕是好人，你看不起他吗?"韦澳回答说："不是，不过恐怕也没有把自己送上门去的御史。"

暴胜持斧，张纲埋轮。

【译文】暴胜之拿着大斧，张纲埋住车轮。

【解说】◎汉代大将暴胜之，穿着锦绣的战袍，拿着大斧追捕盗贼，威震天下。 ◎张纲是东汉人，担任御史，朝廷命他去外地查看风俗民情，他把车轮埋在土里不出发，说："豺狼当道，打什么狐狸。"然后就揭发了执政的大将军梁冀的罪行。

十二、文 韵

虞帝爱日，梁公瞻云。

【译文】虞舜珍惜与父母相处的时光，狄仁杰凝视家乡的白云。

【解说】◎上古的帝王虞舜非常孝顺父母，他知道父母的年岁越来越大，和自己相处的日子也越来越少，就珍惜每一个日子。　◎唐代狄仁杰被封为梁国公。起初他被任命为并州的小官，父母都在河阳，他在赴任途中登上太行山，回头望着天上的白云，说："我父母的家就在那片白云下。"惆怅了很久，直到那片云彩飘走了，才踏上路程。

题名张莒，下第刘蕡。

【译文】张莒在大雁塔题名，刘蕡科举落榜。

【解说】◎在唐朝的首都长安，也就是现在的陕西省西安市，有一座著名的大雁塔。有一个叫张莒（jǔ）的人中了进士之后，到大雁塔游玩，把自己的名字题在塔上，后来的人纷纷效仿，中了进士之后都把自己的名字题在塔上，最后成了制度，叫作"雁塔题名"。　◎唐代的刘蕡（fén）是很有才华也非常正直的人。当时宦官掌权，政治腐败，刘蕡在科举考试的答卷中，极力揭露这种现象，论述它的危害，而当时的考官害怕宦官，不敢录取他。当时被录取的人看了他的答卷，都非常佩服他，集体上书要求重新考核，录取刘蕡，但终于没有实现。

皓称佛子，淑号神君。

【译文】洪皓被人民称为活菩萨，荀淑被称为神君。

【解说】◎宋代的洪皓担任秀州的小官，地方发生了大水灾，洪皓主动向太守要求担任救灾工作，廉价出售救济粮。浙江上缴国家的粮食路过城下，洪皓请求截留下来，没有被批准，洪皓说："我愿用一个人的命来换十万人的命。"秀州的百姓非常感动，把他叫作"洪佛子"，也就是洪菩萨。　◎东汉的荀淑担任地方官，处理案件非常公平合理，被称为神君。

梁亭窃灌，曾圃误耘。

【译文】梁国的人偷偷为楚国人浇灌瓜地，曾参误把菜园里的瓜锄死了。

【解说】◎战国时梁国和楚国的边境上有两个种瓜的小村子。梁国的人很勤奋，每天浇灌瓜地，所以长出的瓜又大又美，而楚国的人懒一些，所以瓜就不好。楚国人嫉妒梁国人比自己能干，就在夜里去梁国的瓜地搞破坏，把梁国的瓜都弄死了。梁国人发现了，就要去楚国的瓜地报复，他们的长官宋就对大家说："这样下去怎么行呢？我给大家出个主意，每天晚上派人去楚国的地里偷偷帮他们浇水，不要让他们知道。"于是梁国人便每天偷偷去浇灌瓜地，不久楚国的瓜也长得很好。楚国人发现了这个秘密，心里非常惭愧，从此两国人民友好相处。亭，当时把村子叫作亭。　◎孔子的学生曾参是有名的孝子。一次他去园里锄瓜，把瓜的根都锄断了，他的父亲大怒，拿起大棍就朝他背上打去，结果把曾参打得人事不省，昏迷过去。曾参醒了之后，却高高兴兴爬起来，去屋子里弹琴，好让他父亲知道他没有事。孔子知道了这件事，很生气，批评他说："虞舜孝顺他父亲，打得轻就忍着，打得重就跑掉。现在曾参自认为是孝子，父亲发怒过头了他受着，往死里打也不跑。如果被打死了，那不是让父亲犯了杀人罪了吗？到底哪一种行为算不孝呢？"

琼覆棋局，逵镌碑文。

【译文】陆琼能打乱棋局重排出来，戴逵写了碑文自己刻在碑上。

【解说】◎南朝梁代的陆琼，八岁的时候就能当着全国围棋高手的面，把打乱了的棋局凭记忆重新摆出来，当时的人都称他是神童。 ◎晋朝的戴逵还是小孩的时候，一次用鸡蛋和白瓦的粉末为汉代大学者郑玄做了一个碑，然后又写了一篇碑文，自己动手刻在碑上。碑做得很精致，文章写得更是美妙，当时的人全都赞叹不已。

力卑学士，智笑将军。

【译文】文人出的力被皇帝看不起，将军没智谋被人嘲笑。

【解说】◎宋代的陶谷文章写得很好，但人品不好。他担任多年的翰林学士，负责为皇帝起草公文，希望被重用，就让人去皇帝面前说他多年起草文件，出力很多。宋太祖听了，笑笑说："我听说翰林起草文件，都是照以前的格式换几个词，俗话说照样子画葫芦，有什么力可出的。"陶谷知道了，就在翰林院的玉堂墙上题了一首诗："官职须由生处有，才能不管时无。堪笑翰林陶学士，年年依样画葫芦。" ◎苏东坡讲了一个笑话，说有一个大将军吃饱了饭，拍着肚子说："我对得起你了。"旁边的人说："将军确实对得起肚子，可肚子实在对不起将军，没给将军你出一点智谋啊。"

八砖程懒，百甓侃勤。

【译文】李程懒惰，太阳照到八行砖才起床；陶侃勤劳，每天搬进搬出百块砖。

【解说】◎唐代的李程中进士后担任翰林学士。学士们去上班一般都以太阳的影子做时间标准。李程生性懒惰，要到太阳照到八行砖上才去，人们都叫他"八砖学士"。 ◎晋代陶侃担任广州刺史时，事情很少，就每天把一百块砖搬到室外，晚上再搬回去。别人问他这样做的目的，他说："我要建功立业，太闲了怕不能承担大事。"甓（pì），砖。

母饭韩信，女餐伍员。

【译文】漂棉絮的老妈妈给韩信饭吃，漂棉絮的女子让伍员吃饱。

【解说】◎西汉的开国功臣韩信年轻时家里很穷，又不做正经事，常常吃不上饭。他去河里钓鱼，一个正在漂（piǎo）洗棉絮的老妈妈可怜他，就管他饭吃，连续十几天，直到老妈妈的棉絮漂洗完。韩信说："将来我一定重重报答您。"老妈妈生气说："大丈夫不能养活自己，我可怜你才给你饭吃，难道是希望你报答吗？" ◎春秋时楚国的伍员，就是伍子胥，被楚平王迫害，从楚国逃出来到吴国去，中途得了病，在溧阳讨饭，碰上一个女子在濑水上漂洗棉花，筐子里有饭。那女子知道伍子胥不是一般的人，就让他吃了个饱。伍子胥要求她保密，她为了让伍子胥放心就投水自杀了。

羲题竹扇，献写练裙。

【译文】王羲之为老妇人题写竹扇，王献之在羊欣的绢裙上写字。

【解说】◎晋代大书法家王羲之，看见一个老妇人拿着六角竹扇卖，就在每个扇上写了五个字，那老妇人很生气，王羲之说："你只要说是王羲之写的，可以卖很多钱。"老妇人照这话去卖，果然大家都争着买。第二天老妇人又拿来些扇子请王羲之写，他只是笑笑，却不给她写了。 ◎王羲之的儿子王献之也是大书法家。当时一个叫羊欣的小孩，刚十二岁，书法也很好，王献之非常喜欢他。一次王献之到羊欣家里去，正巧他穿着新做的白绢裙子在午睡，王献之在他的裙子上写满了字就离开了。羊欣照这些字练习，后来也成了有名的书法家。

庾亮啖韭，魏徵嗜芹。

【译文】庾亮吃韭菜能看出品格，魏徵爱好芹菜能讲出道理。

【解说】◎晋代庾亮兵败，到广东去投奔陶侃，陶侃很看重他。陶侃为人俭朴节约，吃饭的时候，看到庾亮吃韭菜把根留起来，就问他为什么，庾亮回答可以种。陶侃更加赞赏他，认为他是一个重实际办实事的人。啖（dàn），吃。　◎唐代大臣魏徵，因敢于向唐太宗提意见而深得太宗敬重。一次退朝后，太宗对侍臣说："不知道魏徵喜欢什么，才能见到他感情流露。"侍臣说："魏徵喜欢吃醋泡的芹菜，每次吃都叫好，可以看到他的真情。"太宗第二天特意请魏徵吃饭，席上准备了三碟醋泡芹菜，魏徵一见，非常高兴，饭没吃完就把芹菜吃完了。太宗笑着说："你不是说没有什么爱好吗？今天我可看见了。"魏徵拜谢说："我只喜欢这种收敛的东西，可以让我随时谨慎。"太宗听了很感动。

十三、元　韵

王濬宅路，于高闾门。

【译文】王濬拓宽门前的道路，于公加高巷口的大门。

【解说】◎晋代王濬年轻时志向非常远大，他家建房子，把门前的路修了几十步宽。别人问他为什么要这样宽，他回答说准备给仪仗队通过。大家都笑他想法太怪，王濬说："陈胜有句话，'燕雀安知鸿鹄之志哉'？"后来他果然带兵灭掉了孙吴，立了大功。　◎汉代于定国的父亲于公，在县里担任法官，审理案件非常公正，犯法的人经过他审理，都甘心服罪。他所居住的巷口的门坏了，大家商量怎样修理，于公说：

"把闾门修高些，让它能通过四匹马拉的高盖车。我审理案件积累了好多阴德，没有冤枉过谁，我的子孙一定会有做大官的。"他的儿子于定国，最后做了丞相。闾（lú）门，巷子门。

商君立木，吴起倚辕。

【译文】商鞅在城门立了一根木头，吴起在城门靠上一根车辕。

【解说】◎商鞅是战国时期秦国的政治家，他曾在秦国推行变法，使秦走上了富强之路。他在变法初期，怕人民不相信他，就在国都的南门外立了一根三丈长的木头，发布命令说："谁能把它搬到北门去，赏十金。"结果没有人敢去。他又说："谁能把它搬到北门去，给五十金。"有一个人搬去了，商鞅就真给了他五十金。人民看到商鞅说话算数，就都听从他的命令。　◎吴起是战国时魏国的大将，镇守魏国与秦国相连的边境。秦国有一个小据点，驻守的秦军经常出兵骚扰魏国，吴起想攻占它，就把一根车辕靠在北门外，下命令说："有能把它搬到南门外的，赏给他上等田地住宅。"等有人搬走，果然就按说的赏给了他。不久又把一石红豆放在东门外，下命令说："有能把它搬到西门外的，也赏给他那些东西。"结果大家都争着去搬。最后下令说："明天进攻秦国的村子，先登上城的赏高官和上等田宅。"大家奋勇争先，一鼓成功。

遥集蜡屐，仲容晒裈。

【译文】阮遥集给鞋子打蜡，阮仲容晒犊鼻裈。

【解说】◎晋代阮孚字遥集，特别喜欢鞋子，有人去拜访他，正好看到他正在给鞋打蜡，自言自语说："不知道一生能穿几双鞋。"神色非常自然，来人很赞赏他。屐（jī），木底鞋。　◎阮咸字仲容，也是晋代人，人品很高尚。阮姓都住在一条街道的两边，住在北面的有钱，住在南边的穷。阮咸住在南边，家里也穷。七月七日，当时的风俗要晒衣服，道北的人家晒的都是绫罗绸缎，互相炫耀，阮咸也用竹竿挂着一条布做的犊（dú）鼻裈（kūn），也就是大裤衩出来晒。别人感到奇怪，阮咸说："我也是有点俗气，随便晒晒就是了。"

鸠称徐宪，枭化陈元。

【译文】徐宪被称为"白鸠郎"，像枭鹰一样不孝的陈元被感化。

【解说】◎《搜神记》记载，有一个叫徐宪的人，父母死了，他从内心里悲痛，结果有白色的斑鸠落到他家，就像是被他感动，变成白色一样。地方官把他推举做孝廉，朝廷里的人都称他"白鸠郎"。　◎枭（xiāo）就是猫头鹰，传说它长大后就不认父母。东汉陈留人陈元，对母亲不好，他的母亲就去官府告他不孝。地方官仇览没有批准立案，而是去陈元家和他谈心，用道理说服、教育他，终于使陈元认识到错误，并认真改正，成为有名的孝子。村里的人说仇览把枭鹰都感化得知道喂养父母了。

顾餐蔗尾，汪咬菜根。

【译文】顾恺之从甘蔗尾梢吃起，汪革说能吃菜根的人会有作为。

【解说】◎晋代大画家顾恺之，每次吃甘蔗，都从梢吃到根。有人感到奇怪，他说："这样吃就会渐入佳境，越吃越甜。"　◎宋代汪革说过一句话，他说："人如果连菜根都能常常吃，那么就什么事都可以做了。"因为菜根又难嚼又没味道。

子卿持节，茂实裹幡。

【译文】苏武持汉节牧羊，滕茂实用宋朝的黄幡裹自己的墓碑。

【解说】◎汉代的苏武出使匈奴时，被匈奴单于扣留，单于想劝他投降，他坚决不屈服。单于就把他流放到严寒的北方去放羊，扬言说什么时候公羊产奶，什么时候才放他回去。苏武拿着汉使的旄节放羊，共放了十九年，节上的毛都脱落了，但他始终保持爱国气节。节，旄节，缀有牦牛尾的竹竿，古代使者出使时用作凭证。　　◎北宋滕茂实出使金国，被金扣留。当时他的哥哥已经投降金，金也想劝他投降，但他誓死不从。后来金攻入北宋首都汴梁，俘虏了宋钦宗，北宋灭亡。滕茂实就给自己刻了一块墓碑，上面写着"宋工部侍郎滕茂实墓"九字，用奉命出使的黄旗裹着，去迎接被俘的北宋皇帝。金人告诉他，北宋已经亡了，他如果留在金国，将受到重用。他坚决不答应，最后因忧虑气愤而死。

舆题仲举，榻别休源。

【译文】 别驾的车上题着陈仲举的名字，孔休源有单独的座位。

【解说】 ◎东汉陈蕃字仲举，太守周璟任命他为地方的副长官别驾，他不同意。周璟就在别驾乘坐的车上写上"陈仲举座"，不再去找别人担任这个职务。陈蕃见周璟这样器重他，就赴任了。　　◎南朝梁代的孔休源，担任晋安王府的长史。晋安王非常信任、器重他，曾经在大厅中为他单独设了一个坐榻，说："这是孔长史的座位，别人不许坐。"

忌妻传导，妒妇记温。

【译文】 妒忌的妻子被写入王导传，桓温的妻子被记入《妒记》。

【解说】 ◎晋代丞相王导的妻子曹氏妒忌心很强，王导很怕她，只好另建别墅来安置他的小老婆。曹氏知道后，也要去，王导怕他的妾受欺负，马上命令驾车上路，还怕晚了，就亲自用手里拿的麈（zhǔ）尾柄赶牛，被当时的人嘲笑。这件事后来写进了《晋书·王导传》中。　　◎晋代大将军桓温的妻子南康长公主妒忌心也很强，被记载进了专写妇女妒忌的《妒记》一书中。桓温平定了四川，将四川原统治者李势的妹妹娶为自己的妾，对她很宠爱。南康公主知道后，就带了几十个人拿着刀去杀她，李氏正在梳妆，见到这些人，非常从容地说："我国破家亡，本来也没想到这里来，你能把我杀了，倒是遂了我的心愿。"公主听了很惭愧，只好走了。

卞庄刺虎，古冶持鼋。

【译文】卞庄子趁二虎相争刺杀它们，古冶子抓住了一个大乌龟。

【解说】◎战国时候，韩、魏互相攻打，秦惠王想制止他们，陈轸（zhěn）给他讲了一个卞庄子刺虎的故事。卞庄子想打虎，馆竖子劝他说："两只虎正在吃牛，一会儿一定会打起来，到那时大虎受伤，小虎必死，你只要去刺那只受伤的虎，就能一次得到两只虎。"卞庄子听从了他的话，果然只出击一次就打死了两只虎。 ◎《搜神记》记载，齐景公渡河的时候，被一只大乌龟咬住了船的左舷，把船拖沉了。古冶子跳入水中，追了很长的路，终于把乌龟杀掉了。他左手抓着乌龟的头，右手把船从乌龟口里拔了出来，仰天大喊一声，河水倒流了三百步，人们都把他当作河神。鼋，读 yuán。

镜影兆璟，纱笼护藩。

【译文】镜中的影像预兆宋璟的前途，阎王用纱罩保护李相藩。

【解说】◎传说唐代宋璟未中进士时，有一天在太阳下照镜子，镜中的身影忽然变成了一个"相"字，因此他知道自己将能担任宰相，就努力培养这方面的才能，后来果然做了宰相。 ◎唐代还有一个宰相叫李相藩，他年轻时又穷又病，有一个算命的人算他是大贵之人，还说他是纱笼中的人，但不告诉他纱笼是什么意思。几年后他已经做了小官，又有一个朝鲜和尚说他是纱笼中人，他问这是什么意思，和尚说：

"凡是要做宰相的人，阴曹地府都要暗地里用一个纱做的笼罩罩住，以防他受到伤害。"这才知道所谓纱笼中人就意味着将来要做宰相。

十四、寒 韵

里更荀淑，堂表崔郸。

【译文】里巷的名字因为荀淑而更改，厅堂因为崔郸而命名。

【解说】◎东汉的荀淑有八个儿子，都德才兼备。他们住的地方原来叫西豪里，县令苑康说："过去五帝之一的高阳氏有八个才子，现在荀家也有八个才子，把西豪里改为高阳里。" ◎唐代的崔郸（dān）担任宰相。他的家族，大小四代人都吃住在一起。他们兄弟六人都做大官，但都互相友爱。他们在居住的光德里建了一所房子，唐宣宗皇帝知道后，感叹道："崔郸一家孝顺长辈，友爱弟兄，可以作为人们的楷模。"就把那所房子命名为"德星堂"。后来当地居民把地名也改为"德星里"。

拔尤温造，课最倪宽。

【译文】选拔出来的最好人才是温造，考核最优的官是倪宽。

【解说】◎唐代文学家韩愈在《送温处士赴河阳军序》中赞扬河阳节度使乌重胤，说他选拔重用的温造，是人才中最优秀的。 ◎课就是考核。汉代倪宽担任左内使，鼓励人民种田，收租收税时减轻人民负担，给予减免，所以很多税没有收上来。后来因为发生战争，需要钱粮，倪宽因为没有完成任务要被免职。人民听说后，怕他被撤职，于是，有钱的人用牛车，没钱的人用担挑，纷纷前来交税。最后考核，收税最多的就数倪宽。

爽欣御李，白愿识韩。

【译文】荀爽因为替李膺驾车而高兴，李白愿意结识韩荆州。

【解说】◎东汉李膺德高望重，大家都以能够结识他为荣。荀爽去拜访他，并为他驾了车，回来后高兴地说："今天才有机会为李先生驾车了。"　◎唐玄宗时荆州刺史韩朝宗，喜欢结识人才。李白曾经给他写了一封信，希望得到他的重用。信中有"生不用封万户侯，但愿一识韩荆州"的话。

阅疑袁甫，申枉殷丹。

【译文】袁甫重新审核疑案，殷丹为民女申明冤枉。

【解说】◎宋代张洽担任池州通判，发现已经审理的张德修杀人案有疑点，就要求重新审理，太守不同意。后来上级主管法律的官员袁甫来到池州，正赶上当地大旱，张洽就对袁甫说："古代有很多记载，说有冤案就大旱，冤屈伸张之后就下雨。现在大旱是否因为张德修有冤枉呢？"袁甫就重新审理张案，发现他不过是误伤人命，却被人诬陷为故意杀人，就为他减了刑。不久池州果然下了一场大雨。　◎东汉上虞有一个寡妇非常孝敬婆婆，后来婆婆年老去世，寡妇的小姑因为妒忌她，就诬告寡妇毒死了婆婆。府官不加详察，就草率定案，将寡妇处死。后来上虞连续两年大旱，新任太守殷丹了解情况，发现了这个冤案，就为寡妇平反，惩罚了诬陷她的小姑。结果天上就下了一场大雨，救活了庄稼。

欧母画荻，柳母和丸。

【译文】欧阳修的母亲用芦苇画地教他写字，柳仲郢的母亲做熊胆丸帮他学习。

【解说】◎宋代大文学家欧阳修，四岁就死了父亲，他的母亲郑氏亲自教育他。家里穷，欧阳修的母亲就用芦苇画地教他写字。荻（dí），芦苇。　◎唐朝柳仲郢的母亲韩氏，善于教育孩子。柳仲郢（yǐng）小时候喜爱学习，韩氏就给他做熊胆丸，让他在晚上吃了提神。

汉臣结袜，吴主持鞍。

【译文】汉朝的重臣为老人系袜子，吴国的皇帝扶鞍下马迎接鲁肃。

【解说】◎张释之是汉代丞相，而王生是一个没有做官的老人。一次聚会，有许多高官显贵在场，王生对张释之说："我的袜子开了，你为我系上。"张释之就跪在地上，把他的袜子给系好。有人责备王生说："你为什么要羞辱廷尉呢？"王生说："我是为了让天下人都知道张廷尉尊老敬贤啊。"　◎赤壁大战结束后，鲁肃得胜还朝，孙权带领人马隆重欢迎他。孙权对鲁肃说："我下马亲自迎接你，足以让你引以为荣了吧？"鲁肃说："还没有。"大家听了都很惊讶，鲁肃慢慢说："愿有一天您统一天下，完成大业，做了皇帝，然后再按照礼节来请我，这才是我真正引以为荣的事。"

张家两绝，陈氏二难。

【译文】张家兄弟才貌两绝，陈氏兄弟难分高下。

【解说】◎唐代张知謇兄弟五人都很有才学。张知謇担任过十一个州的刺史，深得武则天的欣赏。武则天曾叫画工把张知謇的相貌画下来，并称赞张家兄弟既美貌又多才，称之为"两绝"。　◎汉代陈寔有两个儿子，老大陈纪字元方，老二陈谌字季方，全都德才兼备，很有名气。一次元方、季方的儿子争论起两人的父亲谁更好一些，各自坚持自己的父亲好，分不出高下，就去问陈寔，陈寔说："元方难为兄，季方难为弟。"意思是说兄弟才德都好，难分高下。这就是"难兄难弟"一词的原意。

览尝兄馔，损悯弟寒。

【译文】王览尝哥哥的饭有没有毒，闵子骞担心弟弟受冻。

【解说】◎晋代王祥的继母朱氏对他很不好，经常虐待他，每逢被打骂，朱氏的亲生儿子王览就来保护哥哥。每次朱氏让王祥去做难做的事，王览都和他一起去。他们的父亲死后，王祥在社会上渐渐有了点名气，朱氏更恨他，就想用药酒毒死他，被王览发现，就和王祥抢着喝，最后被朱氏抢回去了。从此，每当朱氏给王祥什么吃的，王览都要先尝一尝，以防有毒。馔（zhuàn），食品。　◎闵子骞（qiān）兄弟四人，有两个弟弟是后母生的。后母对闵子骞很不好。父亲知道后，要把后母赶走。闵子骞说："留下母亲，只是我一个受苦，母亲走了，弟弟们都要挨冻。"闵子骞，名损。

练衣慕导，葵扇仰安。

【译文】大家都仿照王导穿麻布衣服，仿照谢安手拿蒲扇。

【解说】◎晋代王导和谢安都担任过宰相，也都是很有名气、被人仰慕的人。王导善于处理事务，当时国库空虚，只有几千匹练，又卖不掉。王导就和朝廷里的人都做了一身练布衣服，其他人马上都效仿他穿这种衣服，练的价格因此上涨，卖了很多钱。练（shū），一种粗麻织的布。　◎谢安看到同乡从中宿县来，就问他带了什么东西来，同乡说有五万把蒲葵扇。谢安就自己选了一把拿在手中，京城的人一见马上效仿，都争着去买，结果那人多卖了好几倍的钱。

建康豚项，安邑猪肝。

【译文】建康的猪脖子肉成为美味，安邑每天供给闵仲叔猪肝。

【解说】◎东晋刚刚建都建业（后改名建康）的时候，人民生活很艰难，每得到一头猪都当作珍贵的食物。脖子上的一块肉味道最好，就把它献给皇帝，大臣们都不敢吃。 ◎东汉闵贡字仲叔，晚年住在安邑，贫病交加，买不起肉，每天就买一片猪肝，卖肉的有时都不肯卖给他。县令听说了，就让人每天供应，闵仲叔问明情况，说："我闵仲叔难道能因为肚子麻烦安邑吗？"就搬走了。

十五、删　韵

何追韩信，飞释严颜。

【译文】萧何月下追韩信，张飞义释严颜。

【解说】◎韩信投奔刘邦之后，并没有受到刘邦的重视，只被派任为一个小官。他和丞相萧何谈了几次话，萧何很惊奇。刘邦的军队经过南郑，军中将领逃走了几十人，韩信想既然不受重用，那就跑吧，于是也跑了。萧何听到这个消息，来不及向刘邦报告，就自己去追赶，以至于有人向刘邦汇报说萧何也跑了。过了一两天，萧何将韩信追了回来，刘邦问萧何："逃走的将领几十人，你不去追，而去追韩信，韩信是什么样的人呢？"萧何回答说："那些将领好找，韩信是天下再也找不出第二个的人才啊。" ◎刘备进攻成都的刘璋，张飞与诸葛亮一路，沿江而上，攻破江州，活捉了巴郡太守严颜。张飞喝问他为什么不投降，严颜回答："你们无理侵犯我们的地方，我州只有断头将军，没有投降将军。"张飞大怒，命左右拉出去砍头，严颜面不改色，说：

"砍头就砍头，发什么怒！"张飞钦佩他有骨气，就释放了他。

王咸守阙，郅恽拒关。

【译文】王咸守着皇宫的门反映情况，郅恽把住城门不让皇帝进城。

【解说】◎汉代鲍宣担任司隶，因为阻挡皇帝的使者，犯了对皇帝大不敬的罪，被捕入狱。有一个太学生济南人王咸，在太学举起一面旗子说："想救鲍司隶的都到旗下来。"太学生们来了一千多人。到了上朝的时候，他们堵住了丞相的车，又守着皇宫的门，上书反映情况，终于使皇帝免了鲍宣的死罪。 ◎东汉郅恽（zhì yùn）是京城上东门的守门官，光武帝刘秀有一次出城打猎，半夜回来，郅恽把住城门不开。皇帝叫随从去门边见面，郅恽说灯火下看不清楚，不服从命令。皇帝最后从中东门进了城。第二天，因为郅恽严守制度，光武帝赏给他一百匹布，同时撤了中东门守门官的职。

郑公起废，张子订顽。

【译文】郑玄写了本叫《起穀梁废疾》的书，张载挂了一块防止愚昧的匾。

【解说】◎汉代学者何休，研究《春秋》，喜欢公羊学派，反对穀梁学派，就写了一本书叫《穀梁废疾》，废疾就是残废，他这本书就是说穀梁学说像人有残疾一样，书中专门讲穀梁学的毛病。当时另一个大学者郑玄喜欢穀梁学派，反对公羊学派，就也写了一部书叫《起穀梁废疾》，"起"就是治疗，这本书专门批驳何休的论点，把毛病全都治好了。 ◎宋代哲学家张载，在他的书房的两个窗子上各挂了一块匾，东边的叫"砭愚"，西边的叫"订顽"。愚、顽都是愚蠢的意思，这两块匾的含义都是克服愚昧，纠正错误。

碑题幼妇，壁画双鬟。

【译文】 曹娥碑上题着"黄绢幼妇"等八个字，诗人们在墙上记歌女们的歌。

【解说】 ◎蔡邕路过为纪念舍身求父的曹娥而立的碑时，觉得碑文写得很好，就在石碑上刻了"黄绢幼妇，外孙齑臼（jī jiù）"八个字。后来曹操路过这里，不知道这八个字的含义，有个在江中洗衣服的妇女说："坐在您后面第四辆车上的人能解答。"第四辆车上坐的是祢衡，祢衡解释说：黄绢是有颜色的丝，"色""丝"二字合起来是"绝"字；幼妇指少女，"少""女"二字合起来是"妙"字；外孙是女儿的孩子，"女""子"二字合起来是"好"字；齑臼，是用来捣烂辛辣的调味品的工具，它容纳接受的都是辛辣的东西，"受""辛"二字合起来是"辝"（"辞"的异体字）。合起来就是"绝妙好辞"，赞扬碑文的辞藻十分绝妙。 ◎王昌龄、高适、王之涣都是唐朝诗人，名气不相上下。这年冬天的一天，天飘飘扬扬地下着小雪，三人结伴来到长安城中的酒楼，饮酒赏雪。一会儿，有十来个唱戏的伶官和四个歌伎也来楼上饮酒，王昌龄三人暗地约定：平时总是分不出谁高谁低，这回看这些歌伎、伶官唱的曲中，用谁的诗谱的最多，就说明谁的名气最大。一会儿，伶官们唱起来，三人在墙上划道计数，其中有两首是王昌龄的，一首是高适的，王之涣说："这些破落伶官唱的都是下里巴人喜欢的曲词，我的诗像阳春白雪，高雅得很。"他用手指着歌伎中那个梳着双鬟（huán）髻、长得最漂亮的女孩说："如果那姑娘唱的不是我的诗，我一辈子都不和你们争了。"等到双鬟髻姑娘唱起来，果然是王之涣的"黄河远上白云间"那首诗。王之涣得意地说："你们这两个老土。怎么样，我说得不错吧？"三人一起大笑起来。

金兰戴簿，玉笋唐班。

【译文】戴弘正有本金兰簿，唐朝末年有玉笋班。

【解说】◎相传，戴弘正每得到一个亲密的朋友，就记在简册上，禀告祖先。他把这个简册叫作金兰簿。后世就把结拜成兄弟叫作"义结金兰"。　◎唐代末年，李宗闵主持选拔人才，提拔了很多知名人士，当时的人形容他们像玉笋一样破土而出，称他们为"玉笋班"。

赵归完璧，齐解连环。

【译文】玉璧完整地回到赵国，齐太后解开玉连环。

【解说】◎战国时期，赵惠文王得到了楚国的宝玉和氏璧，秦昭王听说了，就派人给赵王送信，愿意用十五座城来换取和氏璧。赵王害怕秦国的强大，不敢不答应，又怕秦王不讲信用，拿到玉璧后不给赵国城，就要找一个能够不辱使命的人去与秦王交涉，蔺相如被推荐给了赵王。赵王问他："秦国拿了玉璧又不给我城，怎么办呢？"蔺相如答道："我愿意拿着璧去。如果秦国的城划归赵国，就把璧留在秦国；如果秦国不给赵国城，我一定把璧完整地拿回赵国来。"相如到了秦国之后，发现秦王并没有割让城池的诚意，就依靠自己的智慧和勇气，使玉璧安全地回到了赵国。这就是"完璧归赵"的故事。　◎秦始皇给齐国的王太后送去一个玉连环，说："齐国聪明人多，能把这个玉连环解开吗？"王太后拿给大臣们看，大臣们谁都不知道怎样解开。太后就拿锤子把玉连环砸碎了，对秦国的使者说："回去告诉你们大王，齐国已经把连环解开了。"

雪夜入蔡，灯宵平蛮。

【译文】李愬雪夜入蔡州，狄青在灯节的夜里平定了南方。

【解说】◎唐宪宗元和年间，吴元济在淮西造反，占据了蔡州。李愬（shuò）奉朝廷的命令前往镇压，他听从了投降过来的原吴元济的部将李祐的建议，在一个大雪天的夜里，突袭蔡州，出其不意，活捉了吴元济。　◎宋仁宗皇祐年间，广西的侬智高起兵造反，狄青奉命前往镇压。当时侬智高拒守昆仑关，狄青来到和他相邻的宾州，正好是正月十五上元节，他就下令张灯结彩，欢度节日，并且大开宴席，第一天宴请高级将领，第二天宴请下级军官，第三天犒赏全军。第一天一直玩到天明，第二天到二鼓时分，狄青忽然说身体不舒服，起身离去了，派人来说吃点药就回来，又几次让人来劝酒。到天亮的时候，大家还都不敢走，忽然有快马来报告，狄青已经在三鼓时攻占了昆仑关。

陆倕管授，郭璞笔还。

【译文】陆倕给了纪少瑜一束青管笔，郭璞把江淹的笔收了回去。

【解说】◎传说梁代纪少瑜有一次做梦，梦见作家陆倕（chuí）给了他一束青色的笔管上刻花的笔，说："我觉得这笔还可以用，你自己选好的用吧。"从此以后纪少瑜的文章有了很大进步。　◎梁代江淹是著名文学家，但晚年才华减退，写不出什么好文章。传说他梦见一个人自称是郭璞，对他说："我有一支笔在你这里已经很多年了，应该还给我了。"江淹就从怀里摸到一支五色笔还给了他。从此以后写诗再也没有好句子了。

颜曾骥附，耿欲龙攀。

【译文】颜渊曾经随着孔子出名，耿纯想要攀龙鳞上天。

【解说】◎颜渊是孔子最喜爱的弟子，后世留下了很多他的事迹。但是司马迁说："颜渊虽笃学，附骥尾而行益显。"意思是：颜渊虽然勤奋好学，但是因为他是孔子的学生，从而使他的行为更加引人注目，就像苍蝇附在千里马的尾巴上也能到达千里之外一样。　◎汉光武帝刘秀起兵之后，大臣们商议让他做皇帝，他不答应。耿纯说："天下英雄抛弃了亲人，离别了家园随同大王冲锋陷阵，他们的想法就是希望有一天能攀龙鳞附飞翼，借大王的光飞黄腾达，实现他们的志向。现在天下已经到手，大功告成，而大王却不顺从大家的意思早日登基称帝，只怕大家因为失望会产生离开您的想法。"刘秀听耿纯说得这样恳切坦率，觉得很有道理，就登基做了皇帝。

郭家金穴，邓氏铜山。

【译文】郭况家里是金穴，邓通家里有铜山。

【解说】◎郭况是汉光武帝的皇后郭氏的弟弟，皇帝经常赏赐他大量金银财宝，因此家财丰盛，无人能比，京城的人把他家叫作"金穴"。　◎邓通是汉文帝宠幸的一个人。文帝让相面的人给邓通相一相，相面的人说："最后会因贫穷饿死。"文帝说："能让邓通富起来的是我，还说什么贫穷呢？"就把四川的一座铜山赐给了他，让他自己铸钱，于是全国都用邓家的钱。文帝死了，景帝登基，罢了邓通的官，又有人告发他私自到边界外面铸钱，景帝就查抄了他的家产。邓通变得身无一文，最后竟真的冻饿而死。

卷 二

一、先 韵

魏公故笏，王氏旧毡。

【译文】魏徵用过的笏是他过去政绩的象征，王献之家的旧毛毡能显示他的名士风度。

【解说】◎魏徵，字玄成，唐代大臣，辅佐太宗，正直、敢于提意见。据《唐书·魏徵传》记载，唐文宗读《贞观政要》时，想起魏徵的贤德，便下诏访求到魏徵的五世孙魏謩，文宗问他："你家还存有过去的奏折诏书吗？"魏謩回答说只有魏徵用过的旧笏（hù）还在，文宗感慨地说："旧笏就是魏徵过去政绩的象征啊。"　◎王献之是晋朝著名书法家。《晋书·王献之传》记载，曾有小偷进入他家偷东西，到东西快被偷完的时候，他才慢慢地说："青毡是我家上辈传下来的，还是把它留下吧。"小偷吃了一惊，赶紧跑了。这个故事是说王献之能处变不惊，有名士风度。

晋帝论日，蜀臣辩天。

【译文】晋明帝谈论太阳的远近，蜀臣秦宓辩说有关天的问题。

【解说】◎《世说新语·夙慧》记载，晋明帝才几岁的时候，一天有客人从长安来到当时东晋的都城建康，晋元帝问起中原的情况，客人不禁流泪。明帝问原因，元帝就把前赵占领中原而晋朝只剩下了江南一带的情况告诉他，并问他是长安远还是太阳远，明帝回答是太阳远，因为只见有人从长安来，不见有人从太阳那边来。第二天在宴集群臣的宴会上，元帝把明帝的回答告诉了群臣同时要明帝重说一次，明帝这次却回答是太阳近，因为抬眼能见到太阳却见不到长安。　◎蜀臣指三国时蜀国的秦宓（mì）。秦宓很有学问，吴国使者张温曾问他："天有头吗？"秦宓回答："有，在西方。《诗经》里有'天于是转头向西看'这样的句子，所以推测出来。"又问："天有姓吗？"秦宓回答："有，姓刘。因为天子姓刘，所以知道天也姓刘。"张温说："太阳不是从东边出来的吗？"秦宓回答："虽然生于东方，但要沉没在西方。"当时魏、蜀、吴三国鼎立，蜀国在吴国西方，所以秦宓的回答，处处表现只有刘备的蜀国才是正统。

伋来竹马，宽示蒲鞭。

【译文】郭伋到并州上任时，有儿童骑竹马相迎；刘宽惩罚人时，用蒲草做的鞭子。

【解说】◎郭伋（jí）是汉代人。他做并州长官时，施行德政，很受老百姓的拥戴。后来他又到并州做官，当他到了并州境界时，有几百个儿童骑着竹竿当马，夹道欢迎他的到来。　◎刘宽也是汉代人，做过尚书令，南阳太守。《后汉书·刘宽传》说他"温仁多恕"，意思是温和仁厚，能宽恕人，对人很宽厚。属下犯了过错，只用蒲草做的鞭子加以惩罚。蒲草软，不会造成伤害，只是为了让人知道耻辱。

董方白蜡，张鷟青钱。

【译文】董方被称作白蜡明经，张鷟被誉为青钱学士。

【解说】◎董方是唐代人，九次考进士都没考中，当时的人称他为"白蜡明经"，意思是他跟白蜡一样光滑不能附着东西，和考试沾不上边。　　◎张鹭（zhuó）也是唐代人，文章写得特别好，员半千称赞他"鹭文辞犹青铜钱，万选万中"。当时的人称他为"青钱学士"。

宋祁红杏，李白青莲。

【译文】宋祁的红杏诗很著名，李白别号"青莲居士"。

【解说】◎宋祁是宋代人，担任工部尚书，他的诗以"红杏枝头春意闹"一句最为著名。与他同时的张先也擅写诗词。一次宋祁想见张先，先派人去传话："尚书想见'云破月来花弄影'郎中。"张先在屏风后回答说："莫非是'红杏枝头春意闹'尚书吗？"　　◎李白是唐代大诗人，著有《答湖州迦叶司马问白是何人》一诗："青莲居士谪仙人，酒肆藏名三十春。"青莲居士是李白别号。

范居让水，吴饮贪泉。

【译文】范柏年住在让水边，吴隐之敢于喝贪泉水。

【解说】◎范柏年是南朝宋人，籍贯梁州。一次见宋明帝，明帝说到广州有贪泉，问柏年："梁州有这种水吗？"柏年回答："梁州只有廉泉和让水。"明帝又问柏年住在什么地方，回答说住在廉泉和让水之间。柏年因为答话巧妙，很受明帝赏识。　　◎吴隐之是晋朝人，正直廉洁。当时的广州依山靠海，资产丰饶，所以做地方官的大都贪污搜刮。晋朝皇帝想革除这个弊病，就派吴隐之做广州刺史。在广州城外二十里，有条溪流叫贪泉，据说谁喝了就会变得贪得无厌。吴隐之到了这里后，对他的亲随说："不去想那些勾动欲望的东西，你的心里自然就会清净不乱，不会因为喝了这水就变心。"说完亲自酌起水来喝掉，到任后，果然更加清正廉洁。

小友李泌，圣童任延。

【译文】 李泌被宰相称为小友，任延有圣童的称号。

【解说】 ◎《唐书·李泌传》记载，李泌七岁就能写文章，宰相张九龄非常喜欢他。张九龄平时与严挺之、萧诚的关系很密切，严挺之厌恶萧诚阿谀奉承，劝张九龄不要跟他来往。但张九龄认为萧诚温顺，讨人喜欢，不听严挺之的劝阻。李泌在一旁认真地说："您从平民起家，因为正直做到宰相，竟会去喜欢阿谀奉承的人吗？"张九龄听了很受震动，诚恳地向李泌致谢，并称他是小友。　◎任延是汉代人。十二岁时成了太学生，精通《诗经》《易经》《春秋》等前代经典，在太学里很有名，人称任圣童。

班超燕颔，马周鸢肩。

【译文】 班超的下颔像燕子，马周的肩膀像老鹰。

【解说】 ◎班超是汉代人，曾出使西域，封定远侯。年轻时他去看相，相者对他说："您现在虽然是个读书人，但以后会在万里之外封侯。"班超问为什么，相者说："您生有燕子一样的下颔，老虎一样的脖子，这是万里侯的相貌。"　◎马周是唐代人。年轻时，家里很穷，后来到中郎将常何家里做门客。贞观五年，唐太宗下诏要百官议论政策得失。常何是个武将，没什么学问，马周就替他总结了二十几条意见，结果深受太宗赏识。官员岑文本对人说："马周很有才学，但他的肩头上耸像老鹰一样，升迁会很快，但恐怕不会持久。"

飞凫叶令，驾鹤缑仙。

【译文】 飞凫是叶县县令的化身，成了仙的王子乔骑着白鹤落在缑氏山上。

【解说】◎凫（fú），就是现在所说的野鸭子。《后汉书·方术传》记载，王乔是河东人，显宗时做叶县县令，他很有神术，每月初一和十五都从县里赶到朝廷。皇帝对他频繁往来却又不坐车或者骑马，感到很奇怪，就派太史偷偷察看。太史报告说，每到王乔快来的时候，就有一对野鸭子从东南方飞来。于是命人等野鸭子飞来的时候张网捕捉，但网里捕到的只有一只鞋。　◎王子乔，传说是周灵王太子，名叫晋。他喜欢吹笙模仿凤凰的声音，常在伊水洛水一带漫游，后来道士浮丘公将他接引上了嵩山。三十年后，有人在山上见到他，他要人转告："七月七日，让我家人在缑（gōu）氏山顶上等着我。"到了那一天，他果然骑着白鹤落在山头上，但他家里人只能看到他却无法接近他。几天后，他又骑鹤离去了。

佛成谢后，杰愧卢前。

【译文】谢灵运说孟颙成佛必定在自己后面，初唐四杰之一的杨炯惭愧自己的名字排在卢照邻的前面。

【解说】◎谢灵运是南朝宋人，他的文章华美，山水诗非常著名。他曾在会稽做小官，会稽太守孟颙（yǐ）笃信佛教，谢灵运很看不起他，曾经对他说："领会佛教真谛是要有智慧的，你虽然生在我之前，但成佛肯定在我后面。"孟颙因此十分嫉恨谢灵运。　◎王勃、杨炯、卢照邻、骆宾王四人，都是唐朝初年著名诗人，人称他们为"初唐四杰"。杨炯曾经说："我惭愧排名在卢照邻之前，耻于排在王勃的后面。"

二、萧　韵

杜门李谧，署户崔儦。

【译文】李谧闭门读书，崔儦在门上写对客人的选择。

【解说】◎李谧（mì），北魏人。小时候就很好学，博览群书。国家召他做著作佐郎，他把这个职位让给了弟弟，州里两次推荐他，也都拒绝了。他常说："大丈夫拥有万卷书，还去做官干什么？"后来闭门谢客，一心读书。　◎崔儦（biāo），隋朝人。平时以读书为头等大事，看重才学，不愿与一般人交往。曾经在门上写过"没读过五千卷书的人，请不要进门"。

书师卫铄，史继班昭。

【译文】王羲之曾向卫铄学习书法，班昭替哥哥班固写完了《汉书》。

【解说】◎卫铄，世称卫大人，晋朝书法家，擅长写隶书。她的书法被评论为："像冰壶里的碎玉，瑶台上的月光，像花树一样秀丽，清风一样和穆。"王羲之小时候常常向她学习。　◎班昭，汉代班彪的女儿。她的哥哥班固著《汉书》，尚未完成就去世了。汉和帝就命班昭接替完成。

郑虔柿叶，怀素芭蕉。

【译文】郑虔用柿叶替代纸，怀素在芭蕉叶上练字。

【解说】◎郑虔善画山水，喜爱书法，但常常苦于没有纸练习。恰好当时慈恩寺贮存了几屋子柿树叶，郑虔就每天去拿这些叶子练习。日久天长，叶子几乎被他用完。　◎怀素是唐代僧人，擅长草书。他曾在自己住的庙的周围，种了数万棵芭蕉，用芭蕉叶子代纸来练习书法。

偓圆履木，肇赋衔标。

【译文】孙偓梦见自己在木材堆上，卢肇作"衔得锦标归"诗。

【解说】◎孙偓（wò），唐朝人。状元及第前一年，他曾梦见自己在几百根木头上来来回回地走。请李处士圆梦，处士说："恭喜，来年你必定考中状元。为什么呢？因为你梦到的是自己在众材之上的意思。" ◎卢肇（zhào）是唐代袁州人。他与同郡的黄颇一起赴考。黄颇家十分富有而卢肇很贫穷，郡里的官员设宴为黄颇饯行的时候，卢肇只好骑着瘦驴，绕过宴会的地方到城外十里等着黄颇一道走。第二年，卢肇中了状元回乡，各级官员又都纷纷为他接风，恰好这些官员们请卢肇看赛龙舟，卢肇就在席上作诗道："向道是龙刚不信，果然衔得锦标归。"

韦袍覆缬，苏牓书绡。

【译文】唐德宗为睡着的韦绥盖上丝袍，宋太宗在生绡上写字赐给苏易简。

【解说】◎唐德宗时，翰林学士韦绥深受信任。德宗曾经和韦妃亲临翰林院，正碰上韦绥在睡觉，当时天很冷，德宗就脱下韦妃的缬袍盖在韦绥身上，然后悄悄离开。缬（xié），一种花丝绸。 ◎苏易简是宋太宗时的翰林学士。太宗曾在生绡上题了"玉堂之署"四个字，命令苏易简悬挂在翰林院大厅的门额上。太宗又赐宴前往观看的翰林学士们，苏易简等都作诗唱和来记叙此事。绡（xiāo），生丝。牓（bǎng），通"榜"，匾额。

梅珍屈膝，陶重折腰。

【译文】梅颐很珍重向别人屈膝致谢，陶渊明不愿为五斗米折腰。

【解说】◎梅颐是晋朝人。他曾经有恩于陶侃，后来他做豫章太守时出了事，王丞相派人将他抓了起来。陶侃这时是长沙郡公，他说："皇帝年龄大了，什么事都是郡王说了算，王丞相既然能抓，我为什么就不能放呢？"于是派人在江口把梅颐截了下来，梅颐见了陶侃就要下拜，陶侃连忙制止了他，梅颐说："我的膝盖，以后不会再向别人弯曲了。"　◎陶渊明，是陶侃的曾孙。少年时就很有节操，后来因为家贫，出来做了彭泽县令。一次，郡里派督邮到县里，官吏对陶渊明说，应该穿着官服去迎接。陶渊明感叹道："我不能为了五斗米的俸禄，去低头弯腰，侍奉乡里小人。"于是辞官回家，并作《归去来辞》表明自己的志向。

付驹王逊，留犊时苗。

【译文】王逊把自家的马驹交给公家，时苗把自己的牛犊留在县里。

【解说】◎《晋书·王逊传》记载，王逊当上洛太守时，自家的牛马生了驹犊，他都交给官府，说是在郡内生下来的，就属郡里所有。　◎汉魏时，时苗做寿春县令，上任时骑了一头怀孕的牛，一年后这头牛生了个小牛犊。等到离任时，时苗就把小牛犊留下了。他对县里的主簿说："我来时本来没有这头牛犊，它是在本地生的，应该留在这里。"

韶夸经笥，球寄诗瓢。

【译文】边韶夸自己满腹经纶，唐球把自己的诗稿放在大瓢里。

【解说】◎边韶（sháo），字孝先，汉代人，以文学知名，教了几百个学生。边韶的口才很好，一次他在大白天睡觉，一个学生偷偷在下面嘲笑他："边孝先，腹便便（pián pián），懒读书，但欲眠。"边韶正好听见了，立即说："边为姓，孝为字，腹便便，五经笥（sì）。但欲眠，思经事。寐与周公通梦，静与孔子同意，师而可嘲，出何典记。"那学生听了，十分惭愧。五经笥（sì），指装有诗、书、礼、乐、春秋五种经书的竹篮。　◎唐球，唐代隐士，平时每作了诗，就把稿子捻成圆形装到大瓢里。临终时，他把诗瓢投到江里，并说："如果这些文稿不沉没，得到它的人才会知道我的苦心。"诗瓢漂到新渠，有认得这个诗瓢的人说："这是唐山人的瓢。"就把它捞了上来。

商隐獭祭，子云虫雕。

【译文】李商隐作文章爱用典故就像獭祭鱼，扬雄认为写辞赋是雕虫小技。

【解说】◎獭（tǎ）会把捕到的鱼在水边排列，像祭祀似的，叫獭祭鱼。李商隐是唐代诗人，他写文章喜欢排列典故，所以人称他獭祭鱼。　◎汉代扬雄字子云，他年轻时喜好辞赋，常常模仿大辞赋家司马相如。等到壮年，他又认为写辞赋是大丈夫不屑的雕虫小技。

作记李贺，修文苏韶。

【译文】李贺为天上的白玉楼作记，苏韶作了阴间的修文郎。

【解说】◎李贺是唐代诗人。李商隐作的李贺小传中记了一个传说：李贺快死的时候，大白天看到一个红衣人骑着一条红色的虬龙，手里拿着一块写着怪异文字的玉版，来到床前，说天上召他去。李贺赶紧说："我母亲年纪大了并且有病，我不愿去。"红衣人笑着说："天帝盖了一座白玉楼，要请你去作一篇记文。天上的生活是很舒服的。"不一会儿，李贺就咽气了。　◎晋代的苏韶，字孝先。他死后，他的堂弟苏节有一天梦见自己遇到出行的仪仗行列，并且在行列里看到了苏韶。又有一次，苏韶白天显形，苏节就把他请到室内，设座并给他下拜，同时又把门上了锁，想留住他。但是苏韶很轻易地出了门，临走前对苏节说："我现在做了阴间的修文郎，要坚守职责，以后不能再来了。"

三、肴　韵

仲若鼓吹，浪仙推敲。

【译文】戴颙认为黄鹂的叫声是撩动诗思的音乐，贾岛琢磨"推""敲"二字。

【解说】◎《云仙杂记》卷二记载，戴颙（yóng）字仲若，他春天时带着两个柑子、一杯酒外出，别人问他要到哪去，他说："去听黄鹂叫声。这是改正俗耳的工具，撩动诗思的音乐。"　◎贾岛，字浪仙，唐代诗人。他本来是个和尚。第一次到京师时，在驴背上吟了两句诗："鸟宿池边树，僧敲月下门。"作完后又觉得用"推"字好，于是就在驴背上用手做推、敲的动作，不知不觉冲撞了京兆尹韩愈出行的仪仗。左右的人把他推到韩愈的面前，贾岛就把此事跟韩愈说了，韩愈在马上想了一会儿，说："还是作'敲'字好。"于是让贾岛跟自己一块回去，互相探讨，成了很好的朋友。

超窥王导，姣语石苞。

【译文】桓彝看到王导觉得他有过人之处，石苞被称作姣好无双。

【解说】◎《世说新语·企羡》记载，王导由丞相做了司空，廷尉桓彝在路边看到他，感叹说："人说阿龙超群，阿龙果然超群。"阿龙是王导的小名。　◎石苞是晋朝人，石崇的父亲。石苞相貌风度优雅旷达，也很聪明，所以当时的人说："石仲容，姣无双。"仲容是石苞的字。

辛轩名稼，饶屋易茅。

【译文】辛弃疾给自己的轩起名稼轩，饶子卿的屋子每年换一次茅草。

【解说】◎辛弃疾是南宋词人，字幼安，曾做过宝文阁待制。但他认为，人生在于勤劳，应该以种田为先，所以就给自己的轩起名稼轩。◎《云仙杂记》卷二：饶子卿隐居在庐山康王谷，没有瓦屋就用茅草代替瓦，每年一换。

季路仆鳀，灭明斩蛟。

【译文】子路击倒鳀鱼精，澹台灭明斩杀了水中的蛟龙。

【解说】◎《搜神记》记载，孔子被困在陈国的时候，有天晚上在驿馆中弹着琴唱歌，忽然有个身高九尺多，穿黑衣，戴高帽的人闯进来，并大声叫唤。弟子子贡听见声音，便进来问："什么人？"那人一下就把子贡挟了起来。子路把他引到院子里，与他搏斗，战斗了一会，未能取胜。孔子在旁边观察到那人的肩膀上有块地方时时开合，就让子路去抓那地方，那人便倒在地上，原来他是一条大鳀（tí）鱼变的。　◎澹台（tán tái）灭明带着价值千金的璧玉渡河，河伯想得到这块璧，于是兴起风浪，又派两条蛟龙挟持灭明坐的船，澹台灭明生气地说："我的东西可以以礼相求，想靠威胁绝对办不到。"挥舞宝剑就把两条蛟龙斩了，顿时风平浪静，灭明把璧扔进河里，扔了三次，那璧从水中跳出三次，灭明于是把璧毁了扬长而去。

韩愈吞篆，虞翻饮爻。

【译文】韩愈吞下写有篆字的书卷，虞翻吃了六爻中的三爻。

【解说】◎韩愈是唐代文学家，他曾说自己小时候梦见有一个人给了他一卷篆字书，命他吞下去。当时旁边还有一个人鼓掌大笑。醒后，还觉得胸中好像噎着东西。　◎三国时虞翻曾注解过《老子》《周易》等著作。他也曾叙述自己梦见与道士相遇，道士披散着头发，穿着鹿皮大衣，排列着六爻（yáo）的变化，并且拿了六爻中的三爻给他吃。虞翻要求把六爻全吃了，道士说："易经的道理是上应于天的，你吃了三爻，对于经的变化已知道得够多了。"

贤尊陶甫，隐陋许巢。

【译文】贤能的人要首推雄陶、灵甫等，隐居的巢父看不起许由邀名射利。

【解说】◎陶潜《群辅录》记载，雄陶、灵甫、方回、续牙、伯阳、东不訾、秦不虚是舜的七位朋友，都是上古很贤德的人。　◎巢父是尧时的隐士，住在深山里，不与世间接触。许由是他的朋友，当时尧要把天下让给许由来治理，许由为了表示不愿听这种有污自己清净的话，就跑到颍水边去洗耳朵。巢父很看不起他这种做法，对他说："如果你住在深山僻谷，不与世人打交道，不抛头露面，谁又认识你呢。你现在跑来洗耳朵，不过是沽名钓誉罢了，你不配当我的朋友。"

笠车盟誓，杵臼定交。

【译文】百越一带的人用戴笠乘车作为结盟的誓言，吴祐与公沙穆在杵臼之间成为朋友。

【解说】◎周处《风土记》记载，百越一带的风俗很直率而又淳朴。与人交朋友时，常这样祷告：君虽然坐车，我戴着斗笠，以后相逢你要对我作揖；我步行，君骑马，以后相逢君应当下马。　◎《后汉书·吴祐传》记载，吴祐字季英，被推举为孝廉。当时有个名叫公沙穆的人，到太学学习，因为钱粮用完，就改换装束到吴祐家帮佣舂米。一次吴祐偶然与他聊天，对他的学识谈吐非常惊奇，二人就在舂米的杵（chǔ）臼之间成了朋友。

菩萨称李，阎罗比包。

【译文】李士谦被称为菩萨，包拯被比作阎罗。

【解说】◎《北史·李谧传》记载，李谧的儿子名叫士谦，从小就以孝闻名。十二岁时，被魏广平王元赞聘为开府参军。后来博览群书，并且乐善好施，荒年用以赈济穷人的谷子超过万石，很受当地百姓的爱戴，当时的刺史称他是菩萨。　◎包拯，宋代人。曾做过开封府知府，正直刚毅，权贵宦官都十分怕他，京师的妇女小孩都知道他的名字，当时流传这样的话："关节不到，有阎罗包老。"意思是：无法打通关节（指行贿不了）的地方，只有像阎罗王的包拯那里。

曼倩答难，子云解嘲。

【译文】东方朔回答客人的问难，扬雄对别人的嘲讽进行辩解。

【解说】◎东方朔字曼倩，是汉武帝身边的"弄臣"，很诙谐。武帝时国家多事，一些文学之士也都做了大官，为国家的事奔走。而东方朔最大只做到太中大夫，所以他就上书汉武帝，谈论国家大事，并要求当个大官好一显自己的本事，但是武帝不理他。他就又作了一篇文章，假设有一个客人向自己提难题，他一一解答，用以表达对自己地位卑下的不满。　◎扬雄，字子云。汉哀帝时，丁傅、董贤掌握国家实权，巴结他们的人都能得到高官厚禄，而扬雄一心一意写《太玄经》，淡泊不求名利。有人嘲讽他只会弄些玄远不着边际的东西，不知追求眼前实利，扬雄对这些嘲讽加以反驳，写了一篇赋叫作《解嘲》。

帝衣三浣，相膳一肴。

【译文】唐文宗的衣服洗过三次，公孙宰相每顿饭只有一个菜。

【解说】◎柳公权是唐代书法家，曾担任中书舍人，并为翰林学士。一次他与其他六个学士去见唐文宗，文宗称赞汉文帝很俭朴，同时举着自己的衣袖说："这件衣服洗了三次了。"其他的学士听了都向皇帝表示祝贺，只有柳公权不说话，文宗问他原因，他说："当皇帝应该注重提拔贤才，听取意见，明确赏罚这样的大事。穿着洗过的衣服，这只是小节，无益于国家治理。" ◎《西京杂记》卷二记载，公孙弘做了宰相后，旧时的朋友高贺去找他，他用粗米饭、布被招待，高贺很不高兴，说："老朋友富贵了有什么用呢？粗米布被，我自家也有。"回去以后，又四处跟别人说："公孙弘里面穿着高级衣服，外面却套着麻衣，自己吃时山珍海味应有尽有，对外招待人时每顿饭却只有一个菜，这怎么能做天下表率呢？"结果朝廷对公孙弘也有些怀疑，认为他平时的一切都是伪装的。公孙弘感叹说："宁愿碰到坏客人，不愿碰到老朋友。"

四、豪　韵

程惟说饼，刘不题糕。

【译文】程季聊天时只说饼，刘梦得作诗不用糕字。

【解说】◎宋公到长安，遇到一个很聪明的人叫程季。宋公说："今天这顿饭，最先应吃什么呢?"程季说:"深秋时赏景，静无鸣蝉，微风和谐，夜凉如水，此种景色，只能说饼最适宜。"程季此话暗指应有满月。　◎《邵氏闻见后录》卷十九记载，刘梦得作重阳诗，想押一"糕"字韵，因为五经中没有糕字，就不用了。宋代的宋祁却不以为然，他的《九日食糕》诗这样写道:"飙馆轻霜拂曙袍，糗餈花饮斗分曹。刘郎不敢题糕字，虚负诗中一世豪。"糗(qiǔ)饵、粉餈(cí)，都是糕类，出自五经之一的《周礼》。宋祁的这首诗因此成为古今绝唱。梦得是唐代刘禹锡的字。

正叔龙甲，超宗凤毛。

【译文】潘尼等人的诗文如龙甲一样不可多得，谢超宗的文才被认为是凤毛麟角。

【解说】◎钟嵘《诗品》卷中:"平叔'鸿鹄'之篇，风规见矣。子荆'零雨'之外，正长'朔风'之后，虽有累札，良亦无闻。季鹰'黄花'之唱，正叔'绿蘩'之章，虽不具美，而文采高丽。并得虬龙片甲、凤凰一毛。事同驳圣，宜居中品。"何晏字平叔，潘尼字正叔，张翰字季鹰，王赞字正长，孙楚字子荆，都是魏晋时的文人。这段话的意思是说五个人的诗文不是整体都好，但其中有一二佳作，就像龙的一片甲、凤凰一根毛。　◎谢超宗是谢灵运的孙子，文才很好。他作的追悼新安王刘子鸾母亲的诔文被皇帝看见了，皇帝大加赞赏，对左右的人说:"超宗的文才确实像凤毛一样难得。"

齐王鸡跖，毕卓蟹螯。

【译文】齐王吃鸡爪子必吃几十个才能饱，毕卓认为有美酒和螃蟹腿便是人生乐事。

【解说】◎《吕氏春秋·善学》记载，善于学习的人应从小处积累，就像齐王吃鸡爪子定要吃几十个才能饱那样。鸡跖（zhí），鸡脚。 ◎晋朝毕卓生性放达，好饮酒，做吏部郎时曾因偷喝邻居的酒被捉住。他曾对人说："如果有美酒几百斛放在船上，右手拿着酒杯，左手拿着螃蟹腿，任船漂浮，有这种生活这一生便满足了。"螯（áo），螃蟹腿。

信狃金石，普亲醇醪。

【译文】韩信拘泥于与刘邦的金石之交，程普说与周瑜交往像喝醇酒一样。

【解说】◎《汉书·韩信传》记载，汉王刘邦立韩信为齐王，让他发兵攻打项羽。项羽就派武陟去游说韩信："足下为什么不反汉助楚呢？楚王与您是老关系，而汉王刘邦这个人很不可信，惯于背信弃义。您现在自以为与汉王有金石之交，但最终您肯定会被他铲除掉。"狃（niǔ），拘泥。 ◎三国时，周瑜很年轻就被孙权任命为将军，老将程普颇不服气，几次羞辱周瑜，周瑜每次都退让，不和他计较。程普很受感动，转而钦佩周瑜并与他亲近。他跟人说："与周公瑾交往，就像喝醇酒一样，不觉就醉了。"醇醪（chún láo），好酒。

周餐早韭，邢去邪蒿。

【译文】周颙吃初春早生的韭菜，邢峙命令撤去邪蒿这道菜。

【解说】◎《齐书·周颙传》记载，周颙（yóng）字彦伦，有隐士的风度，虽然官做到太子仆，但清贫寡欲，终日只吃蔬菜。文惠太子曾问他："菜食中什么味道最好？"他说："春初早韭，秋末晚菘。"菘（sōng），白菜。 ◎《北齐书·儒林传》记载，邢峙做国子助教时是皇太子的经学老师，御厨送来太子的食物，其中有道菜叫"邪蒿"，邢峙让人把这道菜撤走，说："这道菜名字不正，对太子不合适。"

峻矜葛帔，睢感绨袍。

【译文】刘孝标怜悯葛布披肩，范睢感激粗棉袍。

【解说】◎南朝梁任昉生前做过御史中丞、秘书监，但他的几个儿子都没什么本事，在他死后四散流离。他的老朋友们都不闻不问，没有人出来过问。有一次，刘孝标在路上遇到任昉的一个儿子，大冬天还穿着葛布披肩、绸布裙，冻得瑟瑟发抖，不禁流泪说："我一定给你想办法。"于是就作了《广绝交论》，将任昉的老朋友们嘲讽了一番。刘孝标，即刘峻。帔（pèi），披肩。　◎范睢（jū），战国时魏国人。跟随魏中大夫须贾出使齐国，齐襄王听说范睢很会辩论，就派人给范睢送了很多礼物，但被拒绝了。须贾听说了这事，认为范睢必定是把魏国的机密泄露给了齐国，回去将此事报告了魏相。魏相大怒，派舍人将范睢打得肋折齿落，范睢装死逃出，化名张禄，被秦国请去，拜相封侯。须贾出使秦国，范睢穿着破衣服去见他，须贾见范睢，很吃惊，说："范先生别来无恙？你现在怎么落魄到这地步。"于是拿出自己的一件绨袍送给范睢。但不久他知道了范睢就是秦相国张禄，十分震惊，连忙向范睢请罪，范睢说："我之所以放过你不向你报复的原因，是因为看你送我绨袍，还有眷恋故人的意思。"绨（tí），一种粗丝织品。

唐朝六逸，何氏三高。

【译文】唐朝有竹溪六隐士，何氏三兄弟都是退隐的高士。

【解说】◎唐朝李白与孔巢父、韩准、裴政、张叔明、陶沔都居住在徂徕山中，每日饮酒赋诗，后世称为"竹溪六逸"。　◎南朝齐时的何胤（yìn），与两个哥哥何点、何求先后退隐，被称为"何氏三高"。

孔璋文伯，梦得诗豪。

【译文】陈琳被赞为文章宗伯，刘禹锡被白居易推许为诗豪。

【解说】◎陈琳字孔璋，三国时期的人。他的文章被吴国张纮看到，张纮就写信给他，大加赞美。陈琳回答说："我平时在河北，与天下隔绝，当地文人很少，所以容易称雄，被人赞为宗伯，实际是名不副实。现在冀州有王朗，吴地有您和张昭，我是小巫见大巫，一点神气也没有了。"　◎唐朝刘禹锡善写诗，老年之作尤其好，与白居易有很多唱和之作，白居易推许他为诗豪。

季札脱剑，吕虔赠刀。

【译文】季札解剑送给故人，吕虔把刀赠给有贤才的人。

【解说】◎《新序》卷七记载，季札出使晋国，先去拜访徐君，徐君看着季札佩的宝剑，虽没说什么，但脸上的表情表明他很想得到宝剑。季札出使回来时，徐君已死在楚国。季札说："当时徐君想要我的宝剑，我因为要出使大国，没给他，但我心里已答应了他。现在他死了，我若不把剑给他，这是欺骗自己的内心。"于是解剑送给徐君的儿子。徐君儿子说父亲没有遗命，不能接受，季札就把剑挂到徐君墓旁的树枝上走了。　◎晋代吕虔有把佩刀，工匠鉴定说，只有官至三公的人才可佩此刀。吕虔听了对王祥说："如果不是那样的人而要佩带此刀，可能反受其害，你有三公辅臣的前途，这刀就送给你吧。"

明珠卫玠，璞玉山涛。

【译文】卫玠像明珠一样光彩照人，山涛有璞玉一样的品质。

【解说】◎晋代卫玠，风姿秀异，小时候坐羊车到街上，满街的人都跟着看。卫玠的舅舅王济也俊爽有风采，但每见到卫玠就感叹说："珠玉在侧，觉我形秽。"　◎晋代的王戎很会鉴赏人，他认为同时的山涛就像一块未经雕琢的璞玉，一般人只知他的宝贵，而不知他的作用。

五、歌　韵

城名衣锦，里号鸣珂。

【译文】城的名字叫衣锦，坊里的名字叫鸣珂。

【解说】◎唐末钱镠是杭州人，黄巢起义攻掠浙东一带，钱镠带兵抵抗。光化元年，升为检校太师。钱镠平时住的地方叫衣锦营，唐昭宗下诏将衣锦营改为衣锦城。　◎《唐书·张嘉祐传》记载，张嘉贞与弟弟张嘉祐，一个担任宰相，一个担任右金吾卫将军。兄弟俩每天上朝时，车盖仪仗满巷，当时的人称他们所住的地方叫"鸣珂里"。珂（kē），马笼头上的玉饰。

高祖封齿，威王烹阿。

【译文】汉高祖封雍齿为侯，齐威王处死阿大夫。

【解说】◎汉朝刚建立的时候，高祖刘邦分封功臣，但还有一些人没有封到，结果引起不满，人心思变。刘邦接受张良的建议，封自己最不喜欢的雍齿为什方侯。其他人一听这个消息，都很高兴，认为雍齿都封了侯，还担心什么呢。　◎齐威王即位之初，政事都交给卿大夫处理，结果九年之间屡遭邻国攻伐。齐威王于是召来即墨大夫说："自从你到了即墨之后，我平时所听到的都是不利于你的坏话，但我派人去即墨视察，发现田野已开辟，百姓富足，官吏尽职。这是你不愿买通我的左右来求好名声啊。"于是封即墨大夫为万户侯。又召阿大夫说："自从你到了阿这个地方后，每天都能听到人讲你的好话，但派人去视察，田野荒废，人民贫苦。这是因为你重金贿赂我手下的人，让他们替你讲好话。"于是将阿大夫处死，一班讲假话的人也受到了惩罚，齐国从此不再有敢讲假话的人。

鲁阳退日，周武罢波。

【译文】鲁阳公命太阳倒退三舍，周武王使波浪平息。

【解说】◎《淮南子》记载，楚国的鲁阳公与韩国打仗，战斗最激烈时，天色晚了，鲁阳公拿起戈对着太阳挥舞，太阳为之倒退三舍。一舍为三十里。　◎周武王讨伐商纣王，渡孟津时，大浪汹涌，劲风吹得天昏地暗，人马不能相见，周武王左手拿斧钺，右手拿白旄，怒目挥舞，说道："我为天下谋利益，谁敢阻挡我。"于是风浪平息，大军安然渡河。

星临益都，查犯天河。

【译文】二使者飞临益州的星区，木筏漂到了天河里。

【解说】◎李郃是汉代术士，善于观测天象。汉和帝即位后，派使者到各地微服查访。到益州的两个使者就住在李郃的官署。夏天的夜晚，三人坐在室外，仰观星空，李郃说："两位从京师来，知道皇帝派了两个使者到益州吗?"两个使者很吃惊，问李郃怎么知道，李郃说："我观察天象，看见有两颗使星向对应益州的星区飞去，所以知道。"　◎旧时传说天河与大海相通。有一个住在海岸边的人，每年八月都见到一个木筏漂来。那人心中好奇，便在木筏上搭了个篷，备了很多干粮，乘着木筏漂走了。飘飘忽忽，不知昼夜，终于到了一个地方，房屋井然有序，远远看见宫殿里有许多妇女在织布，又遇到一个人牵了许多牛到河边饮水。那人就向牵牛人打听这是什么地方，牵牛人说："你回去问蜀郡的严君平就知道了。"那人回去问严君平，君平说："某年月日，有客星侵犯牵牛星。"正是那人到天河的日期。查，木筏。

子猷竹啸，斯立松哦。

【译文】王子猷在竹林长啸，崔斯立在松下吟哦。

【解说】◎王徽之字子猷（yóu），是晋代王羲之的儿子。他性情放达，不受礼俗束缚。当时吴中有一士大夫家种了不少好竹子，王徽之便乘车来到竹林，赞叹不已并长啸了数声。主人请他坐，他不但不听，还要走，主人只好关上门，让他自己在竹林尽情欣赏。　◎唐代崔斯立，因为议论朝政得失被罢官，后来又被委任蓝田县丞。他种了两棵松树，每天在两棵树之间念念有词，别人问他干什么，他说："我现在正公事在身，请你走开。"哦，读é。

祖逖击楫，刘琨枕戈。

【译文】祖逖中流击楫，刘琨枕戈待旦。

【解说】◎西晋末年，前赵占领中原，晋都南迁建康。祖逖正当晋朝仓促之间无力北伐的时候，向晋元帝进言北伐之事。元帝就委任他为豫州刺史，拨给布帛粮草，让他自己去招募人马。祖逖带着自己部曲内的百余家人渡江，在江中心击打着船桨说："我如果不能恢复中原的失地，就绝不再渡此江。"说时辞色壮烈，同渡的人都很振奋。　◎刘琨少有大志，与祖逖是好朋友。当他听说祖逖被晋元帝召用后，就写信给亲友说："我每晚枕着戈等待天明，誓将占领中原的敌人驱逐。常担心祖生走在我的前面。"

道林好鹤，逸少爱鹅。

【译文】支道林好鹤，王羲之爱鹅。

【解说】◎晋僧人支道林喜欢鹤，有人曾送了两只给他，没多久，鹤长出了翅膀要飞走，支道林觉得惋惜，就把鹤的翅膀剪短了。但看到鹤反复扇动翅膀又不能飞走，好像很沮丧的样子，就说："你既然有高飞的志向，又怎么能做人的玩物呢。"于是等鹤的翅膀再长出来时，就把它们放飞了。　◎晋代书法家王羲之很喜欢鹅。山阴有一个道士养了很多鹅，羲之听说后就去看。道士见他十分喜欢，就提出让王羲之书写老子的《道德经》来换这群鹅，王羲之欣然同意。写完后，带着鹅高兴地回家了。

河游五老，华祝三多。

【译文】五位老人在黄河中出现，被封在华地的人向尧祝福。

【解说】◎传说尧要把天下让给舜，就选择吉日，在黄河边举行仪式。这时有五位老人在黄河中出现，对尧等人说："黄河中将出现河图。知道我们的人长了两个瞳仁。"说完五人一齐变为流星，向天空飞去。原来他们是金木水火土五星。　◎尧视察华地，这个地方的封人来见他，说："啊，圣人，为您祝福，祝您长寿。"尧说："不敢当。"封人又祝尧富贵，后代多男子，尧都说不敢当。封人很奇怪，这三样是一般人都想得到的，为什么尧偏偏不想呢？尧说："多男则忧虑多，富贵则麻烦事多，长寿则受到的羞辱多。"封人说："天生万民，每个人都有自己的事情做，后代中男子多，但让他们每人都有事做，还有什么可忧虑的呢？富贵了让别人分享，又有什么麻烦事呢？圣人独居，不求扬名，天下有道就做一番事业，无道则退隐自修。千年以后离世，乘着白云，到达仙乡。又会受到什么羞辱呢？"封人，官名。

周郎顾曲，郭讷言歌。

【译文】周瑜盯着奏错曲子的人，郭讷谈论歌的好坏。

【解说】◎三国周瑜精通音律，即使在喝了许多酒之后也能听出演奏的错误，听出来后必定要盯着演奏错了的那个人看，所以当时的人说："曲有误，周郎顾。"顾，回头看。　◎晋代郭讷有一次到洛阳，听歌伎唱歌，听完称好，石崇问他曲子名是什么，他说不知道。石崇笑道："你连曲名都不知道，还说什么好。"郭讷回答说："你见了西施，一定要知道她的姓名才觉得她美吗?"

匝梁王母，绕枥韩娥。

【译文】王母的歌声绕梁三匝，韩娥的歌声绕梁三日。

【解说】◎汉武帝刘彻建了一个灵寿台，让董谒乘着辇车登台，半夜三更，忽然听到野鸡叫，天色也明亮起来，西王母骑着黑色的凤凰，唱着春归曲。董谒只能听到歌声却看不到王母的人在哪里。歌声绕梁三圈方才停止，旁边草木的枝叶都随着歌声翻舞。匝（zā），圈。　◎《列子》卷五记载，薛谭跟着秦青学歌，尚未学到秦青的全部技艺，但自己觉得已没有什么好学的了，于是就向秦青辞行，秦青也不挽留，就在郊外给他饯行。酒宴时，秦青打着节拍，慷慨悲歌，林木因此受到振动，行云因此留步。薛谭赶忙谢罪，要求留下来继续学，不敢再提辞行的事。秦青对友人说："从前韩娥到齐国去，因缺粮，就在雍门唱歌求食，她走了以后，歌声仍在梁间回旋，三天以后才消失。"枥（lì），也是梁。

六、麻　韵

无功谱酒，鸿渐著茶。

【译文】王无功作酒谱，陆鸿渐著《茶经》。

【解说】◎唐代王绩，字无功。贞观年间，太乐署史焦革家善酿酒，王绩就请求到太乐署做了个小官。焦革死后，王绩就把他酿酒的方法记述下来，又给杜康以来善于酿酒的人作了传记。　◎唐代陆羽字鸿渐，隐居在苕溪。他非常擅长品茶，著有《茶经》。当时卖茶的人甚至把他当作茶神来供奉。

植吟煮豆，贤咏摘瓜。

【译文】曹植吟煮豆诗，李贤作摘瓜歌。

【解说】◎魏文帝曹丕想加害弟弟曹植，就命他在七步之内作出一首诗，否则，就把他杀掉。曹植未走完，七步诗便作成了，诗中这样说："煮豆持作羹，漉菽以为汁。萁在釜下燃，豆在釜中泣。本自同根生，相煎何太急？"曹丕听了，十分惭愧。　◎唐高宗有八个儿子，其中有四个是武则天所生。在这四个之中，李弘是长子，被立为太子。武则天图谋临朝听政，将李弘毒死，又立次子李贤为太子。李贤非常担忧，就作了一首诗，让乐工谱了曲唱，希望以此感动高宗及武后。歌词是："种瓜黄台下，瓜熟子离离。一摘使瓜好，再摘令瓜稀。三摘尚云可，四摘抱蔓归。"

齐征梦菜，珏兆生麻。

【译文】梦中的菜苗象征蔡齐，房下生麻预示郑珏要做宰相。

【解说】◎宋真宗主持殿试，头天晚上，梦到有一棵菜，长得很壮。第二天拆卷，第一个是蔡齐。真宗看他长得相貌堂堂，策论也写得很好，说："就是这个人了。"　◎后唐郑珏（jué）与李愚都在翰林院做承旨，有一天郑珏的房下长了一棵麻。李愚说："你将要当宰相了，因为霜降以后，只有白麻生长。"这夜任命书出来，郑珏果然被任命为宰相。

左思贵纸，王播笼纱。

【译文】左思的赋使纸价变得贵起来，王播出名后诗被用纱笼起来。

【解说】◎左思是西晋诗人，他用了十年时间写了一篇《三都赋》。当时著名诗人张华看了以后，大加赞赏。结果豪贵之家，争相抄写，洛阳的纸价因此而变得贵起来。　　◎唐代王播，年轻时很贫穷，客居扬州惠昭寺。每天随和尚吃斋饭，和尚们很厌恶他，又不好当面拒绝，就故意吃过以后才撞钟，等王播听到钟声赶去，已什么都没有了。几十年后，王播作为此州长官重游这个寺院，发现自己原来题的诗都已用绿纱小心地蒙起来了。王播就又作了一首绝句："上堂已了各西东，惭愧阇黎饭后钟。三十年来尘扑面，如今始得碧纱笼。"

万石秦氏，三戟崔家。

【译文】汉秦氏家族有五人做到二千石的高官，唐崔琳家弟兄三人堂前都列棨戟。

【解说】◎汉秦袭与堂兄弟共有五人做到俸禄二千石的高官，当时称作"万石秦氏"。　　◎唐代崔琳官至太子少保，他的弟弟崔珪官至太子詹事，崔瑶官至光禄卿。出行的仪仗里都可用棨（qǐ）戟，世称"三戟崔家"。

楚王菹蛭，乐令酒蛇。

【译文】楚王吞食腌菜里的水蛭，乐广的客人被酒杯里蛇影吓病。

【解说】◎春秋时期，楚惠王有一次吃腌菜，菜里有条水蛭（zhì），他就把它吞吃了，结果肚子疼起来。令尹进问原因，惠王说："我吃菜时吃到条水蛭。心想如果问原因而不论罪，这是让法纪废弛，如果问罪，那么从厨师到监食官按法都得处死，这样做我于心不忍。我怕别人看见这条水蛭，就把它吞吃了。"令尹赶紧行礼说："皇天没有亲疏，只辅佐有德的人，大王有这样的仁德，那么天下有望了。"菹（zū），腌菜。　　◎晋乐广官至尚书令。曾经有一段时间，他的一个很亲近的客人久不登门。一次乐广遇到他，就问原因，客人说："上次在你这儿喝酒，看到酒杯里有条蛇，心里很厌恶，又不好声张，喝了酒后，回去就病了。"乐广听了也很纳闷，回到原来喝酒的地方，看到墙上挂了一把角弓，弓上画着蛇，弓的影子投到杯子里，才使那人误以为有蛇而得病。于是在同一地方再请那人喝酒，并将原因解释给他听，那人的病顿时好了。

贺若聚土，道济量沙。

【译文】贺若敦堆土当粮，檀道济量沙作米。

【解说】◎北周武成元年，贺若敦担任军司马，率兵在湘州与陈朝侯瑱对峙。因为秋水泛滥，粮食供应中断，贺若敦怕侯瑱知道这个情况，就让士兵在兵营内堆土，每堆的表面用米覆盖。又召附近村民到营里，假意询问事情，实际是要他们把这个情况散出去。侯瑱听了，果然信以为真，没有乘势进攻。　◎南朝宋檀道济与北魏军交战，连战皆捷，攻到历城，因为物资供应中断，就将军队回撤。有投降魏军的士兵，把宋军中缺粮的情况都报告了魏军。檀道济于是夜中带人假装量米，实际量的都是沙子，一边量一边报斤两，又把剩下的一点米都散盖在沙上。魏军派出的探子侦察到这个情况，认为宋军军粮有余，就不敢再追击，又认为那些降兵说了假话，就把他们斩首示众。

吴王斗草，唐帝催花。

【译文】吴王有斗草游戏，唐帝让花早开。

【解说】◎南朝梁人宗懔《荆楚岁时记》中记载："五月五日，四民并踏百草，又有斗百草之戏。"宋苏轼《次韵王忠玉游虎丘绝句》第三首有"莫共吴王斗百草，使君未敢借惊鸿"的句子。　◎唐玄宗通晓音乐，尤其喜欢羯鼓。某年二月初一日清晨，宿雨初晴，景物明丽，内殿小

院里，杏花将开未开。玄宗说："对此景色，能不欣赏一番吗？"高力
士于是取来羯鼓，玄宗击奏一曲《春光好》，曲罢再看杏花都已开放。
玄宗指花笑道："就从这件事看，不叫我天公行吗？"

谢怡风月，田痼烟霞。

【译文】谢谲只欣赏清风明月，田游岩沉醉于云烟红霞。

【解说】◎谢谲是南朝齐人。平时不愿与一般人接触，有时喝醉了就
自言自语："入我室者，但有清风。对我饮者，唯当明月。"　◎唐代
田游岩，隐居在箕山，官府屡次征召都不愿出山。唐高宗游嵩山，亲
自到他的住处，田游岩穿着山野服装出来参拜。高宗问他："你这样好
吗？"回答说："我沉湎于山泉水石、风烟云霞就像病入膏肓，不能自
拔了。"痼（gù），积久难治的病。

叔夜琴索，正平鼓挝。

【译文】嵇康弹琴，祢衡击鼓。

【解说】◎嵇康，字叔夜，晋代人。因受吕安的牵连入狱，被判处
斩。临刑前，他要了一把琴从容弹奏，并且感叹说："从前袁孝尼曾
要求跟我学《广陵散》，我每次都拒绝不教他。《广陵散》从此要失传
了。"　◎祢（mí）衡，字正平。曹操想见他，他自称有狂病，不肯前
往。曹操心中记恨，听说祢衡善击鼓，就召他做鼓史，并且大会宾客，
凡参加宴会的鼓史都要脱去原来的衣服，穿上鼓手的衣服。轮到祢衡
时，他正在击奏渔阳参（càn）挝（zhuā），声节悲壮，一边奏一边慢
慢向前走，走到曹操面前停住。曹操呵斥他："鼓史，你怎么不换装？"
祢衡说："好。"于是解去所有衣服，裸身站着，慢慢取过鼓手的衣服
穿上。又敲了一遍离去，神色不变。曹操笑着说："本来想侮辱祢衡，
没想到反被祢衡羞辱一番。"

七、阳　韵

赤乌巢顺，黄雀集祥。

【译文】赤乌在吴顺门上做巢，黄雀聚集在王祥网中。

【解说】◎晋常璩《华阳国志》卷三记，蜀僰（bó）道县孝子吴顺孝养老母，红色乌鸦在他门上做巢。　◎《晋书·王祥传》记载，王祥天性孝顺，继母对他很不好，经常在父亲面前说他的坏话。天寒地冻，继母叫王祥捉活鱼给她吃，王祥只好脱衣准备破冰捉鱼，这时冰层自动化解，双鲤跃出，王祥拿回去献给继母。继母又要吃烤黄雀，就有几十只黄雀自动飞入王祥的网中。乡里的人都认为这是王祥的至孝行为感动了生灵。

檄鸡王勃，劾鼠张汤。

【译文】王勃作讨伐鸡的檄文，张汤揭发老鼠的罪行。

【解说】◎唐王勃很年轻就有才名。沛王听说他的文才，就召他入幕府做修撰。当时王公贵族时兴斗鸡，王勃就戏作了一篇讨鸡檄文，结果惹怒高宗，被赶出沛王府。　◎《史记·酷吏列传》记载，张汤的父亲是长安丞，张汤小时候，有一次父亲外出，让他守家。父亲回来以后，发现老鼠把厨房里的肉偷吃了，就把张汤打了一顿。张汤挨打之后，就想方设法挖开老鼠洞，抓住偷肉的老鼠并找到剩下的肉，自己开公堂对盗鼠进行审判，书写状纸，宣布老鼠及赃物俱在，判处死刑。他父亲看了，觉得很有趣，再一看他写的诉状，与老狱吏相似，十分惊奇，以后有些正式狱状就让他起草。父亲死后，张汤继承父职，做了长安吏。

胡质余绢，邓攸赢粮。

【译文】 胡质富余的绢来自俸禄，邓攸自带口粮上任。

【解说】 ◎晋代胡威的父亲胡质以清廉著名，有次胡威从京都去探视父亲，胡质拿出一匹绢送给他，胡威说："您平日很清正，怎么有这东西？"胡质说："这是我从俸禄中节省下来的，送给你做旅费。"后来胡威做了安丰太守，朝见晋武帝时，武帝问他："你和你父亲谁更清廉呢？"胡威答道："我父亲清廉唯恐人知道，我清廉唯恐人不知道，可见我比我父亲差远了。" ◎邓攸（yōu），晋朝人。东晋初年，晋元帝委任他做吴郡太守。因为吴郡很富饶，当时很多人都想得到这个差使。邓攸接到任命以后，自带口粮上任，只喝吴郡的水，不受俸禄。后来他离任时，百姓千人牵住船不让走，他只好在夜里离开。赢，背负。

延明坐席，逸少祖床。

【译文】 刘延明旧衣坐席，王逸少东床袒腹。

【解说】 ◎北魏刘昞（bǐng）字延明，十四岁时跟随博士郭瑀学习经书。郭瑀有个女儿刚成人，心中喜欢上刘昞，于是郭瑀在自己的座前摆了一坐席，对众弟子说："我有个女儿刚成人，想找个好女婿，谁坐上这席，我就让他成婚。"刘昞听了，穿着旧衣服，神态严肃地坐到席上说："我就是那个人。"于是郭瑀就把女儿嫁给了他。 ◎《晋书·王羲之传》记载，太尉郗鉴让门生去王导家选个女婿。王导就把众子侄集中到东厢房让这门生挑选。门生回去后，对郗鉴说："王家诸位年轻人都很好，但听到我去后，都有矜持之色。只有一个人，敞着怀坐在胡床上吃东西，好像没听见一样。"郗鉴说："这个人正是我要选的女婿。"一打听，这个人是王羲之，于是就把女儿嫁给了他。

杜预武库，姚崇文房。

【译文】杜预有武库之称，姚崇有文房之誉。

【解说】◎晋代杜预因为善于筹划理财，担任度支尚书，主管朝廷的财务。经手的东西数以万计，朝廷内外称他为杜武库，意思是什么都有。　◎姚崇在唐开元年间做宰相，他的墓志铭中用这样的文辞称赞他："武库，则矛戟森然；文房，则礼乐尽在。"意思是说姚崇很善管理，文武两方面都不出差错。

御从泰豆，射教纪昌。

【译文】造父跟泰豆学习驾车，飞卫教纪昌射箭。

【解说】◎造父是古代著名的善于驾车的人。《列子·汤问》记载，他跟师傅泰豆学习驾车技术，从一开始，他的态度就十分恭敬，但三年过去了，泰豆什么也没教他。造父更加恭敬，泰豆这才对他说："先看看我怎么赶车。"于是用木条铺出一定距离的车轨，宽度只有一只脚左右，泰豆驾车在上面往来行走，一次也没跌下来。造父学了三天就掌握了其中的技巧。泰豆惊奇于他的敏捷，就把自己积累的心得全部传给他，造父自己也刻苦练习，最终成为著名御者。　◎传说纪昌跟飞卫学射箭，飞卫说："你先要练习不眨眼，然后才能谈到射箭的技术。"于是纪昌回去以后，每天躺在妻子的织布机下，看梭子来回运动，两年后，即使拿锥子刺他眼，也不眨一眨。去见飞卫，飞卫又对他说："回去练习把小的东西看大了，再来对我说。"纪昌回去，拿牛尾毛拴起一个虱子，每天盯着看，三年之后，虱子变得似乎有车轮那么大。再看其他的东西，都跟小山一样。用各种好材料做了一张弓，试射虱子，正穿虱心，而悬挂的牛毛却未断。这样，纪昌终于成了一位著名的射手。

幼安割席，子瓒隔裳。

【译文】管宁割席绝交，刘璡挂衣裳将朋友隔开。

【解说】◎三国时期管宁字幼安，他与华歆坐一块席子读书，碰到有人坐着华盖车从门口经过，管宁照旧读书，华歆却放下书本出去观看，管宁于是把坐席割开，对华歆说："你不配做我的朋友。"　◎齐代刘璡，字子瓒。一次与友人孔逷（tì）同船到江东去，路上遇到一个女子，孔逷目送那女子远去，意犹未尽地说："真是漂亮动人啊。"刘璡听后说："这岂是君子应该说的话。"于是解下自己的衣裳举起来，将自己与孔逷隔开。

塞翁失马，杨竖追羊。

【译文】塞上老翁丢失马匹，杨子的童仆追寻丢失的羊。

【解说】◎塞上老翁的马无故走失，跑到北边少数民族的地方去了。大家都来安慰老翁，老翁却说："这说不定是件好事呢。"几个月后，那匹马带着几匹骏马跑回来了。大家又来祝贺，老翁说："这说不定是坏事。"果然，因为家里马匹多起来，老翁的儿子骑来骑去，把腿摔折了。众人都替老翁难受，老翁却又认为这可能是福气。一年后，游牧民族大举进攻，年轻人都被征去当兵，十个中有九个不能活着回来，老翁的儿子因为腿断了，幸免不死。成语"塞翁失马，安知非福"就从这儿来。　◎杨子的邻居丢了一只羊，来请杨子的仆人一块去找。杨子说："丢了一只羊，干嘛要这么多人去找？"邻居说："因为岔路多。"回来以后，杨子问找到没有，回答说没有，又问其中的原因，回答说："岔路之中又有岔路，不知往哪条路找，所以就回来了。"竖，童仆。

画眉京兆，遗肉东方。

【译文】张敞为夫人画眉，东方朔带肉给妻子吃。

【解说】◎张敞是汉代人，曾做到京兆尹这样的大官，他在家里常替夫人画眉。有人把这事报告给了皇帝，说张敞没有威严，竟然替妇道人家画眉，简直不像样。皇帝询问张敞是否真是这样。张敞回答："夫妻之间，做这样的事算得了什么呢？比这更亲密的事也是有的。"皇帝认为张敞说得对，也就没有责备他。　◎东方朔做常侍郎时，有一年夏天，皇帝赐肉给官员们，但直到天快黑了，主管这事的大官丞还没来。官员们虽然不耐烦，可还是规规矩矩地等着，只有东方朔拔出剑，自己上前割了一块肉，对其他人说："大热天我要早点回去。"拿着肉就走了。大臣把这事报告给了皇帝。第二天上朝，皇帝问东方朔："昨天你不等宣读诏书，就自己割肉走了，是怎么回事？"东方朔赶紧谢罪。皇帝说："那你把自己责备一顿吧。"东方朔于是说："东方朔啊东方朔，接受恩赐却不等着宣读诏书，真是没有礼貌呀；拔出剑来割肉，多么壮观呀；割得不多，又是多么廉洁呀；拿回去送给夫人，又是多么仁义呀。"皇帝听后笑着说："叫你自责，反倒夸起自己来了。"于是又赐给东方朔一石酒，百斤肉，让他带回去给夫人。遗，读 wèi。

马融绛帐，郭璞青囊。

【译文】马融坐在红纱帐中讲课，郭璞学习青布套中的秘书。

【解说】◎马融是东汉的大学问家，跟他学习的人，常有上千人。有名的学者卢植、郑玄当时都是他的学生。马融为人很放达，不受平常礼节的约束。他时常坐在红纱帐中授课，帐前是学生，帐后是一群手持乐器的年轻女子。　◎郭璞是晋代人，很有学问，喜欢古文奇字，对阴阳八卦算术历数很精通。当时有个郭公，很会占卜，郭璞就去跟他学习，郭公把藏在青布套中的书传给了郭璞。郭璞于是精通了天文地理，能预知祸福。后来郭璞的学生想偷看青布套中的书，结果书自己起火烧掉了。

八、庚　韵

蔡克人正，王阳经明。

【译文】蔡克是正人君子，王子阳精通经书。

【解说】◎晋代的蔡克，很有品格，他当了选拔人才的官员以后，一些没有才德的人心中十分嫉恨，觉得从此没有苟且的希望了。在蔡克还没做官之前，当时的名士山简曾经写信给王衍说："蔡克是当今的正人君子。"　◎汉代的王吉、王骏父子，都精通古代《周易》《尚书》等五种经典。左曹官陈咸向皇上推荐说："王氏父子俩都精通经书，品行兼修，应该把他们作为社会的榜样。"王吉，字子阳。

文靖圣伯，聿修清卿。

【译文】李文靖被称作圣伯，袁聿修被叫作清卿。

【解说】◎宋代李沆，死后谥号文靖，生前是宰相王旦的幕僚。当时宋辽和亲，王旦问李沆有什么看法，李沆说："好当然好，但边境的忧患一除，皇帝可能会渐渐产生骄侈之心。"王旦不以为然。李沆又说："当今皇上年纪还轻，应该让他知道四方的艰难，不然的话，血气方刚，不是留意声色犬马，就是大兴土木。我老了看不到这些了。"李沆死后，宋真宗果然像李沆说的那样。王旦因为李沆的先见之明，感叹说："李文靖真是圣人。"　◎北朝的袁聿修做尚书郎十年，没有接受别人送的一点东西。尚书邢邵与袁聿修是老朋友，平时开玩笑叫袁聿修为清郎。后来袁聿修做太常少卿出巡各地，经过兖州，做刺史的邢邵在分别时送给袁聿修一匹白绸，袁聿修不接受，又把白绸退还邢邵，邢邵写信说："原来你是清正的尚书郎，现在成了清正的太常少卿了。"

诗评仲伟，经说子行。

【译文】钟仲伟评论诗歌，杨子行擅长说经书。

【解说】◎钟嵘是南朝齐梁时代的人，字仲伟，喜好文学。他写了《诗品》一书，对之前的诗歌进行评论，确立了诗歌等级。　◎汉代的杨政，字子行，很有学问，善于解说经书。当时的京师流传这样一句话："说经铿铿杨子行。"铿（kēng）铿，声音响亮好听。

功臣图阁，学士登瀛。

【译文】功臣的像被画在凌烟阁上，十八学士受重视被比作登瀛洲。

【解说】◎唐太宗李世民在登上皇帝的位子以后，将辅佐他的功臣的像都画在凌烟阁上，这些功臣包括长孙无忌、杜如晦、房玄龄、高士廉、尉迟敬德、李靖等二十多人。　◎唐太宗没做皇帝之前，广泛搜罗人才，他建了一个文学馆，吸收了杜如晦、房玄龄、陆德明、孔颖达等人。唐太宗一有空就和他们讨论政事，研习古代经典，又命令画家阎立本给他们画像，号称十八学士。因为他们受到这样的尊重，所以当时的人称他们是登上蓬莱仙境瀛洲的才子。

陆云图像，羊祜讳名。

【译文】老百姓为陆云画像以示思念，羊祜死后人们不直接称呼与他名字同音的字。

【解说】◎晋代的陆云当浚仪县令时，县里的人都称赞他的贤明，但郡守却嫉妒他的才能，多次斥责他，陆云愤而辞官离去。县里的百姓思念他，就把他的像画下来供在县里的社祠里。　◎羊祜（hù）是晋代人，他死去之后，荆州人为了尊敬他，避讳直接称呼他的名字，甚至与他名字同音的字也改用别的字代替，如"户"用"门"代替，官名"户曹"改称"辞曹"。

延祖鹤立，彦先凤鸣。

【译文】嵇延祖鹤立鸡群，顾彦先如迎着朝阳鸣叫的凤凰。

【解说】◎嵇绍字延祖，是嵇康的儿子。十岁的时候，嵇康因为得罪官府被杀，他也受到牵连。后来山涛做了选官，对晋武帝建议征召嵇绍做秘书丞。嵇绍初到都城洛阳，有人对王戎说："昨天我在拥挤的人群中见到嵇绍，气宇轩昂，就像野鹤站在鸡群里。"王戎说："你还没见到他父亲的样子呢！"山涛、王戎等六人与嵇康并称"竹林七贤"。　◎顾荣，字彦先，与陆机、陆云兄弟号称"三俊"。他们稍后的褚陶，十三岁就写了《鸥鸟》《水碪》两篇赋，当时有名的文士张华见了他后，对陆机说："你兄弟二人像云雾中的飞龙，顾彦先像朝阳下的凤凰，本来以为东南地方的才气已尽，没想到又出了褚生这样的人才。"

向临太乙，白谪长庚。

【译文】刘向碰到太乙星变的老人，李白是长庚星下凡。

【解说】◎汉代人作的《三辅黄图》中记载了一个传说：刘向在成帝末年，在天禄阁里校书，专心致志，有一个老人穿着黄衣，拄着青竹杖，敲门进阁，向刘向传授了天文地理知识。整整一夜，到天快亮时，老人要离去了，刘向问他的姓名，老人说："我是太乙星的精魄，天帝听说卯金（繁体"劉"的一半）之星的后代很博学，就派我来考察。"　◎传说唐代大诗人李白出生时，他母亲梦见了长庚星（又叫太白星），所以给他起名李白，字太白。李白后来到了长安，去见当时的著名诗人贺知章，贺知章感叹说："你真是仙人下凡。"

书工凤尾，画点龙睛。

【译文】萧锋善写凤尾诺，张僧繇画龙点睛。

【解说】◎萧锋是南朝齐高帝萧道成的第十二个儿子。四岁的时候，因为宫廷变故被寄养在一个姓张的平民家里，他年纪虽小，但十分好学。张家很穷买不起纸笔，他就在桌椅井栏以及窗户上练字。五岁时见到父亲高帝萧道成，高帝让他学写凤尾诺（凤尾诺就是皇帝批阅奏章时写的表示同意的花押，字形像凤尾），他一学就会，而且写得很工整，高帝十分高兴。　◎南朝梁张僧繇（yáo）是著名的画家，他有一次在金陵安乐寺画了四条龙，但都没点眼睛。有人问他原因，他说点了眼睛，龙就会飞走。别人都认为他在说瞎话，坚持让他点上看看，刚给两条龙点上，立刻雷鸣电闪，两条龙穿墙破壁，腾空而去。

七松处士，五柳先生。

【译文】郑薰号七松处士，陶潜自称五柳先生。

【解说】◎《唐书·郑薰传》记载，郑薰做礼部尚书时，推荐提拔了许多有才能的读书人。老了以后，退居在家，他把自己住的地方叫隐岩，又在庭院里栽上松树，号七松处士。　◎晋代陶潜，少年时就有高雅的志趣，他住的房屋边有五棵柳树，他曾写过《五柳先生传》，传中说："先生不知何许人也，亦不详其姓字……闲静少言，不慕荣利，好读书不求甚解，每有会意，欣然忘食……"实际是他自己的写照。

曲江赐饼，金殿调羹。

【译文】曲江亭赐红绫饼，金銮殿调制汤羹。

【解说】◎唐代皇宫中的主食以红绫饼最贵重，唐昭宗光化年间，裴格等二十八人中了进士，皇帝在曲江亭赐宴招待这些新进士，同时命令特制了二十八个红绫饼分别赐给这些进士。其中的一位进士卢延让，老了以后曾作了一首诗回忆这件事，诗中有两句是："莫欺零落残牙齿，曾吃红绫饼馇来。"　◎《新唐书·李白传》记载，唐玄宗在听了贺知章的推荐后，在金銮殿召见李白，酒宴上唐玄宗亲自给李白调制汤羹。

九、青　韵

箴呈德裕，镜献九龄。

【译文】李德裕进呈箴言，张九龄献纳金镜。

【解说】◎唐敬宗即位以后，昏庸无德，不理朝政。大臣李德裕就送给他六扇写着劝诫之语的屏风，劝告敬宗认真处理朝政，采纳大臣的意见，不要信任奸臣、小人。　◎唐时，有过千秋节的风俗。每到这个节日，王公大臣都向皇帝进献用金玉装饰的宝镜。张九龄是唐开元年代的著名大臣，他在千秋节那天，只向皇帝献了一篇名为《千秋金镜录》的文章，他认为用金玉装饰的宝镜只能照出一个人的美丑，把过去的经验教训当作明镜，才能反映现在的得失。

季伦梓泽，逸少兰亭。

【译文】石季伦在梓泽送行，王逸少在兰亭设宴聚会。

【解说】◎石季伦即石崇，是晋代著名的富豪。他在河阳梓泽这个地方，有一座别馆，每当有军队出征，他就在这里摆酒送行。　◎王逸少就是王羲之，他不喜欢做官，平日喜好修身养性，把自己的感情寄托在山水之间。他曾与当时的名士如谢安、孙绰、李充、支遁等在会稽山的兰亭设宴聚会，王羲之写了一篇序文《兰亭集序》来记录这件事。因为王羲之是著名书法家，这篇他手写的序，也成了书法中的精品。

郎官应宿，御座占星。

【译文】郎官与天上的星宿对应，客星侵犯了御座星。

【解说】◎古代人认为地上的事物都是与天上的星宿相对应的。汉代明帝的时候，馆陶公主替自己的儿子求一个郎官的职位，明帝不答应，只是赐给他很多钱。明帝对大臣说，郎官与天卜的星宿对应，十分重要，如果选的人不对，老百姓就会遭殃。　◎严光在少年时与东汉光武帝刘秀是好朋友，刘秀当上皇帝以后，严光变换姓名躲藏了起来。刘秀想到严光很有才能，就派人到处寻找他。好不容易找到以后，刘秀亲自到他住的地方去看望，严光睡在床上不起来，刘秀摸着严光的肚子说："唉唉，你真不想帮助我吗？"严光这才起来，与刘秀谈话。一天过去了，晚上两人就睡在一起，严光睡时还把自己的脚搭在了刘秀的肚子上。第二天，太史官报告说："昨晚观察天象，发现有客星冲犯了御座星。"刘秀听后笑着说："我昨晚和老朋友严光睡在一起了。"

希宪受戒，荣绪拜经。

【译文】廉希宪接受孔子戒律，臧荣绪叩拜经书。

【解说】◎廉希宪是元朝人。《元史》记载，当时正尊礼国师（佛教），元帝命令希宪受戒，希宪说："臣已经接受孔子的戒律了。"皇帝问：

"孔子也有戒律吗？"廉希宪回答说："做臣子的应当忠诚，做儿女的应当孝顺，孔子的戒律，就是这些。"　◎臧荣绪是南朝齐人，对于古代《易》《诗》《书》《礼》《春秋》五种经典十分喜爱，他曾经在孔子诞生的日子里，在家里陈设这五种经书，对着它们行礼。

展禽重鼎，富弼守瓶。

【译文】展禽在送鼎这件事上很重信用，富弼认为要守口如瓶。

【解说】◎展禽就是柳下惠，春秋时鲁国的大夫。当时齐国攻打鲁国，要鲁国把国宝岑鼎献出来才肯停战。鲁国国君没有办法，就派人把岑鼎送到齐国，但齐侯认为是假的，把东西给退了回来。鲁国君就问柳下惠怎么办，柳下惠说："你拿假的充当真的，无非是想保住你的国宝，但假如整个国家都被齐国灭了，还谈得上什么国宝呢？况且你既然答应了齐侯，就不应该再拿假的去搪塞。"于是鲁国就把真岑鼎送给了齐国。　◎宋代富弼，曾做过宰相，他八十岁时在自家屋里的屏风上写了"守口如瓶，防意如城"八个字。意思是不多言，不乱想。

卢奂碑记，宋宗石铭。

【译文】卢奂立记恶碑，宋太宗作戒石铭。

【解说】◎唐代的卢奂做地方官时，非常严明。如果有谁犯了罪，他除了给予惩罚之外，还把这个人的罪行刻在石碑上，立在这个人的家门口。如果再犯，就给予更严厉的处罚，甚至斩首，所以一般人都很害怕，没有敢胡作非为的。　◎宋太宗曾将《戒石铭》中"尔俸尔禄，民膏民脂；下民易虐，上天难欺"四句亲自书写，赐给官吏，让他们刻于石碑并立在政事厅上，告诫他们："你们所领的俸禄，都是老百姓的血汗，不要以为老百姓好欺侮，否则一定会受到上天的惩罚。"

耀卿畜雀，武子囊萤。

【译文】裴耀卿养鸟报时，车武子用萤火虫照明读书。

【解说】◎唐代的裴耀卿处理公事非常勤奋，每天晚上批阅公文都到很晚。他养了一只鸟，每晚初更时叫唤一两声，到五更时就急切地鸣叫，裴耀卿叫它知更鸟。　◎晋代的车胤字武子，年轻时家里很穷，买不起灯油。他就捉了很多萤火虫放在纱袋里照明，夜以继日地读书，终于成为博学的人。

春华折席，秋实推邢。

【译文】刘逖的春花之论让席毗折服，邢颙被刘桢推许为秋天的果实。

【解说】◎南朝齐有个行台尚书名叫席毗，平时很看不起文学，他曾嘲笑刘逖说："你们这些人平时玩弄辞藻，就像早晨生长的菌类，只是一时新鲜，算不得什么大学问。哪像我们就像千丈古松一样，历经风霜也不会凋落。"刘逖回答说："既有参天的大树，又开着春花，你认为这种景象如何？"席毗笑着说："倒也不错。"　◎魏太祖曹操的几个儿子选拔官吏，提出的标准是有学问懂规矩就像邢颙那样的人。结果邢颙本人被选作曹植的家丞。平时邢颙处处按礼行事，不随声附和，因此跟曹植的关系渐渐疏远。刘桢听说以后，就写信劝告曹植，说邢颙是北方的杰出人物，性格宁静，不喜欢招摇，平时说话很少，但一说出来就很有哲理。就像秋天的果实一样，没有华丽的引人注意的外表，但内涵很丰富。

袴下韩信，裈中刘伶。

【译文】韩信甘愿受袴下之辱，刘伶把房屋比作裤子。

【解说】◎韩信是汉代著名将领，被封为淮阴侯。年轻时他有一次在淮阴集市上行走，有个少年当众侮辱他说："别看你长得高高大大，还整天背着把剑，其实你是个胆小鬼。你要是不怕死，今天就把我杀了，若是怕死，就从我的裤裆下钻过去。"韩信盯着那人看了一会，果然趴下从他的胯下钻了过去。集市上的人都笑话韩信，认为他真是不折不扣的胆小鬼。后来韩信做了楚王，重又回到淮阴，找到了曾经侮辱过他的那个少年，不但没有惩罚他，反而让他做了中尉官。韩信跟别人说："当他侮辱我时，我不是杀不了他，只是杀他没有什么意义，所以我就忍住了，甘愿受他的侮辱。" ◎晋朝的刘伶，喜好喝酒，性情放达，有时脱光衣服在屋里待着。有人嘲笑他，他回答说："我把天地当作房屋，把房屋当作我的裤子，你们干吗要到我的裤子里来？"裈（kūn），裤子。

扇风厨箑，纪月阶蓂。

【译文】厨箑能够扇风，台阶上的蓂荚可以反映每月的天数。

【解说】◎箑（shà）莆是传说中表示吉祥的草。相传有特别贤明或者特别孝顺的人出现，这种草就会在厨房里长出来。这种草像扇子一样，能够自动摇动，扇风消暑。 ◎相传古时尧做帝王的时候，有一种叫蓂（míng）荚的草，沿着台阶生长，并且生长的时间与每月的天数一样。每月开始，这种草一天长一片叶子，长到第十六天便开始每天落一片叶子，直到月末落完。

十、蒸　韵

曹吟竞病，吕咏藤滕。

【译文】曹景宗作诗押"竞""病"二韵，吕徽之作诗押"藤""滕"二韵。

【解说】◎南朝人曹景宗字子震，当了右卫将军，魏中山王元英攻打钟离，梁武帝命令景宗率军队去救援。临行前，武帝在宫殿里设宴，并让左仆射（pú yè）沈约等人分韵作诗（分韵就是事先规定一些韵字，每人选几个，作诗时必须押这些韵）。因为曹景宗是个武将，大家就没让他作。景宗很不服气，一再要求作一首。这时韵字只剩了"竞""病"，是很难押的韵，但曹景宗拿起笔来，马上就写成一首。诗是这样写的："去时儿女悲，归来笳鼓竞。借问行路人，何如霍去病。"武帝及大臣们看后都赞叹不已。　◎元代陶宗仪的《辍耕录》里记载，吕徽之隐居在万山中，自己耕种。这一天，他拿钱到富人家买粮种，当时正下大雪，他在门前站了一会，见没有人问他，就慢慢走到庭院里，听到东阁里有人在分韵作诗，其中一人分了滕字，却一句也作不出来，他不觉笑出声来。阁里的人听见笑声，出来看见一个穿草鞋戴竹笠的人站在雪地里，就问他笑什么，他回答说："我的意思是用滕王元婴画蝴蝶这个典故来作诗。"众人一听，都很佩服，就要求他押"藤""滕"二韵作首诗，吕徽之接过笔来写道："天上九龙施法水，人间二鼠啮枯藤。鹭鸶声乱功收蔡，蝴蝶飞来妙过滕。"

榻连杜预，床下陈登。

【译文】杜预让客人坐在相连的一张床上，陈登让客人睡在下床。

【解说】◎晋代的杜预当了镇南将军后，官吏们都去祝贺，大家都坐在相连的一张大床上，中护军羊琇后去，一看这情况，就说："杜元凯（杜预字元凯），你就拿这连榻招待客人坐吗？"说完也不停留就走了。　◎陈登字元龙，官至伏波将军，三十九岁就死了。有一次刘备、刘表与许汜（fàn）谈论起他，许汜说："陈元龙真是俊杰，很有豪迈之气。"刘备问有什么根据，许汜说曾见过陈登，陈登待人不讲主人客人之分，跟客人没有话说了，就自己上大床躺着，让客人睡在旁边的下床上。

王书成牸，曹画作蝇。

【译文】王献之写字时根据错笔画成一头母牛，曹不兴将误笔画作苍蝇。

【解说】◎王献之是晋代书法家，同时也擅长作画。有一次桓温让他在扇面上题字，因为笔画写错了，他就顺势改画了一头黑花小母牛，效果非常好。牸（zì），母牛。　◎三国时吴国的曹不兴是有名的画家，一次他为吴帝孙权画屏风，有一滴墨误落在屏风上，他就把这滴墨画成一只苍蝇，屏风画好后，孙权观看时以为是只真苍蝇，还拿手去弹。

市虎恭惧，海鱼婴惩。

【译文】庞恭惧怕三人成虎，田婴接受门客海鱼的比喻。

【解说】◎庞恭与太子要到邯郸去做人质，临行前，他对魏王说："如果现在有一个人说集市上有老虎，你信吗？"魏王说："不信。"又问："两个人说有呢？"回答说不信。又问："如果三个人都说有，你信吗？"魏王回答："这下就相信了。"庞恭说："集市上不可能跑出来老虎，这是明摆着的道理，但经三个人一说，就相信真有老虎。现在邯郸离魏国肯定要比集市离这儿远，并且说我坏话的肯定不止三个人，希望您能考虑到这种情况。"后来庞恭从邯郸回来，果然魏王就不愿召见他了。　◎靖郭君田婴想在薛这个地方筑城，门客中有很多人劝他不要这样，他也不听。有一个齐人请求见他，并说："我就讲三句话，超过三句话就把我杀了。"田婴就让这人相见。客人见了田婴，说了句"海里有大鱼"，转头就往外走。田婴听了纳闷，就让他把话说完，客人说："我不敢拿生命开玩笑。"田婴让他只管详细说，客人于是说道："您听说过海里的大鱼吧，在海里谁也奈何不了它，但是一旦离了水，就连小蚂蚁也可以欺侮它。如今的齐，也像您的大海一样，有了齐，您还要薛干什么。失去齐，您就是把薛城建得跟天一样高也没用。"田婴听后，就不再坚持建薛城。

桓推彦伯，庾语子升。

【译文】桓温推许袁彦伯的赋作得最好，庾信说北方文章只有温子升的还值得一看。

【解说】◎《世说新语》记载，桓温命袁宏（字彦伯）作《北征赋》，作好以后，大家传看，都赞叹不已。只有王珣说："可惜少一句，如果能押上'写'字，把韵续完，就更好了。"袁宏一听，马上拿笔加了一句："感不绝于余心，溯流风而独写。"桓温说："当今写赋不能不推袁彦伯为首。"　◎庾信是南朝梁的著名文学家，后从南朝到了北方。开始，北朝文士看不起他，等到他把《枯树赋》写出来，这些文士看后就没有人再敢说三道四了。当时北方文士温子升作了篇《韩陵山寺碑》，庾信看后很欣赏。有人问庾信："北方的文学水平如何？"庾信说："只有韩陵一片石（代指温子升）还值得称道，薛道衡、卢思道稍微懂点写作，其余的就跟驴鸣狗叫差不多，听着让人厌烦。"

斗山仰愈，衣钵传凝。

【译文】韩愈就像北斗、泰山让人敬仰，和凝传衣钵给范质。

【解说】◎《旧唐书》记载，韩愈首先发起古文运动，他的文风浩荡，就像汪洋大海，没有丝毫的陈词滥调。后来的学者仰慕韩愈就像仰慕北斗星和泰山一样。　◎宋代范质，字文素。他考进士时，主考官和凝非常欣赏他的文章。和凝自己中进士时是以第十三名中的，所以他把范质也放在第十三名，当时的人说这是和凝要把范质当作自己的衣钵传人。

次仲席夺，九龄座升。

【译文】戴次仲争夺席位，张九龄坐上宝座。

【解说】◎汉代戴凭字次仲，担任郎中。有一次光武帝召集群臣，大家都坐好了，只有戴凭还站着，光武帝问他原因，他说："经学博士解说经书都不如我，席位却在我上面，我不能坐。"光武帝于是就让能解说经书的人互相辩论，解释不通的人就把自己的席位让给能解释通的，结果戴凭连夺了五十多个席位。　◎唐玄宗曾经在勤政楼用七种珍宝装饰了一个席位，有七尺高。他让学士们讲解经书，议论时务，谁胜了谁就坐上宝座，结果只有张九龄坐上了宝座。

再来焘祝，独立裴称。

【译文】百姓祝愿张焘再来四川做官，裴侠受到太祖称赞让他独自站着。

【解说】◎宋代的张焘在四川当地方官时，爱护百姓，办了很多好事。老百姓非常爱戴他，家里都供着他的画像，并且祝愿他再到四川做官。　◎北周时的裴侠在当河北郡太守时，爱护百姓，尽职尽责。曾经有一次，裴侠与其他郡守一起去朝见太祖，太祖让裴侠单独站在一个地方，并对其他郡守说："你们中间如果有谁觉得做得与裴侠一样好，可以出来和他站在一起。"结果没有一个人站出来。

对床苏轼，同被姜肱。

【译文】苏轼诗里喜爱用"对床"这个词，姜肱与兄弟盖一床被睡觉。

【解说】◎苏轼非常喜欢韦应物的一句诗："宁知风雨夜，复此对床眠。"所以在他的诗中经常用这句诗的意境，如："对床定悠悠，夜雨空萧瑟。"用来表达兄弟之情。 ◎姜肱（gōng）兄弟三人之间非常友爱，他们每天同盖一床被睡觉。长大以后，都娶了妻子，但三人还是不舍得分开。

燕投张说，凤集徐陵。

【译文】张说母亲梦到玉燕投怀生下张说，徐陵母亲梦见凤凰生了徐陵。

【解说】◎传说唐代张说（yuè）的母亲曾梦见一只玉燕从东南方飞到怀中，结果就怀孕生了张说。以后张说果然做了宰相。 ◎南朝人徐陵的母亲在生他的时候，梦见五彩云变成一只凤凰落在她左肩上。徐陵长到几岁的时候，家里人带他去见一个高僧，高僧摸着他头顶说："是天上的石麒麟下凡。"陈朝建立后，所有的军政公文以及诏书，都是他一个人写的。集，停留。

十一、尤　韵

公孙东阁，太尉南楼。

【译文】公孙弘开东阁招纳有才的人，庾太尉在南楼与属吏赏景作诗。

【解说】◎汉代的公孙弘本来是个放猪的人。汉武帝当上皇帝以后，在天下征召有才能的人，公孙弘当时已经六十多岁了，也被选上。几年之内就做了宰相，并且被封为平津侯。于是公孙弘就盖了客馆和东阁，选择有才能的人住进去，给自己出谋划策，而自己吃穿很简朴。　◎庾太尉名亮。他在武昌时，有一年秋天的夜晚，夜气缥缈，景色清丽，他手下的几个小官就登上南楼，对景作诗。正在兴头上，忽然听到过道里有脚步声，大家知道是庾亮来了。一会儿果然见他带着十来个人走过来，这几个小官就要避开，庾亮止住他们，说："我也很有兴趣。"于是与这些人一起作诗逗乐，玩得很尽兴。

攸庭牧马，吉路问牛。

【译文】邓攸在自家庭院里牧马，丙吉在路上过问耕牛。

【解说】◎晋代的邓攸做吏部尚书时，公府内外有条不紊，事情很少。他就在自家庭院牧马，妻子儿女都吃素食，从不吃别人一顿饭。　◎丙吉字少卿，汉代人。他当丞相时，有一次外出，在路上碰见一伙人斗殴，死伤的人躺在路上，丙吉也不问就过去了。随行的人感到奇怪。又往前走，遇到一个人在赶牛，牛直喘气，丙吉就让人上前，问赶牛的人走了多少路了，等等。随行的人觉得丙吉做事不分轻重，就质问他，丙吉回答说："平民斗殴死伤，应该由长安令、京兆尹来处理，丞相对处理结果进行审阅，然后施行赏罚。丞相不应亲自处理小事情，所以对道路上发生的事不过问。现在正是春天，天气不应太热，如果牛没有走多少路，却像在夏天时热得直喘气，那说明气候不正常，这对牲畜及收成都可能造成损害，这是丞相职责范围内的事情，所以我去过问。"大家听后，十分佩服。

子将月旦，季野春秋。

【译文】许子将评论人物每月换一个话题，褚季野被人看作有皮里春秋。

【解说】◎汉代的许劭，字子将。他和堂兄许靖在当时都很有名，他们喜欢评论人物，而且每月必定换一个话题。　◎褚裒（póu）字季野，是晋代康献皇后的父亲，为人很慎重。谯国的桓彝见到他以后，对人说："季野有皮里阳秋。"意思是说，褚裒虽然表面上不说谁好谁坏，其实内心对人还是有褒有贬的。阳秋即春秋。

彦道掷帽，梁公褫裘。

【译文】袁彦道扔帽子，狄梁公剥裘袍。

【解说】◎袁耽字彦道，很有才气，十分洒脱，不拘小节。桓温年轻时，好赌博，结果把财产输得一干二净，于是他想求袁耽帮忙。刚好袁耽正在服丧，服丧期间是不能有娱乐活动的，但桓温把想法告诉他之后，他　点也没为难，脱了孝服，把孝帽往怀里一塞，就跟着桓温去找债主赌钱去了。袁耽平常在赌钱方面很有名气，债主知道他的名字但不认识他，所以债主还开玩笑说："你可别变成袁彦道了。"开局以后，每次下的赌注都在十万钱以上，快到百万的时候，袁耽投下筹码叫了最后赌注数，从怀中取出孝帽往地上一扔，说道："这下你知道袁彦道的厉害了吧。"　◎唐武则天的时候，南海这个地方进贡了一件用各种珍宝装饰的皮袍子，武则天把它赏赐给了男宠张昌宗，并让他马上穿上跟自己玩双陆棋。正巧宰相狄仁杰进宫来禀告事情，武则天就让他俩下棋，并让二人各出一件东西打赌。狄仁杰说："我要是赢了三局，就赌张昌宗穿的这件皮袍。"武则天问："你要输了呢？"狄仁杰指着自己穿的紫色的粗绸袍说："我拿这个赌给他。"武则天笑着说：

"你不知道这件皮袍价值千金，拿你穿的粗绸袍跟它赌，太不公平。"狄仁杰说："我这袍子是大臣上朝穿的朝服，张昌宗的皮袍是靠长得漂亮受到你的宠爱才得到的，我本来还不愿跟他赌呢。"二人开局后，张昌宗连下连输，狄仁杰就当着武则天的面，把张昌宗的皮袍剥下来，拜谢出宫。出了宫门以后，狄仁杰就把它给自己的家奴穿了。狄仁杰被封梁国公，所以也叫他狄梁公。褫（chǐ），剥夺。

思嵇命驾，忆戴操舟。

【译文】因为思念嵇康而命令备马车，想起戴逵于是坐上小船去访问他。

【解说】◎嵇康和吕安的关系非常好，只要想念对方，即使相隔千里也马上动身赶去探望。有一次吕安去访问嵇康，正碰上嵇康不在家，嵇康的哥哥嵇喜出门迎接，但吕安连门也不进，只在门上写了个"鳳"字（"凤"字的繁体），拆开就是"凡鸟"两个字，意思是说嵇喜是个平常的人，不值得和他交往。而嵇喜看吕安写了个"凤"字，也确实不知道是什么意思，还以为吕安赞扬自己跟凤凰一样出众呢。 ◎晋代的王徽之在山阴县住的时候，有天夜里下大雪，雪停以后，月亮出来了，冷冷的清光照在雪上，四面望去，一片洁白。王徽之乘着月色，一边饮酒，一边吟诵左思写的《招隐诗》，忽然他想起了老朋友戴逵，如果和他一块饮酒作诗，该有多好。可是此时戴逵住在剡县，离山阴县挺远，王徽之也不管这些，马上叫人撑小船往剡县赶去，走了一夜才到戴逵住的地方，走到门前，他忽然折回头，坐上船又回山阴了。别人感到奇怪，就问他为什么，他说："我本来是乘兴去访戴逵的，走到门前，已感到没什么兴趣了，所以就回来了，何必一定要见着他呢？"

压倒元白，指挥曹刘。

【译文】压倒了元稹、白居易，指挥曹操、刘备。

【解说】◎唐代的宝历年间，杨嗣复做考官，放榜的时候，他父亲从洛阳到长安来，杨嗣复就在新昌里大摆宴席，大诗人元稹、白居易都在座，席上每人都当场作诗，最后作好的是刑部侍郎杨汝士，元稹、白居易传看以后，都十分惊奇以至于脸色都变了。杨汝士的诗是这样写的："隔座应须赐御屏，尽将仙翰入高冥。文章旧价留鸾掖，桃李新阴在鲤庭。再岁生徒陈贺宴，一时良史尽传馨。当年疏广虽云盛，讵有兹筵醉酩醽。"杨汝士写出这首诗，自己也非常高兴，结果喝得大醉，回去还对人说："我今天把元稹、白居易都比下去了。" ◎唐代诗人杜牧的诗风格豪迈。他曾在《酬张祜处士见寄长句四韵》中写："七子论诗谁似公？曹刘须在指挥中。"意思是说过去的一代豪杰曹操、刘备都不在话下。这话虽然是赞扬张祜写诗有气魄，其实也是他自己诗风的反映。

参知将相，广叹不侯。

【译文】曹参知道自己一定会做丞相，李广感叹自己没有封侯。

【解说】◎汉惠帝元年的时候，曹参还只是齐王的属官，第二年丞相萧何死了，曹参听说以后，就告诉属下打点行装，并说："我马上就要当丞相了。"没过多久，使者果然来宣读诏书，召曹参担任丞相。 ◎汉代著名的将领李广，人称"飞将军"，他虽然出生入死，打了许多胜仗，但一直没被封侯，而他的部下有很多人做了高官，封了侯。李广很不服气，就跟一个看相的人说："汉朝与匈奴前后打了七十多次仗，我每一次都参加了。不少没有什么本事的人都靠军功封了侯，我哪样也没落在别人后面，为什么就不被封侯呢？"相面的人说："您想想有没有什么后悔的事？"李广说："我当陇西太守的时候，羌族人叛乱，我设计诱降了八百人，但又在同一天把他们全杀了。这件事到现在我想起来还后悔。"相面的人说："再也没有比这祸害更大的了。杀害已经投降的人，这是你没能封侯的根本原因。"

易子张范，弃儿邓攸。

【译文】张范拿儿子换侄子，邓攸把亲生儿子扔掉。

【解说】◎张范是东汉时期的人，性格恬静，不追求名利。他有个儿子叫张陵，他弟弟也有个儿子，叫张戬。有一次，两个孩子都被强盗抢走了，张范冒着危险来到强盗住的地方，请求强盗把两个孩子还给他，强盗看他说得诚恳，而且为了孩子不怕危险，就把张陵还给了他。张范拜谢过后说："你们把儿子还给我，我很感激。但我想着张戬年龄更小，我想拿张陵来换他。"强盗看他很讲义气，就把两个孩子都还给了他。　◎晋代永嘉末年，后赵的石勒攻占了晋的都城，晋朝的王公大臣以及平民百姓都纷纷往南方逃难，当时的河东太守邓攸带着妻子儿子和侄儿也在逃难的行列中。开始他们赶着车，后来车被敌兵抢去了，邓攸就用筐担着两个孩子继续奔逃。跑了几天以后，邓攸实在没有力气担得动两个孩子了，想来想去，只能留下一个。他对妻子说："我弟弟早死，而且他只有这么一个孩子，我们不能让他绝了后代，只能把我们自己的孩子丢下。如果能活下去，我们以后还能生养。"妻子哭泣着答应了。两人把自己的孩子扔下后继续赶路，没想到第二天那孩子自己又追上了他们，邓攸狠着心把他用绳子系在树上又离开了。后来邓攸终于没能再生孩子，当时的人都觉得邓攸很讲义气，同时也为他悲哀，觉得像他这样的人绝了后代实在是太不公平了。

邵瓜五色，李桔千头。

【译文】邵平种的瓜有五种颜色，李衡种了上千株橘树。

【解说】邵平是秦朝的东陵侯，秦灭亡以后，他隐居在长安城东，以种瓜为生。他种的瓜有五种颜色，十分美观，当时的人叫它东陵瓜。　◎三国时吴国的丹阳太守李衡，家里比较清苦，每次他想置办些家产，都被他妻子习氏阻止。习氏说："人最怕没有道德义气，没有财产是小事情，做了官又能心甘情愿地过苦日子才是好样的。"李衡见妻子不听自己的话，就暗地派人在武陵龙阳泛洲上种了上千株橘树。临死前，他才把这事告诉了儿子，儿子又转告了母亲。后来橘树长成，每年结的橘子可以换上千匹绢，李家也逐渐富了起来。桔，即柑橘。

宋璟赐筋，崔琳覆瓯。

【译文】玄宗赏给宋璟金筷子，崔琳的名字被盖在金盆下面。

【解说】◎宋璟当宰相的时候，朝廷上下都对他很敬佩。这年春天，皇宫中举行宴会，唐玄宗把自己用的金筷子赐给了宋璟，宋璟不知为什么，犹豫着没敢谢恩，玄宗说："我赐给你这东西，不是给你金子，而是为了表扬你的正直，就像筷子一样。"宋璟一听，赶紧下殿拜谢。筋（zhù），筷子。　◎唐玄宗每次任命新宰相，都先把这人的名字写下来。这天他写了崔琳等人的名字，并用金盆把名字盖起来，刚巧太子进宫来，玄宗就对太子说："这盆底下扣着的是新宰相名字，你猜猜是谁，如果猜中，我赐给你好酒。"太子说："是崔琳和卢从愿吗？"玄宗说："正是。"原来崔琳、卢从愿二人平时都很有声望，玄宗早就想让他们当宰相，只是因为他们俩都是大姓，怕攀附的人太多才一直不用。瓯（ōu），盆。

十二、侵　韵

郑毂挟鹿，李车拥禽。

【译文】白鹿在郑弘车子两旁行走，飞鸟拥着李元纮的车子。

【解说】◎郑弘是汉代淮阴太守，在任时，减轻赋税和劳役，爱护百姓。这年春天，天大旱，郑弘坐车巡视，车子走到哪里，哪里就下雨，又有白鹿夹着车子向前走。郑弘感到奇怪，就问主簿这事是好是坏，主簿对着郑弘恭恭敬敬地行一个礼后，说："这是您平时爱护百姓的结果。"毂（gǔ），车轮。　◎唐代李元纮（hóng），曾担任好畤县令，赋税劳役都很合理，县内治理得有条不紊，受到人们的称赞。他改任润州司马，离县时，沿途数百里老百姓拦在路上，哭泣着挽留他，许多乌鸦喜鹊在他车子周围飞来飞去，似乎也在挽留他。

榜书淡墨，帖写泥金。

【译文】科举的名榜用淡墨写，报喜的帖子用金粉写。

【解说】◎唐、宋两代科举有个传统：公布中进士的名单用淡墨写。这起源于一个故事：唐代李仲舒侍郎主管考试院的时候，夜里发榜（公布考中的人名单），榜还没写完，写榜的人得病暴死。大家赶忙去找另外一个写字好的人来接着写，但这个人刚好喝醉了，磨墨不均匀，榜上的字写得一半浓一半淡，没想到这反而收到意外效果：看起来很有趣。从此以后，写榜就用淡墨了。　◎唐代科举考试有个传统，新考中的进士，都用金粉写张帖子，夹在家信中，用来报喜。

管论尺泽，陶惜分阴。

【译文】管仲论述君主恩泽的尺度，陶侃珍惜每一分光阴。

【解说】◎春秋时期著名政治家管仲曾经论述说："君主的恩泽就像天上下的雨，天上的雨下一尺深，地上的苗就会往上长一尺。君主给老百姓的好处越多，老百姓就越接近君主。" ◎陶侃常对人说："大禹是个圣人，还珍惜每一寸光阴，我们这些人，应该珍惜每一分光阴，绝不能吃喝玩乐，荒废时间。活着的时候没给当时的人做些有意义的事，死了以后也没有传名给后代，这是自暴自弃。"属下若有闲谈游戏不干正事的，他就命人把这些人喝酒的器具、赌博的工具统统收来扔到江里去，若是当官的，还要多挨一顿鞭子。

墨子九拒，武侯七擒。

【译文】墨子九次阻挡了公输般的进攻，诸葛亮七次捉住孟获。

【解说】◎墨子是春秋战国时期的思想家，曾做过宋国大夫，他非常善于守城。一次他的弟子来告诉他，公输般（也就是平常所说的鲁班）帮助楚国造出了云梯等攻城器械，不久就要来攻打宋国了。墨子是讲求人与人之间相互敬爱，反对互相残杀的，听到消息后，他就到楚国的都城郢去见公输般，劝他不要帮助楚国。但公输般觉得自己造的东西很先进，不听劝告，于是墨子解下腰带当城，拿木片当守城的工具，让公输般拿他造的器械来攻城，公输般攻了九次，墨子九次把他挡住，公输般的器械用完了，而墨子的守城方法还有许多。楚王看到这种情况，就说："好吧，我不去攻打宋国了。" ◎诸葛亮曾被封为武乡侯，所以人们也叫他诸葛武侯。他率领军队南征，听说孟获是南方少数民族的首领，就设计活捉了他，并让他观看蜀军的营地，问他："这支军队怎么样？"孟获说："我原来不知虚实，所以败了。现在看了你们的营地，如果真的就像这样，我肯定能打败你们。"诸葛亮笑着把他放了，让他带兵再来交战。这样放了六次，又第七次把他活捉。最后一次，诸葛亮还要放他，孟获心服口服，不再走了，说："我们再也不作乱了。"

元凯传癖，士安书淫。

【译文】杜元凯有《左传》癖，皇甫谧被叫作书淫。

【解说】◎晋代杜预，字元凯，专心研究古代经典，作《春秋左传集解》，成了研究《春秋》的专门学问家。当时，王济爱马，和峤喜欢搜刮钱财。杜预常说王济有马癖，和峤有钱癖。晋武帝听说后，问杜预有什么癖好，杜预说："我有《左传》癖。"　◎晋代的皇甫谧（mì），极爱读书，读起书来常常忘了吃饭睡觉，当时的人叫他"书淫"。

蒲鞯法主，斗酒舜钦。

【译文】李密拿蒲草作鞍，苏舜钦能喝一斗酒。

【解说】◎隋代李密字法主，喜好读书。听说学者包恺住在缑山，就想去请教学问。他拿蒲草放在牛背当鞍子，把《汉书》挂在牛角上，边走边读。越国公杨素从路上看见后，骑马在他后面悄悄跟了一段，见李密没有反应，就上前问道："这个书生是谁呀，这么用功？"李密认出是杨素，赶紧下牛行礼，杨素与他交谈了一会，很欣赏他。鞯（jiān），马鞍下的衬垫。　◎宋代文人苏舜钦酒量很好。他住在岳父杜衍家，每晚读书，都能喝差不多一斗酒。杜衍不相信，就派了一个人偷偷去察看，听见舜钦在读《汉书·张良传》，读到张良与门客刺杀秦始皇，结果击中了随从的车时，拍桌子叫道："可惜没击中！"说完喝下一大杯。又读到张良对刘邦说："我开始起家在下邳，在留这个地方遇见你，这是上天把我交给了你。"舜钦又拍案说："君臣相遇，竟然这样难。"说完又喝一大杯。杜衍听说后，大笑说："有这样的东西下酒，一斗实在不多。"

经论虎观，诗售鸡林。

【译文】在白虎观讲论经书，诗集卖到鸡林国。

【解说】◎建初年间，汉章帝刘炟曾召集学者如丁鸿、楼望、成封、贾逵等，在白虎观讨论经书的异同，把讨论的结果编成了《白虎通义》。 ◎白居易字乐天，是唐代著名诗人。他的诗浅显易懂，人们争相传诵，流传很广。鸡林国（朝鲜古国名）的商人曾把白居易的诗集带回国，以一篇一金的价格卖给宰相。诗集中有些诗不是白居易作的，宰相竟能识别出来，可见他对白居易的诗很熟悉。

野王弄笛，安道破琴。

【译文】桓野王吹笛，戴安道摔琴。

【解说】◎桓伊字叔夏，晋代永修县侯，性格谦和，喜欢音乐，吹笛子的技艺尤其高，可以称得上江南第一。王徽之受召到京城去，坐的小船停泊在青溪，正巧桓伊从岸上经过，有个门客便叫着桓伊的小名对王徽之说："这就是桓野王。"王徽之便叫人对桓伊说："听说你笛子吹得很好，能不能给我吹支曲子？"在此之前，二人互相并不认识，而且桓伊这时已做了官，但他马上下车，吹了三支曲子，吹完就走，双方自始至终没说一句话。 ◎戴逵字安道，对当时社会不满，平时弹琴读书自得其乐。武陵王司马晞听说他琴弹得好，就派人去叫他，他当着使者的面把琴摔破，说："戴安道不给当官的做艺人。"

谢鲲丘壑，孙绰咏吟。

【译文】谢鲲喜欢山水，孙绰擅长吟诗。

【解说】◎晋明帝有一次在东宫召见谢鲲，问他："人们把你和庾亮相比，你自己觉得怎么样？"谢鲲回答说："在朝廷中尽职尽责，做百官的准则，我不如他；但寄托感情在山水之中，熟悉每个山丘和沟壑，这方面我比他强。" ◎晋代孙绰，少年时与许询就都很有名气。但人们对他俩的评价不同，有些人认为许询志向高尚，看不起孙绰；有些人喜欢孙绰有才华，认为许询没什么了不起。有一次支遁和尚问孙绰："你跟许询比怎么样？"孙绰回答："性情高尚，志向远大，这方面我早就甘拜下风，但吟诗作赋，许询肯定不如我。"

长倩遗诫，圉师赐箴。

【译文】邹长倩赠送有劝诫意义的东西，圉师赐给箴言。

【解说】◎汉代元光五年，公孙弘因为品德高尚，又有才能，被征召做官，但他家里很穷。有一个叫邹长倩的就把自己的衣帽鞋子送给他，同时又送了一把喂牲口的草，一束丝，一个扑满，并附上一封信说："人不管是出名还是不出名，只要坚持准则，就能获得别人的尊敬，即使像喂牲口的草那样低贱，也能成长为君子，所以送你一把喂牲口的草。一根丝很细，但积少成多，就有一把，一个人建立功勋，也跟这一样，不要认为事情小就不做，所以赠你一束丝。扑满，是用泥土做的东西，用来积蓄零钱，有入口没有出口，满了就把它摔碎。只进不出、只积不散，所以要被摔碎。统治者如果只知道搜刮，就会得到与扑满一样的下场，因此赠给你一个扑满来表达这个意思。"　◎唐代相州刺史许圉（yǔ）师，治理州中事情很宽松，州中的人刻了石碑来赞美他。有个人受贿，他没有惩罚，而是写了一个劝他要清白的条子给他，那人十分惭愧，后来改正成了一个十分廉洁的人。

十三、覃　韵

独孤侧帽，仲宝斜簪。

【译文】独孤信歪戴帽子，王仲宝斜插簪子。

【解说】◎独孤信是西魏时十一州的大都督兼秦州刺史，他办事利索，提倡办教育，关心农事，因此受到人们的敬仰。有一次他外出打猎，天黑后骑马回城，因为路上颠簸，帽子有些歪了，没想到第二天一早，做事的人凡是戴帽子的，都学他故意把帽子戴歪。　◎王俭字仲宝，南北朝时期的齐朝人。他主持国家最高学府国子监的事情，将一切处理得井井有条。每十天他都要到国子监检查学生的情况，这时候他身边放着书籍，披散着头发，斜插着簪子，很有风度。人们十分羡慕，争着学他的样子。

渤海龚遂，渔阳张堪。

【译文】渤海太守龚遂，渔阳太守张堪。

【解说】◎汉宣帝刘询即位做皇帝后，渤海这个地方发生饥荒，盗贼越来越多，宣帝想派一个能干的人去治理，丞相推荐了龚遂。这一年他已经七十多岁了，接受任命后，他马上来到渤海郡。郡里的人听说来了新太守，就派兵丁来迎接他。他把这些兵全部遣散，同时发布告通知属下各县，撤销专门捕盗的机构。他发现渤海的风俗讲究铺张浪费，喜欢经商，不爱种地，于是他带头提倡节俭，并劝老百姓种田织布，规定每家要种一棵榆树，要种葱和韭菜等，要养两头母猪、五只鸡。有带刀剑的，就劝他卖掉刀剑买耕牛。这样过了几年，郡里积蓄多起来，老百姓也富起来，犯罪的几乎没有了。　◎汉代的张堪做渔阳太守时，严厉打击境内的犯罪行为，赏罚都很讲信用，老百姓都愿意听他的话。他曾经带领几千骑兵击败了侵犯渔阳的上万匈奴骑兵，保证了郡内的安宁。在他的治理下，渔阳郡农业兴旺，百姓富足。老百姓歌唱道："桑树无余枝，麦穗分两岔。张君做长官，百姓心舒畅。"

魏昭迁素，李谧出蓝。

【译文】魏昭改变本色，李谧青出于蓝。

【解说】◎郭泰是东汉大学问家，有个叫魏昭的人要求跟他学习，说："学问上的老师好找，做人的老师却不容易遇到。我希望跟随在您的左右，改变我单纯的本色。"　◎《魏书·李谧传》记载，李谧一开始跟着博士孔璠学习，几年后，孔璠反过来向李谧请教。同门的生员说："青色从蓝色中分离出来，颜色却比蓝色更重。谁能常做老师，那要看他对经书理解的程度。"

渊材恨五，荣启乐三。

【译文】刘渊材有五件恨事，荣启期有三种乐事。

【解说】◎有个叫刘渊材的人，平时喜欢发表些奇谈怪论。有一次，他说："我平生所恨的事只有五样。"别人就问是哪五件事，渊材这时却把两眼一闭，一言不发，过了一会才慢条斯理地说："我的观点现在的人接受不了，我怕你们听了以后不当一回事。"别人一听就更想知道了，一再请求，他才说："第一恨鲥（shí）鱼刺多，第二恨金橘太酸，第三恨莼（chún）菜太凉，第四恨海棠花没香味，第五恨曾子固不会作诗。"听的人哄堂大笑。刘渊材圆睁双眼说："你们果然没当一回事。"　◎孔子游泰山时，遇到荣启期，当时荣启期穿着鹿皮袍，边走边弹琴唱歌。孔子问他："什么事让你这么高兴啊？"荣启期说："可高兴的事太多了。天地万物中，人最尊贵，而我是个人，这是第一值得高兴的。男人和女人是有区别的，男人尊贵，女人卑下，而我是个男人，这是第二件值得高兴的。人有刚生下来或者没长多大就死了的，但我已经活了九十岁了，这是第三件值得高兴的事。"孔子听完，说："好啊，你是个能想得开的人。"

蹊径李绝，风月徐谈。

【译文】李乂不允许走后门，徐勉只谈风月。

【解说】◎李乂（yì）是唐代人，字尚真，任吏部侍郎时与宰相宋璟一起主持选拔官吏的事情，公正没有私心。当时的人赞扬他说："李树下没有小路可走。"意思是说，李乂不拉关系，不允许走后门。　◎南朝时梁朝的吏部尚书徐勉，正直无私。一次，他与门客们趁着月光喝酒集会，有个叫虞暠的人请求徐勉给他个小官做，徐勉一听，立即严肃地说："今天晚上只能谈论清风明月，不谈公事。"

密惭王昱，棠晓庞参。

【译文】杜密让王昱感到惭愧，任棠暗示庞参。

【解说】◎汉代人杜密，为人沉静朴实，做过泰山太守和北海相，后来辞掉官职回到家乡，还常常去见当地长官，陈述自己的看法。同乡有个叫刘胜的人，也是退休回乡的，平时闭门不出，对什么事都不管不问。于是太守王昱（yù）对杜密说："刘季林（指刘胜）很清高，朝廷里有很多人对他抱有好感。"杜密知道这是王昱暗示自己好管事，就说："刘胜身为大夫，见到好事不能举荐，听说坏事不敢说话，为了保全自己，就跟秋天里的寒蝉一样，一声不敢吭，这是罪人啊。但我就不一样。有志向和才能的人，我帮助他们成功，对违背正道丧失品节的，我纠正他们。这样使官府能够赏罚分明，政事顺利，我只是做些我力所能及的事情。"王昱听后，十分惭愧，以后对杜密更加敬重。　◎汉代庞参被任命为汉阳太守，汉阳郡有个叫任棠的，有奇特的才能，平时隐居教授学生。庞参到任后，先去访问他。见面后，任棠也不说话，只是把一大棵薤（xiè）菜和一盆水放在门前，自己抱着孙子爬伏在门下。随行的人觉得任棠很无礼，但庞参细细琢磨任棠的意思，说："任棠是想告诉我几件事。水，是让我做官清白；拔大棵薤菜，是叫我打击地方集团；抱着小孩正对着门，意思是要我开门抚恤孤儿。"

别甥殷浩，恸舅羊昙。

【译文】殷浩与外甥分别，羊昙悲恸舅舅的死亡。

【解说】◎后赵石虎死后，北方少数民族内部局势不稳。晋朝想趁机收复被后赵占领的地方，就委任殷浩为中军将军，总领扬、豫、徐、兖、青五个州的军事，北征许州、洛阳，但是没有成功。桓温平时与殷浩有矛盾，听说殷浩兵败，趁机陷害他，结果殷浩被撤销官职，流放到信安县，他的外甥韩伯也随着到了信安。一年后，韩伯要返回都城，殷浩把他送到河边，吟诵曹摅的诗："富贵他人合，贫贱亲戚离。"洒泪分别。　◎晋代的羊昙，平时很受他舅舅谢安的钟爱。谢安死后，羊昙十分悲恸（tòng），有一年时间没有唱歌、听乐曲，走路也不再经过谢安原来居住的西州路。有一次，他在外面喝醉了酒，一路上唱着歌，不知不觉来到州城门口，跟随的人说："这是西州门。"他顿时悲伤起来，一边拿马鞭子敲打大门，一边口里念着曹植的诗："生存华屋处，零落归山丘。"然后痛哭着离开了。

田金百镒，陶鲊一坩。

【译文】田子送给母亲百镒黄金，陶侃送给母亲一坩鲊鱼。

【解说】◎汉代韩婴的《诗外传》记载，田子做了三年丞相，回家后，带给他母亲百镒（yì）（相当于古代的二百两）黄金，他母亲问他从哪儿弄了这么多金子，他回答说是做官得的俸禄。他母亲说："你做了三年官，难道不吃饭吗？你这么做官，真是违背了我的愿望。孝子对于父母，一定要诚实，来路不正当的东西，根本就不应该往家里带。"田子听后，十分惭愧，主动到朝廷退还金子，并要求入狱。皇上了解了事情的原委以后，就免了田子的罪，并把金子赐给了他母亲。 ◎陶侃年轻时做寻阳县主管渔业的小官。有一次，他让人给母亲湛氏捎去一坩（gān）（形状像瓦罐）用盐和红曲调料腌制的鱼，但湛氏把鱼退给了陶侃，并写信责备他说："你做官，却拿公家的东西送给我，这对我没有丝毫的好处，只能增加我的忧虑。"鲊，读 zhǎ。

召伯名埭，范公号庵。

【译文】土坝被命名为召伯埭，庵被以范公来命名。

【解说】◎晋代谢安厌恶朝廷中的互相排挤陷害，心中一直存着退隐的念头。后来他镇守广陵郡的步丘，就在那里筑了一个城堡叫新城，并在城北筑了一条土坝，以躲避当时专权的会稽王。他死后，人们怀念他，就把那条土坝叫召伯埭（dài）。当地人把谢安比作召伯，表达对他的敬重和追念。 ◎范纯礼是宋代人，范仲淹的儿子。做遂州知州时，他遵循不侵害老百姓利益的原则，不向民众摊派苛捐杂税。老百姓很感激他，把他的画像挂在屋里，像供神一样供奉他，并把这种挂画像的屋子叫范公庵。

鸾栖辛缮，雀集罗含。

【译文】鸾鸟落在辛缮家的槐树上，白雀停留在罗含的堂屋中。

【解说】◎辛缮（shàn）是东汉人，隐居在华阴，光武帝刘秀征召他做官，他也不愿去。有一个大鸟，有五尺多高，长得像凤凰但羽毛颜色偏青，停留在他家房前的槐树上，过了十来天仍不飞走。弘农太守把这事报告了皇帝刘秀，刘秀就召集百官询问，大家都认为是凤凰，只有蔡衡回答说："与凤凰长得差不多的鸟有五种，凤凰本身羽毛偏红，羽毛偏青色的叫鸾，多黄色的叫鹓雏，多紫色的叫鸑鷟，多白色的叫鹄。"大家听了，既佩服蔡衡的学识，又敬佩辛缮的品德。因为这一类鸟只落在品德高尚人的附近。 ◎晋代的罗含，品格高尚，又很有才华，被桓温称为江南俊秀。他做官时，有一只白雀就停留在他所住的屋里，等他年老退休回家，家里庭院台阶上又长了许多兰草菊花，人们都认为是被他的好品德感染才有这种情况。

十四、盐　韵

生花李白，探锦江淹。

【译文】李白梦见笔头生花，江淹将怀中的锦拿出来。

【解说】◎李白小时候梦见自己所用的笔的顶端忽然生出一朵花，后来他果然成为一个天才诗人，名闻天下。 ◎江淹年轻时，就因为文章写得好而出名，老了以后，才华反而不如以前。传说他曾做了一个梦，梦见一个人，自称叫张景阳，对他说："前些时候借给你的那匹锦，现在该还了。"江淹从怀中掏出来，只剩了几尺，那人十分生气，说："怎么都快用完了。"自此以后，江淹的文思减退，作的文章大不如以前了。

孺子磨镜，云祯织帘。

【译文】徐孺子磨镜，沈云祯织帘子。

【解说】◎徐孺子常替江夏黄公做事，黄公死后，徐孺子去悼念他，但连祭奠的钱都拿不出来，于是他就靠替人打磨镜子（古代用的是铜镜，镜面需要打磨）来赚钱，然后独自来到埋葬黄公的地方，祭奠一番就走了。 ◎沈麟士字云祯，很博学，精通经学和历史，志向高尚，平时生活很贫穷，靠织帘子为生，但他一边织帘，一边读书，乡里的人称他是"织帘先生"。

陶方云薄，潜拟絮沾。

【译文】陈陶用薄云比方自己的心情，道潜用柳絮沾泥表达志向。

【解说】◎陈陶是唐朝末年人，同妻子隐居在南昌的西山，尚书严宇出任豫章的长官时，曾派一个叫莲花的歌妓去伺候他，但是陈陶对莲花理都不理，莲花觉得很丢面子，就作了一首诗说："莲花为号玉为腮，珍重尚书遣妾来。处士不生巫峡梦，虚劳神女下阳台。"意思是说：尚书派我这么漂亮的人来伺候你，你却对我一点意思都没有，我真是白来一趟了。陈陶也作了一首诗回答她："近来诗思清于月，老大心情薄似云。已向升天得门户，锦衾深愧卓文君。"意思是说：我已经这么大的年纪，现在对于男女之情已淡漠就像天上的云彩一样，没有心思再跟你调情。　◎道潜是个和尚，很有道行，苏东坡一见到他，就与他成了朋友。有一次，他去拜访苏东坡，住在逍遥堂里，当时的一些文人都想见识一下这位和尚，于是东坡就设宴招待道潜和那些文人，又请了一些歌妓到酒席上助兴。席间，东坡叫一个妓女去向道潜求诗，道潜拿起笔来很快写成，诗是这样写的："寄语巫山窈窕娘，好将魂梦恼襄工。禅心已作沾泥絮，不逐春风上下狂。"意思是说：告诉你这个漂亮的姑娘，不要指望我对你起些别的心思，我的心已全都用来参禅，就像沾上泥的柳絮，不会因为春风的吹动而上下狂飞了。那些文人听后，都惊叹不止。

王濛有节，朱异不廉。

【译文】王濛有品节，朱异太"贪婪"。

【解说】◎王濛是晋朝哀靖皇后的父亲，与名士刘惔齐名，而且关系很好。刘惔常称赞王濛，说他性格十分通达、自然有品格。王濛也常说："刘君了解我的程度胜过我自己。"　◎南北朝时期的梁朝，有个名叫朱异的人，他不但钻研各种儒家经典著作，学习文学和历史知识，而且精通书法、下棋、算术，等等。二十岁时，他去见文学家沈约，沈约当面考核了他，然后跟他开玩笑说："你年纪这么小，怎么这么贪婪？"朱异很纳闷，不知沈约是什么意思，沈约笑着解释："天下只有文学艺术、棋艺、书法，你一下都给拿去了，还不算贪婪吗？"

裴鞦和鞅，吉网罗钳。

【译文】裴楷是拴在牛屁股上的皮带子，和峤是套在牛脖子上的皮带子；吉温像网，罗希奭像钳子。

【解说】◎山涛在朝廷中很有声望，一直受重用，过了七十岁，仍然掌握实权，地位超过年富力强的人。裴楷、和峤、王济等人，与他联系密切。有人在内阁的柱子上写道："阁东有大牛，和峤鞅（yāng），裴楷鞦（qiū），王济剔鼮（niǎo）不得休。"意思是说：山涛他们几个人拉帮结伙，就像是一头牛拉车，有人是套在牛脖子上的皮带，有人是套在牛屁股上的带子，有人在前面吆喝开路。　◎唐玄宗时，宰相李林甫掌握实权，屡次在政治上制造冤案，陷害打击不赞同自己的人。他手下有两个人，一个叫吉温，一个叫罗希奭（shì），这两个人相互勾结，就像网和钳子一样，帮助李林甫消灭对手，当时的人叫他们"罗钳吉网。"

吴灭西子，齐安无盐。

【译文】吴国因为西施而灭亡，齐国因为无盐得到安宁。

【解说】◎越国灭亡以后，越王勾践卧薪尝胆，一心要复国。一天他对大夫文种说："听说吴王喜好美色，用这个计谋可以吗？"文种说："可以。"于是派人在国内广选美女，最后选中了西施。又用了三年的时间训练她穿着打扮，说话走路，然后把她送给吴王。吴王一看，果然就迷住了，从此心思就不用在国家大事上，最后国家反被越国灭掉了。　◎春秋战国时期，齐国有个丑女名叫无盐，她头发焦黄，眼窝深陷，塌鼻梁，喉结突出，皮肤又粗又黑，过了三十岁还没嫁出去。这天她穿了一件布裙，来到王宫，对主管接待的官员说："我是齐国的未嫁女，听说君王品德高尚，我希望能做他的妃子。"那官员把这话传达给齐宣王，这时宣王正摆酒招待大臣，这些大臣们一听，都哈哈大笑，说："这个女子的脸皮真算是天下最厚的。"宣王感到好奇，就吩咐召见无盐。无盐一见齐宣王，立即圆睁双眼，拍着手叫道："危险啊，危险啊。"这样叫了四次，才接着说："齐国西边有野心勃勃的秦国，南边有强大的楚国，但是君王您年过四十，还没有一个儿子长大成人，一旦您去世，国家肯定会不稳定，这是危险之一；宫中大兴土木，老百姓负担太重，这是危险之二；有才能的人隐在山林之中不愿出来，君王左右都是些阿谀奉承的小人，提的意见您根本听不到，这是危险之三；君王每天花天酒地，对外不发展与别国的关系，对内不治理国家，这是危险之四。"宣王听后，沉默了很久，忽然抬头叹气说："无盐君的话真是一针见血，我到现在才知道我的危险。"于是立无盐为王后，又发奋治理国家，齐国因此得到安宁。

曹仓积石，邺架悬签。

【译文】曹曾用石头建成仓库来藏书，邺侯家里架上摆的都是书。

【解说】◎汉代曹曾家里很富，藏书近万卷，对于古今图书的错误，他都尽量改正。弟子们在门外立了个祠屋，叫曹师祠。后来世道大乱，很多家的房子都被烧了，曹曾怕自己的藏书被毁，就用石头建了个仓库来藏书，号称书仓。　◎唐韩愈有《送诸葛觉往随州读书》诗："邺侯家多书，插架三万轴。一一悬牙签，新若手未触。"唐代时的书是卷轴形式，外面用象牙做的签子别住。邺，读 yè。

相如四锦，皇甫三缣。

【译文】司马相如一篇赋得到四匹锦，皇甫湜每个字值三匹缣。

【解说】◎司马相如想献一篇赋给汉帝，但一时不知写什么好，夜里他梦见一个穿黄衣服的老翁对他说："可以写《大人赋》。"醒后他就写成《大人赋》，里面写的都是神仙之事。献上以后，汉帝赐给了他四匹锦。　◎唐代皇甫湜（shí）是东都留守，判官裴度修福先寺，准备立个碑，写信求白居易写碑文。皇甫湜听说后，生气地说："怎么舍近求远去找白居易，是不是看不起我？"裴度赶紧道歉，就让他写这篇碑文。皇甫湜让裴度摆酒，喝到畅快的时候，拿起笔来一会儿就写成了。裴度赠给他车马以及很多绸缎，但皇甫湜却十分生气，说："我自从给顾况的集子作序之后，还没答应过别人。现在我这碑文有三千字，每个字才值三匹缣（jiān）（一种细绢），给我的报酬太低了。"裴度听后，笑着说："真是个不拘小节的人。"就按皇甫湜的要求付了报酬。

五湖范蠡，三径陶潜。

【译文】范蠡隐退在五湖之中，陶潜为了家庭而出去当官。

【解说】◎越王勾践灭了吴国之后，大臣范蠡（lǐ）在吴国就想隐退，但因为勾践没回来，这样一声不吭走了有些不礼貌，于是跟着回到越国，路上他对大夫文种说："赶紧走吧，不然，越王肯定要把你杀了。"文种听后，没表示什么。范蠡临走前，又留了一封信给文种说："高飞的鸟被打散后，好弓箭就要收藏起来；狡猾的兔子被捕杀尽以后，猎犬就要被煮了吃。越王勾践这个人，可以和他共度患难，不能与他共享安乐，你要是不离开他，最后肯定要被他害了。"文种还是不相信他的话。范蠡于是向越王辞行，乘着小船，出三江，进入五湖，谁也不知道他的行踪。而文种最后果然被越王杀害。　◎西汉末年，王莽在朝廷中把握实权，兖州刺史蒋诩不满当时状况，就辞官退居家乡，平时很少与别人来往。家园中开了三条小路，只与羊仲、求仲二人来往。后来"三径"被用来代指家园。陶潜曾对家人说："聊欲弦歌以为三径之资，可乎？"其中"三径"就是这个意思。

载石陆绩，埋金杜暹。

【译文】陆绩用船装载石头，杜暹将金子埋起来。

【解说】◎唐代诗人陆龟蒙的家门前有一块大石头，这块石头很有来历。陆氏远祖陆绩是三国时吴国人，官至郁林太守。他做官很廉洁，任期满了以后回家，竟然没有多少东西可带。他坐的船因为没有东西装，很轻，压不住风浪，不能过海，于是就装了一块大石头。人们知道这件事后，都称赞陆绩是清廉的官员。那块石头被称为郁林石，陆氏代代相传，保存下来。　◎《唐书·杜暹传》记载，唐开元四年，杜暹（xiān）以监察御史的身份驻在碛西，正碰上安西副都护郭虔瓘与西突厥的可汗（kè hán）发生冲突，双方互相到朝廷告状，于是朝廷命令杜暹去处理。杜暹骑着马带人进了突厥人的帐篷内，会见完以后，突厥人赠给杜暹许多黄金，杜暹开始坚决不接受，后来别人说："你与突厥人会晤，不接受他们的礼物，容易引起误解。"杜暹这才接受，但又叫人悄悄地把这些金子埋在帐篷下，出了突厥人的领地后，这才派人送信给突厥人，叫他们把金子取出来。突厥人看信后，大为惊奇。

十五、咸　韵

尚书郑履，隐士成衫。

【译文】郑尚书的鞋声，成芳的隐士衫。

【解说】◎郑崇字子游，汉代人。哀帝选拔他为尚书仆射，他多次上书给哀帝提意见。每当看见郑崇拖着皮革做的鞋，哀帝就说："我能听出郑尚书的鞋声。"后来，哀帝准备加封自己的祖母傅太后，郑崇上书表示不同意，惹得傅太后大怒。又因为董贤妃受宠过度的事提意见，再次触犯皇家的利益。尚书令赵昌平时就与郑崇有矛盾，这时趁机上奏，说郑崇与一些强族勾结，请皇上治他的罪。哀帝召见郑崇，责备他说："你自己家门平时人来人往，凭什么想限制皇上的活动？"郑崇说："我家门虽然人来人往，但我的心就像水一样平静，不热衷什么，也不想结交什么人，不信您可以去调查。"皇上大怒，就把郑崇关进大牢，最后在狱中将他折磨至死。　◎成芳是个隐士，隐居在麦林山中，他自己种麻织布，又自己动手做了一件短边宽袖的衣服，穿着它去买酒，自称是隐士衫。

韩序盘谷，皮题镜岩。

【译文】韩愈作有《送李愿归盘谷序》，皮日休有《寄题镜岩周尊师所居诗》。

【解说】◎唐诗人韩愈《送李愿归盘谷序》写道："太行山南面有盘谷，盘谷之中，土地肥沃，泉水甘甜，草木丛生，生长茂盛，人迹稀少。……有人说，'这个山谷幽深曲折，最适合隐士居住。'友人李愿就住在这里。……我为他作歌道，盘谷之中，是你的住所；盘谷的土壤，可以种庄稼；盘谷的泉水，可以洗涤；盘谷险峻，没有人会来打扰你。幽深广大能够容纳许多，曲折往复，峰回路转。呵，盘谷中的乐趣呀，真是没有止境……" ◎唐代诗人皮日休作有《寄题镜岩周尊师所居》诗，诗序这样写道："处州仙都山的半腰有个洞口，从下面望去好像一面镜子，人们叫它镜岩。洞离地约有二百尺，必须登竹子搭成的梯子才能上去。洞中都是钟乳石，常年滴水。周景复君就住在这里，已经快八十年了。他不吃五谷，每天只是燃一炷香，读《灵宝度人经》。我到吴地来做官，当地人对我说起周君还在，但想到上山的道路，又觉得没法与他会面，于是写这首诗寄给他。"诗是这样的："八十余年住镜岩，鹿皮巾下雪髯髯。床寒不奈云萦枕，经润何妨雨滴函。饮涧猿回窥绝洞，缘梯人歇倚危杉。如何计吏穷于鸟，欲望仙都举一帆。"

布珍一诺，金慎三缄。

【译文】季布很讲信用，三个金人都闭着嘴。

【解说】◎汉朝初年的季布很讲信用，只要答应了别人的事，就一定办到。当时的人有句谚语说："得黄金百斤，不如得季布一个诺言。" ◎《孔子家语》记载，孔子到周朝观礼，进到周的祖先后稷的庙里，看见庙的正堂前有三个金铸的人，都闭着嘴，孔子于是在金人的背上写道"古代不乱说话的人"。

谢尚殊迈，桓伊不凡。

【译文】谢尚十分豪迈，桓伊不平凡。

【解说】◎谢尚做豫州主簿时，桓温是他的上司，桓温听说他很会弹筝，就派人去叫他。谢尚到了以后，拿出筝，端坐弹起来，一边弹一边唱《秋风》歌，意气十分豪迈，桓温因此加深了对谢尚的了解。◎《晋书·桓伊传》记载，谢安的女婿王国宝一心钻营，没有品行，谢安厌恶他的为人，多次斥责他，而晋孝武帝晚年好酒好色，起用一些阿谀奉承的小人，王国宝也在其中。这些人忌惮谢安的功劳和名气，就相互勾结陷害谢安，皇帝对谢安渐渐疏远。一次，孝武帝召桓伊到宫中喝酒，谢安陪坐。孝武帝命桓伊吹笛子，桓伊立即吹了一曲，放下笛子后他说："我弹筝的技艺虽不如吹笛子，但自信还能合上节拍，我请一人为我吹笛，我来弹筝并唱歌。"于是叫一个奴仆吹笛，桓伊边弹边唱道："做君主当然不容易，做臣子更难。忠诚信义这样的事别人看不见，却专门有人挑毛病、找麻烦。周公旦辅佐文王、武王，却遭到猜忌。一心为王室利益考虑的伯夷、叔齐，反而引起别人的流言。"歌声慷慨悲凉，引得在座的谢安潸然泪下，离开自己的席位，走到桓伊面前，说："你在这方面真是不平凡。"而孝武帝听后，也面有愧色，觉得自己不该疏远谢安。

梁公忘谮，屈子疾谗。

【译文】狄梁公不追究是谁说自己的坏话，屈原痛恨说别人坏话的人。

【解说】◎狄梁公就是狄仁杰。有一次，武则天对他说："你在汝南郡很有政绩，但也有人说你的坏话，你想知道是谁吗？"狄仁杰回答说："皇上要是觉得我有什么错，我今后一定改正；如果认为我没过错，那是我的运气。至于谁说我的坏话，我不想知道。"武则天感叹狄仁杰心地仁厚，有长者风度。谮（zèn），说坏话。　◎屈原是战国时期的楚国大夫，爱国诗人。当时秦国想吞并各诸侯国，屈原作为楚国的使者出使齐国，准备联合齐国抗击强秦，结果引起秦国的恐慌。秦国派张仪秘密来到楚国，重金贿赂楚国的上官大夫靳尚、令尹子兰、司马子椒以及楚王的夫人郑袖，让他们共同陷害屈原，结果屈原被放逐到外地，他在忧愤中写了《离骚》。屈原被放逐以后，张仪让楚国与齐国断绝关系，并答应给楚国六百里地，但等楚国与齐国断绝关系后，秦国又狡辩说只答应给六里地，楚怀王十分愤怒，就派兵攻打秦国，又后悔没用屈原的计策，于是把屈原召回朝廷。后来秦国把公主嫁给楚国，又提议在蓝田这个地方会盟，屈原认为秦国人不可信，不能去，但群臣都认为可去，楚怀王于是去参加会盟，果然被秦国囚禁起来并死在秦国。怀王的儿子顷襄王继位以后，又听信群臣的谗言，把屈原放逐。屈原愤恨小人当道，国王昏庸，国家没有希望，于是投汨罗江自杀。

彦辅水镜，彭年冰衔。

【译文】乐彦辅是人中的镜子，陈彭年的官衔像一条冰。

【解说】◎晋代卫瓘当尚书令时，一次见到乐广（字彦辅）与朝廷中的名士谈话，很赞赏他，说："自从过去的一些名士去世以后，我总怕清议的风气将绝迹，今天我又重新听到这种话了。"又对自己的弟子说："这个人是人中的镜子，见到他，就像拨开云雾见到青天那么爽快。" ◎宋代陈彭年在翰林院的时候，身兼几种职务，都是清静但掌握机密的职位，别人说他的官衔像一条冰，意思是说虽然清闲但很重要。

囊探李贺，火夺毕诚。

【译文】李贺把自己写的诗放在袋子里，毕诚的母亲把他读书用的灯火灭掉。

【解说】◎唐代诗人李贺是个清瘦的青年，面色苍白但两条眉毛很浓，几乎要连在一起，手指细长，风度儒雅。每天一清早，他就跨上一匹瘦马，带着一个小书童，背着一只锦做的口袋，到野外去转悠。如果想到好的诗句，他就马上写下来，然后放入口袋，从来不像别人那样先出题目，然后再拼凑出一首诗。晚上回家后，他就把白天写的那些诗句补写成完整的诗。母亲心痛儿子，常叫丫鬟打开口袋来看，每次见到口袋里写了很多，就会生气地说："这孩子要把心呕出来才肯停止。" ◎毕诚（xián）也是唐代人，从小死了父亲，他很有志气，每天晚上点着火把读书。他母亲看他疲劳过度仍不肯休息一下，就把他的火把夺走，要他睡觉，但他等母亲走后，又悄悄起来，继续苦读。这样坚持了许多年，他终于成为一个博学的人，最后做了同中书门下平章事（相当于宰相）。

军知有将，州愿无监。

【译文】 军中只知有将军，州里希望没有监郡。

【解说】 ◎周亚夫是汉代绛侯周勃的儿子，被汉文帝封为条侯。文帝继位后六年，匈奴的军队侵犯边界，文帝任命刘礼为将军，驻军霸上；徐厉为将军，驻棘门；周亚夫也为将军，驻扎细柳，防备匈奴的进犯。文帝亲自去慰问军队，在霸上和棘门，都是长驱直入，而且从将军以下的将领都骑着马恭敬地迎送。等到了细柳军，看见将士们穿着甲衣，拿着武器，把箭上弦，十分警惕。文帝的开路车先到了军营门口，被军士挡住不让进，开路的官员说："天子马上就到了。"但守门的军官说："将军有命令，在军营中只听将军的，不听天子的。"过了一会儿，文帝的车也来到了军营门口，还是进不去。文帝于是派使者拿着符节去通知周亚夫将军，将军这才命令打开营门，但军官又对皇帝的随从们说："将军有规定，军营中车马都不能快速奔跑。"于是文帝一行人控制着车马的速度，慢慢来到营中，只见周亚夫佩带兵器，只对文帝作了个揖，说道："身上穿着甲胄，不行跪拜礼，请允许我用军礼相见。"文帝面色严肃地接受了他的敬礼，然后让人对周亚夫表示谢意，说："皇帝慰劳将军。"礼节完毕后马上离去。出了军门以后，一帮大臣都暗暗心惊，不知文帝是不是要发火，文帝却说："哎呀，这才是真正的将军啊。霸上、棘门的军队简直如同儿戏，像周亚夫统帅的军队，谁能够侵犯他呢。" ◎宋代各州都设有通判这个职位，但它既不是州官的副手，也不受州官的管辖，所以有时候通判与州的最高长官知州争权，常常说："我是监郡，是朝廷派我来监察你的。"州官的行动常常受他的制约。曾经有个叫钱昆的人，家乡是杭州，杭州人喜欢吃螃蟹。有一次，他请求到外郡做官，别人问他想到哪个州，他说："只要是有螃蟹、没有通判的州就行。"

祢衡灭刺，殷浩空函。

【译文】祢衡把名片上的字都磨没了，殷浩给别人的信只有空信封。

【解说】◎汉末人祢衡年轻时很有才气，但性格也很高傲，很少看得起周围的人和事。建安初年，他游历颍州，本来想拜访一下当地名人，所以怀里揣了一个名片，但自始至终，他觉得没有一家可去。名片放在怀里一直没拿出来过，以至于上面写的字也被磨没了。刺，名帖。　◎殷浩是晋代人，生平谨小慎微。做官时小心翼翼，被罢官以后也不抱怨，神色平静，谈天作诗，就像什么事也没发生过。即使他家的人也看不出他有什么不满或者忧虑，只见他整天用手在空中写字，时间长了才知道他写的是"咄咄怪事"四个字。后来桓温想让他当尚书令，来信告诉他，他很高兴地答应了，但在回信时犯了愁，生怕自己的信出现错误，犹豫了很长时间，他竟寄了一个空信封给桓温，结果惹得桓温很不高兴，从此不再理他了。

声谐荀勖，音解阮咸。

【译文】荀勖调谐声律，阮咸对音乐有很深的理解。

【解说】◎荀勖（xù）是晋朝的光禄大夫，掌管国家的音乐事务，曾经修正过声律。在没当光禄大夫之前，有一次他在路上，听见挂在牛脖子上铃铛的响声就记住了。后来掌管音乐事务，发现有些乐器音调不准，他叫人到他原来听见牛铃响的地方再去找些牛铃来，并用这些牛铃校音，果然在这中间找到了标准的音律。　◎阮咸与荀勖是同时期的人，他对音乐的理解比荀勖更深。每次朝廷举行仪式奏乐，阮咸听出音律总有些不准，但这些音律都是荀勖调的，阮咸不好说什么，神色上却又不自觉地流露出不满，结果引起荀勖的猜忌，找个借口把他派到外地当地方官去了。后来有一个农夫耕地时得到一根周朝的玉尺，是校音用的，天下的音律都应以它为准，荀勖用它校自己所造的乐器，发现都短了一黍，才从心里佩服阮咸的见解高妙。黍（shǔ），古代度量衡的基准。

卷 三

一、董　韵

久耐裴炎，年忘江总。

【译文】裴炎与人保持长久的友谊，江总与张缵等是忘年交。

【解说】◎裴炎字子隆，官职是同中书门下，官阶是正三品，他与魏玄同交情很好，两人的友谊不受外界环境的影响并始终保持，号称"耐久朋"。　◎南北朝时期的陈朝有几个博学而有才的人，如尚书仆射张缵、度支尚书王筠、都官尚书刘之遴，在当时都非常有名气。有一个叫江总的年轻人，年纪比他们小得多，但因为有才华，也受到他们的推许看重，与他们结成忘年交。

书议斫轮，易询箍桶。

【译文】砍车轮的工匠议论读书，向箍桶匠请教易学。

【解说】◎《庄子·天道》中写道，桓公在堂上读书，轮扁在堂下砍木头做车轮，干了一会，轮扁放下锤子、凿子来到堂上，问桓公看的书上面都写了一些什么话，桓公说都是圣人的话。轮扁问："这些圣人都还在吗？"桓公答："都已死了。"轮扁于是说："那么您看的只是古人的糟粕罢了。"桓公很生气，说："我读书，你一个工匠有什么资格评论。你要是说得有道理就罢了，要是胡说八道我就把你杀了。"轮扁不慌不忙地回答："就从我干的活这个角度来说吧，我斫轮子的时候，动作慢了不行，动作快了也不行，要不快不慢才得心应手，这种感觉完全是经验积累，心里有数但口中没法表达，我也没办法把它传给我的儿子，所以我年过七十还得自己动手。古人好的东西也是没法传的，而且他们都死了很长时间，可见您读的书都是古人留下的糟粕。"斫（zhuó），砍。 ◎程颢、程颐兄弟是宋代人，都是著名的理学家。有一次，他俩游成都，见到一个箍（gū）桶匠带着一本书，到跟前一看，是本《周易》。两人刚想提几个问题难一难他，箍桶匠先说话了："你们学过这书吗？"又指着书中"未济"卦中的"男之穷"这句话，问二程怎么理解，二程谦虚地向他请教，箍桶匠说："三个阳爻都失去了本位。"二程兄弟听后，觉得对《易经》忽然有了新的理解。第二天，他俩想再拜访一下箍桶匠，结果发现他已走了。后来，袁滋到洛阳，向程颐请教易学，程颐说："易学在四川，你到那儿去访求吧。"袁滋到四川很久，也没找到一个懂易学的，后来偶然与一个卖酱的老人谈话，却受到很大启发。

杨却为金，窦辞化汞。

【译文】杨偕拒绝了点金术，窦舜卿不愿学化汞成白金的方法。

【解说】◎宋代的杨偕，字次公。有一年，他调任汉州军事判官，路上遇到一个术士，术士对他说："你听说过有把瓦块石头变成黄金的事吗？"又当场表演给杨偕看，果然灵验。术士表示愿意把方法教给杨偕，杨偕却说："我当官吃朝廷的俸禄，用不着这个变金子的方法。"术士说："你有这样的志向，我比不上。"说完，人就不知去向了。 ◎窦舜卿也是宋代人，他在平乡县做酒税官时，遇见一个和尚要教他化汞成白金的方法，他不愿学，对和尚说："我的俸禄足够养活父母家人，不必学你这个方法。"

平原锥囊，仁杰药笼。

【译文】平原君认为有才能的人在世上就像锥子在口袋里，狄仁杰说元行冲是自己药笼中的必备药品。

【解说】◎平原君名叫赵胜，是战国时赵国的公子，喜欢搜罗人才，他门下的宾客有几千人。有一年，秦国围困赵国的首都邯郸，赵国派平原君去向盟约国楚国求援，平原君准备选拔二十个文武双全的门客作为随从，结果选来选去，只有十九人符合标准。这时有一个叫毛遂的人，站出来自愿当那第二十个随从。平原君不相信他的能力，对他说："有才能的人在世上，就像锥子放在布袋里，尖子立即就会露出来。你在我门下做了三年的食客，从来没有听到左右的人赞扬你的才能，可见你没什么特别的本领，你还是留下吧。"毛遂说："我今天就是要你把我放在袋子里考察一下。如果你早把我放在袋里，我可能早就脱颖而出了。"　◎唐代元行冲，本名澹，人们习惯叫他的字号，即行冲。他中进士后，逐步升迁到通事舍人，宰相狄仁杰非常器重他。元行冲曾经对狄仁杰说："一个官员，手下都应有一批人，就像富人家的储备，什么样的东西都应该有一些，如鸡鱼肉等以供食用，人参、白术、灵芝等以防疾病。我希望你把我当成一种药，可以吧？"狄仁杰说："你正是我药箱中的必备药品，一天也离不了。"

钤鲤兆姜，印龟酬孔。

【译文】鲤鱼肚里的藏印兆示着吕尚将掌握兵权，印纽上的乌龟报答孔愉的恩德。

【解说】◎吕尚，也就是我们平常所说的姜太公，他因为不满商朝国君纣的暴政，就在辽东隐居了三十年，后来又移到南山。平时，他在蟠溪钓鱼，但三年之中，一条鱼也没钓到，当地的闾长对他说："别钓了吧。"吕尚说："这一点你是不会懂的。"最后，果然钓到一条大鲤鱼，在鱼肚子里有一颗大印，预示着吕尚将会掌握兵权。钤（qián），盖章，盖印。　◎晋代的孔愉，因为讨伐叛乱有功，被封为余不亭侯。有一次，他经过余不亭的时候，见到一只乌龟被关在笼子里，他就买下来将它放在河水里，在河中间，乌龟向他回头看了好几次。等封侯以后，他要铸一颗侯印，但印纽上的乌龟铸成以后，头总是向左偏，铸了三次都是这样，铸印的工匠把这事报告了孔愉，他想起原来放生的事，明白了这是乌龟在报恩。

酒进屠苏，羹调谷董。

【译文】 大年初一要喝屠苏酒，江南有一种谷董羹。

【解说】 ◎古代风俗，在正月初一日这一天，男女老少都穿上新衣服，互相拜年，还要喝屠苏酒，吃麦芽糖。喝屠苏酒时，先从年龄最小的开始，因为小孩过年就长了一岁，而老人过年就少了一年。得者应该庆祝，所以要先饮。　◎苏轼在《仇池笔记》中说，江南人好做盘游饭，就是在米饭里放上鱼肉蛋等，当地人认为吃这种饭就像进了储藏食品的地窖里一样，什么味道都有。罗浮有一个人，把很多食物放在一只锅里煮，取名叫谷董羹，吃的人都称赞说味道好极了。

二、肿　韵

杨氏同台，冯君接踵。

【译文】 杨氏兄弟同为御史台，大小冯君接踵为太守。

【解说】 ◎《唐书·杨收传》记载，杨收七岁时，母亲就亲自教他读经书，长大以后，他因为二哥杨嘏（gǔ）没有考中进士，就一直不肯参加进士考试，杨畋考上以后，他也在第二年考上。先担任淮南推官，又做集贤校理，有人推荐他做监察御史，他又因为杨畋在外地，坚决推辞。过了没多久，杨畋也被提升为监察御史，他才接受任命，兄弟二人都做了御史台。　◎汉代冯奉世有两个儿子，一个名叫冯野王，一个叫冯立。野王在汉元帝时曾做过陇西太守，之后因为成绩显著、品格优秀，升迁为左冯翊，又升做大鸿胪。汉成帝继位以后，改做上郡太守。冯立先是做五原太守，后来也做过上郡太守。冯立在官任上能够尽职尽责、廉洁公正，与野王的品质相似，老百姓作歌称赞他俩说："大冯君、小冯君，兄弟继踵相因循，聪明贤知惠吏民，政如鲁卫德化钧，周公康叔犹二君。"意思是说：大小冯君接连做太守，他们都聪明能干，对官吏百姓有恩惠，就像古代的贤臣周公、康叔一样。

刀分魏徵，剑署陈宠。

【译文】魏徵得到唐太宗赐给的宝刀，汉肃宗在赐给陈宠等人的剑上亲自题名。

【解说】◎一次，唐太宗设宴招待群臣，在宴会上，太宗说："从前跟着我打天下创立功业，房玄龄的功劳最大；贞观年以后，直言进谏，纠正我的过失，为国家的长远利益考虑的，只有魏徵一个人。即使古代著名的大臣，也不一定能胜过他俩。"说完亲自解下自己佩戴的宝刀，分赐给二人。　◎汉代肃宗时，尚书令韩棱、尚书仆射郅寿以及尚书陈宠三人都很有才能，得到皇帝的信任。肃宗曾经赐给各位尚书宝剑，只有这三个人，肃宗亲笔在剑上题名：韩棱，楚龙渊；郅寿，蜀汉文；陈宠，济南椎成。人们说，因为韩棱有谋略，所以赐他龙渊剑；郅寿豁达有文才，所以得了汉文剑；陈宠淳朴内向，才能不显露在外，所以赐给椎成剑。

右军墨池，怀素笔冢。

【译文】 王羲之写字写成墨池，怀素练字练出笔冢。

【解说】 ◎在临川城的东面，有块高地，面临溪水，叫新城。新城上有个池子，传说王羲之曾经在这里练习书法，池水都被染黑了，因此这个池子后来被人叫作"墨池"。　◎唐代怀素喜好书法，自称掌握了草书的规律，他用坏的笔很多，都被堆积埋在山下，叫做"笔冢"。冢就是坟。

王濬入吴，岑彭平陇。

【译文】 王濬攻入吴国，岑彭平定甘肃。

【解说】 ◎晋武帝准备攻伐吴国，就命益州刺史王濬主持修造战船，王濬设计建造了一种大船，可以装载二千多人，船上还可以跑马，又把船头做成怪兽的样子，用来威慑敌人。太康元年正月，王濬带兵从成都出发，向吴国进军，吴国人在长江的险要处拉上很多铁链，又在江心水下放置了很多铁锥，想要阻挡晋军的进攻，但是这个情报被晋朝的间谍探听到了。于是王濬先命令部下建了几十个人木筏，筏上放上很多穿着衣甲的草人，每筏只派一个会水的士兵操纵，这些木筏一遇到水中的铁锥，就将这些铁锥带走了。同时，王濬又命人制作大火炬，有十多丈长，十多个人合抱那么粗，灌上麻油，放在船前，遇到铁链就将火炬点燃，一会儿铁链就被烧断了。于是船队顺流而下，直向吴国首都进发，吴主孙皓一看大势已去，向王濬投降，吴国灭亡。　◎汉代建武八年，岑彭随着皇帝带领军队攻下了甘肃的天水，随后，便与吴汉把敌将隗嚣围在西城。敌方派李育带兵救援隗嚣，部队进驻上邽，汉帝派盖延、耿弇又将李育的部队围在上邽。然后汉帝就起驾回都城，临行前，留给岑彭一封信说："西城、上邽两城如果被攻下，你就可以带兵南下攻打四川的敌人，人心都是不知满足的，已经平定了陇（甘肃），就又想得到蜀（四川）。"成语"得陇望蜀"就从此来。

君实花簪，春卿果捧。

【译文】司马光戴花，桓荣捧果。

【解说】◎司马光字君实，他在宋仁宗宝元初年考中进士时，刚满二十岁。当时的风俗，新进士都要戴花，但司马光平时非常朴素，所以在庆祝宴会上只有他没有把花戴上，一起中进士的人对他说："这是皇帝赐给的，不戴不好。"他这才拿了一枝戴上。　◎桓荣是汉代人，字春卿。汉建武十九年，他已经六十岁多了，当时显宗刚被立为皇太子，桓荣被指派为太子的老师。一次，皇帝赐给大臣珍奇的果品，其他人接受后都顺手装进怀里，只有桓荣捧着果子叩头拜谢，皇帝指着他笑着说："这是真正的读书人啊。"此后对他更加信赖。

文本相门，章原将种。

【译文】田文本是相国的后代，刘章原是将军的传人。

【解说】◎孟尝君姓田名文，他父亲田婴是战国时齐威王的小儿子、齐宣王的弟弟，也是齐国的相国。有一次，田文问田婴："儿子的儿子叫什么？"田婴答："叫孙子。""孙子的孙子呢？""叫玄孙。""玄孙的孙子呢？""没法知道了。"田文说："您作为齐国的相国，已经经历了三个国王了，到现在齐国的国土没有扩大，但您自己家却积累了万金，门下没见着一个有才能的人。我听说相国的门下必定出相国，将军的门下必定出将军。现在您家中绸缎多得放在地上任人踩，而一般老百姓连粗布衣服还穿不上；您家的奴仆粮食肉食吃不完，但老百姓还得吃糟糠，您家里积聚了这么多财富不知要留给谁？"于是田婴从此就让田文主持家政，接待宾客，上门的宾客越来越多，田文的名声也传播到各个诸侯国。　◎刘章是汉高祖刘邦的孙子。汉惠帝死后，刘章入宫负责警卫工作，被封为朱虚侯。当时吕后掌握实权，一帮姓吕的子弟占据了重要的职位。二十岁的刘章对这种现象很不满。一次，在宫中的宴会上，吕后让他当监酒官，他说："我本是将军的后代，请让我按军法行事。"吕后说可以。酒喝到畅快时，刘章向吕后敬酒，并要求为吕后唱耕田歌，吕后说："你身为王子，怎么会知道种田这类事情呢。"刘章说确实知道，接着唱道："深深耕作播下了种子，苗儿一定要让它长得稀疏。不是正经的种苗，一定要锄掉它。"刘章唱这歌的意思是：姓刘的才是正统，吕姓子弟都应该除掉。吕后听完，一句话也没说。一会儿，有个姓吕的喝醉了逃离席位，刘章追上去，拿剑就把他杀了，回来报告说："有个人逃酒，我已经按法把他杀了。"吕后和大臣们都大惊失色。但开始时已允许他按军法行事，现在也不好说什么。从此以后，吕姓子弟都十分害怕朱虚侯刘章。

田笔风旋，苏文泉涌。

【译文】田承嗣文笔很快，苏轼写起文章就像泉水往外涌。

【解说】◎《云仙杂记》里说，唐代魏博节度使田承嗣处理公文的速度非常快，他手下的小官吏私下里说："世上少见这样快的旋风笔。"　◎苏轼评论自己的文章说："我的文章就像万斛清泉，不论什么地方都能随意涌出，在平地更是滔滔不绝，即使一日流千里也不觉得困难。"

索綝逸群，顾劭负重。

【译文】索綝才德超群，顾劭很能任劳任怨。

【解说】◎索綝（chēn）是晋代人，从小就表现出超群的品德和才干，他父亲索靖常说："索綝是做高官、办大事的人才，一般州郡小官都不配让我儿子来做。"后来索綝的官位做到骠骑大将军、尚书左仆射。　◎庞统是三国时蜀国的著名谋士，吴国大将周瑜死了以后，他到吴国去送丧，吴国人大都听说过他的名字。等吊丧完毕，他要回去，吴国人在会昌门设宴给他送行，陆绩、顾劭、全琮都去参加了。宴会上，庞统说："陆子（陆绩）可以说像匹劣马却有奔跑千里的气力，顾子（顾劭）可以说像头劣牛却能驮着重物走很远的路。"劭，读 shào。

桔井苏林，杏仓董奉。

【译文】苏林为母亲留下橘树和井水，董奉卖杏建谷仓。

【解说】◎传说苏林是个仙人，他在汉文帝时得道，临走前，他跪着向母亲说："我得到法术要成为神仙，不久就要被仙人们召去。我不能再赡养您了。"他母亲说："你走后我怎么生活呢！"苏林说："明年天下要流行疾病，院子里的井水和房边的橘树可以用来养活您，而且每一升井水加一片橘树叶可以治好一个人的病。您自己要留存一柜子树叶，缺什么可以敲柜子说出来，您要的东西就会出现，但千万别开柜子看。"说完话，就飞身跃进云里不见了。第二年，果然疾病流行，远近的人听说苏母能用井水和树叶治病，都来求医，都是一治便好。苏母平时缺什么，就敲柜子，要的东西马上就出来。三年后，苏母心里实在想知道柜子里到底是怎么回事，忍不住就把柜门打开了，只见一对白鹤从柜中飞走，此后再敲柜子，什么反应也没有了。苏母活了百十来岁，没什么病就死了。乡里人共同把她埋葬，一天，忽然见到州东北的山上有团紫色的云，并听见云中有人号哭的声音，人们都说这肯定是苏林。　◎董奉也是位仙人，他住在庐山脚下，平日给人治病，治好了也不收一文钱。只是要被治好的病人栽杏树，病重的栽五棵，轻的栽一棵，几年后，就成了一片杏树林。杏子熟了以后，他在林中围了一个草仓，贴出告示说：要买杏子的，不必用钱，只要拿谷子来换，谷子倒在仓里，然后自己去取同样多的杏子。有个人想占便宜，拿的谷子少，取的杏子多，这时林中立即出现几只老虎，吼叫着追赶这个人，那人吓得端着杏子就跑，慌忙中间，摔了一个跟头，杏子撒了许多，回家一量，剩下的杏与原先拿去的谷子正好一样多，从此不再敢有投机取巧的人了。董奉用这些谷子来救济穷人，每年都有几万斗。

赤壁风徐，蓝关雪拥。

【译文】赤壁的清风徐来，蓝关的路被大雪封住。

【解说】◎苏轼在《赤壁赋》中这样写道："壬戌年的秋天，七月下旬的一天晚上，我与几个朋友坐着小船在赤壁山下的水面游览，这时候清凉夜风慢慢吹来，水面一点儿波纹都不起。" ◎韩湘是韩愈的侄儿，行为放达，生活落魄，韩愈时常勉励他，要他好好学习。有一次他作了一首诗献给韩愈，中间有一句是："解造逡巡酒，能开顷刻花。"韩愈看后跟他开玩笑说："你能改变自然的规律让花马上就开吗？"韩湘于是在盆里堆了些土，用笼盖上，过了一会儿，他说："花已经开了。"一看原来是几朵碧绿的花，花叶中间有金字，是一联诗，写道："云横秦岭家何在，雪拥蓝关马不前。"韩愈看不懂这句诗是什么意思，韩湘说："要时间长了，这句诗才应验。"后来韩愈因为上书反对迎佛骨被贬到潮阳，在路途中遇上大雪，有一个人冒雪赶来，正是韩湘，他对韩愈说："您想起原来花上的那联诗了吗？这地方就是蓝关。"韩愈听后，叹息了很长时间，拿过笔把这两句续成了完整的一首诗。

三、讲 韵

茂叔留谈，横渠辍讲。

【译文】周茂叔留侯师圣谈话，张横渠停止讲课。

【解说】◎侯师圣是宋理学家，他开始是跟程颐学习，但没有领会精髓。有一次，他去访问理学家周敦颐（字茂叔）。周敦颐说："我老了，我的学说不能不详尽地说明。"于是留侯师圣在他那里，二人彻夜长谈。三天以后，回到程颐那里，谈起对理学的理解，程颐十分惊异，问他："你到过周茂叔那里吧？"　◎张载是宋代理学家，字子厚，学者称他横渠先生。他曾经在京城讲授易学，听讲的人十分多。一天晚上，程颐、程颢来到他住的地方，与他谈论易学问题。第二天，他跟别人说："二程对易学十分有研究，我比不上他们，你们可以跟他们学习。"并让人撤掉座位，停止讲课。

棠棣名碑，甘棠号港。

【译文】碑名叫棠棣，港名叫甘棠。

【解说】◎棠棣（táng dì）本是一种树的名称，后来用来比喻兄弟。唐代有个瀛洲刺史，名叫贾敦颐，他弟弟叫敦实，两人都很有才能。永徽年间，敦颐改到洛州做刺史，洛州有很多富豪大户，强占了大面积的良田，超过了朝廷规定的限度，贾敦颐查实并没收了三千余顷，同时把这些地分给贫民。后来，敦实也做了洛州长史，对老百姓也很有恩德，政绩显著。最初，洛州人为敦颐立了一个碑，等到敦实离开洛州，人们在原来碑的旁边又立了一个碑，并把这两块碑叫作棠棣碑。　◎甘棠本来也是一种树木名，后来变成为官吏歌功颂德的词。五代时的王审知，在梁太祖时做了中书令，被封为闽王。王审知本来是农民造反出身，做官以后，十分俭朴，而且能礼貌平等地待人，又创办学校，教授闽人子弟。他在黄崎开辟港口，解除了波涛阻隔，人们把这港口叫作甘棠港。

周譬骊龙，朔详赤蚙。

【译文】庄周拿骊龙作比喻，东方朔说明赤蚙的来历。

【解说】◎庄子，名周。《庄子·杂篇·列御寇》里说了一个故事：有个人去见宋王，宋王赐给他十辆车。这人回来之后向庄子炫耀，庄子说："河上有一个穷人家，平时靠织苇席糊口。家中的儿子某一天下到深渊中，得到一枚价值千金的珍珠，他父亲看到后说：'快拿石头把它砸碎。值千金的珍珠，一定是长在深水中骊龙的下巴上，你所以能得到这颗珠子，一定是碰巧骊龙睡着了，如果骊龙醒着，你早就没命了。'现在宋王的威猛，也不是骊龙所能比得上的。你能得到车子，也一定是因为宋王一时糊涂，如果他醒悟了，你恐怕就要粉身碎骨了。"　◎汉武帝巡视黄河沿岸，听见有弹琴唱歌的声音。一会儿，看见一个老头和几个少年人出来，都只有八九寸高，排成一行，为武帝奏乐助兴。老头命令一个少年人去取洞穴中的宝贝，那人下到河底，取来一个大珠子，直径有好几寸，闪闪发光。武帝问东方朔这东西的来历，东方朔说："河底有一个大洞，有几百丈深，洞中有个大赤蚌，生养了这个珠子。"

广汉置筒，温舒投缿。

【译文】赵广汉设置检举信箱，王温舒用投缿的办法惩治奸恶的人。

【解说】◎汉代的颍川，有很多豪门大户，这些大姓之间互相通婚，结成关系网，在颍川做官的官吏与当地势力也互相勾结。赵广汉做了颍川太守以后，对这种情况十分忧虑，就先在这些人中找了一些可以利用的加以奖励，让他们告密，等到这些大户犯了案子，他就依法治罪，但同时又故意把告密的人泄露给犯案的人，让他们之间相互怨恨。又让人设置缿（xiàng）筒（一种信箱），得到检举信，就把告密人姓名抹去，而假托是豪杰大姓子弟说的，在这些大族之间制造矛盾，结果这些豪族互相争斗，没过几年就纷纷败落。　◎《汉书·酷吏传》记载，中尉王温舒很熟悉关中的风俗，对当地豪强和把持一方的地方官员也很了解，这些官员都被他控制在手下，并利用他们去调查淫恶少年，让他们把奸恶事迹写出，投到缿筒中，同时设立村镇长官来收捕、处理这些坏人。

长舆专车，仲庆避棒。

【译文】和峤自己坐一辆车，司马膺之躲避仪仗队的赤棒。

【解说】◎晋代和峤字长舆，官职是中书令。当时的制度，中书令与中书监共坐一辆车入朝。荀勖正好担任中书监的职务，但和峤看不起荀勖的为人，时常流露出这种情绪，每次两人坐车时，都要发生争吵，和峤表示要自己坐一辆车。后来就让中书监、中书令分开乘车了。◎北齐的司马膺之字仲庆，他与杨愔（yīn）本来都是黄门郎，后来杨愔做了尚书令，他对杨愔的态度仍和从前一样。有一次他在路上遇到杨愔的仪仗，就避让到路旁的树下，杨愔从车中看到了，就叫他说："仲庆兄还用躲避我吗？"司马膺之说："我是躲避仪仗队中的红棒子，并不是避你。"

背水奇韩，拔山慨项。

【译文】韩信背水设阵，项羽力能拔山。

【解说】◎淮阴侯韩信与张耳带领几万将士，准备向东下井陉，攻击赵军，当时赵王、成安君陈余带领二十万士兵已先占领了井陉口。韩信在离井陉口三十里的地方安营扎寨，夜里传令，选两千精锐骑兵，轻装前进，每人手中拿一面汉军的红旗，从小路来到山上隐蔽起来。韩信告诫他们："赵军看到我军败退，一定会空营来追赶，这时你们就迅速进入赵军营地，拔掉赵军旗帜，插上汉军的红旗。"第二天，韩信先派出一万先头部队，背靠着大河排阵，赵军一看都大笑汉军不通兵法。天明以后，韩信率大军击鼓前进，出了井陉口，赵军迎击，双方大战了很长时间，韩信看时机已到，命令部下假装败退，丢下许多旗帜战鼓，向背水排阵的先头部队靠拢，赵军果然全部离开营地，出来追击汉军，收拾战利品，不久遇到汉军的先头部队，这些背后就是河水的汉军拼死奋战，将赵军阻挡住。这时韩信所派的那两千奇兵看到赵军全部离开营地，趁机冲进去将旗帜全换成汉军的红旗。这边的赵军看无法击败汉军，就想回营，但一看营地中全部都是汉军的红旗，大惊失色，顿时乱了阵脚，仓皇败逃，被汉军两边夹击，大败。成安君被斩杀，赵王歇被活捉。　◎汉朝建立的第五年，汉王刘邦追击项羽，项羽驻军垓下。这时候项羽手下兵士已剩得不多，军粮也已断绝，外面是汉军及各路诸侯兵的重重包围圈，形势十分不利。这天晚上项羽听见营地四面都有人唱楚地的歌曲，心中大惊，以为楚地都已被汉军占领。半夜，项羽起来饮酒，他有一个非常宠爱的侍姬叫虞，有一匹骏马叫骓。项羽一边喝酒一边慷慨悲歌："力能拔山啊气魄能压倒世人，时机不利啊骓不离开，骓不离开可怎么办，虞姬啊虞姬啊你又怎么办？"连唱几遍，虞姬含泪相和。左右的将上也都伤心痛哭。

四、纸　韵

丰邑社祠，阴家灶祀。

【译文】刘邦在丰邑的枌榆社祭神，阴家祭祀灶神。

【解说】◎汉高祖刘邦在刚起兵反秦时，曾在丰邑的枌榆社祭神。后来天下已定，汉朝建立，他命当地官员认真修治枌榆社，每年春天都用羊和猪供奉。　◎阴氏在汉代被封侯的有四人。汉宣帝时，阴家有个叫阴子方的人，十分孝顺而且仁义。某年冬天的腊日，他早晨起来做饭，忽然灶神显形，子方一见，连忙下拜，家里正好有只黄羊，他就用来祭祀灶神。后来他成了大富豪，有田七百多顷，车马仆人，应有尽有，就像一国的君主一样。他常说："我子孙必定会发达显赫。"果然三代以后，阴氏繁荣昌盛。所以后来的人都在腊日这天祭灶神，而且一般要用黄羊。

陛石投签，朝堂置匦。

【译文】将更签投到石级上，在朝堂上设置匦。

【解说】◎南朝时的陈朝有个制度，每晚负责报更的鸡人，都要按时把表明更次时间的更签送到宫中。陈世祖命令送签的人，一定要把更签扔在宫殿的石阶上，发出响亮的声音。他说："即使我睡着了，也要把我惊醒。"　◎唐武则天做了皇帝的第二年，有个叫鱼保宗的大臣上书，请求设置一个匦（guǐ）来接受各地来信。武则天接受建议，命令铸了四个铜匦，并涂上四种不同的颜色，放在朝廷的殿堂上。青匦叫"延思"，放在东方，凡是关于民众生活、农业等方面的建议都放在里面；红匦叫"招谏"，放在南方，议论当时政治得失的放在里面；白匦叫"申冤"，放在西方，用来放陈述冤枉委屈的书信；黑匦叫"通玄"，放在北面，讲天文秘谋的投到里面。又选谏议大夫、补阙、拾遗各一人，充当知匦事，御史中丞、侍御史各一人充当理匦使，专门管理这事。后来四匦合并为一匦。匦，箱子。

张别梨楂，商分桥梓。

【译文】张敷区别梨、楂，商子区分桥树、梓树。

【解说】◎张敷是南朝宋人，小名叫楂，他父亲张邵的小名叫梨。有次宋文帝跟他开玩笑说："楂与梨相比怎么样？"张敷回答说："梨是果品的宗主，楂怎么敢比。"　　◎周朝时，伯禽与康叔被封爵，他们去朝拜成王时，见到周公，结果见了三次，挨了周公三顿打，两人又害怕又不知是怎么回事。康叔对伯禽说："有个叫商子的人，非常贤能，咱俩去问问他吧。"二人见到商子，问起这事怎样解释，商子说："你们俩先到南山的南面看看，那儿有一种树叫桥。"二人来到南山见到桥树，生机不旺，结的果实都向天空高仰着。回来问商子，商子说："做长辈的应该像这样。"又说南山的北面有种树叫梓，让二人再去看看，二人看到梓树生机勃勃，结的果实都俯垂着。回来告诉商子，商子说："做晚辈的应该像梓树一样。"第二天，二人又去见周公，一进门就低头小步，登上台阶入堂以后立即下跪，十分恭敬。周公很高兴，摸着他们的头说："在哪里见了君子，受到教诲了？"

责子渊明，誉儿福畴。

【译文】陶渊明责备儿子，王福畴夸赞儿子。

【解说】◎陶渊明曾写过一首《责子》诗，诗中这样写道："白发被两鬓，肌肤不复实。虽有五男儿，总不好纸笔。阿舒已二八，懒惰故无匹。阿宣行志学，而不爱文术。雍端年十三，不识六与七。通子垂九龄，但觅梨与栗。天运苟如此，且进杯中物。"诗中说自己已经两鬓白发，肌肉松弛，虽然有五个儿子，但却不爱读书。阿舒已十六岁了，懒得没人比得上；阿宣虽有学习的志向，但不爱文学艺术；雍和端都是十三岁，却连六和七都不认识；阿通已九岁了，整天只知道吃。假如这是上天安排的命运，我只好借酒浇愁了。　　◎唐初诗人王勃兄弟七人都很有才名，杜易简称王勔、王勮、王勃为"三珠树"。后来王助、王劼也以文章出名，王劼死得比较早，他们最小的弟弟王劝同样有文才。父亲王福畴常对别人夸赞他们。有一次韩思彦跟他开玩笑说："王武子嗜好马，你有夸儿子的癖好，你们王家的癖好真是多。"又让王助把他的文章拿出来看，看完后，韩思彦说："如果生的儿子像这样还是值得夸赞的。"

大历十才，建安七子。

【译文】大历年间有十才子，建安年间有七才子。

【解说】◎唐朝大历年间，卢纶、吉中孚、韩翃、钱起、司空曙、苗发、崔峒、耿沣、夏侯审、李端十个人诗都写得特别好，当时的人称他们是"大历十才子"。　◎汉末建安年间，孔融、陈琳、王粲、徐干、阮瑀、应场、刘桢等七个文人都博览群书，文辞高妙，并且每人都有自己的独特艺术风格，在文坛上并驾齐驱。后人就把他们并称为"建安七子"。

华人琅嬛，禹登宛委。

【译文】张华进入琅嬛福地，大禹登上宛委帝阙。

【解说】◎晋代的张华知识很渊博。一次，他在游览的路上遇见一个人问他读了多少书，张华回答："这二十年内人写的书有些我可能没读过，二十年以外的书，我全部读过。"二人又议论学问，那人的见解让张华十分佩服。来到一个地方，大石头忽然从中间裂开，那人引张华走进去，真是别有洞天。进到一间石屋中，只见满架都陈列着书籍，那人告诉张华："这是历代史书。"又到第二间，那人说："这些是有关各国的志略。"以后每进一间石屋，都见到许多奇书。绝大部分是张华未曾读过的。张华本来就是个爱读书的人，见到这么多好书，就不想走了，问那人是否可以租间屋子住下来读书，那人笑着说："你真犯傻了，这地方怎么能出租呢？"张华问地名，那人说："这就是琅嬛福地。"命小童将张华送出门。刚到门外，石门就自动合上了，回头一看，只有杂草乱石，根本没有一点缝隙。　◎大禹治水的时候，走遍

了长江、黄河、济水、淮水，费了七年时间，仍没有成功。大禹十分
忧愁，想要寻求一种新的办法，就查阅《黄帝中经历》。书中记载，在
九山东南，天柱叫宛委，山顶上有赤帝的宫阙，宫阙有藏书，字是用
青玉镶嵌在金简上而成，编号用白银。于是禹就东巡，登上宛委，果
然在一个山洞里发现了嵌着青玉字的金简，上面记着治水的方法。

谢氏芝兰，狄门桃李。

【译文】谢氏子弟就像芝兰，狄公门下桃李众多。

【解说】◎晋代谢玄与堂兄谢朗都很受叔父谢安的器重。一次谢安训
诫谢氏一班子侄说："子弟的成长对长辈来说影响并不大，但都希望他
成长为好样的。"大家听着都没说话，只有谢玄接道："就像芝兰玉树，
希望它们生长在自家的庭院里。"谢安听了很高兴。　◎狄仁杰做宰相
时，曾推荐了姚崇、桓彦范、敬晖等数十人，这些人后来都成了著名
大臣。有人对狄仁杰说："天下桃李（古人用桃李指代弟子学生），都
在您的门下。"狄仁杰说："我是为朝廷推荐贤才，并不是为了自己。"

意避珠玑，援诬薏苡。

【译文】钟离意不要珍珠，马援因为薏苡被诬陷。

【解说】◎钟离意是汉代人，他做尚书时，交趾太守张恢因为贪赃枉法
被处决，皇帝命令把没收的财产分赐给群臣，钟离意分了不少珍珠，
但他都扔在地上不要。皇帝很奇怪，就问他原因，他回答说："过去孔
子宁愿渴也不喝盗泉水，曾参不走叫胜母的地方，都是因为厌恶它们
的名称不好。现在赐给我的都是贪污的赃物，我不能接受。"皇帝很感
慨，就拿国库里的三十万钱赐给他。　◎马援是汉代名将，他受命征
伐五溪，因为碰上雨季，水流很急，战船不能逆流而上，被困住了。
光武帝就派虎贲中郎将梁松去责问马援，又代监军的职务。正巧马援

因为积劳成疾，死在军中，梁松早就对马援心怀不满，这时趁机陷害。原来，马援在南征交趾的时候，常吃薏苡（yì yǐ）果实。薏苡是一种有些像高粱的野生植物，果仁白色，可以吃，又可以入药。在南方，薏苡既可以养身又能防治山中的瘴气。马援看到这东西很有价值，就想将它移植到北方，军队回朝时，装了一车薏苡果实，当时别人不知道，还以为是马援在南方搜罗的珍奇东西。但因为马援很受宠信，没人敢说什么。等他一死，很多人上书说他以前拉的那一车都是明珠、犀角之类的宝贝，光武帝一听十分生气，就剥夺了马援原来被封的侯爵。马援妻子儿女很害怕，甚至不敢把马援葬到祖坟里去。

李耳青牛，琴高赤鲤。

【译文】李耳坐青牛车离去，琴高骑红鲤鱼从水中出来。

【解说】◎老子姓李，名耳。他生在商朝，做过周朝的柱下史和守藏史。后来周朝政局混乱，他就坐着青牛车到秦国去。过函谷关时，关令尹喜迎接并留住他，知道他是个哲人，就强迫他把自己的学说写出来，老子于是写了《道德经》。　◎琴高是仙人，喜爱弹琴，他在冀州涿郡之间游历了二百多年，后来进入涿水中捉龙子。临行前与弟子定下相见的日期，并告诉他们到时都要沐浴更衣，斋戒设祭，然后在水边等着。到了那天，琴高果然乘着一尾红色的鲤鱼从水里出来，上岸坐在所设祭位的正中，当时有上万人观看到这个情景。留了一个多月，琴高又进到涿水中去了。

孔辨一夔，卜参三豕。

【译文】孔子辨明夔一足的说法，卜商指正三豕这样的错误。

【解说】◎《吕氏春秋·察传》记载，鲁哀公曾经问孔子："据说古代乐官夔是一条腿，这可信吗？"孔子回答："过去舜想用音乐来教化天下，就命令重黎举荐一个可以担当此任的人，重黎于是举荐了平民夔，舜让夔做了乐官。夔订正黄钟、太蔟、姑洗、蕤宾、夷则、无射六种音律，调和宫、商、角、徵、羽五个音阶，并且通晓天下八方的民歌，天下风气由此改变。重黎又想再找一个人，舜说，'音乐，是天地的精华，衡量得失的标准，所以只有圣人才能掌握音乐的本质并运用它，夔就能运用它来教化天下，所以，像夔这样的人，一个就足够了。'舜说的'夔一足'，意思是说夔一个就足够了，不是说夔只有一只腿。"　◎卜商，字子夏，在孔子的众多弟子中，以文学著称。有一次，他回卫国去，碰到一个人读史书，其中有一段说："晋国军队征伐秦国，三豕渡河。"子夏说："错了，应该是'己亥'，不是'三豕'。"那人不信，就去问晋国的史官，果然说是"己亥"，因为笔画脱落，变成了字形相近的"三豕"。原来意思是晋国军队在己亥日渡河，字形一错，意思变成了：晋国军队讨伐秦国时，有三只猪渡过了河。子夏一听就能纠正这个错误，卫国人十分佩服他。

五、尾　韵

蔡撙种茄，罗含织苇。

【译文】蔡撙种茄子，罗含织苇席。

【解说】◎蔡撙（zǔn）是南朝梁人，做吴兴太守时，不吃郡中的井水，自己在房前种苋菜、茄子，作为平常的菜蔬。皇帝下诏表彰他的清廉。　◎晋代的罗含是桂阳人，桓温做桂阳太守时，推荐他做征西参军，后来转为州别驾。他嫌公家官舍太喧闹，就在城西池小洲上盖了一间茅屋，自己伐木做用具，割苇子织席，穿布衣，吃青菜，怡然自乐。

张惧通神，鲁讥使鬼。

【译文】张延赏害怕钱能通神，鲁褒讥讽钱可以使动小鬼。

【解说】◎《云仙杂记》记载，张延赏做度支判官时，有件案子很冤枉，而且牵连太多，张延赏召来具体负责的官吏，严厉告诫他一定要在短时间内结案。第二天，看到桌上放了一个小帖子，上面写道："钱三万贯，请不要过问这件案子。"张延赏一看十分生气，催促结案比原来更紧。第二天，桌上换了张帖子，写道："钱五万贯。"张延赏仍然不理，再过了一天，帖子上写的是："十万贯。"张延赏立即停止过问此案。他的亲信问他原因，他说："钱到了十万贯就能买通神仙，没有做不成的事了，我害怕惹祸，所以不得不停止。"　◎鲁褒字符道，他好学而且见闻广博。晋代元康年之后，社会秩序混乱，他对当时社会上贪婪庸俗的风气很不满，就隐去自己的姓名，写了一篇《钱神论》来讥讽这种风气。论中说：钱的本体虽小，却可以象征乾坤，外面圆，里面方。积聚起来像山，流通起来像水。……世上人亲近它，称他是孔方兄。失去它就贫穷软弱，得到它就富贵发达。没有翅膀能飞，没有腿能跑，让冷面孔开颜，让不说话的人开口。钱多的人什么好事都能先享受，钱少的人什么好事都没份。……洛城中的富人，当官的士人，爱我孔方兄，没有止境。有了它，就能宾客盈门，门前如市。谚语说："钱没有耳朵，却可以使动小鬼。"现在的人，只认识钱。所以说军队无财，士卒不来；军队无赏，士卒不往。当官而朝中没人，不如回去种田，即使朝中有人，而没有孔方家兄，那就和没翅膀想飞，没有腿想跑差不多。

祷鳜湛然，烹鸡季伟。

【译文】查湛然为母亲祈祷鳜鱼，茅季伟为母亲煮鸡。

【解说】◎查道是宋代人，字湛然。他侍奉母亲很孝顺，母亲病了，想吃鳜（guì）鱼汤。这时正是冬天，天寒地冻，市场根本没有鱼卖。查道就去河边哭泣祈祷，然后凿开冰捉鱼，果然得到一条尺把长的鳜鱼，回家献给了母亲。　◎东汉茅容字季伟，四十多岁了还耕田为生。有一次下雨，他与一帮人到树下避雨，其他人都是胡乱往地上一坐，只有茅容端端正正地坐着，态度恭敬。郭林宗正好从旁边经过，见到后很惊奇，就同他谈天，并请求到他家住宿。茅容说："我去杀鸡做饭。"郭林宗心想这一定是为自己准备的，但开饭时发现鸡肉是茅容专为他母亲准备的，而茅容自己同客人吃粗茶淡饭。郭林宗很受感动，向茅容施了一礼说："你真是贤德呀。"又劝他读书。最终茅容成为一个既有品德又有学问的人。

楚相埋蛇，莒公渡蚁。

【译文】孙叔敖埋蛇，宋庠帮助蚂蚁渡水。

【解说】◎春秋时期，楚国有个相国叫孙叔敖，很有才德。他小时候，出外游玩，回家以后十分伤心，连饭也不吃了。母亲问他是怎么回事，他哭着说："我今天看见了两头蛇，恐怕活不了几天了。"母亲问："现在蛇在哪里？"他说："我听说谁见到两头蛇都会死，我怕别人再见到，就把它埋了。"母亲说："别发愁，你不会死的。你这么做，是积了阴德，上天会保佑你的。"人们听说了这事后，都称赞孙叔敖心地仁厚。　◎莒（jǔ）公指的是宋代人宋庠，他因为被封为莒国公，别人就称他莒公。宋庠年轻时，与弟弟宋祁同在官学学习。有个西域和尚见到他俩说："小宋以后能中状元，大宋也能考在甲等。"十多年后，他俩参加完进士考试，又见到了那个和尚，和尚拉着宋庠的手惊奇地说："你的风采神气与以前截然不同，好像是救了数百万条性命。"宋庠笑着回答："我一个穷儒生哪有这么大的本事。"和尚说："不能这么说，世间有生命的并不只是人。你仔细回想下。"宋庠想了一会儿，笑着说："十几天前，我住的屋前有一个蚂蚁洞，因为遭暴雨冲坏，群蚁在洞口爬来爬去逃不出来，我就随便用竹子搭了一个桥把它们全救了出来。"发榜以后，兄弟俩都中了进士，宋庠第一，宋祁第十。

轼堪出头，瑰不烧尾。

【译文】苏轼堪称出人头地，苏瑰不敢烧尾。

【解说】◎苏轼在宋嘉祐二年参加礼部考试，主考官欧阳修看了苏轼作的《刑赏忠厚论》，十分惊喜，准备评为第一，但心中还怀疑是他的门客曾巩作的，所以选为第二。苏轼的另一篇《春秋对义》得了第一，殿试后中了乙科进士。后来苏轼写信给欧阳修，欧阳修对梅圣俞说："我要让路，让这个人高出一头。"听说这话的人都议论纷纷，心中不服，但时间长了都慢慢地信服了。　◎烧尾是唐代俗语，指的是大臣刚上任时，要向皇帝进献吃的东西。这个做法据说起源于鲤鱼跳龙门的故事，鲤鱼跳过龙门就变成了龙，但是尾巴变不掉，必须有雷电将它的尾巴烧去，叫烧尾。唐代的苏瑰被授予尚书仆射的官职时，其他新授职的官员都按惯例向皇帝进献食品，只有苏瑰不去烧尾。宴会上，宗晋卿说起这事，皇帝听了也不说话。苏瑰解释说："作为宰相，应该协调天下万事，使百姓富足。现在粮食价格上涨，百姓缺乏衣食，士兵有时三天都吃不到一点东西，我实在不称职，不敢烧尾。"

铜面狄青，铁肝钱颙。

【译文】狄青戴铜面具，钱颙被称为铁肝。

【解说】◎宋代名将狄青在做延州指挥使时，每次与敌人交战，都戴着铜面具，披散着头发，在战阵中出没冲杀，身上曾八次中箭。因为积累军功，官职做到招讨副使，皇帝还没见过他的真面目，于是叫人画下他的肖像进献。　◎钱颙（yī）字安道，在宋代治平末年做殿中侍御史里行，刚正不阿。二年后，被贬官。家里很穷，父母又年老，他不得不向亲戚朋友借贷来维持生活。但是他生性旷达，一点也没有被贬官后的忧愁样子。苏轼赠诗给他，有一句叫"乌府（指御史府）先生铁作肝"，当时的人因此称他为"铁肝御史"。

六、语　韵

松拟嵇康，柳方张绪。

【译文】用松树比拟嵇康，以柳树形容张绪。

【解说】◎嵇康体形修长，身高约有七尺八寸，风流潇洒，姿态俊秀。山涛说："嵇康的为人，态度谨严，就像独立的孤松。他喝醉了酒后，就像玉山将要崩塌。"　◎张绪是南北朝时期齐朝散骑常侍，很有口才，谈吐风流，听的人甚至会忘了饥渴，见的人又都肃然起敬，就好像在宗庙里一样。益州刺史刘悛之曾进献几棵蜀柳，枝条特别长，形状好像丝线一样，齐武帝命人将这几株柳树种在太昌灵和殿前。武帝在赏玩时有时会感慨地说："这种柳树风流可爱，就像张绪当年一样。"

司马琴心，令狐冰语。

【译文】司马相如用琴声表明心迹，令狐策梦见与冰下人说话。

【解说】◎司马相如是成都人，很年轻时就出名了，他所写的每一篇赋，一出来人们都争相传抄。当时临邛这个地方有许多富人，像程郑家里有童仆几百人，但最富的要数卓王孙，家中童仆多达八百人。二人听说司马相如的名声，准备一起宴请他一次，同时邀请了临邛县令王吉。王吉先到了卓王孙的家，见到已有近百个客人在座。中午时分，派人去请司马相如，相如推称有病，不肯赴宴。相如不来，别的客人谁也不好吃喝。王吉一看，就亲自去请，相如不好再推，只好强打精神前往赴宴。相如一到，满座高兴。酒喝到畅快处，王吉拿出一把琴对相如说："听说你弹得一手好琴，希望你弹一曲高兴高兴。"相如谢过他，接过琴来，全神贯注地弹了曲《凤求凰》。原来，卓王孙有个女儿叫卓文君，很懂音乐，刚死了丈夫。相如心中仰慕她，故意在这宴会上弹琴，希望卓文君听到后，能了解他寄托在琴声中的心意。卓文君也早已知道司马相如这个名字，宴会开始后，她从帘子后面偷偷观察相如，发现他果然风流俊雅，等听到琴声，更知道了他的心意。宴会散后，相如派自己的随从通过卓文君的侍女转达问候和爱慕之情，卓文君抑制不住自己的情感，就在当夜跑出家与相如相会，并与他私奔到了成都。以上可参见一卷二冬韵"司马涤器"条。　◎晋代的索统，通晓天文阴阳知识，又会算命占卦。一次孝廉令狐策梦见自己站在冰面上与冰下人说话，索统给他解释说："冰上为阳，冰下为阴，这事是阴阳之事，从男女方面说，就是婚姻事。你站在冰面与冰下人说话，这是联系阴阳，预示着你要给人做媒，而且在冰化时，阴阳相接，婚事成功。"令狐策不相信，说："我这么大年纪，还给谁做媒呀？"没过多久，太守田豹请令狐策为他的儿子向张公征的女儿求婚。次年春天，冰雪消融，田、张两家结成了姻缘。

薛孙薛儿，贾子贾女。

【译文】巴州人的孩子多叫薛孙薛儿，新息地方生男名贾子，生女名贾女。

【解说】◎唐代的薛逢做巴州刺史时，将这个州治理得很好，老百姓作歌赞扬他："太阳出来了就去耕地，太阳落山就回家，官吏不来找麻烦，夜里不用锁上门。"生了孩子，很多人就起名薛孙、薛儿来纪念他。　◎汉代贾彪做新息长时，当地人因为很穷，很多都不愿生孩子，这在当时对发展农业生产很不利。贾彪为此制定了严格的奖惩制度，不生孩子的与杀人同罪。结果没几年，当地新出生的人口有几千。老百姓都说这些都是贾父提倡，生男应叫贾子，生女应叫贾女。

九载成弓，三年刻楮。

【译文】九年制成一张弓，三年刻出一片楮叶。

【解说】◎宋景公让工匠给他做一张弓，九年之后，工匠才来朝见，宋景公不高兴地说："你这弓做得也太慢了。"工匠说："我以后再也见不到大王了，我的精力全都耗费在这张弓上了。"工匠献上弓回家，三天后就死了。宋景公拿着这把弓登上高台，向远方试射，结果箭羽越过孟霜山，落在彭城的东面，而且余力未尽，箭头深深插进石梁之中。　◎宋国有个工匠为宋王用玉雕刻楮（chǔ）树叶，用了三年的时间才刻成。刻成的这片树叶无论是叶茎叶缘，还是叶面上的纤维，都惟妙惟肖，放在真的楮树叶中，谁也分辨不出来。列子听说了这件事后，说："如果上天创造万物时，三年才造成一片叶子，那么这世上有叶子的东西可就少了。圣人应该遵循自然，而不应该凭机巧来改变自然。"

籍共阿戎，勤从仲举。

【译文】阮籍愿意和王戎谈语，薛勤要与陈蕃见面。

【解说】◎晋代的王戎，十五岁时，与做凉州刺史的父亲王浑在一起。王浑与阮籍是朋友，但阮籍更愿意与王戎交往。每次阮籍来拜访王浑，都是一会儿就走，但一见到王戎，就谈个没完。他曾对王浑说："王戎聪明有见识，你比不上。跟你说话，不如跟阿戎谈话。"　◎陈蕃字仲举，是汉代人，少年时就有远大志向。有一次他替父亲送信给郡中的功曹薛勤，薛勤很欣赏他。第二天到他家拜访，他父亲出来迎接，薛勤说："你有个不平凡的儿子，我来看他，不是找你的。"见了陈蕃后，二人谈论了整整一天。

勃次马当，宏停牛渚。

【译文】王勃停舟在马当山，袁宏的船泊在牛渚。

【解说】◎滕王阁在南昌府的章江、广润两个门之间，在唐显庆四年，滕王元婴做洪州都督时建造的。后来都督换成了阎仲屿，阎氏的女婿吴子章很会写文章，阎氏命他事先构思了一篇《滕王阁序》，准备在重九日宴请同僚下属时拿出来夸耀一番。在此之前，王勃去交趾看望父亲，在重九的前一天他坐的船停泊在马当山，这地方离南昌有七百多里，按正常的速度，无论如何也赶不上第二天的宴会。但事有凑巧，当天晚上忽然刮起大风，船家顺风扯帆，船行如飞，第二天早晨就赶到了南昌。宴会上，阎仲屿先将他女婿的文章拿出来，让宾客欣赏一番，又请这些宾客写序，宾客们都辞谢不写，只有王勃毫不推让，当场写下一篇《滕王阁序》。大家传诵以后，都绝口称赞，心中叹服。　◎晋代的袁宏，才华横溢，文章绝妙，所作的《咏史诗》在当时广泛传诵。他年轻时父母双亡，十分贫穷，靠租船运输为生。谢尚当时是牛渚的长官。这天夜里，月色清朗，谢尚与几个随从穿着便服，坐船在江上赏月，忽然听到不远的一只船上有人在朗诵诗，声音清亮，文辞华美。谢尚等人静静地听着，直到声音停止。派了一个人去探听，回来说："是袁宏正在朗诵他自己的作品《咏史诗》。"谢尚命令将船靠过去，将袁宏接到自己的船上，与他谈诗论文，直到东方发白，太阳欲出。此后袁宏更加出名。

诗美钱郎，文推燕许。

【译文】钱起的诗写得很好，燕国公、许国公的文笔受到人们的推许。

【解说】◎唐代诗人钱起是天宝年间的进士，当时就以诗著名，人们称赞他说："前有沈宋，后有钱郎。"沈指沈佺期，宋指宋之问，都是唐代的著名诗人。 ◎燕国公指张说，字道济，官职是中书令，被封为燕国公。许国公指苏颋（tǐng），他是苏瑰的儿子（参见本卷五尾韵"瑰不烧尾"条），唐开元四年做了紫微黄门平章事，被封为许国公。他与张说在当时都以文章写得好著名，号称"燕许大手笔"。

覆瓿讥扬，悬金侈吕。

【译文】扬雄的《太玄经》被讥笑为只配用来盖酱坛子，吕不韦在城门上悬千金来夸耀《吕氏春秋》。

【解说】◎汉代扬雄，家里很穷，又好喝酒，与人交往很少。他潜心做学问，写了《法言》《太玄经》两本书，这两本书都很深奥，特别是《太玄经》，更是晦涩难懂。当时的大学者刘歆看了后，跟扬雄说："你这是白费力气，现在国家立了学官，还没有人能将《周易》研究透，你的《太玄经》更不会有人问津了，恐怕后人只会拿它盖酱菜坛子。"扬雄听了只是笑笑，并不回答。扬雄死后，《法言》逐渐流行，但是《太玄经》始终没有流传开。瓿（bù），坛子。 ◎吕不韦本来是个大商人，秦庄襄王继位后，要他做丞相。三年后，庄襄王死了，太子政（也就是后来的秦始皇）继承了王位，仍旧要他做相国，并称他为仲父。这时是战国时期，各种人士都著书立说，宣扬自己的思想，互相争鸣。吕不韦于是让门客每人都把自己的见闻写出来，集中在一起有二十多万字，编成一本书。吕不韦认为这本书涉及天地万物、古往今来的事情，定书名为《吕氏春秋》，又在咸阳的市门上悬挂千金，贴出布告说："诸侯、游士、宾客，不管什么人，有能增减一字的，赏千金。"

培迎蒲轮，绹送莲炬。

【译文】用蒲草裹轮的车子迎接申培，用金莲华灯送令狐绹。

【解说】◎申培是鲁国人，年轻时跟着齐人浮丘伯学习《诗经》。后来他的弟子王臧在汉武帝时做了郎中令，另一个弟子赵绾也做了御史大夫，二人上书请求建明堂，用来作为诸侯朝贡的地方，但对于明堂制度都不太清楚，于是他们跟汉武帝说起自己的老师申公。武帝派使者带着丝帛、璧玉等礼物，驾着四匹马拉的车去迎接申公。当时申公已经八十多岁了，经不起路上的颠簸，使者就在车轮上裹上蒲草来减少震动。见到武帝后，申培被任命为太中大夫。　◎唐代人令狐绹（táo），在做翰林承旨时，有天晚上皇帝召见他，谈话结束时已经很晚，宫禁中的蜡烛都烧尽了，皇帝就用自己专车上的金莲花灯将他送回翰林院。院中值夜的官员看见，以为是皇帝驾到，赶紧准备迎接，但到了面前一看，却是令狐绹，都惊讶万分。等到问明情况，都不禁对令狐绹另眼看待。

华辨痴龙，窦详鼦鼠。

【译文】张华辨明痴龙，窦攸说明鼦鼠。

【解说】◎传说洛阳的某个地方有个大洞穴，有个人失足掉了进去，他在洞中摸索着走了几里路，发觉越走越亮，而且越宽阔。后来走到一个十分空旷的地方，这地方建有宫殿，有些神仙一样的人物来来往往。再往前走，连续遇到九个这样的地方，同时又见到一种像大羊的动物，下巴的胡须上有珠子一样的东西，那些人取下当食物吃。后来这个人摸索着出了洞，就去问当时最博学的张华。张华听后说："那个地方是地仙九馆，像羊的动物叫痴龙。" ◎窦攸是南北朝的梁朝人。有一次梁世祖在灵台举行宴会，有人进献了一种鼠类动物，全身长着像豹子一样的花纹，而且发着荧光。梁世祖从没见过这种东西，就问群臣谁知道，大家都回答不上来，只有窦攸回答说是鼮（tíng）鼠。世祖问："你怎么知道的？"窦攸说："《尔雅》上有记载。"世祖叫人一查，果然如此，就赐给窦攸一百匹帛。

七、虞　韵

谢扇扬风，郑车致雨。

【译文】用谢安赠的扇子扇扬仁风，天随着郑弘的车子下雨。

【解说】◎袁宏的文思敏捷，应对迅速，谢安很欣赏他这一点。后来谢安做扬州刺史的时候，袁宏被任命为东阳郡太守，谢安在冶亭设宴为他饯行，当时的名人贤士都参加了。谢安想试试他仓促之间的反应如何，在临分别时，拉着他的手，回头从随从手里拿了一把扇子给他，说："权且拿这个赠你吧。"袁宏马上接着回答说："我一定用它来扇扬仁厚之风，造福当地的百姓。"人们都佩服他回答得简明得体。 ◎郑车致雨，见二卷十二侵韵"郑毅挟鹿"条。

弄玉箫吹，飞琼簧鼓。

【译文】弄玉吹箫，飞琼敲簧。

【解说】◎萧史是秦穆公时期的人，擅长吹箫，他的箫声常常引得孔雀、白鹤在庭院中起舞。穆公有个女儿叫弄玉，见了他非常喜欢，于是穆公就把弄玉嫁给他，让他教弄玉学吹凤凰叫的声音。几年后，学得惟妙惟肖，果然引来了凤凰，秦穆公命人建了一座落凤台。弄玉夫妻俩从此就在落凤台上住着，几年后二人就骑着凤凰飞走了。　◎《汉武帝内传》记载，七月七日，西王母来到上殿，面向东坐着，汉武帝跪拜，王母让他起来坐下。又命摆上她带来的果品食物，那些都是稀有珍奇，人间少见的。喝了几巡酒后，王母命令自己的侍女们奏乐。一时间，董双成吹起了云和笙，石公子击响昆庭钟，许飞琼敲起了震灵簧，范成君敲响湘阴磬，段安香打起九天钧，乐声美妙，十分动人。

桑怀纯仁，柳德仲甫。

【译文】看见桑树怀念范纯仁，看见柳林想起辛仲甫的好处。

【解说】◎范纯仁是范仲淹的儿子，在仁宗时他以著作郎的官衔做襄城知县。襄城的老百姓在此之前没有养蚕织布的习惯，所以很少种桑树，范纯仁觉得这种情况对人民生活不利，就让犯了罪但情节较轻的人在家中种桑树，数量随着他的罪行大小决定。如果这个人种的桑树长得很好，就赦免他的罪。过了几年，桑树大量长成，老百姓养蚕织布，获利不少。他们一起念范纯仁的好处，就把桑树林叫作著作林。　◎辛仲甫在宋乾德五年被任命为右补阙，出外做彭州知州。彭州这个地方树很少，夏天连个休息的地方都没有，仲甫就督促老百姓在路两旁都栽上柳树。柳荫遮路，郡中人都认为辛仲甫的功德不小，就把这些柳树叫作补阙柳。

宋歌叶丰，汉赞卓鲁。

【译文】宋代人歌颂叶康直、丰稷，汉代人赞扬卓茂、鲁恭。

【解说】◎叶康直曾担任宋代光化县知县，县中主要栽的是竹子，老百姓盖房及家具都用竹子，很容易失火，叶康直就让当地老百姓使用陶制的东西以消除火患，其他的各项措施也都有利于老百姓。同时的谷城县令丰稷也以政绩显著受到称赞。老百姓作歌唱道："叶光化、丰谷城，清如水，平如衡。"衡，一种称东西轻重的量具。　◎卓茂和鲁恭都是汉代人。卓茂是密县县令，在他任职的几年间，教化成就显著，县内路不拾遗。平帝时，发生了严重的蝗虫灾害，河南二十几个县都受灾严重，但蝗虫却不飞入密县境内，督邮将这个情况向上报告，太守不信，亲自到密县察看，看后才信服。鲁恭是中牟县令，在县中他用道德教化百姓，而不是用刑罚。河南发生蝗灾时，蝗虫在各县肆虐，却没有进入中牟县的，河南府尹袁安听到报告以后，怀疑是弄虚作假，就派亲信去查访。一行人沿着田地转了一遍后，都坐在桑树下休息，忽然一只野鸡从旁边跑过，那亲信问身边的一个小孩："怎么不去抓呀？"孩子回答："野鸡要生小野鸡了。"那亲信听后站起来，对陪同他的鲁恭说："我来这儿的目的是要察看你的政绩，现在我看到蝗虫不进你县境内，又看到连小孩子都被教育得有仁厚之心，我不用再看什么了。"回去后那亲信把情况都报告了府尹。

池夺凤凰，榜联龙虎。

【译文】荀勖说夺了他的凤凰池，人们称欧阳詹中进士的那一榜为龙虎榜。

【解说】◎晋太康年间，荀勖（xù）被任命为光禄大夫，开府仪同三司，并仍兼任中书监侍中，后来又让他做尚书令。荀勖在中书省时间特别长，掌握机要事情，现在要他离开中书省，他心里颇有些不高兴。有人祝贺他升了官，他说："夺了我的凤凰池，有什么值得祝贺的。"晋朝中书省设在禁苑，接近皇帝，所以中书省又称凤凰池。　◎唐代的欧阳詹与韩愈、李观、李绛、王涯、冯宿同榜中了进士，这些人在当时都十分有名气，所以人称这一榜为龙虎榜。

伏滔比肩，樊哙为伍。

【译文】袁宏耻于与伏滔相提并论，韩信不愿与樊哙为伍。

【解说】◎袁宏的性格正直而倔强，他做了大司马桓温的记室后，虽然桓温对他以礼相待，但一遇到什么问题，他仍然争论不休，不愿意阿谀奉承。伏滔这时在桓温府中做参军，府中人称他俩叫"袁伏"，袁宏觉得被这样叫是件丢脸的事。他常常感叹："桓公待我仁厚有恩，但把我和伏滔相提并论，这太丢脸了。"比肩，并肩。　◎汉王刘邦在固陵吃了败仗后，用张良的计策，召韩信带兵在垓下会战，结果彻底击败项羽。会战结束以后，刘邦立即剥夺了韩信的兵权，又夺了他齐王封号，改封为楚王。韩信到了封国，平时出行仍然带着兵士仪仗，有人就向刘邦告发他想谋反，刘邦一听，就用了陈平的计策，假装巡游云梦泽，让韩信来见，韩信到，刘邦立即命武士将他捆起来。韩信说："果然像别人说的那样，兔子被杀完后，猎狗就要被煮了吃。"押到洛阳以后，刘邦又赦免了韩信，封他为淮阴侯。韩信知道刘邦忌怕自己的才能，于是就装病不出门，但心里很不高兴。有一次他去拜访樊哙（kuài），樊哙毕恭毕敬地迎送，自称是臣，说："大王竟肯来看望臣下我。"韩信出门后说："我竟然与樊哙这样的人为伍了。"

勖识薪劳，戎知李苦。

【译文】荀勖识别出柴火是旧木头，王戎知道李子是苦的。

【解说】◎荀勖有一次与皇帝一起吃饭，吃着吃着，他说："这饭是用旧木头烧的。"座中的人都不相信他的话，皇帝就派人去问做饭的人，回答说是用旧车轮子烧的。大家听后都十分佩服荀勖的见识。　◎王戎小时候曾经和一群儿童在路上玩耍，见到有棵李树上结满了李子，其他儿童争着跑去摘，只有王戎站着不动。别人问他是怎么回事，他说："这棵李树长在道旁，结了那么多果子却没人摘，一定是苦的。"那些儿童将李子取下来一尝，果然是苦的。

政美龚黄，恩怀召杜。

【译文】赞美龚遂、黄霸的政绩，怀念召信臣、杜诗的恩德。

【解说】◎龚遂是汉代人，他的政绩参见二卷十三覃韵"渤海龚遂"条。黄霸字次公，少年时就喜欢学习律令，立志当一名好官。汉宣帝即位以后，黄霸被提拔为颍川太守。在任时，他命令郡内的地方小官如邮亭乡官都要养鸡养猪，用来赡养鳏寡贫穷的人，又劝百姓耕田织布，节约财物。黄霸对待属下宽厚，很得人心。几年之内，颍川境内富饶，人口兴旺。龚、黄就成了后世形容优秀地方官的代名词。宋代苏轼的诗中也有"龚黄侧畔难言政"这样的句子。　　◎召信臣，汉代的南阳太守，为人勤奋而且有策略。他好（hào）为老百姓谋利益，一心要使他们富起来，平时亲自指导农业生产，在境内兴修水利。在他的治理下，百姓积蓄有余，他被百姓尊称为召父。杜诗也是汉代人，也做过南阳太守，他以爱护百姓、政绩显著受到百姓怀念。当时南阳有这样的话："前有召父，后有杜母。"称他们就像老百姓父母一样。

茶解茅君，丸和桂父。

【译文】茅君有解暑茶叶，桂父调和药丸。

【解说】◎茅君是传说中的仙人，有几人去拜访他，当时天特别热，茅君就从手巾里拿出几片茶叶，每人给了一叶。客人吃下去后，觉得体内清凉，十分舒服，就问茅君这是从什么地方得到的，茅君说："这是蓬莱山上的穆陀树叶，仙人吃这个当作喝水。"　　◎桂父是象林人，他的皮肤微黑又时常变化，有时白，有时黄，有时红。南海人见了觉得稀奇，就有不少尊他为师，跟着学习本事。他常吃用龟脑调和桂花、葵花制成的丸子，每一千个丸子用十斤桂花。他活的时间特别长，有好几代人都曾见过他。

策羸薛逢，取瘦甄宇。

【译文】薛逢骑着瘦驴子，甄宇拿了最瘦的羊。

【解说】◎薛逢曾做过秘书监，但晚年在官场很不得意。有一次他骑着一匹瘦驴子上朝，恰好碰上一队新考中的进士，这些人见薛逢行李简陋，骑着匹瘦驴，认为他不过是个落魄的读书人。带队的人冲他喊："回避新郎君。"薛逢一听心中生气，就派自己的跟班对他们说："不要以貌取人，看我现在贫穷。阿婆三五少年时，也曾东涂西抹来。"意思是说年轻时也风光过。羸（léi），瘦。　　◎甄宇，汉建武年间被授予博士职位。当时每年腊月都要赐给每个博士一只羊，但羊有大小肥瘦，不太好分。博士祭酒一会儿商议想把羊杀了分肉，一会想抓阄决定，甄宇看大家这么斤斤计较，感到很羞耻，就首先挑了一只最瘦的，别人一看，也就不好意思再争了。后来京师中就叫甄宇"瘦羊博士"。

八、齐　韵

吴沉伍员，越铸范蠡。

【译文】吴国把伍员的尸体沉到江里，越国铸造了范蠡的金像。

【解说】◎伍员就是伍子胥，春秋时楚国人。他父亲和哥哥都被楚平王杀死，他投奔了吴国，与孙武协助吴王阖闾攻进楚国都城郢，掘了楚平王的墓，报了父兄之仇。后来吴王夫差打败了越国，越国求和，伍子胥建议夫差不要接受，夫差不听，又信了伯嚭（pǐ）的谗言，逼迫伍子胥自杀。夫差命令将他的尸体放进一个皮革制成的东西内，扔进江中，让他随水漂流。 ◎在越国灭了吴国之后，范蠡悄悄隐退。越王勾践在他离去后，让工匠用金子铸了范蠡的形象，放在自己的座位旁，每天和它议论朝政。（可参见二卷十四盐韵"五湖范蠡"条。）

金谷石崇，灞桥郑綮。

【译文】石崇在金谷园写诗，郑綮说诗思在灞桥风雪中。

【解说】◎石崇的《金谷诗序》写道："我在元康六年出都城，担任青、徐各州的监军，有座别墅在河南境内的金谷涧，涧内或高或低，清泉绕石，树木参天。征西大将军王诩要回长安，我与众贤士在涧中为他送行，昼夜游宴，或者登高临下，或者列坐水边，琴瑟齐奏、笙筑合鸣，座中每个人都写诗述说心中感受，感叹人生的短暂，惧怕朋友的分散，所以编了这本诗集给后人看。" ◎郑綮（qīng）是唐代人，擅长写诗，昭宗时做过宰相。曾有人问他："相国最近写过什么新诗吗？"他说："诗的灵感要骑驴在灞桥风雪中寻找，这地方怎么能写得出来。"

三峡辞源，五云书体。

【译文】文辞源流就像三峡水，书体就像五朵云。

【解说】◎杜甫的《醉歌行》诗中写道："词源倒流三峡水，笔阵独扫千人军。"意思是说文辞就像倒流的三峡水源源不绝，笔势宏伟似乎可以力扫千军。 ◎唐代的韦陟（zhì），承袭父亲的爵位被封为郇（xún）国公。他生性奢侈放纵，与人书信往来都用五彩信纸，自己授意，让侍妾写，最后他签上名字。他说自己写的"陟"字就像五朵云。当时的人羡慕他，把这种书体叫作郇公五云体。

景怡燃糠，元定啖荠。

【译文】顾景怡燃糠照明，蔡元定吃荠菜读书。

【解说】◎顾欢字景怡，南北朝人。他的父辈祖辈都是农夫，但他却十分好学。乡中有个学校，顾欢因为家里穷，无法进去学习。他就每天在学校的窗外听先生讲课，到了晚上他就点起松明读书，有时甚至点燃谷糠照明，坚持学习。　◎宋代蔡元定年轻时，他父亲曾把《程氏语录》《邵氏经世》《张氏正蒙》等书教给他，说："这些是孔孟之道的正统。"元定将这话谨记在心中，刻苦钻研其中的义理。他曾登上西山山顶，忍着饥饿，仅仅吃一些煮荠（jì）菜，坚持读书。他听说了朱熹的名声，就去拜师，朱熹考问了他的学问之后，十分惊讶地说："真是我的老朋友，不应该在弟子之列。"于是和他对床谈论各种经典的意义，常常一谈就是半夜。后来蔡元定就住在西山，学者们尊称他为西山先生。

萧王推心，先主消髀。

【译文】萧王刘秀推心置腹，先主刘备感叹髀肉消失又重生。

【解说】◎更始二年，刘秀被立为萧王，带兵讨伐铜马军，运用计谋将铜马军打得大败。但接受投降的工作还没结束，另两路敌军高湖、重连赶来，并与铜马军的残余部队会合，在蒲阳与刘秀大战，结果又被刘秀击败。刘秀对投降的军士采取了安抚的办法，但这些人心中还是不安。刘秀为了消除他们的疑虑，就让自己的部队归营，又只身一人乘马去检阅这些投降的士卒。他们一见，互相说："萧王跟咱们推心置腹，咱们还能不为他卖命吗？"刘秀将这些人收编，使自己的队伍壮大到几十万人。　◎刘备在荆州住的几年，比较安定。有一次刘表宴请他，席间，刘备上厕所，看见自己大腿内侧的肉又长起来了，不禁心中感慨，流出了眼泪。回到座位上，刘表问他怎么了，刘备说："我过去身不离马鞍，大腿间的肉都被消磨去了，现在不再骑马，这些肉又重新长了出来。想到岁月飞驰，自己一天老似一天，但功业却没有建树，所以心中悲痛。"髀（bì），大腿。

斗石计才，寸分较礼。

【译文】用斗石来计量才华，用分寸比量礼法。

【解说】◎过去说某个人文章写得好，常用八斗之才形容，这个说法起源于谢灵运。他曾经说过："天下才华有一石，曹子建（曹植）独占八斗，我自己得一斗，天下人共分剩下的一斗。"石（dàn），一石等于十斗。　◎宋代的陈亮，天性豪迈，才华横溢，喜欢谈论兵法，议论精妙，下笔如有神助。在学问上，除了孟子，他只推崇王通。他说："研究穷尽义理的微妙，辨别分析古今学说的区别和相通之处，推测自己若有若无的心思，一分一寸地去计较礼法的内涵，这方面我自愧不如各位儒学家。但是对于堂堂的阵法，飘飘的战旗，或者迅疾勇猛，或者神秘变幻，智慧和勇气超过前人，心志和胸怀开拓万古，这方面我自认为还有一些长处。"

谢瞻隔篱，孔觊还米。

【译文】谢瞻用篱笆与弟弟隔开，孔觊退还弟弟送的米。

【解说】◎谢瞻是南朝宋人，是宋武帝的相国从事中郎，他的弟弟谢晦当时是台右卫，权力很大。有一次谢晦从都城回到家中，宾客盈门，刚好谢瞻也在家，看到这种情况，很不高兴，跟谢晦说："我们家的传统是不奢华，不钻营，你现在的权力倾动朝野，这岂是我们家的好事。"于是筑了篱笆将庭院隔开，并说："我不忍心看见这些。"　◎孔觊（jì）也是南朝宋人，正直有原则。他本来是江夏内史，后来升为司徒左长史，江夏内史的职位由他弟弟孔道存继任。当时东部大旱，米价很贵，道存考虑孔觊可能缺米，就派人用车装了五百斛米送给他。孔觊接到米，对送米的人说："我在那里三年，到离职的时候也没见路上有运粮的，他到那儿没多久，从哪儿弄的粮食？你把米拉回去还给他。"送米的人说："自古没有往产粮区送米的，现在都城米这么贵，您如果不想要这米，不如把它卖了。"孔觊不听，坚持要那人把米拉走了。

吕相册囊，山公事启。

【译文】吕丞相袋子中有手册，山涛用人先写启事。

【解说】◎宋代宰相吕蒙正，很注重选拔人才。他的公文袋里有个册子，每次有人拜访他，他一定要问有什么人才，客人走后，就分门别类，写在册子上。等到朝廷访求贤士的时候，就从册子上所记中挑选适当的人，所以经他手提拔的官员，都很称职。 ◎晋武帝咸宁初年，山涛被任命为尚书仆射，主管吏部，主要选拔人才。在此后的十多年中，每当有官职空缺，他都事先草拟好几个人的启事，然后看皇帝的意思和倾向，选定一个任命。所以有时候他选的人并不是大家公认的，有人不了解其中的情况，认为山涛在选人方面有偏向，又随便，甚至向皇帝告状。但山涛不管不问，照常行事。一年之后，众人的情绪才平静下去。山涛所上奏选拔的人物，都有分类，当时的人称为山公启事。

二龙御刘，一鹗荐祢。

【译文】用驾驭二龙比喻任用刘氏兄弟，推荐称衡时用一鹗比喻他。

【解说】◎三国时吴国的刘繇，字正礼。他哥哥刘岱，字公山。有个叫陶丘洪的向刺史推荐刘繇，刺史说："前年刚推选过公山，干嘛又举荐正礼。"陶丘洪说："如果您前面用了公山，后面又提拔了正礼，就像在漫长的路途中驾驭二龙，让骏马奔驰千里，不是很好的事情吗？"◎祢衡天性骄傲，看不起一般的人和事。建安初年他游历都城时，只有与孔融和杨修关系还好，他常说："大儿孔文举（孔融字文举）、小儿杨德祖（杨修字德祖）还值得称道，剩下的孩子都碌碌无为，不值一提。"孔融也很欣赏祢衡的才华，当时祢衡刚满二十岁，而孔融已经四十岁了，但两人还是成了好朋友，孔融上书推荐祢衡说："一百个鸷鸟，也比不上一个鹗鸟。如果让祢衡在朝廷中做官，他必定有一番作为。"

虱讥裤中，蛙笑井底。

【译文】用裤中的虱子讥讽伪君子，井底的青蛙被笑话。

【解说】◎阮籍曾作过一篇《大人先生传》，大略是：世人所说的君子，遵礼守法，循规蹈矩，做的事想成为当前的榜样，说的话想成为以后的准则。向上图谋三公的位置，最低也想做九州的长官。难道没见过裤中的虱子吗？逃在深深的裤缝中，藏在破棉絮中，自以为是安全的住所；爬的时候不敢离开裤缝，动的时候不敢出裤裆，自以为获得了准则，但是无情的烈火可以烧毁城邑都市，虱子无从逃出。所谓君子生活在自己的区域中，不也和虱子藏在裤子里一样吗？　◎《后汉书·马援传》中记载，马援得到隗嚣的器重，被授予绥德将军，为隗嚣谋划决策。当时公孙述在蜀地称帝，隗嚣就让马援去观察一下形势。马援与公孙述是同乡，关系也不错，本以为到了那里一定会像原来一样亲亲热热，但是出乎意外，公孙述将迎接马援的仪式办得很隆重，很严肃，处处摆出君主的架子。他想授予马援封侯大将军的位置，但马援谢绝了。马援对他说："现在天下还没安定，你不想法招纳有才能的人，帮助自己成就大业，反而搞些虚饰，这怎么能够保住自己的国土呢？"告辞回去以后，马援对隗嚣说："公孙述是井底的青蛙，自以为了不起，是成不了大气候的，不值得跟他联合。"

九、蟹 韵

谊譬堂高，象方屋矮。

【译文】贾谊用高堂比喻君主，张象拿矮屋打比方。

【解说】◎汉代的贾谊曾经在论述政事的上疏中说："君主就像堂屋，大臣就像台阶，而老百姓就像平地。台阶太高，老百姓觉得堂屋太高，不可接近；台阶太低，使堂屋显得卑下，老百姓可能不会尊重。" ◎张象（tuǎn）是唐代人，中进士以后被授予华阴县尉的职务。他的上司县令和太守都不称职，所以他每次提出建议，都被压制。张象气愤地说："大丈夫虽然有凌云壮志，但是拘束在小小的官位上，就像站在矮屋里，头也抬不了。"随后就辞官退隐到嵩山里。

乡立郑玄，市成张楷。

【译文】为郑玄特别立一乡，张楷隐居的地方成了闹市。

【解说】◎郑玄是东汉末年的大学者，孔融非常敬佩他。孔融曾要郑玄的家乡高密县特别为郑玄立一个乡，又建议这个乡叫郑公乡。他说："郑先生博学而又品德高尚，过去有太史公、廷尉吴公、仆射邓公，都是汉代的名臣。公是表示仁义和德性的称号，所以郑先生的这个乡应该称为郑公乡，而且应该修建华丽的门庭，宽阔的道路，以此颂扬郑公的德操。" ◎汉代的张楷，很有学问，门徒也有好几百人。他隐居在弘农山中，常有学者去访问他。车来人往，他住的那地方竟成了闹市。

学士佩鱼，御史服豸。

【译文】学士佩戴鱼形装饰，御史戴解豸形的官帽。

【解说】◎宋代的制度，翰林学士只系用金子装饰的腰带。有一次，学士蒲宗孟觐见，宋神宗说："学士这个官职清贵而且离我较近，与别的职务不一样，但威仪却不显著。"于是命学士佩戴鱼形装饰，以表示宠幸。　◎汉代以后各朝制度规定，御史都要戴解豸（zhì）形的官帽。解豸是传说中的一种神兽，据说能分别是非对错，如果遇到不正直的人，它就用独角去顶这个人。后来就让执法的人戴解豸形的帽子，希望他们明辨是非。

贤良举诜，忠孝得獬。

【译文】郤诜被举荐为贤良方正，宋仁宗得到忠孝状元郑獬。

【解说】◎晋朝的泰始年间，皇帝下诏书访求有才能、品德优秀而且敢于说真话的人。太守文立举荐郤诜（xì shēn）去参加选拔，结果因为写的策论属上等，被任命为议郎。后来郤诜做了雍州刺史，晋武帝在东堂为他送行，问他："你觉得自己怎么样？"郤诜回答："我是选拔出来的，我写的策论是天下第一，就像桂树林中的一根枝子，昆山的一片玉。"武帝听后，禁不住笑起来。侍中看郤诜说话不着边际，要求罢了他的官，武帝说："我刚才是跟他开玩笑，不要大惊小怪。"　◎宋仁宗非常注意选拔人才。皇祐五年，殿试结束以后，在发榜的前一天，仁宗对着被定第一的卷子，焚香祷告说："希望录取的是个忠孝状元。"揭榜以后，中状元的是郑獬（xiè）。郑獬在给仁宗的谢恩启中说："我一定要做与圣上愿望相符合的人。"

处冲不痴，平仲止骏。

【译文】王处冲并不痴傻，寇平仲只是有些呆板。

【解说】◎晋代的王湛，字处冲，是司徒王浑的弟弟，品德优异，但是从不显露，姓王的宗族兄弟都以为他有点痴傻，侄子王济更是看不起他。有一次，王济到他那儿，见床头放着本《周易》，就问："叔父摆这本书干什么?"王湛说:"身体不舒服时,随便看看。"王济让他说说对《周易》的理解,他就仔细分析了《周易》的玄妙内涵,这些观点看法都是王济从来没有听说过的。王济原来目空一切,对他这个叔叔从没有一点尊敬,现在听了这一番话,不禁肃然起敬。回家以后对父亲王浑说:"家里就有个名士,三十年来竟然不知道。"晋武帝也以为王湛有点傻,每次见到王济,都要与他开玩笑说:"你家那个傻叔死了没有?"王济常常没法回答。等到这一次,武帝又问,王济说:"我叔父并不傻。"就把王湛的学问美德称赞了一番。武帝问:"跟别人比呢?"王济说:"山涛以下,魏舒以上。"　◎寇准字平仲,在外面做官时,因为过生日,就大摆宴席,穿的用的也过分奢侈,与皇家差不多。有人报告了皇帝,皇帝非常生气,对太尉说:"寇准什么事都想与我比,这怎么可以呢。"太尉说:"寇准的确是有才能,只是有些呆。"皇帝的气顿时消了,说:"不错,这只是有些呆。"止,仅,只是。骏(ái),痴呆。

羊字婢如,白诗妪解。

【译文】羊欣的字像婢女,白居易的诗老太婆也懂。

【解说】◎袁昂在《古今书评》中说,羊欣的书法就像富贵之家的婢女做了夫人,虽然处在那个位子,但是举止羞涩,不具备真夫人的气度。　◎传说白居易每作一首诗,都要读给一个老太太听,然后问她懂不懂,如果说懂,就记录下来,如果说不懂,就进行修改。

十、贿　韵

元载金丝，石崇珠琲。

【译文】元载的姬妾睡在金丝的帐子中，石崇赐给百琲珍珠。

【解说】◎唐代的元载有个宠爱的妾叫薛瑶英，既能吟诗作画，又擅长唱歌跳舞，长得体态轻盈，肌肤细腻，而且全身自然有一种香气。原来她母亲在她小时候就时常拿香喂她，所以长大以后，她的肌肤生香。元载把她娶为姬妾后，让她睡金丝帐子，避尘的褥子，这种褥子出自高丽国，色彩鲜亮而且柔软无比。又让她穿龙绡衣，这种衣服只有一二两重，团起来还不满一把，因为瑶英的身体太轻，穿别的衣服恐怕经不起，所以特地到外国访求到这种衣服。　◎石崇曾经把沉香磨成粉末，撒在象牙床上，让自己的宠妾们赤脚在上面走。如果没有痕迹，就赐给百琲（bèi）珍珠，有痕迹的，就命她节制饮食，减轻体重。琲，穿成一串的珍珠。

李判难摇，傅绎不改。

【译文】李元纮的判决难以动摇，傅绎的决心不会改变。

【解说】◎李元纮（hóng）是唐代的雍州司户参军，当时太平公主权势震动天下，没有人敢得罪。有次她与平民争碾磨，李元纮判给了平民，雍州刺史窦怀贞一看大惊，命李元纮改变判决，元纮在判决书上写道："南山可移，判不可摇也。"　◎傅绎（zǎi）是南北朝时期陈朝人，陈后主即位后，他做了秘书监右卫将军，并掌管诏书诰命。傅绎的文章典雅华丽，而且下笔特别快，即使是有关朝廷军事大事的文件，他也是下笔就写成，从不打草稿，所以很受后主的器重。但是他的性格倔强，不知变通，而且不注意自己的修养，恃才傲物，欺侮别人，遭到很多人的怨恨。后来施文庆、沈客卿受到后主宠信，在后主面前说了很多傅绎的坏话，后主就命令把他关到监狱中。傅绎在狱中上书谴责后主说："陛下近来过度沉湎酒色，任用奸佞小人，让宦官弄权，看待忠心正直的大臣就像仇人一样，看待百姓就像草芥一样，这样下去，必然众叛亲离，天怒人怨，导致国家灭亡。"后主看后，大怒，但想到傅绎的为人，气又稍微消了点，派人对傅绎说："我准备赦免你，你能改正过错吗？"傅绎说："我的心就像我的面貌一样，面貌如果可以改变，我的心就能改变。"后主见他不屈服，就命人将他处死在狱中。

李绛五知，莱公六悔。

【译文】李绛作《五知先生传》，寇准作《六悔铭》。

【解说】◎宋代李绛中进士后，做了太常少卿，又升为延州知州，在州中治绩显著，但因为长期在外做官，心里有些不舒服，就作了《五知先生传》。五知是说知时、知难、知命、知退、知足。　◎寇准在宋真宗时被封为莱国公，所以别人称呼他寇莱公。他作过一篇《六悔铭》，其中说道："做官时徇私枉法，被罢免时就后悔了；富的时候不节俭，到穷的时候要后悔；年轻时不学技艺，老了要后悔；见到本事不学，要用时后悔；喝醉了胡说八道，醒了以后后悔；平时不注意保养，有病了要后悔。"

吕望作屠，陈平为宰。

【译文】吕望曾经是个屠夫，陈平负责分肉。

【解说】◎吕望就是平常说的姜太公，商朝时，他在朝歌这个地方做屠夫。将近九十岁时，遇到周文公，辅佐文王建立了周朝。　◎陈平是汉代人，有一次乡里祭祀土地神，让陈平主刀分肉，结果他分得十分平均合理，乡里父老称赞他说："陈家小子作宰分肉，干得真不错。"

陈平听后叹息说："唉，要是让我宰割天下，也会干得这么出色。"

秦封甘罗，燕事郭隗。

【译文】秦国封甘罗为上卿，燕国尊事郭隗。

【解说】◎甘罗是甘茂的孙子，随着甘茂在秦国丞相吕不韦的府中做事，当时只有十二岁。秦王（即秦始皇）派蔡泽出使燕国，燕王十分高兴，就派太子丹到秦国做人质，而秦国又派张唐去辅助燕国，准备两国联合起来攻讨赵国，扩大河间一带的土地。张唐走了几天后，甘罗对吕不韦说："请借我五辆车，我向赵国通报一下张唐的事。"吕不韦把这事对秦王说了，秦王就召见甘罗，让他出使赵国。赵襄王隆重地迎接甘罗，在甘罗的游说下，赵王割五座城给秦国，而秦国这时归还了太子丹。赵国攻打燕国，得了上谷这个地方的三十座城，分给秦国十一座。甘罗回朝后，将情况报告给秦王，秦王封他为上卿。　◎公元前315年，燕发生内乱，第二年，齐国趁机攻入燕国，但因为行为残暴遭到燕人的反抗，被迫撤退，燕公子职从赵国回到燕国为王，就是燕昭王。燕昭王为了报仇，就用重金招纳贤才，他听说郭隗很有本事，就去拜见他，说："齐国趁着我国的内乱攻破了我国，我知道燕国地方小力量不足，没法跟齐国抗衡，但是我希望求得贤能的人与我共同治理国家，以洗去先王的耻辱。"郭隗说："我听说古代有个君王用千金求购千里马，三年过去了，仍然没有买到。有一个人对君王说他可以买到，君主就派他出去，三个月后，果然访求到一匹千里马，但已经死了，那人就用五百金买了马骨回来交给君主，君王一看，十分愤怒地说，'叫你去买活马，你弄个死马回来有什么用，而且竟然还费了五百金。'那人说，'死马尚且用五百金买，何况活马？天下人肯定都认为大王是诚心买马，不久千里马就会来的。'果然不到一年，就有三匹千里马被送来。现在大王如果诚心想招纳贤才，就从我开始，连我都受到优待，何况比我有才能的呢？"于是燕昭王专门为郭隗建了一座别馆，又尊他为师。消息传出，各国的贤才纷纷来到燕国。

象比悬河，朔方测海。

【译文】郭象口若悬河，东方朔用"以蠡测海"打比方。

【解说】◎郭象是晋代人，少年时就很有才气，喜好老子、庄子的理论，善于言谈和辩论，太尉王衍说："听郭象说话，就像倒悬的河水往下泻，滔滔不绝。"　◎东方朔在《答客难》中说："用细管子去看天，用贝壳做的瓢去测量大海，用草棍去撞钟，怎么能知道天的广阔，海的深远和声音的洪亮呢？"蠡（lí），贝壳。

孝伯风流，景行华采。

【译文】王孝伯姿态风流，庾景行风采华美。

【解说】◎晋孝武帝司马曜曾经问王爽："你跟你哥比怎么样？"王爽回答："体貌端正，姿态风流，这我不如我哥哥王恭（字孝伯），但在忠孝方面，我自信不比他差。"　◎南北朝时期的齐朝有个御史中丞叫庾杲之，字景行，不但长得美，而且言谈举止也很优雅，一个时期兼任侍中。有次宴会，他坐在皇帝旁边，大臣王俭说："庾杲之在官服的陪衬下更有风采，应该正式任命他的官。"皇上听后也未作回应。

欹器戒盈，丹书惩怠。

【译文】欹器不能注满水，丹书警诫不要懈怠。

【解说】◎孔子在鲁桓公的庙中观礼，见到欹（qī）器，就问守庙的人是什么器皿，守庙的回答说是放在君主座位右边作为警诫的东西。孔子说："我听说这种器皿，空的时候是歪的，注了一半水它就正起来，注满了水它又会歪向一边，所以君主把它作为劝诫的东西。"叫弟子注水试验一下，果然像所说的那样。孔子感叹说："万物岂有过于自满而不倒的。"　◎周武王继承王位后三天，召集士大夫问他们，有没有什么收藏起来的法则，可以让万代子孙效法？大夫们都回答说没有。武王又召见吕尚问这种事，吕尚说："有，在丹书中写着。如果要看，必须先斋戒。"三天以后，武王穿着礼服，吕尚也穿着礼服，打开书面向西站立，武王面向东，吕尚念书上的话说："治理国家，恭敬胜过懈怠的，就吉利；懈怠超过恭敬的，就会灭亡。道义胜过欲望的，事情顺利；欲望超过道义，就有挫折。凡事必须有恭敬的态度，这就是万世不变的法则。"

汉帝除刑，夏王泣罪。

【译文】汉文帝废除肉刑，夏禹为罪人哭泣。

【解说】◎汉文帝十三年，太仓县令淳于意有罪被逮捕，押送前往长安。淳于意没有儿子，只有五个女儿，临行前，他叹息说："没有儿子，遇到紧急的事也没人能帮上忙。"小女儿缇（tí）萦十分伤心，哭泣着跟随父亲一同来到长安。又上书表示愿意卖入官府做婢女，来赎父亲的罪。文帝看了上书后，十分怜悯，就赦免了淳于意，同时下诏，废除肉刑。　◎夏禹出外巡游，遇见一个犯了罪的人，下车问了他的情况，不禁哭泣起来。左右的人说："犯罪的人因为不走正道，所以才弄成这个样子，君王为什么替他伤心呢？"禹说："尧、舜的时候，人们想的与尧、舜一样，现在我做了君王，百姓各怀心思，所以我伤心。"

盘盂书垂，瓦甓道在。

【译文】《盘盂》等书流传后世，道在砖瓦之中。

【解说】◎《盘盂》共有二十九篇，传说是黄帝时的史官孔甲所写，内容有关治国的法则和戒律。流传到汉代，田蚡曾经学过。　◎东郭子问庄子所谓的道存在于什么之中，庄子说："无所不在。"东郭子让庄子具体说一下，庄子说："在蝼蚁之中。"东郭子说："怎么这么卑下？"庄子说："在稗子中间。"东郭子说："更卑下了。"庄子说："在砖瓦之中。"东郭子说："你说得更邪乎了。"庄子又说："在屎尿之中。"东郭子以为庄子在戏弄自己，就不理他了。庄子说："你这么问我，实在难以具体指明在什么之中。我之所以这么回答你，就像在市场问一头猪是不是肥，卖肉的会踩着猪身试探，越往下越能看得清楚，我说的东西越下贱，越能说明道是无所不在。"甓（pì），砖。

十一、轸　韵

终军请缨，荀济摩盾。

【译文】终军请求赐给一根长绳子，荀济在盾上磨墨。

【解说】◎终军是汉代人，官居谏议大夫。当时南越与汉朝和亲，汉朝派遣终军出使南越，劝说南越王向汉朝臣服进贡。终军临行前说："愿意接受一条长带子，将南越王系住，带到汉帝的宫殿前。"终军到南越后，说动了越王同意作为汉朝的属国。汉帝听说，十分高兴，就赐给南越大臣印，并让他们改行汉朝法令，同时留终军等人在南越帮助改造制度。但是南越丞相吕嘉不愿意臣服汉朝，发兵攻杀了南越王及终军，终军死时只有二十多岁。　◎梁武帝没当皇帝前，与荀济关系很好。在他做了皇帝之后，荀济十分不服气，跟人说："有机会我就会在盾牌上磨墨，作讨伐他的檄文。"同时，他又上书讥刺佛教，说造宫殿寺庙花费太多。梁武帝十分生气，要把他杀了，他听说后逃到了北魏。摩，古通"磨"。

魏疏十思，张书百忍。

【译文】魏徵作《十思疏》，张公艺写了一百多个"忍"字。

【解说】◎魏徵在《十思疏》中说：国君拥有天下，在治国时应该特别慎重。见到引动欲望的东西，就要考虑用知足来劝诫自己；想要有所作为就要知道停止，使人们得到安宁；觉得处在高位危险，就要想到谦让和自我约束；惧怕自满，就想想江海容纳百川；喜好盘桓游玩，就要想到应有个限度；怕做事懈怠，就要想到开始和结束都要谨慎认真；担心自己听不到不同意见，就要想到要虚心对待臣下的批评建议；害怕身边有说坏话的奸邪小人，就要想到端正自身修养使奸邪不能接近；施恩惠时，要考虑不要因为喜爱乱加奖赏；惩罚人时，要考虑不要因为愤怒滥用刑法。如果能做到这十个方面并任用贤能，那么国家一定能治理得很好。 ◎郓州寿张人张公艺，家中九代人住在一起。北齐时东安王高永乐曾到他家抚慰表彰。隋朝开皇年间，又重新进行表彰。到了唐代，高宗在封禅泰山时，曾亲自到他住的地方，问他九代人能够住在一起的原因，公艺要了纸笔，写了一百多个"忍"字，献给高宗，高宗看后不禁流出了眼泪，下令赐给他很多丝帛。

叔谦访藤，恭武哀笋。

【译文】解叔谦求访丁公藤，孟恭武为没有竹笋伤心。

【解说】◎解叔谦是个孝子，他母亲得了一种病，久治不好，后来他听说丁公藤泡酒能治此病，就四处求访。但即使是医生，也都说没见过这种藤，他不肯罢休，继续访求到了宜都郡。在山中见到一老人伐木，问有什么用，老人说："这是丁公藤，治疗风疾特别灵验。"解叔谦一听，立即拜倒在地，流着泪说明了自己的来意，老人听后十分同情，分给了他四截，并教给他泡酒的方法。回家以后，如法炮制，母亲的病果然很快就好了。　◎三国时吴国的孟仁，字恭武。他母亲爱吃笋，但到了冬天，笋不出土，孟仁看到母亲吃不到笋，就在竹林中难受得直叹气，竹笋似乎受了感动，没几天竟发了一些新笋。

万夫桓温，千里王允。

【译文】桓温受到万人注目，王允是匹千里马。

【解说】◎晋简文帝做相王时，与仆射谢安一同到桓温那里去，恰巧王珣已先到了桓温家，桓温说："你曾经想见相王，这次可以从帐中看看他。"两个客人走后，桓温问王珣："怎么样？"王珣答道："相王辅佐皇帝，自然气魄大，但您也是万人注目的人物。"　◎王允是汉代人，郭泰见到他后，十分惊奇，对别人说："王生是匹一日千里的千里马，是辅佐君王的人才。"初平元年，王允被提升为司徒。董卓后来迁都入关中，论功行赏，王允被封为温侯。

李下生聃，桑中收尹。

【译文】老聃出生在李树下，伊尹被人从桑树中收养。

【解说】◎老子名叫李耳，字聃（dān）。传说他母亲是在一棵李子树下生下了他，生下来就能说话，指着李树说："我就用这个作为姓氏吧。"　◎传说伊尹的母亲在怀着他的时候，住在伊水的上游。有天晚上忽然梦见神告诉她说："石臼出水向东跑，不要回头看。"第二天，她见石臼中果然冒出水来，就招呼邻居一起向东跑，跑了一段，禁不住回头看了看，发现原来住的地方全被大水淹了，但她自己也因此变成了一棵桑树。水退以后，有莘氏的女人出来采桑，见到有棵空心桑树的树洞中有个婴儿，就把他抱回去献给国君，国君命人将他喂养。长大以后，很有才能，成了商朝的大臣。

灶燃梁鸿，甑堕孟敏。

【译文】梁鸿重新点燃灶火，孟敏不看摔破的瓦罐。

【解说】◎梁鸿小时候成了孤儿，自己住在一间屋子中，不与别人同吃。邻居做完了饭，让他趁着热锅做自己的饭，梁鸿说："我虽是个童子，却不想趁着别人的余热。"然后弄灭了灶里的火，再重新点燃。　◎孟敏是汉代人，字叔达。一次他拿着的瓦罐不小心掉在地上，他连看也不看就走了。郭泰见了，问他原因，他说："罐子已经破了，看了有什么用？"郭泰觉得他不一般，就劝他学习，十年后，成了知名人物，做了很大的官。甑（zèng），瓦罐。

十二、吻　韵

昙恭悲瓜，长盛泣堇。

【译文】滕昙恭因为得不到寒瓜而悲哀，刘长盛为得到堇菜而哭泣。

【解说】◎滕昙恭五岁时，母亲杨氏患了热病，特别想吃寒瓜，但是当地根本没有这种瓜，到处寻访也无结果，昙恭十分伤心。过了一段时间，他遇到一个僧人，僧人问他为什么哭，昙恭把原因说了，僧人说："我正好有两个，分你一个吧。"拿回家后，一家人都很惊异，再去寻找那个僧人，已不知到哪儿去了。　◎晋代刘殷，字长盛。他的曾祖母王氏大冬天想吃堇（jǐn）菜，却又不说，每天吃饭都吃不饱，持续了十多天，刘殷感到奇怪，就问曾祖母是怎么回事，曾祖母说因为想吃堇菜。当时刘殷只有九岁，听了她的话，就跑到大泽中去哭，一直哭了半天，恍恍惚惚中好像听见有人对他说："别哭了。"刘殷止住哭声，看到地上已经生出堇菜，捡拾起来约有一斛多。拿回去，刚好到新堇菜生出时吃完。

竹具同胸，花生祜吻。

【译文】文同画竹时成竹在胸，张祜吟诗口吻生花。

【解说】◎文同字与可，宋代人，擅长画竹子。苏轼在《文与可画筼筜谷偃竹记》中写道：竹子刚生长，即使只有一寸长，但竹节已经完备。平常画竹子的人，都是一节节地画，叶子也是一片片地增加，这样画不出竹的神韵。所以画竹的人，必须胸中有现成竹子的形象，拿着笔看着画纸，等到要画的竹子在眼前画纸上出现时，立即运笔去描摹，动作要快，不然形象就要消失。这就是文与可教我的方法。尽管我知道他说得十分有道理，但我却做不好，因为我的心和手不能相应，这是没有经过训练的结果。　◎张祜是唐朝诗人。有一次他沉浸在吟诗中，妻子喊他，他也不理，妻子生气地责备他，他说："我正到得意处，觉得口唇生花，哪有工夫去理你。"

徐喻月明，孔穷日近。

【译文】徐孺子说明月亮为什么明亮，孔子没法回答太阳是远是近。

【解说】◎晋代徐孺子九岁时，在月光下玩耍，有人逗他说："如果月亮中没有东西，会比现在更亮。"孺子说："不一定。比如人眼中有瞳子，没有就是失明。"　◎孔子东游的时候，碰到两个小孩争论，孔子问他们争论什么，一个说："我认为太阳刚出时离人近，中午离人远。"另一个却认为太阳刚出来时离人远，中午离人近。前一个小孩说："太阳刚出时，有车盖那么大，到了中午只有脸盆那么大，说明远的小近的大。"另一个说："太阳刚出时，天气很凉，到了中午就热得受不了，这不说明远的凉近的热吗。"孔子听了，也不知谁说得对。

上爵崔咸，奉觥郅恽。

【译文】崔咸敬酒，郅恽捧上一觥酒。

【解说】◎崔咸在唐敬宗时担任侍御史，敬宗驾幸东都，裴度在兴元听说后，十分忧虑，就上表请求觐见。这时李逢吉掌握着大权，怕裴度再做了宰相对他不利，就让京兆尹刘栖楚等人极力陷害裴度，弄得即使是裴度门下宾客也想离开他。过了些日子，裴度设宴招待客人，刘栖楚花言巧语为自己解释，又假装亲热与裴度耳语，崔咸恨他虚伪，就举起酒杯假装责备裴度说："宰相是不是许他什么官了，这么低声耳语，要罚一杯酒。"裴度笑着把酒喝了，刘栖楚听了，坐立不安，赶紧离席走了。参加宴会的人都赞扬崔咸有胆气。　◎汉朝时期，汝南这个地方有个风俗，在十月份要举行集会，百里以内各县都要带着牛羊肉和酒到府里吃喝。这一年，在宴会快结束时，太守欧阳歙说："西部的督邮繇延天资忠贤，秉性忠厚，政绩显著，有目共睹，应该上报朝廷加以奖赏。"这时功曹郅恽（zhì yùn）在座上很不高兴地说："请太守举杯，向上天谢罪。其实繇延这个人，贪婪而且邪恶，表面忠厚，内心圆滑，结党营私，欺上瞒下。太守识人不清，应该罚酒。"欧阳歙听了很有些惭愧，不知说什么好。掾吏郑敬这时站起来说："上级英明，下级才敢说实话，郅功曹的话切中要害，这对太守您是件好事。应该接受罚酒。"欧阳歙神色这才松弛下来，说："确实是我的过错。"然后将酒一饮而尽。

乂若凝脂，晏疑傅粉。

【译文】杜乂的皮肤像凝脂，何晏被怀疑是搽了粉。

【解说】◎杜乂是晋代人，镇南将军杜预的孙子，天性纯真温和，姿容秀美，在江南很出名。王羲之见到他，说："皮肤细腻就像凝结后的油脂，眼睛黑亮像点漆一样，这是神仙中才有的人。" ◎何晏仪态优美，面孔特别白，魏明帝怀疑他是搽了粉，就故意让他吃热汤和面饼。当时正好夏天，何晏吃完，大汗淋漓，就拿袖子去擦，擦完汗，面色仍然是那么白。

宗念卧游，王耽坐隐。

【译文】宗少文卧游山水，王坦之嗜好围棋。

【解说】◎宗炳字少文，是南朝宋人，精通琴棋书画，喜爱游览山水，往西涉过荆江、巫峡，往南登过衡山，并且在衡山上盖了房子，准备隐居在那里，后来因为得病，回到了江陵。他认为这非常遗憾，感叹自己年老多病，恐怕不能遍游名山。他想了一个办法，将所有名山大川，都绘成图画，挂在卧室里，一边弹琴，一边观赏，他把这叫作卧游。 ◎王坦之是晋朝人，他把下围棋叫作坐隐，意思是坐在围棋枰边也是一种退隐的方式。而支道林则把下围棋叫作手谈。

十三、阮　韵

李磎书楼，任末经苑。

【译文】李磎号称书楼，任末被叫作经苑。

【解说】◎李磎（xī）是唐朝人，乾宁元年时担任同中书门下平章事，他十分好学，家里藏书近万卷，号称李书楼。 ◎汉代的任末，十四岁时就出外游学，广泛从师。有时就在树林之中，用茅草盖个简陋的屋子，削荆条作笔，挤树汁作墨。夜间或者借星月的光，或者燃蒿草照明，坚持读书。读书时有合意的就记在衣服上，对于经典的研究心得随时就记在屋里的柱子上、墙壁上或者屋外的树木上。当时的人就把任氏叫作经苑。

田祝在常，贾歌来晚。

【译文】 平州人祝田仁会常在平州，交趾人的歌中说贾琮来得太晚。

【解说】 ◎田仁会是唐代人，永徽年间为平州刺史。这一年，平州大旱，田仁会亲自在烈日下祈雨，结果没过多久，就下了大雨，庄稼得到丰收。平州人作歌赞扬他说："田使君的恩情像父母的养育之恩，他的诚心感动了上天，使庄稼得到雨水的滋润，粮仓装满，礼义得到伸张，但愿田使君常在平州，那我们就不用担心贫穷了。" ◎汉代时，交趾这个地方物产丰富，像珍珠、玛瑙、象牙、犀角之类都有出产。前后在这里做刺史的官员，大都拼命搜刮，回朝以后一部分献给朝中的权贵，为了以后再去交趾。当地的人民不能忍受这种盘剥掠夺，起兵反抗。汉灵帝命令选拔一个能干的官吏，有关部门举荐了贾琮。贾琮到任以后，仔细考察当地人造反的原因，当地人都说是因为官员搜刮太狠，而离京城又很远，无法申冤告状，百姓实在生活不下去，所以群起反抗。贾琮调查以后，贴出告示，让老百姓都回去干自己的事，同时减轻赋税，又将作恶的官吏斩首，选拔贤良的官员，终于平定了反叛。老百姓歌唱说："贾父来晚，以致先前我们有反叛的行为，现在天下太平，官吏连到百姓家吃饭也不敢了。"

调水东坡，买山支遁。

【译文】 苏东坡用竹符调水，支遁要买印山。

【解说】 ◎苏轼非常喜爱玉女洞的泉水，每天要用两瓶。他怕泉水被使者知道也来用，就用竹子做了一个符契，让泉水所在地大秦寺的和尚拿一半，给自己运水的人拿另一半，合起来作为凭信，叫调水符。　◎支遁曾经通过别人向高僧竺法深表示要买印山，竺法深说："没听说过巢父、许由买山隐居。"

宣妻挽车，莱妇投畚。

【译文】鲍宣的妻子拉车，老莱子的妻子扔了畚箕。

【解说】◎汉代渤海人鲍宣的妻子字少君，鲍宣跟着她父亲学习，她父亲见鲍宣虽然贫穷但很有志气，就把少君许配给他，又陪送了很多嫁妆。鲍宣见了有些不高兴，就对少君说："你生在富贵之家，只知道打扮享受，我们恐怕不合适。"少君说："我父亲因为你品德修养很好，才让我嫁给你，现在你说什么我都听你的。"鲍宣听完笑着说："果然能这样，才正合我的心意。"少君于是脱去华丽的礼服，换上短的粗布衣，与鲍宣共同拉着小车回乡。回到鲍宣的家里，拜见过公婆后，就提起水罐去打水。此后在家在外都修行妇道，受到乡里人的称赞。◎老莱子是楚国人，因为世道乱，逃到蒙山中隐居耕地。后来有人在楚王面前说起他，楚王就亲自登门，当时老莱子正在编畚（běn）箕。楚王说："治理国家，我要麻烦先生帮忙。"老莱子说："可以。"楚王走后，老莱子的妻子打柴回来，知道老莱子答应了楚王，就说："我听说能用酒肉打动的人，必定可以用鞭子和锤子来对付；能被官爵打动的人，随后等待他的必定是斧钺。我不能受制于人。"说完扔了畚箕就走。老莱子犹豫了一下，连忙去追赶妻子。两人来到江南，定居下来，不问世间事。

界玉光逢，怀冰思远。

【译文】赵光逢被称为玉界尺，王思远像怀里揣着冰。

【解说】◎赵光逢是五代时期的人，为人正直有原则，但同时又温和可亲，当时的人称他玉界尺。 ◎《南史·陆慧晓传》记载，何点评论慧晓心如明镜，对什么事情都看得很清楚；而王思远待人接物冷淡，就像怀里揣着冰块，大热天也能感到凉气。当时的人认为何点的评论非常恰当。

膺叹荀钟，戎怀嵇阮。

【译文】李膺感叹荀淑、钟皓的不同，王戎怀念嵇康、阮籍。

【解说】◎荀淑、钟皓都是汉朝人，各有风范。李膺曾经感叹，荀君清贵守职，难以仿效，钟君品德高尚，可以学习。 ◎王戎有一次坐车经过黄公酒店时，回头对同车的宾客说："我原来曾和嵇康、阮籍在这里畅饮。自从他俩死后，我就被俗事缠身，今天看这个地方，虽然近在咫尺，却好像隔着大山大河。"

十四、旱　韵

十事策刘，九疑问管。

【译文】沈约用十件事策问刘显，何晏问管辂九个问题。

【解说】◎刘显是南北朝时梁朝人，既博学，又见闻很广。太子少傅沈约当时是丹阳尹，坐车去拜访他，座中问了刘显十个经史方面的问题，刘显答出了九个。沈约说："我年龄大了，记性不好，回答不了什么问题了，不过你还是可以问几个问题，别超过十个。"刘显问了五个问题，沈约回答出两个。陆倕听说后，拍案叫绝说道："刘郎子真可以说是个奇人。" ◎管辂（lù）字公明，精通《周易》，在徐州、冀州很有名气。刺史裴徽举荐他做了秀才，又对他说："何（晏）、邓（飏）两位尚书都有治理国家的才干，深通事理。何尚书曾经说过他对于《周易》有九件事不太理解，你到洛阳后，他必定会问你，你好好给他解答一番。"管辂说："如果这九件事都是大道理，那不用费我的心思；如果是有关阴阳变化的，那我正好精通。"到了洛阳之后，何晏果然问这九件事，管辂一一解答明白，何晏听后说："世上再没有比你将阴阳变化论述得更清楚的人了。"

几卿车停，文举座满。

【译文】谢几卿停车饮酒，孔文举宾客满座。

【解说】◎谢几卿是南北朝时期梁朝的尚书左丞，性格通达酒脱，不拘平常的礼俗。有一次他参加皇家宴会，没有喝醉，觉得不尽兴，在回家的路上，碰到一个酒馆，他停车买酒，与拉车的三匹马对饮，行人觉得稀奇，围成一圈观看，他毫不在意，神态自若。　◎孔融字文举，汉献帝时担任太中大夫。性格宽容，不忌妒别人，好结交朋友，提携后进。在他辞官闲居的日子里，每天宾客盈门。他常说："座上客人常满，杯中美酒不空，那就没有什么可忧愁的了。"

太白冰壶，仲猷雪碗。

【译文】李白有"冰壶"的比喻，杨仲猷有"雪碗"的说法。

【解说】◎李白的《象耳山留题》中有这样的句子："夜来醉卧月下，花影零乱，满人衣袖，恍如濯魄于冰壶也。"被人称为天仙语。　◎杨徽之字仲猷，擅长写诗。宋太宗听到他的名声，将他的十联诗写在宫殿的屏风上，僧文宝评价杨徽之的诗说："用天地间的仙露，在冰做的盆和雪做的碗中洗涤笔，才能和他的诗的神气骨格相符合。"

老子烹鲜，庖丁导窾。

【译文】老子认为治国像蒸鱼，庖丁顺着牛骨之间的空隙下刀。

【解说】◎老子在《道德经》中说：治理大国就像烹调小鱼，不去肠子，不去鳞，不敢抓挠，都是怕把鱼弄烂了。治国如果律令苛繁就会造成混乱，修身如果戒条多就会使精力分散。　◎《庄子·内篇·养生主》记载，庖丁为文惠君分解牛，他手的分解动作，肩膀的倚靠，脚的蹬踏，以及声音的一起一顿，既像在演奏音乐，又像是跳舞。文惠君看了，喜不自禁地说："好啊，技艺竟然到了这个地步。"庖丁放下刀说："我习惯于先了解事物的内在规律，进而上升到技艺。我开始分解牛时，看见的就是一头牛在那儿，三年之后，牛在我眼中就不是完整的了。而现在，我分解牛时，完全是靠心灵感受，不用再拿眼睛看。依照牛的本来的骨架结构，找到它最大的空隙，毫不费力，从来没有碰到过筋脉盘结的地方，更不用说大骨了。一般的庖子每月要换刀，因为他拿刀去砍，好的庖子每年换刀，因为他拿刀去割，而我的刀已用了十九年，分解过的牛也有上千头了，但还像刚在磨刀石上磨过那么锋利。因为对我来说，牛骨之间是有很大的空隙的，但刀刃却几乎没什么厚度，用没有厚度的刀进入有很大空隙的牛骨之间，自然是游刃有余。"窾（kuǎn），缝隙。

陆患才多，董惩心缓。

【译文】陆机忧虑才气过多，董安于警戒自己的慢性子。

【解说】◎晋朝的陆机，很有天才，超出一般人之上，他写起文章来，文辞华丽，气魄宏大。当时的文学家张华评论他："平常人写文章，总是恨自己的才少，但陆机却担忧自己的才气太多。"　◎《韩非子·观行》记载，西门豹的性子急躁，所以随身佩戴柔软的苇草来提醒自己要平缓；董安于的性格缓慢，所以佩戴弓弦来告诫自己要急迫。

陶制三舟，高铭六馆。

【译文】陶岘为自己造了三艘船，高太素为六个逍遥馆作铭文。

【解说】◎陶岘（xiàn）是唐代人，家住昆山，田产很多。这一年，他从家人中挑选了一个诚实而又明白事体的人替自己管理家业，自己从此泛舟江湖，遍游各地山水，往往很多年都不回家一趟。他为自己专门造了三只船，都十分精巧，一只自己坐，另一只给宾客坐，还有一只贮藏吃喝的东西。随身还有一个乐队，为他吹奏乐曲助兴。每遇到好的景色，他都要尽兴玩乐。当地人把他称为水仙。　◎唐代开元年间，有一个叫高太素的隐士在商山盖了六个逍遥馆，馆的名字分别叫作"晴夏晚云""中秋午月""冬日方出""春雪未融""暑簟清风""夜阶急雨"，他为每个馆都作了一篇铭文。

十五、潸　韵

韩信壅潍，张良烧栈。

【译文】韩信堵塞潍河，张良劝谏烧毁栈道。

【解说】◎韩信被任命为相国后，接受刘邦的命令，发兵去攻打齐军。大军一路东进，快过平原时，听说汉王刘邦已派郦食其劝降了齐王，韩信准备停止进军，但谋士蒯通劝他继续前进。于是韩信带兵渡河，攻下临淄，齐王被追逃到高密，派人向项羽求救。项羽派龙且带兵二十万来救援，齐军和龙且所带的楚军与韩信军隔着潍河排阵对峙。夜间，韩信派人用上万个沙袋将潍河从上游截断水流，第二天，引兵过河攻击龙且，然后假装败退。龙且一看大喜，说道："我就知道韩信是个胆小鬼。"带兵渡河追击，韩信一看时机到了，命令撤去上游的沙袋，河水迅猛地冲下，将龙且军冲散，韩信乘势带兵攻击，斩杀了龙且，俘虏了齐王，平定了齐地。 ◎张良字子房，祖上是韩国人。汉朝元年，沛公刘邦做了汉王，统领巴蜀一带，他赐给张良一百两黄金，二斗珍珠。张良把这些全献给了楚霸王项羽的伯父项伯。在这同时，刘邦也通过张良向项伯送了很多东西，要求把汉中一带划归自己。在项伯的劝说下，项羽答应了这个要求。后来刘邦要回自己的封国，张良一直送到褒中这个地方，并劝说刘邦将栈道烧毁，以向天下表示自己没有回来的心思，稳住项羽，趁机发展自己的势力。刘邦接受了张良的建议。

陆贽荒庄，林霆良产。

【译文】陆贽的一个庄子荒废，林霆为子孙置办产业。

【解说】◎唐代崔群做宰相时，很有清廉的名声。元和年间，他主持科举考试，结束之后，有一天，夫人李氏劝他置几处庄田，替子孙打算打算，崔群听后笑着说："我有三十处庄子，良田更是遍布天下，夫人还有什么可担心的呢？"李氏说："我怎么不知道还有这些庄田？"崔群说："我前年春天主持考试时，录取了三十人，这不都是我的良田吗？"李氏说："你不是陆相（陆贽）的门生吗？但往年你主持科举时，曾派人对他说不让他的儿子参加考试，如果照你现在的说法，陆氏不是有个庄子荒废了吗？"崔群听后，十分惭愧，好几天吃不下饭。贽，读 zhì。 ◎林霆是宋代人，十分博学，精通象数，与当时的大学者郑樵关系十分好。他有藏书几千卷。他曾经对子孙说："这些书就是我替你们置办的产业。"

阳欲坏麻，傅尝捧简。

【译文】阳城准备毁坏白麻诏书，傅玄曾经捧着简笏过夜。

【解说】◎阳城字亢宗，唐德宗的时候，他的官职是右谏议大夫，在职八年，人们都没有充分了解他。等到裴延龄诬陷陆贽、张滂、李充等人，德宗十分生气，没人敢替陆贽等人说话，阳城在这时候，与拾遗官王仲舒一道，上疏论述裴延龄的罪行，极力为陆贽等辩护，连续多日都是这样。别的官员听了都觉得害怕，阳城反而更加激烈，结果德宗大怒，让宰相治阳城的罪。当时顺宗李诵还是皇太子，他在德宗面前极力替阳城开脱，使阳城免于被治罪。德宗这时又准备让裴延龄当宰相，阳城听说后，公开说："如果裴延龄当了宰相，我就把任命宰相的白麻纸诏书毁掉，在朝廷上痛哭。"最后，德宗终于没让裴延龄当宰相，这里面，阳城起了很大作用。　◎傅玄是晋朝人，天性刚直而且急躁，不能容忍邪恶不正的事情，有时碰到要上奏弹劾某事，但天黑了不能上朝他就捧着简笏，穿着朝服，正襟危坐，一夜不睡，等着第二天天明。事情传出后，权贵们暗暗心惊，不敢再做不法的事情。

黄领木犀，刘参玉版。

【译文】黄庭坚由木犀香而会意，刘器之由玉版而参禅。

【解说】◎黄庭坚是宋代文学家，字鲁直，号山谷。元祐年间，他因为守丧，住在黄龙山，与晦堂和尚交游。晦堂曾说起《论语》中记载的一件事，孔子对弟子们说："你们以为我对你们隐瞒了什么吗？我什么都没有隐瞒啊，我随时都在给你们带来影响。"晦堂让黄庭坚解释孔子的话，但黄庭坚解释来解释去，晦堂总是不同意他的说法，黄庭坚十分恼火，赌气不再说话。当时正是初秋，暑气退去，凉意渐生，满院都飘着桂花的香气，晦堂问："闻到木犀的香气了吗？"黄庭坚说闻到了，晦堂说："我什么都没有隐瞒啊。"黄庭坚顿时领悟了孔子原话的意思。　◎苏轼曾经邀请刘器之一起去参拜玉版和尚，平时刘器之最怕爬山，这次听说是参拜从未见过的玉版和尚，就很高兴地答应了。

到了帘泉寺，二人烧竹笋吃，器之觉得笋味特别好，就问是什么笋，苏轼说："这就是玉版，这位老师傅善于说法，能让人尝到参禅时的喜悦味道。"器之这才知道苏轼是开玩笑，不禁大笑起来。苏轼也很高兴，作了一个偈子说："丛林真百丈，嗣法有横枝。不怕石头路，来参玉版师。聊凭柏树子，与问籜龙儿。瓦砾犹能说，此君那不知。"

欧祝点头，苏嗟迷眼。

【译文】欧阳修祝愿朱衣人点头，苏轼感叹自己眼光迷惑。

【解说】◎欧阳修主持科举考试时，每次看考卷，都觉得身后站着一个穿红衣服的人，如果某份卷子做得好，红衣人就点头赞许。开始欧阳修以为是自己手下的小吏，但回头看，并没有人。欧阳修把这事告诉了同事，大家都感慨不已。后来有人吟下这样的诗句："文章自古无凭据，惟愿朱衣一点头。"　　◎李廌（zhì）是阳翟人，年少时曾把自己的文章给苏轼看，苏轼非常喜欢。元祐初年，苏轼主持科举考试，李廌也参加了考试，他以为这次一定会被录取，而且必定在前几名。批阅考卷时，苏轼看到一个考卷极像李廌的口气，就取为第一，但等到拆开密封时才发现，并不是李廌。苏轼也觉得过意不去，写诗送李廌回乡，中间有二句是："平时谩说古战场，过眼终迷日五色。"意思是说自己这一次看走了眼。李廌这次落选后，心灰意冷，后来学问长进也不大，终于没有中举。

彦博浮毬，永年取盏。

【译文】文彦博灌水使球浮出，刘永年为皇帝取金杯。

【解说】◎文彦博是宋代人，曾做过宰相。他小时候与其他孩子玩球时，不小心把球打入了树下的洞里，洞很深，拿手够不到。文彦博让大家用水往洞里灌，水满了，球也浮上来了。毬，是"球"的异体字。　◎刘永年是宋代章献皇后的侄孙，他四岁时，宋仁宗刚继承皇位。他作的诗中有一句"一柱会擎天"，很得仁宗赞赏。又有一次，仁宗失手将金盏扔到瑶津亭下，跟左右的人说："谁能替我取上来？"永年听后，一跳而下，取回金盏，仁宗摸着他的头说："真是刘家的千里驹。"

十六、铣　韵

敬宏系羊，处默卖犬。

【译文】王敬宏将羊系在自己的车后，吴处默卖了狗来嫁女儿。

【解说】◎王敬宏是南北朝时期的人，与孔淳之、戴颙是好朋友。敬宏将自己的女儿嫁给淳之的儿子。举行婚礼时，敬宏将一只黑羊系在自己的车后，又亲自提了一壶酒作为见面礼，来到孔淳之家，二人对坐饮酒，非常高兴，到晚上敬宏才回家。别人觉得他的做法奇怪，他回答说："这不过是效法农夫百姓的礼仪罢了。"　◎吴隐之，字处默，晋朝人。他虽然官位不低，但平时很廉洁，家里过得很清苦。他是谢石的下级官员，这一年，吴处默的女儿要出嫁，谢石知道他家里清贫，嫁女时仪式必定很简单，于是就派厨师去帮忙，又送了很多东西。一行人来到吴家，正好看见吴家的婢女拉着狗去卖，结婚该有的东西竟然一点也没有筹办。

鲛人织绡，园客缫茧。

【译文】鲛人能纺织绡丝，园客用蚕茧缫丝。

【解说】◎传说南海里有鲛（jiāo）人，也就是现在所说的美人鱼，她会纺织绡丝。而她哭时流出的眼泪都是珍珠。 ◎《列仙传》上记载了一个故事，济阴这个地方有一个叫园客的人，相貌俊美，性情善良，当地有很多人家要把女儿嫁给他，他始终不答应。他平时栽种五色草，每十来年就摘取果实，积累起来作为吃食。一天有五色的蚕蛾子落在香树上，他就捉住放在布上让它生蚕种，等到蚕长成后，忽然有天晚上来了一个美貌的女子，自称是园客的妻子，并说出了蚕的形状。园客于是和她一起收蚕，共有一百二十只，结的茧都有水坛子那么大，用这些茧缫丝，六十天以后才缫完。二人缫完丝，就离开了济阴，但养蚕缫丝的技艺却留了下来，当地人设了蚕祠，世代祭祀。

解合杨修，辩贞刘显。

【译文】杨修解释"合"的含义，刘显辩说"贞"的意思。

【解说】◎杨修思维敏捷。有一次，工匠们为曹操盖房子，盖好后，曹操去察看，也没说话，只在门上写了个"活"字就走了。杨修一看，就让工匠把门拆了重修，别人问为什么，杨修说："门中放个'活'字不就是'阔'吗，曹丞相是嫌门修得太宽了。"又有一次，别人送了曹操一杯奶酪，曹操吃了一点，就在杯盖上写了个"合"字递给手下人。大家都不知是什么意思，传到杨修手里，杨修打开杯盖就吃，人们不明就里，杨修说："主公让咱们一人吃一口，你们还客气什么？"（"合"字拆开就是"人一口"。） ◎南朝梁武帝时，有一个和尚与人争田，官司打到武帝这里，武帝就在公文上批了个"贞"字。主管部门拿到皇帝的批示，却不明白是什么意思，到处询问，问到国子博士刘显，刘显说"贞"字拆开来是"与上人"，意思是把田判给和尚。上人是对和尚的尊称。

断桥王留，奉水赵饯。

【译文】拆断桥以挽留王十朋，用清水为赵轨饯行。

【解说】◎王十朋是宋高宗时中的状元，孝宗继位后，他做了饶州知州，当时饶州境内多湖，盗贼出没，王十朋上任后，盗贼纷纷逃到别处。后来，他改官为夔州知州，饶州百姓先是向官府要求挽留住王十朋，不成，就把大路上的一座桥拆毁，但王十朋还是从小路悄悄离开了。老百姓在他离去后，又把桥修好了并命名为"王公桥"。　◎隋高祖时，齐州别驾赵轨将齐州治理得很富饶，四年任满，他要入朝，当地父老乡亲挥泪送别他。一个老者捧着一杯清水说："长官在我们这儿做官，从没有动用百姓的一丝一毫，所以我们也不敢用酒宴来送你。你就像清水一样廉洁，就让我们用这杯清水为您饯行吧。"赵轨接过清水，一饮而尽。

贾琮褰帷，郭贺露冕。

【译文】贾琮卷起车上的帘子，郭贺露出朝廷赐给的冠冕。

【解说】◎汉末，黄巾起义被镇压后，各地一片萧条，朝廷下诏选拔清正能干的官吏去担任地方官，以便恢复生机。贾琮被任命为冀州刺史。按照过去的制度，刺史的车用三匹马拉，车四周围着红色的帘子。贾琮到任后，认为刺史应该多了解情况，多听意见，以便褒扬好的行为，惩戒恶的行为，不应该用帘布将自己围在车中。他命令驾车的人将帘子卷起来。地方上的人知道这件事后，都觉得贾琮不同一般，有些有贪赃枉法行为的官吏甚至丢下官印偷偷逃跑了。褰（qiān），揭起。　◎郭贺字乔卿，是东汉人，官职是荆州刺史，他在任时政绩显著，受到百姓的爱戴。百姓作歌赞扬他："厥德仁明郭乔卿，中正朝廷上下平。"皇帝赐给他三公的礼服及冠冕，并命令在他出行时，将官轿顶去掉，露出冠冕，让百姓看见，以表彰他的功德。

乙夜观书，酉阳访典。

【译文】半夜读书，在酉阳寻访典籍。

【解说】◎《杜阳杂编》记载，唐文宗信任贤才，心中向善。每次上朝后就博览群书，读到过去昏君或者暴君的事情时，总要扼腕叹息；而读到尧、舜、禹、汤等圣明君主的传记时，则会高兴地叫起来。他曾严肃地对大臣们说："如果不是头更天处理政事，二更天读书，怎么配做个君主呢？"　◎在湖北荆州境内，有个小酉山，在山中的一个石洞里，曾经发现上千卷的古代书籍。传说这些书是秦朝人为了逃避战乱，流落到这里留下的。梁朝王绎的一篇赋曾写道："访酉阳之逸典"，指的就是这里。

汤尚务光，舜亲善卷。

【译文】商汤把天下让给务光，舜亲近善卷。

【解说】◎务光是夏朝时的贤人。传说他耳朵有七寸长，喜爱弹琴，平时以蒲草和韭菜的根为食。商汤准备讨伐夏朝暴君桀，去向务光讨教，务光说："这不关我的事。"商汤问："谁可以帮助我呢？"务光回答："不知道。"汤又问："伊尹怎么样？"务光回答："他是个铁腕人物，而且能忍受别人的指责，其他的我就不知道了。"汤灭了夏朝后，要把天下让给务光，他说："有智慧的人谋划，有武力的人去实现，有仁德的人去治理。先生何不出来治理天下，而让我来辅佐你。"务光推辞说："废除君王，这不义；杀人，这不仁；别人历经困难，而我去享用利益，这不廉洁。我听说如果违背道义就不能享用俸禄，在无道的世间不要占有某个职位。何况对尊重我的人呢。我不能再出现了。"此后，务光就抱着石头跳入蓼水，不再出现。　◎善卷是上古时期的贤人，帝尧在听到他的名声后，也曾拜他为师。尧之后，舜继承了帝位，曾要将天下让给善卷，善卷说："过去陶唐氏统治天下的时候，不用教化，民众就愿跟从他，不用奖赏，民众都很尽力，天下公正平均，百姓生活安定，不知道什么叫怨恨，什么叫喜悦。现在你用华丽的衣裳使百姓双眼迷惑，用繁复的音乐使百姓的双耳混乱，天下从此就要乱了。我即使做了帝王，又有什么好处呢！"从此隐入深山，不知所终。

贾语席仁，勰论枕善。

【译文】陆贾说要将仁作为席子，刘勰论述将善当作枕头。

【解说】◎汉代的陆贾曾说过："君子席仁而坐，杖义而强。"意思是说：看君子平时的行为都要以仁为基础，就像把仁作为坐卧的席子一样；要将义作为行为的依据，就像把义作为手杖一样。　◎刘勰是南北朝时期的齐朝人，他在《新论》中论述了要慎重对待独处。他写道：蘧瑗没有因为是晚上行路就改变节操，颜回没有因为是在夜里洗澡就举止失态，勾践没有因为被拘禁在石室中就废了君臣的礼节，冀缺即使在田间耕种时也没忘了夫妻之间的相互尊重。这些人在别人看不见时行为仍然非常谨慎。所以平时要将"善"像枕头一样时常作为自己的依托，不要因为别人看不见就改变心志，不要因为别人听不见就改变情操。

须燃韩琦，面掷王衍。

【译文】韩琦的胡子被烧，王衍的脸被砸。

【解说】◎宋代韩琦做定州主帅时，有天晚上写信，让一个卫兵拿着蜡烛，那卫兵一时走神，竟然烧着了韩琦的胡子，韩琦赶忙用袖子将火扑灭，然后继续写信。过了一会儿，回头一看，背后拿蜡烛的已换了一个人，韩琦怕手下军官要打那个卫兵，急忙把那个卫兵喊回来说："不用换人，他已经知道怎么拿蜡烛了。"军中的士兵知道后都十分感动。　◎晋代王衍，字夷甫，很有肚量，能够忍让。有一次他托一个族人办事，那人拖了很久也没给他办。恰巧在参加一个宴会时，王衍遇见了他，对他说："前些时候托你的事，为什么不给我办呢?"没想到那人大怒，拿起酒杯就扔到王衍的脸上，王衍一句话没说，将脸洗干净，拉着丞相王导的手，上车走了。

仲舒玉杯，司马金剪。

【译文】董仲舒写了《玉杯》等文章，司马承桢写的篆字号称金剪刀体。

【解说】◎汉代董仲舒是古代著名的儒学者，他在晚年专心著书。他的书都是阐明经典的寓意，或者用古代的史实来影射当时政事的得失。他著的书有《玉杯》《蕃露》《清明》《竹林》等篇，都流传后世，影响很大。　◎司马承祯博学多才，他写的篆字自成一体，号称金剪刀体。他平时隐居在天台山的玉霄峰，自号白云子。

十七、篆　韵

古弼头尖，丁仪目眇。

【译文】古弼的头是尖形的，丁仪有只眼睛是瞎的。

【解说】◎北魏太武帝继位以后，提拔古弼做了尚书令。这年，太武帝决定在河西打猎，命令古弼准备一些好马提供给打猎的人，但古弼准备的全是瘦弱的马，太武帝十分生气地说："尖头奴，竟敢捉弄我，等我回去，一定先斩了这个奴才。"下属官员听了，十分害怕，但古弼却说："让君主在打猎时没有尽兴，这个罪小，但不修战备，让外面的敌人猖狂，这个罪就大了。现在北方夷狄正兴盛，南方的敌虏还没消灭，而且他们时时都在窥视我们的边境，这是最让我感到忧虑的，所以我把好马都留下充实战备，以防发生突然事变。如果对国家有利，我何必怕被处死。"太武帝听到这话，感叹说："有这样的大臣，实在是国家的福气。" ◎丁仪字正礼，很有才干。曹操耳闻了他的名声，想把女儿嫁给他，因为没见过丁仪的面，就去征求曹丕的意见，曹丕说："女人对相貌看得较重，但丁仪有一只眼是瞎的，恐怕您的爱女会不高兴。我看不如把您的令爱嫁给别人。"曹操听从了他的意见。不久征召丁仪做了掾吏，见面以后，与他纵论国家形势，觉得丁仪不同凡响，曹操感叹说："丁仪果然有真才实学，即使他的两眼都瞎了，与我女儿也是般配的，何况只是一只眼睛瞎。"后来丁仪与临淄侯曹植亲近，并多次在曹操面前称赞曹植，但文帝曹丕继承皇位后，找了个借口，将丁仪杀害了。眇（miǎo），指一只眼睛瞎。

谢咏池塘，卢论亭沼。

【译文】谢灵运咏池塘诗，卢秉议论亭池。

【解说】◎谢灵运的族弟谢惠连十岁就能写文章，谢灵运很赏识他，曾经说："每次写文章，如果对着惠连，就能写出好的句子。"有一次，他想写一首诗，整整一天也没写好，因为太疲倦，不觉睡着了，忽然梦见惠连在对着他微笑，灵感顿时涌现，他写出了"池塘生春草，园柳变鸣禽"的句子。事后，谢灵运对别人说："这二句有神助，不是我想出来的。" ◎宋代人卢秉，十几岁时就很有才名。一次，他去拜访蒋堂，蒋堂正坐在池子边的亭子里，触景生情，蒋堂感慨说："可惜这亭池周围的树木没长起来，使这儿的风景看起来很粗陋。"卢秉接过话头说："亭池里的水就像爵位，气候变了可能就会有；而树木却必须经过精心培植，才能长成，这就和士大夫修身立名一样。"蒋堂听了他的话，细细玩味，很是赞赏，对他说："你一定会成为栋梁之材。"

汲责纷更，陆惩烦扰。

【译文】汲黯责备张汤更改律令，陆象先认为天下的事都是庸人自扰。

【解说】◎张汤因为修改法律被任命为廷尉，主爵都尉汲黯在汉武帝面前谴责他："你作为正卿，上不能发展维护先帝的功业，下不能安定百姓，只是把先帝定下的律令改来改去，用严刑峻法来束缚惩治民众，这样干是要断子绝孙的。"　◎陆象先是唐代的一位政治家，官居同中书门下平章事。他曾经说："天下的麻烦事都是一些平庸的人自招的，如果澄清本源，那么政事就会简单得多。"他在地方上做官时，既不用烦琐的律令束缚百姓，也不巧立名目，收苛捐杂税，所以很受老百姓的拥戴。

信诩将多，亮讥决少。

【译文】韩信自诩带兵多，诸葛亮被讥为决断少。

【解说】◎汉高祖刘邦曾经与淮阴侯韩信议论各个将领的能力，刘邦问韩信："像我能带多少兵呢？"韩信说："不过能带十万。"刘邦问："你能带多少？"韩信说："越多越好。"刘邦听了笑着说："你有这么大本事，怎么反被我擒住了呢？"韩信说："陛下不善带兵，但善于指挥将领，这就是我被陛下擒住的原因。"　◎三国时魏太始五年，诸葛亮占据了天水，将魏国将军贾嗣、魏平围在祁山。魏国派司马懿带援军前去解围，诸葛亮听说魏国大军即将来到，就带兵去抢收上邽的小麦。魏军将领听到这个消息，都很慌张，但司马懿却从容地说："诸葛亮这个人顾虑多，决断少。他一定会先安扎营垒，然后才去收麦，我们可以有两天的时间加紧赶路，时间足够了。"于是命令部队轻装，日夜不停地赶路。诸葛亮一看形势不好，只好率军撤退。

裴楷清通，孔融聪了。

【译文】裴楷清俊通达，孔融聪明。

【解说】◎王戎字濬冲，裴楷字叔则。两人小时候，曾一起去拜访钟会，离开后，有个客人问钟会："刚才那两个孩子怎么样？"钟会说："裴楷清俊通达，王戎纯朴精干，二十年后，这两个孩子如果做了吏部尚书，那时候天下的贤才就不用忧虑被埋没了。" ◎孔融小时候才能就很出众，十岁时随父亲到京城去。当时河南尹李膺在朝廷中地位很重要，不轻易与一般人交往，如果不是当时的名人或者是李家的亲戚，门房都不给通报。孔融要看看李膺到底是什么样，就自己来到李膺住宅外，对门房说："我是李大人的亲戚。"门房信以为真，就让他进去了。李膺问他与自己有什么亲戚关系。孔融答道："大人的祖先老子（姓李名耳）与我的祖先孔子都有高尚的品德，他们之间互相学习，这样说来我与大人是世代通家之好。"座中的客人听了都感叹孔融小小年纪竟然这样会说话。太中大夫陈炜来得较迟，座中客人对他说了这事，陈炜不以为然地说："人小时候聪明，长大了不一定就行。"孔融立即说："那么您小时候一定是很聪明的。"

王衍超超，刘歆矫矫。

【译文】王衍谈话超超玄妙，刘歆被赞扬为矫矫出尘。

【解说】◎王衍有一次与其他名士到洛水边游玩，回来后，尚书令乐广问他玩得怎么样，王衍说："裴仆射善于谈名理，滔滔不绝，意趣高雅；张茂先议论《史记》《汉书》，细致全面，值得一听；我和王戎谈论延陵、子房的事迹也高妙，透彻而超尘拔俗。" ◎刘讦与刘歆（xiāo）是族兄弟，都有高尚的情操，他们的族祖刘孝标曾写信称他们说："刘讦超然不同凡俗，就像半天的彩霞；刘歆正直非同一般，就像云中的白鹤。他们像荒年时的稻谷，寒冷年岁时的丝帛，都是必不可少而又十分难得的。"

白衣薛标，绣帽李表。

【译文】薛仁贵穿着白衣服作为标志，李晟戴着绣花帽子表现自己。

【解说】◎唐代的薛仁贵年轻时很穷，靠种田为生，妻子柳氏对他说："有才能的人，碰到合适的机会就要表现出来，现在天子亲征辽东，招求猛将，正是个好机会，你为什么不去求功名富贵呢？"薛仁贵于是就去军中应募。敌将高延寿率领二十万大军，依山扎营，与唐军抗衡，唐太宗命令将领们分头进击。薛仁贵凭着自己的彪悍骁勇，想立下奇功，他身穿白衣白甲，使自己在万军中十分显眼，手持铁戟，腰挂两只弓，在敌阵中呼啸奔驰，所向披靡，士兵跟着他奋勇追杀，敌军溃不成军。唐太宗在阵中看见，派人去问穿白衣的先锋是谁，回答说是薛仁贵，太宗命令赐给金银布帛，又任命他为游击将军。　◎唐德宗因为朱泚之乱，逃向奉天，途中召李晟（shèng）护驾，任命他为神策行营节度使，带兵驻扎在东渭桥。当时朔方将军李怀光驻兵咸阳，害怕李晟独当一面，地位超过自己，就要求与李晟合军。每次与叛军作战，李晟都穿着锦绣衣服戴着花帽子，让自己与众不同，在阵前奔驰指挥。李怀光看见后很不高兴，告诫他："将领必须稳重，不要出风头，做了敌人的靶子。"李晟说："我原来在泾原的时候，那里的士兵都很怕我，我现在这样做，是为了让他们看了害怕。"

巫马任劳，不齐治小。

【译文】巫马期出力气，宓不齐治理小地方。

【解说】◎宓子贱字不齐，他治理单父这地方时，每天弹琴唱歌，足不出户，但治理得很好。巫马期治理单父时，每天天不亮出门，天黑了才回家，日夜不停，事情都是亲身去做，也才勉强治好。巫马期问宓子贱原因，子贱说："我用人，你用力，用人的能很省心，用力的必然很劳累。" ◎孔子对宓子贱说："你治理单父时老百姓都很高兴，说说你是怎么治理的？"子贱说："我明确父子之间的秩序，抚恤孤独的老人孩子。"孔子说："好呵。但这只是小的方面，小民会依附了，但这还不够。"子贱说："我按照父辈礼节事奉的有三人，按兄长辈侍奉的有五人，作为朋友的有十一人。"孔子说："父辈有三人，可以教如何孝顺父母了；兄辈有五人，可以教如何顺从兄长了；朋友十一人，可以教如何学习了。这是中等方面的方法，中民会依附了，但还不够。"子贱说："这个地方比我有才能的有五人，我都诚心向他们学习，他们教我许多治理方法。"孔子说："治国的大道理，就在这里了。子贱治理的地方小，但治理的方法却有大的意义。"

董感蛟龙，罗惊彩鸟。

【译文】董仲舒有感于蛟龙，罗含惊异于彩鸟。

【解说】◎董仲舒是汉代大儒，据说他曾梦见蛟龙飞入怀中，心中有所感触，就写了《春秋繁露》。 ◎晋代罗含小时候失去父母，由叔母朱氏抚养。他很有志向，曾有一次，他白天梦见一只彩色的小鸟飞进口中，惊醒以后，说起此事。朱氏说："鸟有绚丽的颜色，说明你日后写文章必定华美。"从此，罗含作起文章来果然大有进步。

楚子剖萍，越王攻蓼。

【译文】楚王剖开萍实吃，越王用蓼草刺眼。

【解说】◎楚昭王渡江时，碰见一个像斗大的东西，又圆又红，直撞到船上，船家将它捞起以后，没有一个人知道是什么东西。楚昭王派使者去问孔子，孔子说："这就是所谓的萍实，剖开了可以吃，是吉祥的东西，只有霸主才能得到。"使者回去后告诉了楚昭王，昭王就将它吃了，十分美味。 ◎越国被吴国灭了以后，越王勾践为了报仇复国，坚持种种痛苦的磨炼：眼睛困得睁不开时，就拿蓼（liǎo）草去刺，脚冷时反而浸在水里，冬天抱冰块，夏天烤火，又在门上悬着一个苦胆，出入都尝一小口，提醒自己不忘亡国的耻辱和痛苦。

十八、巧　韵

傅说骑箕，萧何应昴。

【译文】傅说骑在箕星的尾上，萧何与昴星对应。

【解说】◎傅说（yuè）懂得天地之道后，去辅助武丁得到天下。他死后，精神升入天空，骑在箕星尾上，沿着东维，遨游不停。 ◎传说萧何身高七尺八寸，是上应昴（mǎo）星的精华而生的。

姻结朱陈，交深管鲍。

【译文】朱陈二姓之间互相通婚，管仲与鲍叔交情很深。

【解说】◎白居易写过一首《朱陈村》诗：徐州古丰县，有村曰朱陈。去县百余里，桑麻青氛氲。机梭声札札，牛驴走纭纭。女汲涧中水，男采山上薪。县远官事少，山深人俗淳。有财不行商，有丁不入军。家家守村业，头白不出门。生为村之民，死为村之尘。田中老与幼，相见何欣欣。一村唯两姓，世世为婚姻。亲疏居有族，少长游有群。黄鸡与白酒，欢会不隔旬。生者不远别，嫁娶先近邻。死者不远葬，坟墓多绕村。既安生与死，不苦形与神。所以多寿考，往往见玄孙。 ◎管仲曾经感叹说："我年轻穷困时，曾经与鲍叔合伙做生意，分财产时我总是多拿，但鲍叔不认为我贪心，因为他知道我穷；我曾经替鲍叔办事，办得很糟糕，但鲍叔不认为我笨，因为他知道时机有利有不利；我曾经三次做官三次被人赶走，鲍叔不认为我没本事，知道我没遇到好机会；我曾经打三次仗，逃跑了三次，鲍叔不认为我胆小，知道我家有老母。生我者父母，知我者鲍叔啊。"

周密癸辛，许浑丁卯。

【译文】周密著《癸辛杂识》，许浑有《丁卯集》。

【解说】◎宋代周密在《癸辛杂识》的序中写道："我因为养病住在乡间，来的都是乡土人士，谈话诙谐粗放，醉后说的笑话，无所顾忌，有的让人大笑不止，有的却让人感到悲伤，听过以后忘了不少，收集记住的，集为一本，名《癸辛杂识》，癸辛是我住的地方。"　◎许浑字用晦，唐文宗大和六年中进士，曾任润州司马、监察御史，后又到地方担任睦州及郢州刺史。润州有座丁卯桥，许浑在桥附近有个别墅，他就将自己文集取名为《丁卯集》。

律造伶伦，时遵大挠。

【译文】伶伦制定律吕，大挠制定甲子纪时法。

【解说】◎传说黄帝命伶伦从大夏的西部、阮隃的北面，取来嶰溪谷的竹子，选取厚薄均匀的，削去两头的竹节，用它吹奏定音，定下黄钟之宫，又制造了十二个箫（shāo），吹奏时模仿凤凰的叫声，分别十二律，六种阳律叫律，六种阴律叫吕。同时规定了宫、商、角、徵（zhǐ）、羽五种音阶。　◎黄帝曾命令大挠研究岁时发展的规律，制定了甲子纪时法，甲乙丙丁戊己庚辛壬癸叫干，子丑寅卯辰巳午未申酉戌亥叫支，干支相配使用。

玉女洗头，麻姑爬爪。

【译文】玉女洗头，麻姑的手爪挠背。

【解说】◎传说华山住着一位仙女叫明星玉女。在她的祠庙前有五个石臼，据说是玉女的洗头盆，盆中的水碧绿澄澈，无论下多大的雨也不会溢出来，无论天多旱，盆中的水也不会少。　◎汉代孝桓帝时，一个名叫王远的神仙降落平民蔡经家，与蔡经的父母相见，坐了一段时间，说要派人去请麻姑。两个时辰后，麻姑来到，蔡经家的人都出去迎接，见到麻姑原来是个十八九岁的漂亮女子，头顶上挽了个发髻，其余的黑发直披到腰间。入门拜见王远，王远急忙起立迎接，又与蔡经的母亲、妻子、侄女等妇女相见。当时蔡经的弟媳妇生过小孩刚十来天，麻姑看见，就向蔡经要了一些米，往地上一撒，这些米就变成了珍珠。麻姑的手是黑色的，手指很长很尖，蔡经见了忍不住心想："如果背上痒，有这双手给抓一抓，那肯定舒服得很。"蔡经虽然只是心里想想，但王远却知道得一清二楚，他命人将蔡经拉出去拿鞭子抽，并说："对麻姑这样的神仙，你竟敢动这样的歪念头。"打完蔡经后，他又说："我的鞭子也不是容易挨的。"于是就教了蔡经成仙之道。爪（zhǎo），指甲。

涛忍饥寒，曾羞温饱。

【译文】山涛忍受饥饿寒冷，王曾认为只想温饱是可羞的。

【解说】◎山涛在没做官之前，家里很穷，他对妻子韩氏说："暂时忍耐饥寒，我以后肯定会做三公，但不知道你有没有做夫人的本事。"◎王曾是宋代人，他考举人和进士时，都是第一名，翰林学士刘子仪跟他开玩笑说："状元试三场，一生吃不尽。"王曾严肃地回答说："我平生的志向，不在吃饱穿暖。"

十九、皓　韵

淮南八公，河内四皓。

【译文】淮南有八公，河内有四皓。

【解说】◎汉代淮南王刘安喜好道术，常在家中设宴招待宾客。有一年正月的一天上午，有八个老人到门前求见，门房报告了刘安，刘安让门房刁难一下这八个老人，看他们有什么本事。门房于是对八个老人说："我们大王喜欢长生不老之术，你们也没有这个本事，我不敢让你们进。"八个老人一听，立即变成了八个童子，面色像桃花一样娇艳。刘安大喜，急忙摆酒宴相迎。后来刘安吃了八公给的仙药，白日里飞升上天去了。　◎四皓都是河内人，分别叫东园公、甪（lù）里先生、绮里季、夏黄公，他们因为不满秦朝的暴政，就退隐到商洛山中。等待天下安定，秦朝灭亡以后，汉高祖刘邦听说了他们，就下诏请他们出来做官，他们没有同意。

蓬户法深，莲池庾杲。

【译文】法深认为朱门如同蓬户，庾杲之进王俭府如进莲花池。

【解说】◎《世说新语》记载，竺法深在会稽王司马昱府中做客，刘惔问他："道人（当时称僧人叫道人）为什么在朱门（指富贵人家）之中走动呢？"法深回答："贫道进朱门就像进草编的门一样。"　◎庾杲（gǎo）之是南朝时齐朝人，官职是尚书左丞。王俭对人说："过去袁粲做卫军时，准备让我当长史，虽然最终我并没有就任，但他毕竟是有这个意向的，现在也需要像我们这样的人。"于是选用庾杲之做卫军长史。安陆侯萧缅听说后，写信给王俭道："您府中的官吏，实在难找胜任的人，庾景行（杲之字景行）进入您府中，就像进了莲花池，泛游绿水，傍依芙蓉，真是美呀。"

拜笔邓诜，祭诗贾岛。

【译文】邓诜对自己的笔下拜，贾岛祭自己的诗。

【解说】◎邓诜，应作郤诜。郤诜是西晋人，策论考了第一，他很恭敬地对自己的笔下拜说："多亏龙须友相助，我才能得到第一。"后来有人送了他一个金龟和拔蕊石簪子，他都转送给自己的弟子，又跟弟子说："可以买三百管笔，拿锦绸包住收藏起来，一千年后，可以让你的子孙对着它们烧香礼拜。" ◎相传唐代诗人贾岛每年除夕，都把自己这一年写的诗取出来摆好，用酒肉祭祀，祭词说："费了我许多精神，用这些东西补一补。"

黄石受符，赤松学道。

【译文】接受黄石公的兵书，跟赤松子学道。

【解说】◎张良准备暗杀秦始皇未成，改换姓名藏在下邳这个地方。有一天张良闲逛，经过一座桥时，一个穿粗布衣服的老人故意把自己的鞋弄掉到桥下，又对张良说："年轻人，下去把我的鞋拾上来。"张良很惊愕，又很生气，恨不得打这老头一顿，因为看老头年龄大，才强行忍住气，下桥把鞋取上来，老人说："给我穿上。"张良想："既然给他取来了，就再替他穿上吧。"老头伸着脚，等鞋穿上后，大笑着离开了。张良感到十分惊奇，就在后面盯着他，走了一里多路，老头又回来了，对张良说："年轻人还值得教。五天后的早晨，来这儿见我。"五天后，张良一大早赶到桥上，见老头已经来了，老人很生气地对张良说："跟老人约定时间，你为什么来这么迟？过五天再来。"五天后，鸡刚叫，张良来到桥上，还是比老人晚，老人让他五天后再来。五天后，张良半夜就到桥上等着，过了一会老人来了，很高兴，说："就应该这样。"拿出一部书，说道："读了这本书，你就可以做帝王的老师了，十年后，你就会发达，十三年后，你可以到齐北谷城下见我，黄石公就是我。"说完就走了。天亮以后，张良看那部书，原来是《太公兵法》。 ◎张良曾经对汉高祖刘邦说："我家世代是韩国的相国，韩国灭亡以后，我们没有接受万金资财，而是时刻想着为韩国向秦国报仇。现在我凭着三寸不烂之舌，成为皇帝的老师，封了万户侯，对于一个平民来说，这算到达顶点，我感到很满足了。我希望能抛开世间的俗事，去跟赤松子学仙术。"高祖死后，吕后掌权，很看重张良的品德才能，强劝他留下来，吕后说："人一生光阴，就像白驹过空隙，一闪就没了，何必要苦自己呢？"张良不得已只好留下来。

融辨心师，勃成腹稿。

【译文】张融认为要以心为师，王勃写文章总是先打好腹稿。

【解说】◎张融是南北朝时齐朝人。做学问不因循守旧，议论不师法前人，但见解过人，很少有人能辩论过他。他在《门律自序》中说："我文章的体制，很多都引起世人的惊异。一个人可以通过听取别人的见解而得到教益，但是自己心中要有判断，不能被别人的见解所左右。文章的体制并不是固定不变的，只要使用的人多了，就会成为常规，不应该盲从前人。" ◎王勃写文章，动笔前并不想得很细，而是先磨几升墨，再喝一点酒，然后蒙头大睡，醒来以后，拿起笔很快完成，一个字都不改，当时的人说王勃写文章先打腹稿。

旌节王花，科名杜草。

【译文】王处回见旌节花，杜荀鹤见科名草。

【解说】◎王处回是五代时后蜀人。据说他年轻时，曾有个道士访问他，在他家台阶前用剑掘土，又取出三粒花种，种在土里，过了一会儿，长成三朵花，道士说："这叫旌节花，是您富贵的征兆。"后来，王处回果然做了三个重镇的节度使。 ◎杜荀鹤是唐代诗人。有一年，他房前的椿树上忽然长出芝草，第二年，他就中了进士。杜荀鹤就把芝草用漆彩装饰，放在自己的书几上，并称芝草为科名草。

汉文囊帷，宋武布袄。

【译文】汉文帝用书囊做帷布，宋武帝穿布袄。

【解说】◎汉武帝时，天下崇尚奢侈，武帝问东方朔有什么办法可以改变这种风俗，东方朔答道："尧、舜、禹、汤，这些是上古的圣贤，因为离现在久远，很难说清。我就说说孝文皇帝（汉文帝）的事，现在年纪稍大一些的人，都是亲身经历过的。文帝作为天下的皇帝，仍然身穿粗丝织的衣服，皮革编的鞋，兵器不开刃，衣服上没有花纹，用裹书的布囊缝在一起做大殿的帷布。以道德为装饰，以仁义为准绳，于是天下风俗自然向好的方面发展。" ◎南朝宋武帝刘裕年轻时，家里十分贫穷，他曾替人从新州运芦苇，身上穿的布衣布袄都是妻子（也就是后来的敬皇后）亲手缝制的。当了皇帝后，他把这套衣服传给了长公主，并对她说，以后如果他有骄奢不知节俭的时候，就把这衣服给他看看。

玄素天回，钦明地扫。

【译文】张玄素有回天之力，祝钦明使五经扫地。

【解说】◎唐太宗做了皇帝后，曾下诏修治洛阳宫乾阳殿，并且准备东巡，给事中张玄素上书极力反对说："现在天下百姓还没有力量承受浩繁的工程，皇帝应该带头讲究节俭，才能使天下安定。现在民力不如隋朝时，您还要役使这些饱受战乱折磨的人，承袭了隋朝的那些弊端，我恐怕陛下的过错，比隋炀帝还要大。"太宗说："你说我不如炀帝，跟桀、纣比又怎么样呢？"玄素说："如果最终还是要修这殿，那就与桀、纣一样都是乱君。"唐太宗接受了他的意见，下诏停止了这项工程，并且赐给他彩缎二百匹。魏徵一向以耿直敢于进谏闻名，听了玄素的话，也不禁说："张公议论事情，有回天之力，可以说是仁人的话语了。"　◎祝钦明字文思，唐中宗还是太子时，钦明兼职太子侍读，教太子五经。后来中宗继承皇位，钦明做了同中书门下三品。有一次，中宗与大臣们宴会，钦明自称会跳八风舞，中宗就让他跳，钦明本来长得又胖又丑，跳舞时趴在地上摇头飞眼，大臣们都面面相觑，中宗看了禁不住大笑，吏部侍郎卢藏用叹息说："这种举动真是让斯文扫地了。"

王母仙桃，安期大枣。

【译文】西王母的仙桃，安期生的大枣。

【解说】◎传说有一年的七月七日，西王母降临在汉武帝的宫殿里，用天厨的东西招待武帝，又命侍女献桃果，一会儿侍女用盘子端上来七颗仙桃，有鸭蛋那么大，圆形青色，王母给了武帝四颗，留了三颗自己吃，桃子的味道十分甘甜，吃完后满口生香。武帝吃完后，很小心地把桃核收藏起来，王母问他干什么，他说："想留着种。"王母说："这种桃子三千年才结一次果，你们中原地力不肥，种了也长不出来。"武帝这才打消原先的念头。　◎安期生，传说是个仙人，住在蓬莱山中。汉代李少君自称曾见过他，当时安期生在吃一种大枣，有瓜那么大。汉武帝信了他的话，就派方士入海去寻找，但是毫无结果。又据《琅嬛记》上说，过去还有人在黄河南边见过这种大枣，煮了三天才熟，香气十里之外都能闻见，吃了枣后，死人能活过来，生病的立即痊愈，那个得到枣子的人吃了以后，大白天就飞到天上成仙去了。

明道四箴，伯阳三宝。

【译文】程明道的四条箴言，李伯阳的三个宝贝。

【解说】◎程颢号明道先生，是北宋思想家，说过很多警句格言。有一个叫李德文的人选了其中四条，刻在石头上，作为提醒自己的箴言。 ◎老子字伯阳，他在《道德经》中写道："我有三样可宝贵的东西：一是慈，二是俭，三是不敢走在天下人的前面。"

二十、咢　韵

王驭云轩，元乘风舸。

【译文】王榭驾驭飞云轩，元藏几乘凌风船。

【解说】◎王榭据说是金陵人，世代以航海为职业。一次，在海上航行时，遇到风暴，他抱着一块木板漂到一个地方，在岸边遇到一个老妇和老头，都穿着黑衣，他们把王榭带到住处。原来这个地方叫乌衣国，两个老人看王榭诚实善良，就把女儿嫁给了他。很久以后，王榭思念家乡，老夫妻就让他坐飞云轩渡海回到家里，家中变化十分大，只有两只燕子栖息在屋梁上。王榭用手一招，燕子就飞到了他的臂上，王榭写了一首诗，系在燕子腿上，诗是这样写的："误到华胥国里来，玉人终日苦怜才。云轩飘去无消息，洒泪临风几百回。"第二年春天，燕子又飞到王榭身边，燕子腿上也拴着一个写着诗的纸片，诗中说："昔日相逢冥数合，如今睽远是生离。来春纵有相思字，三月天南无燕飞。"以后，燕子就再也不飞来了。 ◎元藏几是隋朝人，炀帝时担任奉信郎。大业元年，他作为过海判官，航海时遇到风浪，船被打坏，他抱着破船板漂流了半个月，幸运地被漂到一个海岛上，岛上人问他从哪里来，告诉他说："这里是沧浪洲，离中国有几万里。"并拿出菖蒲酒、桃花酒给他喝，他喝了以后，觉得神清气爽。这块陆地，方圆有千里，四季花儿常开，岛上居民们寿命都很长。又有一种金茎花，长得像蝴蝶，妇女采下来作为首饰，岛上人还说："不戴金茎花，不能到仙家。"元藏几在岛上住了很久，思乡之情渐渐加重，于是岛上的人就制作了凌风船送他回家，没几天就回到了中国，一问时代，离他走的时候已经二百多年了。

张咏拔茶，郑浑树果。

【译文】张咏命令拔茶树，郑浑命令栽果树。

【解说】◎宋代张咏做崇阳县令时，当地老百姓大都以种茶为业，张咏说："茶的利润太高，国家一定会实行专卖，大家不如早点改行。"随即命令拔去茶树种桑树。老百姓很不理解，怨声载道。后来国家果然实行了茶叶专卖，不准私人经营。别的县的茶民纷纷失业，只有崇阳县因为改种桑养蚕，不但没有失业的，而且卖丝的收入还十分丰厚。　　◎三国时，魏郡太守郑浑因为当地缺乏木材，就命令老百姓种榆树做篱笆，同时栽种果树。几年后榆树成荫，果树结出果实，老百姓因此生活富足。

琎望酒泉，甫逢饭颗。

【译文】李琎希望自己的封地在酒泉，饭颗山头遇见杜甫。

【解说】◎杜甫作有《饮中八仙歌》诗，其中说："汝阳三斗始朝天，道逢麹车口流涎，恨不移封向酒泉。"汝阳，指汝阳王李琎（jìn），嗜好喝酒。　　◎李白才华飘逸，气质高妙。作诗时不愿受格律束缚得太死，他认为要表达诗歌的比兴寄托，深奥细致的感情，七言诗不如五言，五言诗又不如四言诗，至于律诗就更不用说了，所以他很少写律诗。

他曾写诗和杜甫开玩笑，说："饭颗山头逢杜甫，头戴笠子日卓午。借问别来太瘦生，总为从前作诗苦。"觉得杜甫写诗太注重格律了。

骘表沙囊，彦为铁锁。

【译文】步骘上表说曹军要用沙袋堵江，吾彦用铁锁拦江。

【解说】◎三国时，步骘曾上表给吴帝孙权说："据北方的降卒报告，北方正在谋划进攻吴国，他们的部卒，每人都用布袋盛沙子，准备用来堵塞长江，我们应该有所防备，免得到时候仓促不知所措。"孙权说："北方曹操现在根本没有力量来进攻我们，他们绝对不敢来。如果我说得不对，我愿输一千头牛给你。"后来大臣诸葛恪说："每次读步骘的上表，都不禁要笑，长江从开天辟地时就有，岂有用沙袋就堵塞的道理。"　◎吾彦是吴国人，他做建平太守时，晋朝大将王濬要起兵攻打吴国，在四川造船，准备沿长江东下。吾彦探知了这个情况，向吴王孙皓请求增兵防备，孙皓不听，吾彦于是命令兵士打造大铁索，横拉在江面上，希望借此阻挡晋军的战船。等到晋军大兵压境，沿江各城，都望风而逃，只有吾彦坚守，晋朝大军攻打不下，就停止进攻，派人去劝降，吾彦一直坚持到吴国灭亡，才迫不得已归顺了晋朝。

朓得膏腴，轼消烟火。

【译文】谢朓的诗得到滋养，苏轼的词没有人间烟火气。

【解说】◎有一次，南朝齐武帝问大臣王俭："当今谁作五言诗最好？"王俭回答："谢朓（fěi）得到他父亲的滋育，不同凡响。"谢朓是谢庄的儿子，从小就很聪明，谢庄非常器重他，曾经拍着他的背说："真是我家的宝贝。"　◎"缺月挂疏桐，漏断人初静，谁见幽人独往来，缥缈孤鸿影。惊起却回头，有恨无人省，拣尽寒枝不肯栖，寂寞沙洲冷。"这是宋代文学家苏轼的一首词，同时代的黄庭坚评论说："无论是语言还是意境，都十分高妙，好像是不食人间烟火的人说的话，如果不是胸中读有万卷书，下笔没有一点尘俗气，是做不到这一步的。"

饮与公荣，酿夸白堕。

【译文】像公荣那般饮酒，刘白堕酿的酒值得夸耀。

【解说】◎晋朝的刘昶字公荣，与人饮酒不分对象，有人讥讽他，他回答说："比我强的人不能不和他喝，不如我的人，也不能不和他喝，跟我差不多的，更不能不和他喝，所以每天我都与别人喝得醉醺醺的。"这话传出去以后，有一次王戎去拜访阮籍，正好刘昶也在，阮籍对王戎说："我正好有三斗美酒，咱俩喝了它。至于公荣，不能让他喝。"二人你推我让地喝起来，刘昶在一旁看着，神色不变。后来有人问阮籍，阮籍说："比公荣强的人，我不能不与他喝，不如公荣的人也不能不跟他喝，只有公荣本人，可以不跟他喝。""饮与公荣"的"与"是"和……一样"的意思。　◎河东人刘白堕非常善于酿酒，他曾经在夏天里把自己酿的酒放在太阳底下晒了十来天，酒味不变，喝起来味道醇香，但能让人一醉一个月不醒。京城有钱或者做官人家都把它作为馈赠的礼品，有的甚至送到千里之外，所以这酒又有别称叫"鹤觞"或"骑驴酒"。永熙年间，南青州刺史毛鸿宾送一批这种酒到京城，半路上遇到强盗抢劫，这些强盗将抢去的酒喝了，都醉倒在地，结果全部被擒，因此又有人叫这种酒为"擒奸酒"。游侠之中流传着一句话："不畏张弓拔刀，唯畏白堕春醪（láo）。"

二十一、马　韵

偿树义方，买邻季雅。

【译文】王义方给买树的钱，宋季雅用钱买邻居。

【解说】◎唐代王义方做御史时，有一次买了一所房子，后来几天，发现院子里的树很好，于是又把原房主叫来说："有这么好的树，我应该再付些钱给你。"于是在原房价上又多给了房主四千钱。　◎南朝时梁朝的宋季雅有一次买了一所房子，正好与领军将军吕僧珍为邻，吕僧珍问他房价，季雅回答是一千一百万钱，僧珍觉得价钱贵得奇怪，季雅说："一百万用于买房子，一千万用于买邻居。"

馆置郑虔，台移薛夏。

【译文】为郑虔设置广文馆，薛夏向兰台移办公事。

【解说】◎郑虔在唐天宝初年担任协律郎，唐玄宗爱他的才能，想把他放在自己的身边，因为没有具体的事情，就专门设置广文馆，让郑虔做博士。郑虔接受任命后，还不知广文馆具体在什么地方，去问宰相，宰相说："皇上专门设置广文馆用来收罗贤才，并让后世说广文博士是从您开始的，这是很荣耀的事。"郑虔这才去就任。　◎魏太和年间，秘书丞薛夏曾经把公事移给兰台去办，兰台不愿接受，认为薛夏没这个权力。薛夏说："兰台是外台，秘书省是内阁，台、阁是一样的，为什么没有移交的理由？"兰台没有话说了，从此以后这样做就成了惯例。

张褒碧山，裴度绿野。

【译文】张褒退居青山，裴度隐居绿野。

【解说】◎梁朝张褒不愿就任学士职位，遭到御史的弹劾，张褒说："青山不会辜负我。"于是将表章烧了，扬长而去。杜甫曾有诗写道："碧山学士焚银鱼，白马却走身岩居。" ◎裴度在唐穆宗太和八年担任东都留守，兼中书令。当时宦官把持权柄，皇帝被架空，大臣们无所作为，在这种形势下，裴度无意再做什么努力，就在东都集贤里盖起自己的宅第，宅院里有水池、石林、树木，环境幽雅。又在午桥盖了一座别墅，有暖馆凉台，别号绿野堂。裴度平日穿着平常衣服不加修饰，与白居易、刘禹锡以诗文相交，不问世间的事。

相居山中，将屏树下。

【译文】宰相住在山中，将军躲在树下。

【解说】◎陶弘景是梁武帝早年的朋友，梁武帝做了皇帝以后，亲自下诏招他出山，并赐给他鹿皮巾。以后又多次礼聘，他就是不出山，只是画了一幅画送给武帝，画面上是两头牛，一头闲散地卧在水草之间，一头戴着金笼头，有人拉着牛绳用鞭子赶它。武帝看后笑着说："这个人真是什么点子都能想出来，看来是没法让他出山了。"以后国家每有大事，武帝都要跟他讨论，一个月常要通几封信。人们称他是山中宰相。 ◎汉代冯异为人谦虚退让，不吹嘘自己，出行时与其他将领相遇，他总是叫自己的车让道。治军以身作则，每次打完仗，其他将领坐在一起论功时，他总是悄悄地躲在大树下，人称他为大树将军。攻破邯郸以后，汉光武帝重新调整队伍，军士们都说愿意跟随大树将军。

状元七骑，太守五马。

【译文】状元带七个骑马侍从，太守坐五马拉的车。

【解说】◎宋代蔡齐进士考试得了第一（也就是平常所说的中了状元），他长得高大英俊，举止端庄，宋真宗看了十分高兴，对宰相寇准说：

"这次真算录取对人了。"下诏皇家仪仗队拨出七个骑马侍从供他传呼，来表示皇帝对他的宠信。给状元骑马侍从就是从蔡齐开始的。驺，（zōu），骑士。　◎古代礼节规定，皇帝坐六匹马拉的车，三公九卿坐四马拉的车。汉代制度规定，太守坐四马拉的车，有功德的再加一匹骖马，所以用五马作为太守的美称。

潮州鳄驱，单父鲔舍。

【译文】 潮州人驱赶鳄鱼，单父人舍弃鲔鱼。

【解说】 ◎韩愈因为上书反对迎佛骨被贬到潮州。他到潮州以后，询问百姓的疾苦，人们都说溪水中有鳄鱼，将家中的牲畜快吃尽了。几天后，韩愈亲自到溪边察看，让下属把一只羊一头猪扔进溪水中，自己念了一篇祝文。当天晚上，溪水中暴风震雷，几天后，水就全部干了，鳄鱼从此不能危害当地人了。　◎宓子贱做了单父的地方长官，三年后，孔子让巫马期去察看他治理得怎么样了。巫马期换上便衣来到单父境内，看到一个抓鱼的，捉到鱼就放了，巫马期感到奇怪，就问那渔人原因，渔人答道："大的鱼叫鲔（chóu），我们大夫（指宓子贱）喜爱它，小的鱼叫鲤（yìng），我们大夫希望它能长大，所以我抓到这两种鱼又都放了。"巫马期回去后将这事报告孔子说："宓子贱的美德甚至对老百姓日常的生活都具有了影响力。"

八龙推荀，三虎称贾。

【译文】 荀氏八子被推许为八龙，人们称赞贾氏三兄弟是三虎。

【解说】 ◎汉代荀淑有八个儿子，都很著名，当时的人称荀氏八龙。　◎汉代贾彪兄弟三人在当时都很出名，贾彪在三人中又是最优秀的，当时的人说："贾氏三虎，伟节最怒。"

刀淬蒲元，剑成欧冶。

【译文】蒲元用蜀江水淬刀，欧冶子铸成宝剑。

【解说】◎三国时，蒲元打造刀剑的本领十分精湛。他在斜谷为诸葛亮打造三千口刀，认为汉水不适合给刀淬火，命人到成都取长江水。水取来后，他试了一下，立即说水中掺上了涪江的水，不能用，但取水的人坚持说没掺，蒲元于是用刀在水中浸了浸，对取水的人说共掺了八升，那人一听立即叩头认罪说："本来是没掺，走到涪江码头时泼了一些，于是掺了八升涪江的水。"　　◎欧冶子和干将都是春秋战国时期铸剑的名家。楚王有一次问风胡子："寡人听说吴国有个干将，越国有个欧冶子，我想备下重礼，请这两人给我打造铁剑。"风胡子接受使命，请出二人。二人开凿茨山，采炼铁矿石，精心打造了三把宝剑，分别命名为龙渊、太阿、工布，风胡子将这三把剑带给楚王。晋郑王听说后，想要一把，楚王不答应，郑王于是派军队围攻楚国都城，围了三年，双方僵持不下，楚王亲自登城，挥动太阿剑，指挥三军，将晋国军队打得大败。

马氏五常，洛中三煦。

【译文】马氏五兄弟字中有"常"，洛中三兄弟字中带"煦"。

【解说】◎"马氏五常"，参见一卷四支韵"马良白眉"条。　　◎晋代刘宏字终煦，担任光禄卿；他哥哥刘粹字纯煦，担任待中；他弟弟刘潢字冲煦，担任吏部尚书，在朝廷中都很著名，当时的人说："洛下雅雅有三煦。"

石相立祠，栾公置社。

【译文】为石相立祠堂，给栾公设祠社。

【解说】◎万石君，指石奋，他姐姐被汉高祖召为美人，石奋因此做了中涓官。到了文帝时，升为太中大夫。他为人恭谦谨慎，四个儿子的官秩都到了二千石，景帝曾经说："石君和他的四个儿子，都是二千石，作为大臣的所有荣宠，都集中在他家一门中。石奋可以称作万石君。"石奋的第四个儿子石庆作为齐国的相，受到人们的爱戴，人们为他立了石相祠。 ◎栾布是汉代人，孝文帝时是燕国的相，后来升为将军。吴军叛乱时，他因为平定有功，被封为俞侯，又重新做了燕相。燕地的老百姓都为栾布立社祠，叫栾公社。

二十二、养　韵

丸累佝偻，珠求象罔。

【译文】佝偻人累叠泥丸，象罔寻找玄珠。

【解说】◎孔子去楚国，在一个树林中遇到一个佝偻人粘知了，就像用手去拿那么容易。孔子说："您的技艺真是巧妙，这中间有什么奥妙吗？"佝偻人说："有，我在竹竿顶端放上泥丸，如果累（lěi）两个而不掉，那么我粘知了时就很少失手；如果累三个不掉，那么粘知了时十次之中也就有一次失手；如果累五个不掉，那么粘知了时就和用手去捡那么容易了。粘知了时，我站在那儿就像树桩一样，我手里拿的竹竿就像树枝一样都纹丝不动。虽然天地广阔，万物繁多，但在我眼中只有知了的翅膀。这样怎么能不得心应手呢？"孔子听了，回头对弟子们说："心志不分散，神情专一，这就是佝偻丈人的经验。"佝偻，驼背。 ◎传说黄帝出游昆仑山回来时，将玄珠遗失了，他让天下最聪明的人知去找，没找到；让天下眼力最好的人离朱去找，也没找到；

让天下最善于言辩的喫诟去找，还是没找到；最后让混混沌沌的象罔去找，象罔终于找到了。黄帝说："真奇怪，象罔竟给找到了。"

钟尚礼仪，谢称散朗。

【译文】钟氏崇尚礼仪，谢道韫开朗潇洒。

【解说】◎钟琰是晋王浑的妻子，平时讲究礼仪法度，被其他妇女看成表率。王浑弟弟王湛的妻子郝氏，也有很好的品德，钟琰虽然出身名门，但并不因此看不起郝氏，二人的关系十分融洽。当时的人称：钟夫人的礼仪，郝夫人的法度。 ◎谢道韫是晋王凝之的妻子，有名的才女，谢遏常常称赞他这个姐姐。张玄为了与他抗衡，就总是称赞自己的妹妹。有个尼姑常与两家来往，别人就问她谢、张二人的优劣。尼姑答道："王夫人神情潇洒开朗，有山林之风气；顾家妇清心娴静，自然是闺房的典型。"

麟阁图形，云台绘像。

【译文】在麒麟阁画像，在云台画像。

【解说】◎汉代甘露三年，匈奴单于入朝进贡，汉宣帝为了纪念大臣的功劳，就将一些功臣的肖像画在麒麟阁，图像下面写上官爵和姓名。只有对霍光不写名字，写作大司马大将军博陆侯姓霍氏。往后依次是卫将军富平侯张安世、车骑将军龙额侯韩增，后将军营平侯赵充国，丞相高平侯魏相，丞相博阳侯丙吉，御史大夫建平侯杜延年，宗正阳城侯刘德，少府梁正贺，太子太傅萧望之，典属国苏武，共十一人。 ◎汉代永平年间，明帝追念东汉初年文臣武将的功劳，就将中兴二十八将以及王常、李通、窦融、卓茂共三十二人的肖像画在南宫云台。

得兔忘蹄，羡鱼结网。

【译文】得到兔子忘了捉兔子的工具，在水边羡慕鱼不如回去织网。

【解说】◎《庄子·杂篇·外物》中写道："筌是捉鱼的工具，捉到鱼就将筌忘了；蹄是捉兔子的工具，捉到兔子就把蹄忘了。" ◎汉武帝继承皇位后，董仲舒曾在对策中说："汉朝得到天下以来，常想将国家治理好，但到如今还是没有将国家治理好，过失在于该变化时不变化。古人有句话，站在水边羡慕鱼，不如回去结网。现在皇上有治好国家的愿望，不如有变化的决心。"

伊尹鹄烹，篯铿雉臛。

【译文】伊尹烹调鹄羹，篯铿做雉羹给尧吃。

【解说】◎伊尹是商朝人，他刚做官时，曾烹调了鹄鸟羹，又制造玉鼎献给商王汤，商王汤觉得他是个贤才，就让他做了相国。鹄（hú），天鹅。 ◎篯（jiān）铿，也就是彭祖，古代长寿的人，据说活了八百岁。他曾烹调出雉羹献给帝尧，帝尧吃后，觉得十分鲜美。雉，就是野鸡。

田单纵牛，宗悫御象。

【译文】田单赶火牛，宗悫抵御大象。

【解说】◎田单是战国时齐国人，燕国发兵攻打齐国，接连攻下七十多座城，田单所在的即墨城虽然未被攻下，但主将也战死了。众人推举田单做了主帅。田单先用反间计使燕国撤换了名将乐毅，然后假称要投降麻痹燕军，同时暗中在城内收集了上千头牛，在这些牛的角上绑上利刃，在尾巴上拴上浸透油脂的苇子，又预先在城墙上凿了几十个洞。这天晚上，一声令下，士兵将牛尾上的苇子点燃，将这些牛赶出城外，牛尾被烧，牛群发狂地奔向燕军，燕军面对这疯狂的火牛阵，惊慌失措，被火牛角刺蹄踩，死伤无数，跟随在火牛后面的几千齐军，又趁机掩杀，燕军狼狈败逃，齐军追杀，将过去被占的城邑都收复了。 ◎宗悫（què）是南北朝时宋朝人。元嘉年间，宗悫奉命与刺史檀和之一起讨伐林邑、攻打象浦时，林邑王范阳迈发动全国兵力来抵抗宋军，他们将大象装备起来打前阵，所向无敌。宋军连吃败仗，宗悫忽然想起狮子是百兽之王，就命士兵扎起很多假狮子，再交战时摆在阵前。果然，大象一见狮子的形象都吓得扭头就跑，宋军乘势追击，攻克了林邑。

娄敬羊裘，王恭鹤氅。

【译文】娄敬穿着羊皮袄，王恭穿着鹤毛大氅。

【解说】◎娄敬通过虞将军的介绍去见汉高祖，虞将军看他穿着粗布衣服，披着羊皮袄，就把自己的衣服脱来给他穿，娄敬推辞说："我原来穿什么衣服就应该以本来面目去朝见，我现在脱了自己的粗布衣服，穿上您的丝绸衣服，这不能反映我平时的形象。"终于还是穿着自己的羊皮袄朝见了汉高祖。 ◎晋代的王恭，仪态优美，神情风流潇洒，人们都非常仰慕他。有一次他穿着鹤毛大氅（chǎng）在雪中行走，被孟昶看见，孟昶感叹说："真是神仙一样的人！"

珠怀宋郊，铃坠任昉。

【译文】怀中藏珠生下宋郊，铃铛落入怀中生下任昉。

【解说】◎宋郊、宋祁兄弟俩是宋代人。他们的母亲有一次梦见一个穿红衣服的人给了她一颗大珠子，她接过来装到怀里，醒了以后，还觉得怀中火热，不久就生下了宋郊。后来她又梦见红衣人带了部《文选》给她，不久，她又生下了宋祁。兄弟俩后来都成了著名文学家。

◎任昉（fǎng）是南朝梁的著名文学家，他的母亲裴氏的品德受到人们的称赞。有一次裴氏白天睡觉时做了一个梦，梦见一面四角悬着铃铛的彩旗从天空中落下来，其中一个铃铛正巧落入自己的怀里，惊醒后，心还狂跳不停。不久，她怀了孕，占卦的人说："一定会生个才子。"这就是任昉。任昉很小时就聪明过人，八岁时就能写文章，褚彦回曾对任昉的父亲说："听说你有个好儿子，真替你高兴。有句俗话叫'百不为多，一不为少。'"从此，任昉更加闻名。

拯比河清，宪方陂广。

【译文】包拯的笑好比黄河清，黄宪被比作广阔的陂水。

【解说】◎包拯在朝廷中以刚正坚毅著名，贵戚宦官都十分忌怕他。人们把包拯的笑比作黄河水变清，因为他轻易不笑。　◎黄宪字叔度，汉代汝南郡慎阳人。郭泰年轻时游汝南，曾登门拜访当时的名士袁阆，但不到一天就告辞了。接着去拜访黄宪，竟在黄宪的府中住了好几天。别人问他为什么，他说："袁奉高（指袁阆）的器量就像河水，虽然清澈但很容易见底；黄叔度的器量就像千顷碧波，不是你想让它清澈它就清澈，你想让它浑浊它就浑浊的，实在是深不可量。"陂（bēi），池。

海水情移，钟山意赏。

【译文】海水改变伯牙的情感，萧思话在钟山得到称赞。

【解说】◎传说伯牙跟成连先生学弹琴，三年后，掌握了所有技巧，但在用琴声传达感情这方面还不能如意。成连说："我的老师子春住在海上，能够改变人的感情。我带你去见见他。"二人乘船来到海上蓬莱山，成连对伯牙说："我去迎接我的老师。"驾着船就离开了，十几天后，仍未回来，伯牙在海岛上听见海浪、山林、群鸟等各种自然界的声音，内心受到强烈感染，忽然明白了成连所说的老师其实就是大自然。他心有感触，不禁弹琴歌唱，一曲刚完，成连驾船回到了他的身边，对他说："你已学到了改变感情的本领。"　　◎萧思话是南朝宋人，爱读书，又非常善于弹琴。他曾陪宋文帝登钟山北岭，半道上碰见巨石清泉，宋文帝让他在巨石上弹奏一曲。弹完后，宋文帝赐给他一银杯酒，并说："你弹得非常有山林的意味。"

二十三、梗　韵

唐诮市瓜，魏嗤画饼。

【译文】唐朝科举被讥讽为买瓜，魏朝选人被笑为地上画饼。

【解说】◎明代王圻在《续文献通考·选举考》中引赵天麟的话，讥讽唐朝科举只知选拔外貌丰满、英俊高大的人，就像市场上买瓜，喜欢挑大的，而不管这个瓜是不是香。又《开元天宝遗事》记载，唐玄宗曾经在便殿宴请翰林学士们，玄宗乘着酒兴问李白："我朝与天后（指武则天）朝相比怎么样？"李白答道："天后朝政令不统一，国家由一群奸佞小人控制，选用人就像小孩买瓜一样，不问香不香，只拣大的挑，我朝任用人就像淘沙取金，剖石采玉，得到的都是精华。"玄宗听后笑着说："学士有些过分美化了。"　　◎卢毓是三国时魏国的吏部尚书，在他之前的诸葛诞、邓飏等都非常有名，但办不了实事。魏帝非常不满意这一点，常对主管选人的卢毓说："选人不要选有名的人，名声就像画在地上的饼，没有实用价值。"卢毓回答说："名声虽然不能搜罗特别有才能的人，但对选拔一般的人才还是有用的，不应该把它看得一钱不值。"

刺史祝泉，郡王祷井。

【译文】刺史祈祷使井中冒出清泉，郡王在挖井时祈祷。

【解说】◎平鉴是北齐时怀州刺史，他在任时，带领百姓在州西筑城以防备西魏的进攻。城筑好后不久，西魏就来进攻，因为城是新筑的，既没有存粮，也没有储水，城内百姓十分惊慌。南门内唯一的一口水井已经被用干了，平鉴为了安定民心，就穿上礼服，俯在井上念了一篇祝词。第二天早晨，原已干涸的井内忽然涌出清泉，全城人取用，也不见减少，军民信心大增，终于抵御了西魏的进攻。 ◎高叡是北齐的南赵郡王，担任北朔州刺史，总领北燕、北蔚、北恒三个州以及库推以西、黄河以东、长城一线各镇的军事，他安抚移民，设置烽火台，将边疆军备整顿得有条不紊，军民十分安定。边疆少水，掘井时他先祈祷一番，挖下去必定有泉水涌出，当地人把这些泉水叫作赵郡王泉。

供蚋罗威，恣蚊吴猛。

【译文】罗威听任蚊虫叮自己，吴猛宁愿让蚊子咬自己。

【解说】◎古时有个叫罗威的人特别孝顺，冬天他用身体给母亲暖被，夏天他将帐子撤掉，让蚊子叮自己，免得去叮他的老母亲。蚋（ruì），咬人吸血的小虫。 ◎晋代的吴猛，少年时就很孝顺，夏天睡觉时，随便蚊子怎么叮他都不赶，据说是为了让蚊子喝饱自己的血后不再去叮他母亲。

代譬土人，秦方木梗。

【译文】苏代用土人作譬喻，苏秦拿木梗打比方。

【解说】◎孟尝君要到秦国去，苏代想阻止他，但孟尝君不愿见他，并说:"人的事情我都已考虑过了,不必你费心,我没听到的,只有鬼事了。"苏代说:"我这次来,并不敢说人的事,请让我见面说说鬼事。"孟尝君没奈何,只好见他。苏代说:"我这次来,过淄水的时候,听到一个土堆的假人和桃梗对话,桃梗对土人说,'你是用西岸的土堆成的,尽管很像人样,但到八月份一下雨,淄水一涨你肯定要被冲得残缺不全。'土人说,'你说得不对。我是西岸的土,最终还会回到西岸。你是东国的桃梗,别人把你刻成人形,如果淄水一涨,你顺水漂流,还不知会被漂到什么地方呢。'现在您要去的秦国就如虎口一样,我不知您这一去,到什么时候才能出来。"孟尝君听了苏代的话,打消了去秦国的念头。 ◎苏代的哥哥苏秦曾用相似的例子来劝说李兑。苏秦说:"我来的时候,因为天晚了,就睡在别人的田中,旁边有个大树丛,半夜时分,忽然听见两个声音相争,一个说,'我是土堆的假人,遇到疾风暴雨,毁坏以后,仍旧回到原来的土地之中。你这木偶,如果遇到风雨,漂进漳河,向东流进大海,连踪影也找不见。'我认为还是土人说得对。您现在杀了主父并且株连他一族,那么您在天下的地位就像垒起的鸡蛋一样十分危险。"

文靖端凝,曲江秀整。

【译文】李文靖端庄凝重,张曲江秀气规整。

【解说】◎李沆是宋代人,谥号文靖。有一次朝廷宴会结束,宋太宗目送着他说:"李沆风度端庄凝重,真是贵人呵。" ◎唐玄宗有一次上早朝时,看见文武百官排列大殿中,张九龄风度庄重,神情俊秀,与其他官员不同,就对左右侍从说:"每次看见九龄,都让我精神顿生。"张九龄是韶州曲江人,世称"张曲江"。

轼撰罗文，愈编毛颖。

【译文】苏轼撰写罗文传，韩愈编写毛颖传。

【解说】◎苏轼曾写过一篇《万石君罗文传》，所谓罗文，实际是指砚台。传里写道：罗文是安徽歙县人，他的祖上隐居在龙尾山。后来一个石工进龙尾山，在一个山洞中发现了他，与他成了朋友。汉武帝崇尚学术，搜罗到毛颖的后人毛纯，任命他为中书舍人，毛纯上奏说："希望召自己的朋友罗文来帮助自己。"于是武帝在文德殿召见罗文。后来又搜罗到墨卿、楮先生，当时的人称他们是"文苑四贵"。每当皇帝有诏令，总是先让罗文润色，让墨卿琢磨，让毛纯谋划，然后让楮先生传播四方。传中的毛纯指毛笔，墨卿指墨，楮先生指纸。　◎韩愈写过《毛颖传》，传中说：毛颖是中山人，秦始皇时，大将军蒙恬在中山围猎毛氏家族，将毛颖带回秦国，把他一族人束缚在一起，封在管城中。毛颖的记忆力特别强而且十分敏捷，古往今来的事情他都能记录下来，秦始皇叫他中书君。他与绛地人陈玄、弘农人陶泓以及会稽人楮先生关系特别好，皇帝召见时，三个人总是一起去。后来有一次，毛颖觐见秦始皇，脱帽谢恩时，秦始皇发现他的头顶毛发已秃，就笑着说："中书君老了，头发都秃了，不再中用了。"此后就不再召用他了。传中毛颖指毛笔，陈玄指墨，陶泓指瓦砚，楮先生指纸。

宋美富韩，汉崇魏邴。

【译文】宋朝人都赞美富弼、韩琦，汉代人仰慕魏相、邴吉。

【解说】◎韩琦、富弼都是宋朝宰相，二人齐名，是当时的人公认的贤能宰相。　◎魏相、邴吉都是汉宣帝时的丞相。班固《西都赋》中说"萧曹魏邴，谋谟乎其上"，把他俩和汉初名臣萧何、曹参相提并论。

沈约四声，张先三影。

【译文】沈约讲求四声，张先被称为张三影。

【解说】◎沈约是梁朝文学家，他写了《四声谱》，主张写诗写文章要讲究平、上、去、入四声，诗文读起来才抑扬顿挫，有节奏感。他认为过去写诗的人经历了千年竟没有领悟这个道理。沈约的这个重大发现虽没有得到梁武帝的欣赏，但成为以后历代写作格律诗时遵循的原则。　◎张先是宋代词人，他自己说平生有三句词最得意，就是"云破月来花弄影"，"娇柔懒起，帘压卷花影"，"柳径无人，堕絮飞无影"，所以张先又被人称作张三影。

神明不欺，宇宙忽省。

【译文】司马光不欺骗神明，陆九渊忽然省悟宇宙的含义。

【解说】◎宋代释惠洪《冷斋夜话》中记载徐铉曾经说："江南居士朱真总对别人说，'世上流行的不欺骗神明这句话中的神明，不是指天地间各种神灵，而是指自己的内心。'"惠洪评论说："我听司马温公（指司马光）说，'我平时从来没有不能对别人说的事。'这就是不欺骗神明。"　◎陆九渊是宋朝哲学家，他有一次读书时读到"宇宙"二字，书上解释说，四方上下叫"宇"，古往今来叫"宙"，他觉得自己忽然省悟。他说："宇宙内的事就是我自己分内的事，我自己分内的事就是宇宙内的事。"他自号象山翁，一般学者叫他象山先生。

碑诮叔千，匏讥文靖。

【译文】安叔千被讥讽为没字碑，李文靖被讥笑为没口的葫芦。

【解说】◎安叔千是五代时后唐明宗时的振武军节度使，他虽然长得相貌堂堂，但不识字，行为很粗俗，所以当时的人称他是没字碑。诮

（qiào），讥笑。　◎宋代李沆死后谥号文靖，他做宰相时，跟宾客们在一起，很少说话。官员马亮与李沆弟弟李维关系很好，就对李维说："外面人说你哥哥是没嘴的葫芦。"李维把这话告诉了李沆，李沆说："我不是不知道。但现在的官员能够直接上殿向皇帝提建议，皇帝有什么意见，也能直接下到各部门。至于国家大事，北面有契丹，西面有西夏，所要讨论的就是如何去防御。大臣中间如李宗谔、赵安仁等都是比较杰出的人才，与他们交谈尚且得不到什么有益的启发，一般人平时说话不知所云，交谈时多是自吹自擂，在这种情况下我还能说什么呢？"匏（páo），葫芦。

二十四、迥　韵

庄弹金花，鲍赋香茗。

【译文】庄暗香弹金花曲，鲍令晖作《香茗赋》。

【解说】◎有个姓庄的姑娘，喜欢弹琴，她有一张琴，名叫驻电，每当她弹梅花曲时，听的人都说似乎能闻到隐约的香味，于是人们就叫她庄暗香，而她自己则把琴改名暗香。有一次她在黑暗中弹琴，右手指上戴的一朵金花闪着光亮，她触景生情作了《金花曲》。　◎鲍令晖是南朝女诗人，诗人鲍照的妹妹，她曾作过《香茗赋》。

大舜方庭，仲尼圩顶。

【译文】舜的脑门是方形的，孔子的头顶鼓起来。

【解说】◎传说舜的长相很奇特：眉骨隆起，脑门是方形的，嘴巴很大，脸上不长胡子，躬腰驼背，又瘦又黑，眼中有两个瞳仁。　◎孔子生在昌平乡，他的母亲颜氏在尼丘祈祷，后来生下孔子。孔子的头顶像个圩子，所以他的名字叫丘。圩（wéi），低洼地区围绕房屋、田地等修建的防水堤岸。

学海何休，思泉苏颋。

【译文】何休被称为学海，苏颋文思如泉涌。

【解说】◎汉代的何休为人不爱说话，但十分有才华，知识渊博，无论文学历史，还是各种杂学，都十分精通。门徒问他问题时，他总是在纸上写，因为他不善言辞。他的著作有《左氏膏肓》《公羊墨守》《穀梁废疾》，总称三缺。有人甚至不远千里来向他求教，当时的人称他是学海。 ◎苏颋是唐代人，唐玄宗时担任中书舍人。玄宗平定内乱后，发布各种诏书，只有苏颋在太极阁，口中草拟诏书内容让书吏写，最后书吏说："先生慢点吧，不然我的手腕要累断了。"中书令李峤说苏颋的文思就像涌泉。

折角朱云，解颐匡鼎。

【译文】朱云能折五鹿角，匡鼎让人开颜欢笑。

【解说】◎汉元帝时，少府五鹿充宗受到宠幸，他精通《梁丘易》。元帝想考辨一下各家解说易经的异同，就让五鹿充宗与其他研究易经的人辩论，充宗仗着是皇帝宠幸的人，能言善辩，其他儒者没有人能跟他抗衡。有人向元帝推荐朱云，元帝召见他，他整衣上殿，与充宗辩论，他提的问题五次难倒了五鹿充宗，所以其他儒者都说："五鹿角虽长，朱云能折断。"元帝就任命朱云为博士。 ◎匡衡是汉代人，小名叫鼎，十分爱学习，家里贫穷，他就给人帮工为生。读书人中间流传一句话："不要解说《诗经》，匡鼎会来的，匡鼎解说《诗经》，能让人开颜欢笑。"后来他做了宰相。解颐，面现笑容。

形图许惇，像铸崔挺。

【译文】给许惇画像，替崔挺铸像。

【解说】◎许惇（dūn）是北齐时的阳平太守，阳平是都城所在地，不但军队朝廷需要财物，贵族高官也天天索取东西。许惇对此照规章办理，上下人都没有怨言，治绩号称天下第一。朝廷为表彰他，命令将他的形象画下来贴在各关口。　◎崔挺是北魏时期的人，太和十八年，担任光州刺史，在州中实行宽严结合的政策，境内百姓安居乐业。他任期满后要离开光州，老百姓哭着送别他。他死后，光州的官员共同为他塑了一个铜像，供在庙里。

瀹唯长酣，颙略无醒。

【译文】谢瀹只是长期醉酒，周颙没有清醒的时候。

【解说】◎谢瀹（yuè）是谢庄的第五个儿子，谢朏的弟弟。谢朏去吴兴做官，谢瀹去送他，谢朏指着谢瀹的嘴说："这里只适合喝酒。"意思是让他少说话。此后，谢瀹就常常喝得大醉。　◎晋代的周颙，早年很有声望，后来沉溺于酒中，做仆射时，几乎没有清醒的时候，当时的人称他"三日仆射"。庾亮说："周侯的晚年，本来的高尚品德都衰败了。"

二十五、有　韵

阳城屑榆，庾杲瀹韭。

【译文】阳城吃榆树叶，庾杲之吃韭菜。

【解说】◎唐代人阳城十分好学，但因为家里穷买不起书，他就要求去集贤院做了一个小书吏，每天偷院里的书看，白天夜里都不出门，六年后，精通了各门知识。后来他中了进士，但他没有做官，而是去中条山隐居。远近的人仰慕他的品德和学问，都纷纷来向他求教。碰到饥荒年，他从来不到别人家串门，而是用榆树叶子做粥充饥。　◎南朝齐人庾杲之做官廉洁，平时生活清苦，吃饭时或者是腌韭菜，或者是煮韭菜，或者是生韭菜，所以任昉跟他开玩笑说："谁说庾郎贫穷，他吃鲑鱼有二十七种。"任昉的意思是庾杲之只吃三种韭菜，三九（韭与九谐音）二十七。瀹（yuè），煮。

华亭榜心，单父掣肘。

【译文】华亭贴有赤心榜，单父因为没有掣肘而治理得很好。

【解说】◎张聿做华亭县宰时，凡是县府中所需要的，又不属于正常赋税，都直接写出来贴在城门口，老百姓对他这种坦率诚实的做法很感动，把这榜叫作赤心榜。　◎宓子贱被任命为单（shàn）父县宰后，很有信心要把单父治理好，但他又怕鲁国国君听了别人的坏话，使自己不能按照既定的方法行事，于是在向鲁君辞行的时候，故意要求鲁君身边的两个小吏跟自己一起去单父。宓子贱嘱咐县吏，每当那两个小吏写东西时，就拉他们的胳膊，让他们写不好字，然后再责备他们。两个小吏实在没有办法再干下去，就向宓子贱辞职，宓子贱说："你们的字写得真不行，回去好好练练吧。"两个小吏回去就把这些报告了鲁君，鲁君觉得奇怪，就去问孔子，孔子说："宓子贱是有将相的才能的，他降低身份去治理单父，不过是要试试自己的本领。他现在这样做，怕是要让你明白一些事情吧。"鲁君一下子明白了宓子贱的用意，他让人对宓子贱说："从今往后，你就当单父不属于我，尽管实行你的政策，只要五年向我报告一下大致情况就行了。"单父果然被宓子贱治理得好。掣（chè），拽，拉。掣肘，拉住胳膊，指阻挠别人做事。

鲁直浇胸，宗元盥手。

【译文】黄鲁直说要浇去胸中俗气，柳宗元用蔷薇露洗手。

【解说】◎黄庭坚字鲁直，他在给朋友的一封信中说："士大夫要时常用古书浇洗心胸，不然就会生俗尘，照镜子会显得面目可憎，与人说话语言乏味。"　◎柳宗元每次得到韩愈寄来的诗，总要先用蔷薇露冲洗手，然后才打开来阅读。盥（guàn），洗。

辞辇班姬，脱簪姜后。

【译文】班姬不坐皇帝的车辇，姜后去掉簪珥请罪。

【解说】◎汉成帝有一次在后宫游玩，想与班姬坐一辆车，班姬推辞说："看古代的图画，贤明的君主，总有著名的大臣在旁边，而那些亡国的君主，才会有被宠幸的女人跟随。现在咱们要是坐一辆车，不是跟他们有些相似了吗？"成帝觉得她说得很好。辇（niǎn），用人推挽的车。　◎姜后是齐侯的女儿，周宣王的王后。宣王曾经早睡晚起，与妃子们在一起，房门也不愿出，姜后于是摘掉簪子、耳环等首饰，自己跑到宫中关押罪人的地方，让人对宣王说："臣妾是个没有才德的人，只想着自己的快乐，却让君王违背礼仪，上朝很晚，使别人觉得君王是好色之君。好色的君主统治的国家，一定会闹乱子，推求乱子兴起的原因，都是从我开始的，请君王治我的罪吧。"宣王说："是我自己品德不好，犯了过错，不是夫人的罪过。"从此宣王对政事勤勤恳恳，使国家得到治理。

秀实烹茶，渊明漉酒。

【译文】陶秀实煮茶，陶渊明滤酒。

【解说】◎宋人陶穀字秀实，他买了太尉党进的一个家妓。有一次遇到下雪，他取雪水煮砖茶，问那个家妓："党家大概不知道这么做吧?"家妓说："他是个粗人，哪有这样的雅趣，不过只会在销金帐子里面，一面听唱，一面吃着羊羔酒罢了。"陶穀听了默默地不再说话。　◎陶渊明爱喝酒，凡是拜访他的人不论贵贱，他都摆酒招待。如果他先喝醉了，他就对客人说："我醉了想睡觉，你走吧。"非常直率，一点也不虚伪。郡里有个人酿酒，陶渊明等酒酿好后，拿自己的头巾去滤酒，滤完后又戴上。漉（lù），过滤。

剑别雌雄，钱权子母。

【译文】宝剑分雌雄，钱币分母子。

【解说】◎晋朝的葛洪在《抱朴子》中曾记载了锻造雌雄宝剑的方法：五月丙午日的正午，取雄黄、丹砂、雌黄、矾石、曾青五种石头磨成粉，放进炉中烧炼，炼出铜以后，让童男童女将铜从火中取出来，锻造宝剑，剑表面凸起的是雄剑，凹陷的是雌剑，剑长五寸五分，佩带这种剑走水路时，能使水中的蛟龙、大鱼、水神不敢靠近，有辟邪的作用。　◎《国语·周语》记载，周景王想铸大钱，大臣单穆公说："不能这么干。过去有天灾的时候，根据物质的多少决定钱币的轻重，目的是赈救百姓。如果物质缺乏，物价很贵，百姓觉得钱轻了（相当于现在所说的贬值），就造重钱，以重钱为母，轻钱为子，以母钱为主，相互辅助流通。如果老百姓觉得钱重了，就多造轻钱，以轻钱即子钱为主流通。总之要有利于经济，不能想造大钱就造大钱，那样必然引起混乱。"

扬重说郛，裴称谈薮。

【译文】扬雄推重《五经》的博大，裴颜被称作谈话的林薮。

【解说】◎汉代扬雄在《法言·问神》中说：有人问圣人的经典著作

是否很容易理解，答案是不能。因为如果天很容易被测量，那么它覆盖的东西一定很少；如果地很容易被测量，那么它容纳的东西一定也很少。于是他感叹说："大哉！天地之为万物郭，《五经》之为众说郛也。"意为天地是包罗万物的大城，经典是汇集各种道理的大城，太伟大了！郭，郛（fú），都是城外围着的更大的城。　◎裴颜（wěi）是晋朝人，很有远见而且博学。御史中丞周弼见了他，感叹说："裴颜真像武器库，应有尽有，是一时的英杰。"乐广曾与裴颜谈话，想在玄理方面战胜他，但裴颜言辞滔滔不绝，内容也丰富广博，乐广根本没有还嘴机会，只能微笑，当时的人称裴颜是言谈的林薮。林薮（sǒu），比喻物聚集的处所。

陆纳二升，山涛八斗。

【译文】陆纳能喝二升酒，山涛酒量有八斗。

【解说】◎陆纳是晋朝人，少年时就品格出众，后来做了吴兴太守。上任前，他去桓温那儿辞行，他问桓温："您的酒量有多大，一次能吃多少肉？"桓温说："年龄大了，喝三升就醉，白肉也只能吃十来块。你呢？"陆纳说："我平时就不能喝酒，也只能喝二升，吃肉更是少得很。"后来，趁着桓温空闲，陆纳表示要请他喝一次酒，桓温欣然同意，刚好王坦之和刁彝也在座，等宴席开始时，大家发现只有一斗酒，一碗鹿肉。客人们很惊讶，陆纳说："前些时候，听桓公说能喝三升，而我只能喝二升，现在有一斗酒，我想够我们大家喝了。"桓温和客人听了，都感叹陆纳真是朴直不虚伪。一斗等于十升。　◎山涛的酒量据说有八斗，皇帝听说后，想试试他，就给八斗酒让他喝，实际上分量多于八斗，山涛慢慢喝下去，喝到八斗就不再喝了。

骥子龙文，玉昆金友。

【译文】像千里马一样的子女，像金玉一样的兄弟。

【解说】◎北魏华州刺史裴宣明的两个儿子景鸾、景鸿都非常有才华，当时的人称景鸾是骥子，景鸿是龙文。骥子、龙文都是好马的名称。　◎南朝梁代人王琳共有九个儿子，在当时都十分出名。大儿子王铨风姿优美，口才很好，虽然在学业上不如弟弟王锡，但品德上并不逊色，当时的人称他们二人是"金友玉昆"，意思是说兄弟两个都是金玉一样的人物。

蒸梨出妻，取枣去妇。

【译文】因为蒸梨把妻子休了，因为取枣子把妻子赶走。

【解说】◎曾参是孔子的门徒，很讲孝道，他后母对他很不好，但他仍然供养着她。有一次，他让妻子蒸梨，妻子没有蒸熟，他就将妻子休掉了。有人说："你妻子又没犯什么过错，还不到要把她休掉的地步。"曾参说："我让她把梨蒸熟，她都不听，何况大事。"　◎汉代人王吉，年轻时住在长安，邻居家有棵枣树长得很大，有些枝条伸到王吉家的院子里。结枣后，王吉的妻子就在自家院里摘下一些枣子吃了，王吉知道后，坚持要将妻子赶走。邻居家知道后，觉得过意不去，就要把树砍了，邻里们一起劝住他，又去请王吉将妻子迎回来。曾参和王吉的行为，体现出古代婚姻中男女不平等的陋习。

二十六、寝 韵

珣笔如椽，毗才似锦。

【译文】王珣的大笔像屋椽，曹毗的才华像锦缎。

【解说】◎晋代的王珣，孝武帝时担任左仆射。有一次，他梦见有人送给他一支像屋椽（chuán）一样的大笔，醒了以后，他对人说："这表示将有大事发生。"果然不久孝武帝就死了，所有丧事中的哀册、谥议等都是王珣起草的。 ◎曹毗（pí）是晋初人，非常有才华，但《世说新语》说他的文章就像由白底明光锦裁成的一条很简陋的裤子，并不是料子不漂亮，而是剪裁不得体。

虞别策书，梁分笔品。

【译文】虞舜将大臣的名字分别写在不同的简策上，梁元帝的笔分三品。

【解说】◎传说舜用玉简策记圣臣的名字，金简策记贤臣的名字，银简策写功臣、忠臣的名字，水晶简策记才臣的名字，其他大臣的名字都写在木简策上。 ◎南朝梁元帝还是湘东王时，非常好学，常常将忠臣义士和文章写得好的人记录下来，他用的笔分三品，分别用金、银装饰笔管和用斑竹做笔管。具备忠心和孝顺品格的人用金管笔记下来，德行清正纯洁的人用银管笔记下来，文章写得好的人用斑竹管笔记下来。

陆贽受茶，赵尝还葚。

【译文】陆贽只接受茶叶，赵轨曾经将桑葚还给别人。

【解说】◎唐代的陆贽十八岁就中了进士，当时寿州刺史张镒名气很大，陆贽去拜见他，两人交谈了三天，成了忘年交。陆贽离开时，张镒要送陆贽一百万钱，说是给陆贽母亲作一天的费用，陆贽推辞不要，只接受了一串茶饼，并说："先生给东西不敢不要。"　◎赵轨是北周时期的人，年轻时勤奋好学，行为检点。隋文帝做了皇帝后，他担任齐州别驾，才能出众，很有名气。曾经有一次，邻居家的桑葚落在他家院里，他叫人拾起来又送还邻居。他教育自己的子弟："我不是想用这个行动来博得什么名声。我的意思是，不是自己劳动所得东西，就不能占有。你们应该牢记这一点。"

贺革方床，温公圆枕。

【译文】贺革睡方形的床，司马光枕圆形的枕头。

【解说】◎南朝贺革年轻时，因为家里穷，靠种田为生，到了二十岁，才开始读书。他有一个六尺长方形的床，读书时有什么问题理解不透，就躺在上面，不想明白不起来吃饭。他后来做了国子学的博士。　◎司马光是宋代著名大臣，被封为温国公，所以又称司马温公。他曾用圆木做枕头，并称之为警枕，圆木容易滚动，睡觉时稍微一动，圆枕也会转动，他惊醒后就起来读书。

羹恕婢翻，酒宽奴饮。

【译文】宽恕婢女弄翻肉羹，饶恕奴仆偷喝酒。

【解说】◎汉代的刘宽，性格就像他的名字一样，十分宽厚。有一次他夫人要试试到底能不能让他发怒，就等他要出去赴宴会，穿戴好了以后，故意让一个婢女端着一碗肉羹，假装失手将肉羹全泼在他的礼服上，刘宽神色不变，慢慢说道："肉羹这下烂在你手里了。"　◎阳城是唐代人，他有一次让奴仆去买米，没想到奴仆把米都换酒喝了，醉醺醺地躺在路上。阳城左等右等不见奴仆回来，就和弟弟一起去找，发现奴仆躺在路边还没醒呢，于是将他背回家。奴仆醒了后十分内疚，要求阳城惩罚自己，阳城说："这么冷的天想喝酒是正常的，不怪你。"

秀欲攀稽，昉期倾沈。

【译文】向秀主动结交嵇康，任昉想压倒沈约。

【解说】◎向秀字可期，晋朝人，与嵇康关系很好。嵇康喜欢打铁，向秀就给他打下手，两人自得其乐，旁若无人。 ◎任昉、沈约都是南北朝时梁朝文学家，当时的人有句话叫"任笔沈诗"，意思是任昉的文章好，沈约的诗好。任昉对此很不服气，晚年作了很多诗，想压倒沈约。

二十七、感　韵

我君思陶，人爹歌憺。

【译文】"我君"是思念刘陶，"人爹"是歌颂萧憺。

【解说】◎刘陶是汉代顺阳的长官，顺阳县中有许多奸猾的不法分子，刘陶到任后，公开招募有力气、勇猛不怕死的人。剑客过晏等十几个人前来应召，刘陶先历数他们过去的罪过，告诫他们如果尽心尽力可以不追究，又让他们联络与自己关系好的年轻人，集中了几百人，于是开始惩办那些奸徒。奸徒虽然凶恶，但终究抵不过刘陶手下的这些人，个个束手就擒。后来刘陶因为生病免去官职，老百姓十分思念他，作歌唱道："怀着忧郁的心情，思念我们的刘君。什么时候您再来这里，安定我们百姓。" ◎萧憺（dàn）字僧达，齐和帝任命他为荆州刺史、安西将军，封他为始兴郡王。后来他被召回朝，荆州老百姓歌颂他："始兴王，人的爹，急人所急如水火，什么时候再来哺育我。"

春柳王恭，芳兰谢览。

【译文】王恭如春柳，谢览如芳兰。

【解说】◎晋代的王恭风姿优美，人们都很喜欢他，有人说他好像是春天的柳枝。　◎梁武帝平定建业以后，大臣王亮、王莹等几人上朝时只是作揖，而其他大臣都是叩拜。当时谢览只有二十多岁，官职是太子舍人，他也只向梁武帝作揖，仪态典雅，神采奕奕。梁武帝目送他离开后，对徐勉说："看到谢览，觉得他像兰草一样，清新宜人。"

武穆表心，思谦张胆。

【译文】岳武穆表达忠心，韦思谦放开胆量。

【解说】◎岳飞死后谥号武穆，所以又称岳武穆。宋高宗时，秦桧主张与金兵议和，但岳飞主张抗金，并且率领岳家军多次打败金兵。秦桧觉得，有岳飞在，自己的目的就不会得逞，于是指使万俟卨（mò qí xiè）、罗汝楫、张俊等人陷害岳飞。当逮捕岳飞的使者到达时，岳飞说："对着天地，我可以表白我的忠心。"开始时，秦桧命令御史中丞何铸审理岳飞的案子，在堂上，岳飞向何铸展示了刺在背上的"精忠报国"四个大字，何铸经过仔细审理，宣布岳飞无罪。但秦桧必定要将岳飞置于死地才心安，又命万俟卨去审理，万俟卨审理两月，仍然找不到任何岳飞要谋反的证据，无法罗织罪名，到年底还没能结案，于是秦桧下令将岳飞秘密处死。　◎韦思谦是唐代人，担任监察御史。他常说："作为御史，出去时不能让别人害怕，那就不能算称职。"中书令褚遂良买地不按价付钱，被思谦弹劾，结果贬官为同州刺史。后来褚遂良做了宰相，就把思谦贬成清水县令，有人为思谦抱不平，思谦说:"我的性格直率,碰到机会就会爆发,没有工夫考虑自己。大丈夫处在这个位置上,就要心明眼亮、放开胆量,以报答皇上,怎么能只想着保全妻子儿女呢?"

迁哲或忘,子仪但领。

【译文】李迁哲不记得有些儿孙的名字,郭子仪糊涂地接受儿孙的问安。

【解说】◎北周的李迁哲十分善于谋划,被封为安康郡公。他十分奢侈,有妻妾近百个,子女有六十九个,在汉中千里以内都有他的住宅,有子女的妻妾分别住在这些房子里,而且都有自己的奴仆婢女。李迁哲平时往来其中,子孙们参见他时,他有时甚至不知道子孙的名字,要拿本子去察看。 ◎唐代的郭子仪活到八十五岁,有八个儿子,七个女婿,都在朝廷中做官,孙子有几十个,他只认得一部分,碰到孙子们向自己问安,他只是稀里糊涂地接受而已。

刘殷掘篱,李母闭坎。

【译文】刘殷挖篱笆,李母埋钱。

【解说】◎刘殷是晋朝人,非常孝顺。有天晚上他梦见有人告诉他:"西边篱笆墙下面有小米。"梦醒以后,在那地方挖下去,果然有十五钟(一钟等于六十四斗)小米,盛米的容器上还刻着字:"七年粟百石,以赐孝子刘殷。" ◎唐代李景让的母亲郑氏治家非常严谨,平时以身作则教育子女。早年她家贫穷时,修墙时挖出很多钱,仆人来报告她,她说:"一个人如果不勤劳吃俸禄,只会有灾祸,何况凭空得到的东西。"她叫人把钱再埋上。坎,指挖的坑。

　　士载裹毡，重师沃毯。

【译文】邓士载身裹毡子，王重师用水浇毯子。

【解说】◎邓艾字士载，三国时魏国人。景元四年，他率领军队攻打蜀国，为了出奇制胜，他率领部队穿过七百里无人地区，逢山开道，遇水架桥。到了后来，因为运输供应不上，粮食快要吃完了，加上山势险峻，部队不愿再往前，为了鼓励士气，邓艾将自己用毛毡裹起来，从山上滚了下去，其他将士都奋力前进，先到了江由，斩了蜀将诸葛瞻和尚书张遵，此后一路打到蜀国都城成都，俘虏了蜀主刘禅，灭了蜀国。　◎王重师是五代时后梁人，勇猛善战，威震敌胆，凭功劳做了颍州刺史。后梁太祖朱温攻濮州，城已经攻破，但濮州守军在城内放火烧城，梁兵没法进城。当时王重师因为受伤正在养伤，听到消息强撑伤体，命令将军中的毡毯都集中起来浇上水，盖在火上，自己率精兵拿着短兵器，突进城里，其他梁兵随着进城，终于攻下濮州。

二十八、琰　韵

　　妩媚魏徵，风流王俭。

【译文】魏徵妩媚可亲，王俭风流。

【解说】◎魏徵屡次向唐太宗提意见。有一次太宗在丹霄楼宴请大臣们，席上，太宗问长孙无忌："魏徵每次向我进谏，我如果没接受，我再说话时他也不立即回答我，为什么？"魏徵说："我是认为事情有不妥当的地方才向您进谏，您不接受，我要是答应您的话，恐怕事情会被立即实行。"太宗说："先答应，以后再说嘛。"魏徵说："过去帝舜告诫他的大臣，不要当面答应，背后乱说。"太宗听了大笑着说："别人都说魏徵傲慢无礼，我看他的言行倒是妩媚可亲。"魏徵施礼说道：
"是陛下引导我，我才敢这样。"　◎南朝齐的时候，王俭曾经对人说：
"江南的风流宰相只有谢安。"意思是要拿自己与谢安相比。

藏丝山涛，还麦范冉。

【译文】山涛将丝封藏起来，范冉将麦还给邻居。

【解说】◎袁毅是晋朝的鬲县县令，是个典型的贪官，他贿赂公卿大臣
以博取好名声，对山涛他也送了一百斤丝。山涛不愿接受，但又不愿
意表现出与众不同，就把这些丝封存在自家阁楼上。后来袁毅的事情
败露，凡是曾接受贿赂的官员都受到了询问检查，山涛这才将丝拿出
来给检查的官吏，那丝上面已积了厚厚的一层灰，原来的封印完好无
损。　◎汉代的范冉在失去官职以后，与妻子儿女回到家乡，靠拾麦
为生。有一次他儿子拾了五斛麦子，邻居尹台又给了他一斛，并告诉
他不要让父亲知道。但范冉后来还是知道了，他让儿子把六斛麦子全
还给邻居，说是麦子已杂在一起了。

曹刘室堂，李杜光焰。

【译文】刘桢升堂，曹植入室；李白、杜甫有万丈光焰。

【解说】◎曹植字子建，是曹操的第三个儿子。他的诗歌创作代表着建
安文学的最高成就。刘桢字公干，属"建安七子"之一。钟嵘在《诗
品》中评论说：曹植的诗的本源出于《诗经·国风》，风骨特别高，文
辞华丽，情感活泼而又庄重，无论是形式还是内容都属上乘，在他那
个时代成就最高。如果用在房间的位置来比喻，那么刘桢刚进正厅，
曹植已进入内室，其他像张协、陆机、潘岳等人只是到了厢房走廊之
间。　◎韩愈在诗歌方面非常推崇李白和杜甫，他说："李杜文章在，
光焰万丈长。"

宋夺虬袍，王抽宪簟。

【译文】宋之问夺了东方虬的袍子，王摛抽走何宪的席子。

【解说】◎宋之问是唐代诗人。有一次他与其他文学侍臣一起陪武则天游览洛阳龙门，武则天让他们作诗，左史东方虬第一个作好，武则天赐给他一件锦袍。接着宋之问也献上了自己的作品，武则天看后称赞不已，又把袍子从东方虬手里要过来，赐给了宋之问。　◎南朝齐的尚书令王俭曾集中有才学的人士，将故事分门别类排列在一起。有一次他让宾客们比赛，看谁将一类事情写得最多，优胜者有赏。结果何宪写得最多，王俭赏给他五花竹席和白团扇，何宪非常得意。王摛（chī）来得晚，王俭把何宪写的给他看了，问他："你能超过他吗？"王摛拿起笔来很快写成一篇，文辞优美，道理深奥，赢得满座客人的赞赏，王摛于是让人把竹席抽出来，扇子也要过来，扬长而去。簟（dān），竹席。

射枣东方，进瓜崇俨。

【译文】东方朔猜枣谜，明崇俨献瓜。

【解说】◎汉武帝时，皇家园林上林进献枣子，武帝用手杖敲打未央殿的门槛，呼叫东方朔说："叱来叱来，先生知道这筐中是什么东西吗？"东方朔说："上林献的枣子，共四十九枚。"武帝说："你怎么知道？"东方明回答："呼唤我的是皇'上'；用手杖敲门，两木相碰，合起来是'林'；叱来叱来，两个来叠起来像'棘（枣的繁体）'；叱叱（音近七七），意思是'四十九'。所以知道陛下让我猜的哑谜谜底就是，上林献枣，共四十九枚。"武帝听完，高兴地大笑，赐给东方朔十匹帛表示奖励。射，有所指的意思，这里指猜谜。　◎明崇俨是唐代人，小时候随着父亲在安喜，跟一个小官吏学会了召鬼神的法术。唐高宗后来听说了，就把他请去。夏天，高宗想弄些雪，崇俨一会儿竟将雪取

来了。四月份，高宗又想吃瓜，崇俨要了一百钱，一会儿将瓜弄来献上，说是从姓缑的老人的瓜园中买来的。高宗把老人召来询问，老人说："原来埋的瓜少了一个，在埋瓜的地方多了一百钱。"

余公六箴，扬子三检。

【译文】余襄公的六字箴言，扬雄的三种限度。

【解说】◎余襄公指宋代的余靖，他有做官的六字箴言：清，公，勤，明，和，慎。 ◎扬雄在《法言》中说，天下有三种限度：一般人以家作为限度，贤能的人用国作为限度，圣明的人用整个天下作为限度。

二十九、蒹　韵

铎邑垒增，膑军灶减。

【译文】尹铎增修城垒，孙膑的军中减少锅灶。

【解说】◎赵简子让尹铎去管理晋阳，告诉他："一定要把原来军营的围墙毁了。我将要到晋阳去，如果看见了围墙，就好像看见当年荀寅与士吉射围攻我的情形。"（晋阳的营围是荀寅与士吉射围攻赵氏时筑的。）但尹铎去了以后，反而将围墙又增修了，赵简子到了晋阳，一看十分生气，坚持要将尹铎杀了他才肯进城，邮无正劝他说："尹铎曾经说过，想起危难就害怕，这是人之常情，如果加些泥土就可以作为军队的屏障，为什么不增修它呢？"赵简子听后转怒为喜，命令奖赏了尹铎。 ◎战国时期，孙膑与庞涓曾在一起学过兵法，后来庞涓到魏国当了将军，但他心中总觉得比不上孙膑，于是将孙膑骗到魏国，将孙膑的两条腿弄断关押起来。齐国使者出使魏国时，设计将孙膑救出带

到齐国，齐威王在向他询问了兵法问题后，立即任命他为军师。十五年后，魏国与赵国联合攻打韩国，韩国向齐国求救，齐国派田忌带兵前去救援，孙膑作为军师也在军中。齐军直接去攻打魏国都城大梁，迫使魏军从韩国回来救援，孙膑让齐军在进入魏国境内的第一天支起十万个锅灶，第二天减少一半，第三天减少到三万个，庞涓率领的魏军尾随齐军，连续三天见到锅灶不断减少，不禁大喜说道："我就知道齐军都是胆小鬼，进入我国境内不到三天，就跑了一大半人。"于是命令部队加紧追赶。孙膑估计魏军这天晚上会到马陵道，而马陵道十分狭窄，道两旁没法行走，于是选了一棵大树，削去树皮，写上"庞涓死在这棵树下"。又让上万个神射手埋伏在道的两旁，让他们见了火就射箭。晚上，庞涓率部队果然来了，到了那棵大树下，见到有白字，于是点火把去看，齐军看到火光，万箭齐射，魏军事出不意，阵脚大乱，庞涓一见大势已去，就自杀了。

靴留崔戎，绔颂廉范。

【译文】拿走靴子以挽留崔戎，歌唱裤子是称颂廉范。

【解说】◎崔戎是唐朝人，担任华州刺史。离任时，老百姓拥在道上挽留他，实在走不掉，他只好暂时停留在驿站里，老百姓跟进驿站，将他的靴子拿走，崔戎只好半夜里悄悄骑马离开，老百姓追赶不上，只好作罢。　◎廉范字叔度，汉代建初年间，担任蜀郡太守。成都这个地方，物产丰富，商业发达，房屋连成片，过去的制度禁止老百姓夜里干活以防止火灾，但老百姓还是偷偷地干，结果火灾经常发生。廉范到任以后，取消原来的规定，只是严格规定要储存水，老百姓感到十分方便，作歌唱道："廉叔度，为什么来得这么晚，不禁火，老百姓可以安心干活，原来连件短袄也没有，现在却有了五条裤子。"绔（kù），通"裤"。

王慢郗愔，谢调袁湛。

【译文】 王氏兄弟对郗愔很无礼，谢氏父子戏弄袁湛。

【解说】 ◎王子敬兄弟平时见郗愔（xī yīn）都是轻手轻脚，恭敬地问安。后来他的儿子郗超死了，王氏兄弟的态度顿时改变，去见郗愔穿着高跟鞋，态度傲慢无礼。郗愔感慨地说："假如郗超没死，这几个鼠辈怎敢这样。"子敬是王献之的字，是郗愔的外甥辈。　　◎晋朝的谢绚曾有一次戏弄他的舅舅袁湛，袁湛觉得无法忍受，就对他说："你父亲那一辈就看不起舅舅（谢绚的父亲谢重与他舅舅关系也不好），今天你又来戏弄我。没有一点外甥与舅舅的情义。"

禽息触楣，朱云攀槛。

【译文】 禽息撞门框，朱云将门槛拉断。

【解说】 ◎禽息是秦国大夫，他向秦穆公推荐百里奚，穆公不听，他出门对着门框撞去，头被撞碎死去。秦穆公十分痛心，就起用了百里奚，将秦国治理得强大起来。　　◎汉成帝时，丞相安昌侯张禹受到成帝的特别的尊敬和重用。朱云上书请求成帝接见，在殿上他当着公卿大臣的面说："现在朝廷的大臣，上不能帮助君主，下不能有益百姓，都是碌碌无为白吃饭的人。我请皇上赐给我一把尚方宝剑，斩下一个奸臣的头，以便警告其他人。"成帝问他要斩谁，他回答是安昌侯张禹，成帝一听大怒，说道："你作为下级竟敢公开在朝廷上诽谤侮辱上级，实在该死。"御史上前要把朱云拉下殿，朱云攀住门槛不放手，结果将门槛都拉断了，但最终还是被御史拉走了。这时左将军辛庆忌摘下官帽，解下官印，在殿下叩头直到头流鲜血，要求成帝饶恕朱云。成帝平静下来后，饶恕了朱云。后来工匠要修门槛，成帝让其保留原样，作为对耿直的大臣的表彰。

拜靳王祥，揖崇汲黯。

【译文】王祥不愿下拜，汲黯认为作揖是应该的。

【解说】◎王祥是晋朝初年人，担任司空，被封为睢陵侯。司马炎做了晋王后，王祥与荀颛去拜谒，荀颛说："对晋王要尊重，见到他应该下拜。"王祥说："晋王作为魏国的宰相确实尊贵，但我们是魏国的三公，与他只差一级官阶，在礼节上没有下拜的道理。君子应该处处以礼作为标准。"入见以后，荀颛跪拜，王祥只是作揖。司马炎说："今天才知道先生为什么受重用了。"靳（jìn），吝惜，引申为不愿之意。 ◎汉武帝时，大将军卫青受到宠信，但汲黯对他的态度仍然是不卑不亢。别人对汲黯说："大将军这样尊贵，你不能不对他下拜。"汲黯说："难道大将军有个对他作揖的客人，就变得不尊贵了吗？"卫青听说，更加尊敬汲黯了。

学府傅昭，智囊桓范。

【译文】傅昭被称为学府，桓范号称智囊。

【解说】◎傅昭是南朝梁代人，知识渊博，通晓古今的事情，尤其是对前代和当时的人物，更是了如指掌，所以人称他学府。 ◎三国时，魏景初二年，司马懿与曹爽受魏明帝遗诏委托辅佐幼小的皇帝。曹爽大权在手，十分专横，兄弟二人都指挥皇家禁军，同时任用亲信。司马懿内心虽然不满曹爽的做法，但因为时机不成熟，所以装病不过问政事。嘉平元年春天，皇帝去拜祭高平陵，曹爽兄弟率领禁军跟随，司马懿一看时机已到，于是要求永宁皇太后废除曹爽兄弟，当时司马师带兵守住司马门，司马懿带兵守在皇宫中。大司农桓范这时出了皇宫去投奔曹爽，蒋济报告司马懿说："智囊走了。"司马懿说："曹爽与桓范，平时关系疏远，同时智力相差比较远，曹爽是不会听从他的建议的。"

卷 四

一、送　韵

文王卜田，黄帝占梦。

【译文】文王占卜打猎，黄帝解释梦境。

【解说】◎周文王将去狩猎，找占卜的人预测一下收获。占卜的人说："如果在渭河的北面打猎，将有重要收获，不是龙不是豹，不是虎不是熊。这一卦说大王要得到一位公侯，是上天派来的老师。"周文王就郑重其事，斋戒了三天，然后乘车去渭河的北面，结果看见姜太公在那里钓鱼，就把他请上车一起回去，拜他当老师。　◎黄帝一次梦见一阵大风把天下的尘土都吹走了，又梦见一个人拿着千钧的弓箭，赶着上万头羊。黄帝醒了之后，说："风代表执政的人，风把尘土吹去之后露出了后土（上古把土地称为后），难道是有一个叫风后的人可以执政吗？能拉得开千钧之弓，这是力大无穷的人，赶着上万的羊，是善于放牧，难道有一个叫力牧的人善于治理百姓吗？"于是依照这两个梦的意思去寻找，结果在海边找到了风后，任命他为宰相；在大湖中找到了力牧，任命他为大将。

骑羊葛由，乘鹿韩众。

【译文】仙人葛由骑着羊，神仙韩众坐着鹿车。

【解说】◎葛由是传说中的仙人，在周成王时代，他常用木头刻成木羊，到市上去卖，后来就骑着羊去了四川。四川有很多人跟着他上了绥山，全都成了仙。　◎韩众是汉代人刘根见到的神仙。传说刘根在嵩山学道，看见一人乘坐白鹿拉的车，后面跟随着仙童仙女，自称叫韩众。他认为刘根有仙骨，就教给他修炼成仙的方法，刘根照着他的方法去做，果然成了神仙。

仓舒校船，君实击瓮。

【译文】曹冲用船称大象，司马光砸缸救小孩。

【解说】◎三国时曹冲字仓舒，小时候就很聪明，五六岁的时候思考问题就比得上大人。一次孙权送给曹操一头大象，曹操想知道它有多重，但手下人都想不出称量的办法。曹冲说："把大象放在船中，把水痕刻在船上，然后把称好重量的东西放到船上，对照一下水痕就可以知道了。"曹操非常高兴，果然用这个办法称出了象的重量。　◎宋代司马光字君实，他七岁时和小朋友在院子里玩，一个小孩爬到水缸上，不慎掉进水里，大家吓慌了，全都跑了。只有司马光非常镇静，用石头打破了缸，让水流出来救了小朋友。瓮（wèng），大水缸。

代公丝牵，唐帝屏中。

【译文】郭代公姻缘一线牵，唐高祖射中孔雀屏。

【解说】◎唐代郭元振被封为代国公。他年轻时，英俊潇洒，富有才华，宰相张嘉贞看中他，想把女儿嫁给他。郭元振说："听说您有五个女儿，不知道哪一个长得丑，这事得慢慢商量。"张嘉贞说："我五个女儿都很漂亮，就是不知道谁和你是天生一对。我想让她们每人拿一根丝线，你在帐子外面牵一根，牵着的就嫁给你。"郭元振欣然同意，就牵了一根红丝线，结果是老三，非常漂亮。　◎唐高祖李渊的皇后窦氏，未出嫁时才貌双全，她的父亲非常喜爱，说："我的女儿不能随便嫁人。"就在屏风上画了两只孔雀，来求婚的人都要射两箭，同时暗中打定主意，谁要是射中眼睛就把女儿嫁给他。射过的人有好几十个，都不符合条件，唐高祖最后来，两支箭射中了两只眼睛，窦父就把女儿嫁给了他。

岐路朱伤，穷途籍恸。

【译文】杨朱因为岔路口悲伤，阮籍为路走到尽头痛哭。

【解说】◎杨朱是古代思想家，他遇到岔路就伤心落泪，因为有岔路的地方，总使人难以知道正确的方向。　◎晋代阮籍经常不看路，由车随意走。路走到尽头，再无路可走，他就感到十分悲伤。

轼字换羊，洎文造凤。

【译文】苏轼的字可以换羊肉，韩洎写文章像造五凤楼。

【解说】◎北宋文学家苏轼同时又是宋代四大书法家之一，他的作品很受人们喜爱。与他同时的韩宗儒喜欢吃肉，每次得到苏轼的墨迹就拿到一个大将姚麟那里换十几斤羊肉。一天苏轼的公务很多，忙得不可开交，韩宗儒写了好几封信送来，希望苏轼给他回信，还派了人在院子里催促，苏轼笑着对那人说："回去告诉你们大人，今天肉铺不开张。"　◎韩浦、韩洎（jì）兄弟二人都善于写文章，韩洎看不起韩浦，说："你的文章就好像用草绳捆扎一个茅棚，只能用它来挡挡风雨。我才是造五凤楼的高手。"韩浦听了，就给他寄来一些四川出产的漂亮稿纸，并题诗一首说："十样蛮笺出益州，寄来新自浣溪头。老兄得此全无用，助尔添修五凤楼。"

堂环牛溪，馆复鹿洞。

【译文】王通的讲堂被白牛溪环绕，朱熹重建白鹿洞书院。

【解说】◎王通是隋代哲学家，在家乡收徒讲学，学堂就建在白牛溪旁。　◎白鹿洞书院在庐山，初建于唐代，至宋代已经毁掉。宋代朱熹在南康军做官时，寻找到书院的旧址，重新建了起来。

豆䃺孝忠，齑盐亨仲。

【译文】张孝忠吃磨碎的豆子，郑亨仲每天不忘咸菜。

【解说】◎唐代张孝忠在河北做官，当地闹蝗灾，百姓饿死很多，张孝忠和他的手下也粗茶淡饭，每天只吃磨碎的豆子。䃺（chǎi），磨碎的豆子。　◎宋代郑刚中字亨仲，他生活俭朴，每天拿出几十个钱挂在墙上，每次买葱姜调料等只准用一两个钱，说："我一生贫苦，晚年才做了官，稍稍放松一点，就有可能出问题。现在用这个办法，就是要记住过去吃咸菜的味道。"齑（jī），切碎的咸菜。

贞白笙听，渊明琴弄。

【译文】陶贞白喜欢听笙，陶渊明喜欢弹琴。

【解说】◎陶贞白就是晋代隐士陶弘景。他在山中建了一座三层楼，自己住在三楼上，学生们住在中层，有客人就住在楼下，不和外界接触，只在楼上听人吹笙。　◎陶渊明是晋代大诗人，名叫陶潜，喜欢饮酒。他不懂音乐，却有一张琴，琴上面也不安装琴弦。每逢喝酒喝高兴了，就去弹上一会儿抒发感情，说："只要理解琴表达的感情，何须听到琴的声音呢？"

官妓拂尘，宫嫔呵冻。

【译文】官妓为魏野的诗拂尘，宫嫔为李白的笔呵气解冻。

【解说】◎宋代魏野和寇准在陕西一座庙里游览，都在墙上题了诗。后来二人又一次同游，寇准的诗已经用碧纱笼罩了起来，而魏野因为没做官，诗没人理，上面盖满了灰尘。当时跟他们一起去的官妓十分聪明，就用袖子把灰扫掉。魏野又吟了两句诗说："若得常将红袖拂，也应胜似碧纱笼。"说得寇准大笑起来。　◎李白为唐明皇起草诏书，当时正值严寒，笔冻了没法写字，皇帝就让十个宫女在李白的旁边拿着笔呵气，让笔解冻，以便他能够写下去。

二、宋　韵

龙腹邴原，凤雏庞统。

【译文】邴原被称为龙腹，庞统被称为凤雏。

【解说】◎三国时华歆、邴原、管宁三人在一起学习，交情很好，当时的人们把他们三人比为一条龙，说华歆是龙头，邴原是龙腹，管宁是龙尾。　◎司马徽对刘备说："了解天下形势的俊杰，有两人，一个是被称为卧龙的诸葛亮，一个是被称为凤雏的庞统。"

便金嘲秦，宝石笑宋。

【译文】秦国排泄金子的牛受到嘲笑，宋国人的宝石被人笑话。

【解说】◎过去四川与中原隔绝，交通不便，秦国想占领蜀国却无路可以进兵，就想出一个办法，在五头牛的屁股里塞上金子，把假装会拉出金子的牛送给蜀王，并派百名士兵饲养。蜀王非常高兴，就派了五

个大力士五丁开了一条路，把牛送到成都。到了之后，牛并不会拉出
金子，蜀国人一生气又把牛送回去了，说："什么宝牛，你们秦国人不
过是放牛娃罢了。"秦国人笑着说："就算是放牛娃吧，不过早晚要灭
掉蜀国。"　　◎宋国有一个蠢人，得到了北方燕国一块普通石头，认
为是稀世珍宝，珍藏起来。周朝一个人听到了，就去观赏，主人郑重
其事，斋戒了七天，换上礼服，用牛羊祭祀了一番，打开十几重皮箱，
又解开十几重包袱，才拿出宝石来。客人一看原来是普通的燕石，就
忍不住笑了，说："这是燕石，和砖头瓦块的价值也差不多。"主人非
常生气，说："你这是小人之心，想谋取我的宝物。"这以后，主人把
石头藏得更严实了。

皇甫请租，文强公俸。

【译文】皇甫嵩请免田租，黄文强把俸禄公用。

【解说】◎东汉皇甫嵩担任冀州牧。平定了黄巾起义之后，地方经过战
乱，民不聊生，皇甫嵩就奏请截留一年田租，赈济饥民。老百姓歌唱
道："天下大乱啊城市变成废墟，母亲保护不了子女啊妻子失去丈夫，
多亏了皇甫啊才又得安居。"田租，农民应该上缴朝廷的粮食。　　◎文
强是东汉魏郡太守黄香的字。黄香担任太守时，发生了水灾，他就把
自己的俸禄和受到的赏赐拿出来救济灾民，于是有钱的人都出钱出粮
帮助救荒，没有人被饿死。

柳絮谢吟，椒花陈颂。

【译文】谢道韫用柳絮比雪花，陈氏写作《椒花颂》。

【解说】◎晋代谢安在家中看到下了大雪，就问孩子们雪像什么，他的
儿子谢朗说："有些像在空中撒盐。"他的侄女谢道韫说："不如比作柳
絮因风飘起。"他听了很欣赏。　　◎晋代刘臻的妻子陈氏会写诗，曾经

在元旦写了一首《椒花颂》，献给皇后。

次公醒狂，遥集酣纵。

【译文】盖次公清醒也发狂，阮遥集喝酒就放纵。

【解说】◎汉代盖宽饶字次公，担任司隶校尉，不巴结权贵。一个大官许伯搬了新家，丞相等人都去祝贺，盖宽饶不去。后来许伯请他，他才去，许伯请他落座斟酒，他说："不要给我太多酒，我一喝酒就发狂。"旁边坐着的丞相魏相笑着说："盖先生清醒的时候就很狂，何必等到喝酒呢？" ◎遥集是晋代阮孚的字。阮孚做过很多官，都不把公务放在心上，每天都在不停地喝酒，常因喝酒做出不该做的事来，而皇帝每次都能原谅他。

日下荀矜，斗南狄重。

【译文】日下荀鸣鹤很自负，斗南狄仁杰受尊重。

【解说】◎荀鸣鹤的名字叫荀隐，是晋代很有名的人。一次他在别人家碰到另一个名人陆云，二人互相不认识，主人说："你们都有大才，互相谈谈，别落俗套。"陆云就自我介绍说："云间陆士龙。"士龙是陆云的字，云间是他的家乡华亭的别称，云又是他的名字。荀隐回答说："日下荀鸣鹤。"日下是他的家乡金陵的别称，日字又是他姓氏荀字的一个部分。在座的人都赞叹他们的才华。矜（jīn），自尊自大，自负。 ◎狄仁杰是唐代名相，他年轻时被任命为并州的法曹参军。他的同事郑崇质被派出使外国，而郑母年老多病，狄仁杰说："怎么能让老人为万里之外的儿子担心呢？"就去找长史蔺仁基请求让自己代替他去。蔺仁基很赞赏他的义气。当时蔺仁基正和司马李孝廉闹意见，看了狄仁杰的做法，都为自己惭愧，二人也就和好如初了。蔺仁基常说："狄仁杰是北斗星以南再也找不出第二个的好人。"

三、绛　韵

太祖戚持，平公琴撞。

【译文】宋太祖拿玉戚打人，晋平公被琴撞了。

【解说】◎宋太祖在花园中放鹰打猎，雷德让来汇报案情，太祖让他等着。雷德让说："陛下把玩鹰当成急事，把审理案件当成平常的事，我不明白。"太祖大怒，就用手中拿的玉戚打过去，打落了他的两颗门牙。雷德让把牙拾起来，系在衣带上。皇帝问："你留着它是等着告我吗？"他说："臣怎么敢告陛下，这事自有史官给记着。"宋太祖悔悟了，赏给他很多东西。戚（qī），一种像斧子的古代兵器。　◎晋平公和大臣们喝酒，喝得痛快了，就感叹说："没有比做君王再快乐的了，说出话来谁也不敢违抗。"他的盲琴师师旷坐在旁边，听见这话，就拿琴撞了过去，平公慌忙躲闪，琴撞在墙上碎了。平公问："你撞谁呀？"师旷说："刚才有小人在那里说话，撞的是他。"平公说："那是我说的。"师旷说："那不是一个君主应该说的话。"底下的人要杀掉帅旷，晋平公说："放了他，是我的过错。"

绛侯少文，汲黯甚戆。

【译文】绛侯周勃没有文化，汲黯太戆直。

【解说】◎汉高祖刘邦临死的时候，吕后问他："陛下百年之后，如果相国萧何死了，谁可以代替他？"刘邦说："曹参可以。曹参之后王陵可以，但要陈平帮助他。周勃为人忠厚没多少文化，然而安定刘氏江山的，一定是周勃，可以叫他做掌兵的太尉。"后来周勃平定了诸吕，巩固了汉朝，被封为绛侯。绛（jiàng），在今山西。　◎汲黯在汉武帝时担任主爵都尉，敢于给皇帝提意见而不怕激怒皇帝。一次武帝说我要用仁义道德去治国了，汲黯回答说："陛下内心欲望太多，而想对外施行仁义，只怕是学不来尧舜吧？"武帝听了，气得脸上变色，拔腿走了，大臣们都替汲黯担心。武帝后来对人说："汲黯这个人也太戆直了。"戆（zhuàng），憨厚而刚直。

王母使来，木公童降。

【译文】西王母的使者来了，木公的仙童降临。

【解说】◎汉武帝在承华殿，忽然看见一个女孩，穿着青衣服，美丽非常，来到眼前。武帝很惊奇，那女子说："我是仙女王子登，作为西王母的使者，从昆仑山上来，报告西王母要在七月七日来一趟。"说完以后就不见了。　◎木公也叫东王公，是一位天神。相传汉代初年，有一个小孩在道上唱道："着青裙，入天门。揖金母，拜木公。"人们都不知道他唱了些什么，只有张良倒身下拜，说："这是东王公身边的玉童下凡了。"

学喻百川，师方一巷。

【译文】用百条江河来比喻学习，用一条巷子来比方求师。

【解说】◎这两个比喻都是汉代杨雄在《法言》一书中说的。他说，一个人可贵的是，见到好的东西就去学，放弃原来不好的，就像江河学习大海，由于不断放弃原来的河道，终于流到海里成为海的一部分。而丘陵想学习高山却一成不变，所以成不了高山。他又说，学习最重要的是求师，这就像是一个只有一条巷子的小市场，市场虽小，但各种纠纷都会发生，就需要一个仲裁人。一卷书内容不多，但里面的难点很多，就需要个好老师。

强项董宣，刚肠李绛。

【译文】董宣的脖子硬，李绛的心肠刚直。

【解说】◎董宣在汉光武帝时担任洛阳县令，严于执法，不畏强暴。光武帝的姐姐湖阳公主的一个家奴杀了人，逃到公主家躲起来，执法人员抓不到他。公主出行的时候，让那个家奴坐在车中。董宣就拦住车马，大声批评公主的错误，把那人拉下车处决了。公主回到宫里就向皇帝告状，皇帝大怒，要治董宣的罪，董宣据理力争，皇帝又让他给公主叩头道歉，董宣不肯，皇帝就让人按着他的头，他硬撑着不肯弯脖子，光武帝最后说："你真是个良臣！"把他放了，还赏给他很多钱。 ◎李绛是唐代人，官职做到尚书左仆射。他非常正直，有很高威望，但疾恶如仇，被坏人们忌恨。人们说他连肠子都是硬的。

燕子张楼，乌衣王巷。

【译文】燕子楼是张家建的楼，乌衣巷是王家住的巷。

【解说】◎唐朝尚书张建封有一个歌女叫盼盼，能歌善舞，很受张建封的喜爱。张死了之后，盼盼怀念他，发誓不嫁，住在张家的一个小楼燕子楼上十几年。白居易知道了，就写了三首诗。诗传到盼盼那里，不久她就伤心而死。 ◎乌衣巷在金陵，是晋代大贵族王导、谢安等人居住的地方，一般人不能住在那里。但晋朝灭亡之后，经过战乱，乌衣巷已经成为一条普通的小巷了。很多诗人都为此感慨，最著名的要数杜牧的一首诗："朱雀桥边野草花，乌衣巷口夕阳斜。旧时王谢堂前燕，飞入寻常百姓家。"

四、置　韵

白欲问天，贺曾唾地。

【译文】李白想与青天问答，李贺曾经向地上吐唾沫。

【解说】◎李白登上华山落雁峰，说："这个山峰最高，呼吸的气息想来能够到达天帝的面前，只恨没把谢朓的诗带来问一问青天。"李白非常喜欢谢朓的诗，所以这么说。　◎李贺也是唐代大诗人。有人去见他，看见他好长时间不说话，向地上吐了三口唾沫，然后两篇文章就完成了。

李泌赋棋，刘晏正字。

【译文】李泌阐述围棋的含义，刘晏担任正字官。

【解说】◎唐代李泌七岁就因为善于写文章出名。唐玄宗听说后，就把他叫到皇宫考考他。当时皇帝正和大臣张说看人下围棋，就让他说一说"方圆动静"。李泌问大概怎么说，张说说："方就像棋盘，圆就像棋子，动就像棋活，静就像棋死。"李泌听了，接着就回答说："方就像奉行正义，圆就像运用智慧，动就像施展才能，静就像称心如意。"皇帝听了，非常高兴。　◎唐朝刘晏，小时候就很有学问，被称为神童，十岁时就被唐玄宗任命为负责校对文字的正字官。一次杨贵妃把他抱在腿上，给他梳头搽粉，玄宗问他："你做正字官，正了几个字呀？"刘晏回答说："天下的字都正，只有'朋'字没正过来。"当时的朋字是斜着写的，而且人们都痛恨坏人结成的朋党，所以刘晏才这么说。

士龙闵奇，叔度荀异。

【译文】陆士龙使闵鸿惊奇，黄叔度使荀淑惊异。

【解说】◎士龙是晋代陆云的字。陆云小时候和哥哥陆机齐名，人称"二陆"。吴国的尚书闵鸿见了陆云，对他的才能很惊奇，说："这孩子如果不是小龙驹，也是小凤雏。"　◎叔度是汉代黄宪的字。黄宪的出身很贫贱，父亲是个给牛看病的兽医。一次，当时的名人荀淑在去慎阳的路上，在旅店中遇到了黄宪，黄宪只有十四岁，荀淑就觉得他不同一般，和他谈了一天，还不肯走，对他说："你是我的老师啊。"

顾和麒麟，徐勉骐骥。

【译文】顾和被称为麒麟，徐勉被称为骏马。

【解说】◎顾和是晋朝人，还是小孩子的时候，就有很高尚的品德。他的叔叔顾荣很看重他，说："这是我们家的麒麟，将来振兴我们顾家的，一定是这个孩子。"　◎南朝梁代的徐勉，六岁的时候，上天连降大雨，家里人祈求晴天，徐勉就写了一篇祈祷雨停的祭文，很受大人们称赞。长大以后，非常好学，有人感叹说："这就是人们所说的人中骐骥，将来一定能成为千里马。"骐骥（qí jì），骏马。

元卿痛心，曾母搤臂。

【译文】宗元卿心痛祖母，曾母搯胳膊召唤曾参。

【解说】◎南朝宗元卿父母双亡，由祖母养大，对祖母感情很深。祖母病了，宗元卿在远方就会感到心痛，小病就痛得轻，大病就痛得重。　◎曾参是孔子的学生，古代出名的孝子。一次他出去砍柴，有客人到他家里，看到他不在就想走，曾母说："等到曾参回来吧。"就用右手掐左臂，在野外的曾参立刻感到左臂疼，急忙跑了回来，问母亲的胳臂为什么疼，母亲说："今天有客人来了想走，我掐胳膊叫你。"
搋，同扼。

审言衙官，子美典吏。

【译文】杜审言想让屈原做衙官，杜子美本是天上文星的典吏。

【解说】◎唐代杜审言是杜甫的祖父，他因为很有才华，有时很骄傲，曾经对人说："我的文章，应该叫屈原宋玉做堂前站立的衙官；我的书法，应该叫王羲之北面拜服。"　◎相传杜甫十几岁时梦见一个仙童对他说："你本是天上文星手下的典吏，上天让你下凡，繁荣唐朝的文学。"

韩譬守株，贾方忌器。

【译文】韩非讲守株待兔的寓言，贾谊打投鼠忌器的比方。

【解说】◎《韩非子》中讲了一个寓言：宋国有一个农民，他的田里有棵树，一只兔子跑昏了头，一头撞在树上，撞折了脖子死了。农民拾到兔子非常高兴，就不再耕种，专门守在树下希望还能拾到死兔子。兔子一般不会再得到，那个人也被宋国人笑话。　◎贾谊是汉代政治家。他在一篇文章中打了一个比方：一只老鼠爬到一件容易打破的物品上面，就使人在打它时产生顾虑，恐怕打碎了物品。

司马柱题，子云缥弃。

【译文】司马相如在桥柱上题字，终子云扔掉了布条。

【解说】◎西汉司马相如去长安，路过成都升仙桥，就在桥柱上题了一行字"不乘驷马高车，不过此桥"，意思是说："大丈夫如果不做大官、乘坐四匹马拉的高车，就不再过这座桥。"　◎子云是汉代终军的字。他十八岁时到京城长安去向皇帝献计策，路过函谷关时，守关的人给他一根布条，作为通行证，好在回来的时候核对身份用。终军说："大丈夫去京城，最终不会无功而返的。"就把布条扔掉了。到了长安之后，汉武帝很重视他的建议，让他做了官，派他到东方巡视，他又路过函谷关，守关的人认出了他，说："这个官员就是以前扔掉通行布条的那个人啊。"繻（rú），布条。

系号偏师，颋称雄帅。

【译文】秦系号称诗歌界的偏师，苏颋被称为文坛元帅。

【解说】◎秦系是唐代诗人，安史之乱时隐居在福建，和著名诗人刘长卿互相写诗相赠。刘长卿善于写五言诗，自称是"五言长城"，天下无敌。同时代的权德舆认为秦系的诗可以和刘长卿的势均力敌，就称秦系是用偏师去攻刘长卿的长城。偏师，侧面进攻的部队。　◎唐代宰相张九龄经常看苏颋的文章，对同事说："苏颋的文章俊逸充实，难有对手，真是两军对阵时的威风的元帅啊。"

工有古风，崔知今事。

【译文】王仲舒有古人的文风，崔琳熟知当代的事物。

【解说】◎王仲舒是唐代人，曾经担任替皇帝起草文件的官员知制诰，后来因事被贬为地方官。唐穆宗当了皇帝，经常说王仲舒的文章最适合起草诰命诏书，有古人的文风，就又把他召了回来，继续做这项工作。　◎唐代崔琳和高仲舒同时担任宰相的属官，宰相宋璟很信任尊敬他们，经常和他们在一起商量事情，说："过去的事问高仲舒，现在的事问崔琳，还有什么解决不了的呢？"

五、未　韵

肆闭君平，庐过仲蔚。

【译文】严君平早早关店门，张仲蔚的房子在草丛中。

【解说】◎严遵字君平，是汉代隐士。他在成都给人算卦，每天得到百钱就关闭店门，在家写书。当地有个富人罗冲，送给严君平车马衣粮，严君平说："我钱财有余而你不足，怎么能让不足的人给有余的人送东西呢？"罗冲说："我有万贯家财，而你没有一斗一石，还说有余，这不是太荒谬了吗？"严君平说："我以前在你家过夜，发现别人都休息了，你的账还没算完，忙忙碌碌没见你有满足的时候。现在我靠算卦为生，不用下床，钱就送上门来了，除去日用还能剩几百个钱，这不是我有余你不足吗？"罗冲听了，很惭愧。肆，店铺。　◎张仲蔚是汉代隐士，他闭门不出，门前的草长到一人多高。后人就用仲蔚草庐作为隐士的住所的代名词。

弘量服裴，可人信费。

【译文】人们佩服裴度的度量大，费祎确实是讨人喜欢的人。

【解说】◎唐代宰相裴度在官府里时，手下人忽然来报告说官印不见了。周围的人都大惊失色，裴度却命令设宴奏乐，尽情欢乐。别人不明白他的用意，私下里都感到奇怪。酒喝到半夜，手下人又报告官印还在那里，裴度也不回答，一直喝到大家尽欢而散。有人问他为什么这样做，裴度回答说："官印不见了，是有人偷出去私自加盖文书。如果不急，还能送回来，如果太着急，当事人因害怕会把它扔掉，就再也找不回来了。"当时的人都佩服他的度量大，能够遇事不惊，冷静处理。　◎三国时蜀国大将军费祎（yī），带兵抵抗魏国的入侵。临出征时，来敏去给他送行，要求和他下棋，当时军情紧急，各种文书情报频繁送来，费祎和来敏仍然能够一心一意下棋，不受干扰。来敏说："我刚才是想试试你，你果然是让人喜欢的人，这次一定能取得胜利。"

咸掌卧蛇，温须磔猬。

【译文】傅咸的掌纹像蛇，桓温的胡须像刺猬。

【解说】◎傅咸是晋代文学家，他的手掌上有像蛇一样的纹，相面的人说这是善于写文章的象征。　◎晋代大将军桓温长相很雄伟，有人形容他的胡须像刺猬的毛一样直立着。磔（zhé），笔画中的捺笔，形容向外伸着的胡须。

排渡击羌，罂浮袭魏。

【译文】邓训乘木排渡江进攻羌人，韩信用瓦罐渡江袭击魏军。

【解说】◎东汉章和年间，西域羌族人侵犯中原，邓训奉命抗敌，他率领六千人来到湟水，用羊皮制成皮筏子，系在木排上渡河，出敌不意，大获全胜。　◎韩信进攻背叛汉国、投靠楚国的魏国，在临晋设置舟船假装渡河，用来迷惑敌人，而暗中在夏阳，用木排上面系着大的空罐子作为工具渡过了黄河，灭掉了魏，俘虏了魏王。罂（yīng），瓦罐。

子野深情，徽之爽气。

【译文】桓子野感情丰富，王徽之欣赏清爽的气息。

【解说】◎晋代桓伊小名野王，因此人们又叫他桓子野。他感情丰富，每当听到有人引吭高歌，就发出叹息。谢安听说了，说："子野可以说是一往情深的人啊。"　◎晋代王徽之在桓冲手下担任参谋。一次桓冲对他说："你在这里很久了，也应该办些公事了。"王徽之也不回答，凝视着远方，用手支着下巴说："早晨的西山，吹来一股清爽的气息。"

灵夏仲淹，天山仁贵。

【译文】范仲淹镇守灵夏，薛仁贵平定天山。

【解说】◎宋代名臣范仲淹镇守与西夏交界的灵州和夏州（即今天的宁夏地区），他挑选精兵强将，日夜训练，养精蓄锐，严阵以待，西夏人很怕他，互相告诫说："不要打那个地方的主意，范仲淹的肚子里有几万大军，不像别人好欺负。" ◎唐代薛仁贵镇守西北，临走时，皇帝对他说："听说古代善于射箭的人能一箭穿透七张薄木片，你试着射射五层甲。"薛仁贵拿起弓箭，一箭就全穿透了。皇帝大喜，就命令他带兵出征。到了前线，薛仁贵连发三箭，射中了三个冲在最前面的敌人，剩下的人魂飞胆丧，全都投降了。薛仁贵得胜还朝，战士们唱道："将军三箭定天山，壮士长歌入汉关。"

刘论史才，李品书味。

【译文】刘知几论史学家应有的素质，李淑品评书的味道。

【解说】◎刘知几是唐代学者，著有史学理论著作《史通》。有人问他自古以来为什么文学家多，史学家少，他说："写历史的人应该有才华，有学问，有头脑。世上少有这三种素质都具备的人，所以史学家少。" ◎宋代学者李淑在他的著作《邯郸书目》中说："如果用食品的味道来把书的味道分一下，《诗经》《尚书》等儒家经典像是最高级的大菜，史书像是鱼肉，诸子百家的学说像是调料。"

明帝馆兴，谢公墅乞。

【译文】魏明帝为舅母兴建渭阳馆，谢安求外甥为他赢来别墅。

【解说】◎魏明帝为他的舅母建了一座房子，命名为"渭阳馆"。 ◎谢安是晋代丞相，前秦苻坚带领百万大军进攻晋朝，谢安被任命为大都督，率领侄子谢玄等前去破敌。当时敌人兵临淝水，举国上下一片惊慌。谢玄去问对策，谢安非常平静地说："已经有命令了。"谢玄不敢再问，就让张玄去问。谢安下令坐车外出，去了别墅，亲朋好友都在那里，和张玄下围棋，用别墅赌输赢。谢安的棋本来不如张玄，这次因为张玄心里害怕，打了个平手，最后还是输给了谢安。谢安就回头对外甥羊昙说："别墅给你啦。"意思是让羊昙替他下棋。然后他就出去散步，到晚上才回来，指挥各路兵马，布置任务。这一仗，谢玄等人以少胜多，大破秦军，是历史上有名的"淝水之战"。

白马将军，赤牛中尉。

【译文】庞德被称为白马将军，元仲景被称为赤牛中尉。

【解说】◎三国时魏国大将庞德和蜀国大将关羽交战，一箭射中关羽的额头。由于他常骑一匹白马，关羽的兵士都叫他"白马将军"。 ◎北魏元仲景担任御史中尉，将京城治理得非常安定。他上朝总愿意驾着一辆红牛拉的车，人们都称他是"赤牛中尉"。

仁裕涤肠，景秀洗胃。

【译文】王仁裕梦中洗肠胃，竺景秀发誓改过自新。

【解说】◎王仁裕是五代人，他年轻时不喜欢读书，每天骑马射箭。二十五岁时才发愤读书，很快就因为文章写得好出了名。他喜欢写诗，曾经梦到剖开肠胃，用西江水洗涤，回头看见河中的沙石，上面的花纹都是篆字。从此他的文章写得更好了。 ◎南朝齐竺景秀犯了错被关押起来，荀伯玉去看他，对他严肃批评，竺景秀说："如果给我改过自新的机会，我一定吞刀刮肠，饮灰洗胃，痛改前非。"齐高帝听了这话，觉得他态度很认真，就放了他。竺景秀最终成为一个很好的人。

六、御　韵

箕伯风师，羲和日御。

【译文】箕伯是风神，羲和是日神。

【解说】◎古代传说，箕伯是风神，叫作风师。　◎古代传说，太阳是装在六条龙拉的车上，每天有人赶着龙车由东走到西。驾太阳车的人叫羲和。

沛公奉卮，先主失箸。

【译文】刘邦在危急时敬项伯一杯酒，刘备在害怕时掉了筷子。

【解说】◎刘邦攻破咸阳，项羽大怒，下令向刘邦进攻。当时项羽有四十万军队，刘邦只有十万。项羽的叔父项伯以前被张良救过，就到汉军来找张良，让他快离开。张良带项伯去见刘邦，刘邦向项伯敬了一杯酒，说："我入关，日日夜夜盼望项羽将军早日来，怎么敢造反？请您回去向将军说明一下。"项伯答应了，约刘邦在第二天去项羽那里赔罪，刘邦第二天按时赴约。这就是历史上有名的"鸿门宴"。卮（zhī），常用来盛酒的器皿。　◎汉末，刘备与曹操同在朝廷中做官，刘备很受曹操的敬重，经常和他同乘一车，同坐一席。一次曹操和刘备在一起饮酒，曹操说："如今天下的英雄，只有你和我，像袁绍那些人，都算不上英雄。"刘备当时正接受汉献帝的密令，让他除掉曹操，听到这话，以为密谋暴露了，不觉大惊，手中勺子和筷子掉到了地上。恰好这时天上打了一个炸雷，刘备就借机对曹操掩饰，说："一个雷的威力，竟有这么大。"曹操见他神情，还真以为是雷吓掉了他的筷子，就没有起疑心。箸（zhù），筷子。

推参萧何，荐亮徐庶。

【译文】推荐曹参的是萧何，推荐诸葛亮的是徐庶。

【解说】◎萧何是汉初丞相，他在病重时推荐曹参接替自己的职位。曹参担任丞相后，处理政事都按照萧何原先的政策，不加变动，历史上称为"萧规曹随"。 ◎刘备驻兵新野的时候，徐庶进见他，刘备对他很看重。徐庶对刘备说："诸葛孔明是一条卧龙，将军愿意见他吗？"刘备说："先生和他一起来吧。"徐庶说："这个人可以去见他，不可以委屈让他来见你，将军应该亲自去一趟。"于是刘备三顾茅庐，才请出了诸葛亮。

韦纪都堂，薛题公署。

【译文】韦承贻在都堂墙上题诗记事，薛令之在官署的墙上题诗。

【解说】◎唐代韦承贻在参加科举考试时，夜里偷偷在大堂的西南墙上题了两首诗作为纪念，其中一首是这样的："白莲千朵照廊明，一片升平雅颂声。才唱第三条烛尽，南宫风月画难成。"都堂，官府的大堂。 ◎唐代的薛令之担任左庶子，辅助太子，待遇很不好，他就写了一首诗表示不满，并把它题在了官署的墙上，头几句是这样的："朝日上团团，照见先生盘。盘中何所有，苜蓿长阑干。"意思是他吃的饭就像喂马的苜蓿一样。后来皇帝看到了，就拿笔在旁边也写了一首诗："啄木嘴距长，凤凰羽毛短。若嫌松桂寒，任逐桑榆暖。"意思说你要是嫌苦可以回家。薛令之看了，就告老还乡了。

戒集咏垂，谕书伉著。

【译文】《戒民集》是张咏留下来的，《谕蒙书》是冯伉著的。

【解说】◎宋代大臣张咏，每判决一个案件，有从重的，有从轻的，都要把从重从轻的理由写出来，公布给人看，目的是惩恶扬善。当地人民就把它们编为一本书出版了，叫作《戒民集》。 ◎唐朝冯伉担任醴泉县令时，看到当地有很多为非作歹的人，就写了本书叫《谕蒙书》，在里面讲辛勤耕作、努力学习的道理，让各乡的乡民学习。

卢励忠清，辛期仁恕。

【译文】卢氏鼓励儿子忠诚清廉，辛氏期望儿子仁爱宽容。

【解说】◎唐代崔玄暐被任命为管理国库的官，他的母亲卢氏告诫他说："我听人说，如果谁的儿子做官，而那人穷得没法活，那是好消息；如果儿子做官，那人家产万贯，骄横奢侈，那就是坏消息。我觉得这话很对。你现在拿着朝廷的俸禄，如果不能忠诚清廉，还有什么脸活在世上？" ◎晋代羊琇的母亲叫辛宪英，很有远见。晋国大将钟会率兵去平定蜀国，要羊琇随军做参谋。辛宪英根据钟会的性格和平时的所作所为，断定他一定会造反，很为儿子担心，就告诫羊琇说："在战争中，可以帮助你的，只有仁爱和宽容。"钟会灭掉蜀国之后，果然造反被杀，而羊琇却逃了出来。

七、遇　韵

太白进词，长卿奏赋。

【译文】李太白进献《清平调》词，司马长卿奏进《上林赋》。

【解说】◎李白字太白。唐玄宗时，皇宫御花园中的牡丹开了，玄宗和杨贵妃去园中赏花，乐队奏乐唱歌，玄宗说："名花对美人，怎么能还用旧歌词呢？"就命令李白写三首《清平调》歌的新词。当时李白喝醉了还没完全醒过来，仍提笔一挥而就，写出了"云想衣裳花想容"等三首新词。唐玄宗命人演唱，亲自吹笛子伴奏，杨贵妃非常高兴。从此皇帝更重视李白了。　◎汉代文学家司马相如字长卿，他写的《子虚赋》被汉武帝看到，武帝叹息说："我怎么偏偏不能和这个人同时代！"太监杨得意是司马相如的同乡，就告诉皇帝这是相如写的。汉武帝非常高兴，就把司马相如找来。司马相如说："《子虚赋》写的是诸侯的事，不值得天子一读。请让我为您写一篇描绘天子打猎的赋。"这篇赋写好了，献了上去，就是《上林赋》。

断疟石虔，怖啼都护。

【译文】桓石虔的名字可以治疟疾，刘都护的名字可以制止小孩哭。

【解说】◎晋代桓石虔是一员猛将，他能够出入万人之阵去救人而没人敢和他交锋。当时军中有患疟疾的人，被他一吓，病都好了。后来北方的人就用他的名字治疟疾。　◎宋代刘锜担任陇右都护，防守西夏，屡次打败西夏人，西夏人很怕他，以致小孩一哭，就吓唬他说："再哭刘都护就来了。"

太傅东山，中郎北固。

【译文】谢太傅隐居在东山，荀中郎登上北固山。

【解说】◎东晋谢安官至太傅，在他未出来做官之前，一直隐居在东山，朝廷多次请他出山，他总是不肯，直到四十岁后才改变态度。　◎晋代荀羡担任徐州刺史，北中郎将，人称荀中郎。他登上长江边的北固山，向大海方向眺望，说："虽然没看见海上的仙山，但也使人产生飘飘欲仙的感觉。如果让像秦始皇那样的酷好神仙的人来到这里，一定要挽着衣服下水了。"

宋主梅妆，潘妃莲步。

【译文】宋代的公主画梅花妆，齐代的潘妃走金莲步。

【解说】◎南朝宋武帝的女儿寿阳公主，三月三日在宫殿的房檐下躺着，梅花落在她的额头上拂不掉，后来的人觉得很漂亮，就仿照她在额头上画出五个花瓣，叫作"梅花妆"。 ◎南朝齐代的最后一个皇帝东昏侯宠爱一个妃子潘妃，他用金子凿成莲花瓣，铺在地上，让潘妃在上面走，说："这就叫步步生莲花。"

宰我难雕，颜渊可铸。

【译文】宰我是难雕的朽木，颜渊是可铸造的人才。

【解说】◎宰我就是孔子的弟子宰予，他在白天学习的时候睡觉，孔子很生气，骂他是朽木不可雕。 ◎汉代扬雄的著作《法言》中写道，有人问："金子可以铸吗？"回答说："君子应该问怎样铸人，而不是铸金。"又问："人可以铸吗？"回答说："可以。颜渊就是孔子铸就的人才。"颜渊是孔子最喜爱的好学生，所以扬雄这么说。

传箱记王，遗谱称傅。

【译文】王家有世传的青箱学，傅家有世传的理县谱。

【解说】◎南朝王淮之四代人都担任大官，熟悉历代典章制度和历史，他们家把祖传下来的史料装在箱子里，世人都说这叫"王氏青箱学"。 ◎南朝傅琰和他的父亲都担任过山阴县的县令，都很有政绩，受到当地百姓的爱戴。人们传说他们家有只传给子孙，不给外人看的，记载如何治理县政的"理县谱"。

宋念糟糠，范伤荆布。

【译文】宋弘爱恋糟糠之妻，范云感伤荆钗布裙。

【解说】◎东汉湖阳公主是光武帝刘秀的姐姐，新死了丈夫，看中了大司空宋弘，想要嫁给他，就让光武帝想办法。光武帝将宋弘叫来，让公主坐在屏风后面听着，问宋弘说："俗话说显贵了换朋友，富裕了换妻子，这是人之常情吗？"宋弘说："我只听说贫贱之交不可忘，糟糠之妻不下堂。"皇上听了，回头对公主说："这事办不成了。"　　◎南朝范云有一个女儿，和江祐订婚，江祐用一把剪刀作为聘礼。后来江祐当了大官，范云就趁着江祐喝酒高兴的时候说："当初我和将军都是黄鹄，现在将军变成了凤凰。荆钗布裙的妻子，是配不上富贵的将军的。"就将剪刀还给了他，江祐也另娶了高贵的妻子。后来江祐被治了罪，他的妻子儿女都流离失所，无家可归。荆布，指用荆条做发卡，用粗布做衣服，是穷人女子的穿戴。

王质烂柯，李筌沉瓠。

【译文】王质的斧子把烂掉了，李筌的瓠瓢沉入水底。

【解说】◎晋代王质到石室山伐木，看见两个小童在那里一边下棋一边唱歌，王质就听了起来，把童子给他的一枚像枣核一样的东西含在嘴里，就不觉得饿。过了一会儿，童子对他说："你怎么还不走？王质起来一看，斧子把已经烂掉了。回到家里，发现认识的人都已经老死了。柯（kē），斧子把。　　◎唐代李筌（quán）在嵩山修道，得到了黄帝著的《阴符经》，但不明白里面的意思。他后来在骊山遇到的一个老婆婆懂得这部经，就坐在石头上听她讲解。讲完之后，老婆婆拿出一个葫芦，交给他说："我这里有饭，你去打点水来。"李筌用葫芦打满水，葫芦忽然重达一百多斤，控制不住就沉到了水底。等李筌回去，那老婆婆已经不见了，只给他留了一些饭。瓠（hù），葫芦。

太尉瑶林，夏侯玉树。

【译文】王太尉像美玉，夏侯玄像玉树。

【解说】◎晋代王衍，官至太尉，他神采飞扬，气质高雅，别人把他比作瑶林琼树。瑶、琼，都是美玉。　◎夏侯玄是三国时魏国人，长得很精神。魏明帝让皇后的弟弟毛曾和他坐在一起，人们都说就像一棵芦苇靠着一株玉树。

护鸡忆高，驱雀传顾。

【译文】记得高凤曾赶鸡护麦，顾欢驱雀的故事被传诵。

【解说】◎东汉高凤家里靠种地为生，而他喜欢读书，昼夜不停。一次他妻子下田干活，在院子里晒上麦子，让他赶鸡，保护麦子。当时天下暴雨，高凤拿着根竹竿一心一意在背书，连麦子被水冲走了都不知道。妻子回来责怪他，他才反应过来。后来高凤成为有名的学者。　◎南朝顾欢出身农民家庭，但他酷爱学习。他小时候，父亲让他去田里驱赶黄雀，他写了一篇《黄雀赋》就回来了，结果稻谷被雀吃掉了一大半。他的父亲很生气，想打他一顿，后来看了那篇赋就不生气了。

八、霁　韵

邺令投巫，袁州赎隶。

【译文】邺令把巫婆扔进河中，韩愈在袁州赎出奴隶。

【解说】◎战国魏文侯时候，西门豹担任邺地的长官，询问当地的疾苦，老年人回答说是巫婆每年给河神娶媳妇，将女孩子扔进河中，搞得老百姓民不聊生。西门豹说："到给河伯婆亲那天，告诉我一声，我也去送送那个新媳妇。"到了那天，西门豹来到河边，看到主张给河伯娶亲的老巫婆带着十个女弟子，就说："把河伯的新娘带给我看看。"巫婆将女孩子带来，西门豹说："这个女孩子长得不好看，麻烦大巫婆到河里去告诉河伯一声，就说找到了好看的，过两天再送去。"然后就让士兵抱起巫婆扔进了河里。过了一会儿，西门豹又说："巫婆怎么去这么久呢？派她的徒弟去催一下。"这样又扔进去三个徒弟。西门豹又说："巫婆和她的弟子都是女人，说不明白事，还是请三老去说明一下吧。"说完又把帮助巫婆害人的三老扔进了河里。西门豹在岸边毕恭毕敬，还等不来巫婆、三老回来报信，就又想让那些帮助办坏事的人下去问问，吓得那些人一个个跪在地上叩头，把头都磕破了。最后西门豹说："看来是河伯太热情，留客的时间太长了，你们先回去吧。"从此以后，再也没有人提起给河伯娶亲的事了。　◎唐代韩愈担任袁州刺史时，袁州有一种陋习，用借债人的子女作为抵押，如果过期还不起债，就把他们的子女卖为奴隶。韩愈上任后，让那些无力还债的人做工抵债，使已成奴隶的七百多人回到父母身边。后来又立法禁止这种用人抵债的做法。

曾寓赋梅，诜方折桂。

【译文】王曾的前途暗藏在咏梅诗中，郤诜用折桂比方中进士。

【解说】◎王曾是宋朝人，他刚中举时写了一首咏梅花的诗，其中有"雪中未问和羹事，且向百花头上开"二句，有人认为这诗中暗藏了他以后中状元及做宰相的意思。后来他果然中了状元，当了宰相。　◎晋代郤诜在科举对策中把自己的策论比为桂树林中的一枝，希望皇帝能赏识。后人因此把中进士称为"折桂"。

蛇报随侯，鱼酬汉帝。

【译文】灵蛇报答随侯，灵鱼酬谢汉武帝

【解说】◎随侯在路上看见一条大蛇从中间被斩为两段，就把它接起来，涂上药救了它。后来蛇就给随侯衔来一颗宝珠作为报答。　◎相传汉代的时候，一个打鱼人钓了一条大鱼，那鱼挣断钓线跑了，晚上托梦给汉武帝，请求武帝救他。三天以后，汉武帝到昆明池游玩，看见一条嘴上带绳索的大鱼，知道是给自己托梦的那条，就替它取下鱼钩放回水里。又过三天，武帝再去昆明池游玩，在水边得到两颗明珠。皇帝说："难道是鱼答谢我的吗？"

陆游舌澜，殷浩牙慧。

【译文】陆游舌底翻波澜，殷浩说韩康伯未得他的牙后慧。

【解说】◎宋大诗人陆游在《秋兴》诗中说："功名蹭蹬身长弃，筹策澜翻舌幸存。"意思是：虽然我不受重用无法建立功名，但已经为国家出了很多主意，而且可以继续出主意。舌澜，形容像舌底起波澜一样滔滔不绝。　◎殷浩是晋代人，说起话来很精彩。他的外甥韩康伯也是很有名的人，但殷浩评论说："康伯没得到我的牙后慧。"牙后慧，指别人说剩下的东西。

移山愚公，填海精卫。

【译文】愚公要移走大山，精卫要填平大海。

【解说】◎《列子》记载，北山有一个叫愚公的老人，快要九十岁了，住在太行、王屋两座大山的下面。他看到山堵住了路，自己出来要绕大圈子，就下决心率领子孙挖掉这两座大山，把它们移到大海中去。河曲智叟笑话他，劝他不要干。愚公说："即使我死了，还有儿子活着，儿子死了，还有孙子，子子孙孙干下去，而山不会再增长了，不愁不能把它挖平。"他的话让天帝知道了，天帝很感动，就派天神把两座山搬走了。　◎精卫是一种小鸟。相传炎帝的女儿在东海中游泳淹死，变成了精卫，她天天从西山衔来木头和石块，立志要把东海填平。

倬羡登科，羔羞不第。

【译文】张倬羡慕登科的人，杜羔惭愧科举下第。

【解说】◎唐代张倬（zhuō）去参加进士考试，没有考中，就捧着记载考中者姓名的《登科记》礼拜，说："这就是记载着各个佛名的《千佛名经》啊。"　◎杜羔也是唐代人。他参加科举考试没有考中，要回到家里的时候，他的妻子给他寄了一首诗说："良人的的有奇才，何事年年被放回。如今妾面羞君面，君到来时近夜来。"杜羔看了，发奋努力，不久就考中了进士。

吕尚阴谋，陈平奇计。

【译文】吕尚善于暗中谋划，陈平善于出奇计。

【解说】◎吕尚就是姜太公，商朝末期隐居在蟠溪钓鱼，三年没钓到一条，有人劝他不要再钓了，他说："这不是你能知道的事。"后来周文王知道了他，就请他做军师，灭掉了商朝，建立了周朝。吕尚共出了一百多个主意，由于都是暗中谋划，所以叫作"阴谋"。　◎陈平是汉初名臣，善于出奇计。汉高祖刘邦曾经在平城被匈奴围困了七天，最后靠陈平的计谋脱险。后来他又出了六次奇计，帮助刘邦解决了很多重大问题。

孟母买豚，曾子烹彘。

【译文】孟子的母亲买猪肉，曾子煮猪肉给孩子吃。

【解说】◎孟子小时候，东边的邻居家杀猪，他就问母亲："他家杀猪干什么？"孟母随口说："要给你肉吃。"说完以后就后悔了，说："我怀这个孩子的时候，席子放不正不坐，肉切得不方不吃，是为了教他从胎里就做正人君子。现在他懂事了反倒骗他，这是教给他不诚实啊。"于是就去东邻买来猪肉给他吃。　◎曾子的妻子要去市场，小孩跟在后面哭，她就说："你回家去，等我回来就给你杀猪吃。"小孩就回去了。她从市场回来之后，曾子就要杀猪，她拦住他，说："我只是和小孩说着玩。"曾子说："对小孩是不能随便说着玩的。他现在没有知识，什么都要向父母学，要父母教。你现在欺骗他，就是教他欺骗。母亲欺骗儿子不诚实，母亲就无法教育孩子了。"于是就把猪杀了。彘（zhì），猪。

陶女鹄歌，卫妻燕系。

【译文】陶门的女儿作《黄鹄歌》，卫敬瑜的妻子系燕子。

【解说】◎鲁国人陶门的女儿叫陶婴，年纪轻轻丈夫就死了，成了寡妇。有人想娶她，她怀念死去的丈夫，誓不再嫁，就写了一首歌表明自己的志向。那歌唱道："悲夫黄鹄之早寡兮，七年不双。宛颈独宿兮，不与众同。夜半悲鸣兮，想其故雄。天命早寡兮，独宿何伤。寡妇念此兮，泣下数行。呜呼哀哉兮，死者不可忘。飞鸟尚然兮，况于贞良。虽有贤雄兮，终不重行。"那个人听了，就死了心。　◎南朝卫敬瑜的妻子王氏刚十六岁，卫敬瑜就死了，她的父母和公婆都想让她再嫁，她就把耳朵割下一块放在盘中，表示她不嫁人的决心。她家里有一个燕子窝，每年都是一对燕子飞来飞去，后来忽然只飞来一只，她很伤心，就在燕子脚上系了一条丝线做记号。第二年，那只燕子又回来，还是孤身一个，脚上的丝线还在。王氏就作了一首诗说："昔年无偶去，今春犹独归。故人恩既重，不忍复双飞。"

鹿苑道成，虎溪语契。

【译文】鹿苑是佛祖修行得道的地方，虎溪是慧远谈话投机的地方。

【解说】◎《大藏经》中说佛在鹿苑得道，明白了佛理，修行成了佛。 ◎晋代高僧慧远住在庐山，寺庙的下面有一条小溪，每逢送客走到这里，就听到虎叫，所以就把这条溪命名为虎溪，以后送客没有送过溪的。只有陶渊明和陆修静来的时候，说话投机，不知不觉就过了虎溪，发现了之后，三人不禁哈哈大笑。后人就画了一幅《三笑图》。契，相合，投合。

九、泰　韵

亮心秤平，维胆斗大。

【译文】诸葛亮的心像秤一样公平，姜维的胆有斗那么大。

【解说】◎诸葛亮曾经说："我的心像秤一样，不能对有的人轻有的人重。" ◎姜维是蜀国大将，在晋国灭亡蜀国的战争中战死，他的胆被剖出来，有斗那么大。

船觅张凭，舟同郭泰。

【译文】刘惔寻找张凭的船，李膺与郭泰同乘一艘船。

【解说】◎晋代张凭是很有才华的人，他对自己的才能很自负，认为一

定能受到当时名流的重视，就去见大名人刘惔。他的同乡认为他不自
量力，都笑话他。张凭去了之后，刘惔让他坐在末座，也不太理会他，
他想说话也插不上嘴。当时王濛正和刘惔辩论一个问题，纠缠不清，
张凭就在末座说出他的结论，说得很深刻，使大家都感到很有道理，
满座的人都被他震住了。刘惔于是把他请到上座，谈了一天，又留了
一夜。第二天张凭告辞上船，不一会儿刘惔就派人来寻找张凭的船，
把他叫了回去，和他同乘一辆车去见萧纲。萧纲很赞赏张凭，在当了
皇帝之后，就任命他做了官。 ◎东汉郭泰出身贫贱，小时候就死了
父亲。他的母亲想让他去县里找点事做，他说："大丈夫怎么能去做些
琐屑的杂事呢？"就告别了母亲，去拜名师学习。三年以后毕业，精通
典籍，善于辩论。于是他就去京城洛阳游历，河南尹李膺一见他，非
常欣赏他的才能，和他交往密切，从此名震京城。后来他回家乡，有
名望的人都去给他送行，河边停了几千辆车，郭泰只和李膺同乘一只
船，岸上的人看了，都说他像神仙。

贺解金龟，苏留玉带。

【译文】贺知章解下金龟换酒，苏轼赌输了留下玉带。

【解说】◎唐朝诗人贺知章，刚认识李白，就把他叫作"谪仙人"，从
腰间解下皇帝赏赐的金龟给他去换酒喝。 ◎宋代文豪苏轼有一次和
佛印和尚谈笑打赌，结果苏轼回答不上佛印提出的问题，只好把腰间
玉带输给了他。

唐帝彀中，孙山名外。

【译文】唐太宗使天下英雄进入圈套，孙山的名字后面就是落
榜者。

【解说】◎唐太宗确立了科举制度，笼络天下的人才。他看到新考中的进士排着队出去，高兴地说："天下英雄入吾彀中矣。"意思是说天下的英雄都进入了我的圈套。彀（gòu），牢笼，圈套。　◎宋代有一个叫孙山的人进京赶考，考中了最后一名，别人向他打听自己的儿子考中没有，他说："解名尽处是孙山，贤郎更在孙山外。"后代就用"名落孙山"来比喻落榜。

汉高芦旗，蜀主桑盖。

【译文】后汉高祖未做皇帝时苇叶长成旗子形状，蜀主刘备家的桑树像车盖。

【解说】◎五代后汉的开国皇帝高祖刘知远，还在做后晋的河东节度使时，天下发大水，太原长了很多芦苇，最上面的叶子都像旗子一样指向南方。第二年刘知远建立了政权，做了皇帝，有人说那些像旗子的苇叶就是预兆。　◎刘备小时候没有父亲，靠和母亲一起织草席卖鞋为生。他家的篱笆边上有一棵桑树，长得就像车上的伞盖，有人就说这树长得不一般，树下将出贵人。刘备和小伙伴们在树下玩的时候，说："我以后一定要乘坐有这样富贵豪华的车盖的车。"

团扇吟班，断琴知蔡。

【译文】班婕妤吟咏团扇，蔡文姬能听出哪根琴弦断了。

【解说】◎班婕妤是汉成帝的妃子，最初很受皇帝的宠爱，可是后来皇帝又喜欢上了赵飞燕，冷落了班婕妤，她就写了一首诗《怨歌行》，通过一把秋后被抛到一边的团扇来抒发自己的感情。诗是这样的："新裂齐纨素，皎洁如霜雪。裁成合欢扇，团团似明月。出入君怀袖，动摇微风发。常恐秋节至，凉飚夺炎热。弃捐箧笥中，恩情中道绝。"　◎汉代蔡邕的女儿蔡文姬是古代有名的才女。她六岁的时候，父亲在夜间

弹琴，琴弦断了一根，蔡文姬说："断的是第二根弦。"蔡邕听了，故
意又拉断了一根弦，问她这次断的是哪一根，蔡文姬说："是第四根。"
正是她父亲拉断的那一根。

玄晖奖成，子美沾丐。

【译文】谢玄晖鼓励青年成才，杜子美使后人受益。

【解说】◎南朝宋的谢朓字玄晖，是有名的文学家。有一个叫孔颛的人
小有才气，还没有人了解他，孔珪让他写了一篇文章拿给谢朓看。谢
朓看了之后，赞叹了很久，亲手拿纸抄了下来，并对孔珪说："青年人
的名声还没建立的时候，大家应该共同鼓励他成才，不要怕说多了好
话。" ◎子美是杜甫的字。杜甫是唐代伟大诗人，创作出许多优秀作
品，丰富了诗歌宝库，给予后人极大启发，所以《唐书》中说他沾丐
后人很多。沾丐，沾溉、灌溉的意思，引申为使人受益。

子渊图莲，居易植桧。

【译文】朱子渊画瑞莲图，白居易种植桧树。

【解说】◎朱子渊是宋代人，他担任吉州太守，城里有一座三瑞堂，堂前
开出了几支并蒂莲，朱子渊就把它们画了下来，叫《瑞莲图》。 ◎唐
代白居易担任苏州刺史时，亲手种了几棵桧（guì）树。他离任后，当
地人民怀念他，把那几棵树叫作"白公桧"。

桓危淅炊，范戏洮汰。

【译文】桓玄认为"矛头淅米剑头炊"是危险事，范启用"洮之
汰之，沙石在后"开玩笑。

【解说】◎晋代桓玄和殷仲堪等人闲谈，每人要说一句表示危险的话。
桓玄说："矛头淅米剑头炊。"意思是说在矛尖上淘米，剑尖上烧饭。

殷仲堪说："百岁老翁攀枯枝。"顾恺之说："井上辘轳卧婴儿。"殷仲堪有一个参谋说："盲人骑瞎马，夜半临深池。"殷仲堪听了说："你这话太咄咄逼人了。"原来他就瞎了一只眼，所以听着刺耳。　◎南朝梁的范启和王坦之去见简文帝，范的年纪大而官职小，王的年纪小而职位高，二人到了门口互相推让对方走在前面，推到最后，王坦之走在了范启的后面，就和他开玩笑说："簸之扬之，糠秕在前。"意思是说用簸箕簸粮食，在前面的都是不要的糠秕。范启回敬他说："洮之汰之，沙石在后。"意思是说用水淘米，剩在后面的都是沙石。洮（táo），就是淘，淘米。汰（tài），洗。

驱鸡俟闲，牧马去害。

【译文】驱赶鸡要等到它静下来，放马要去掉害群之马。

【解说】◎东汉荀悦《申鉴》一书中说："治理国家，要借鉴小孩子赶鸡的办法。赶鸡时，赶得急了它就惊飞，赶得慢了它就不走。在北面拦它，它往南飞，在南边拦它，它往北跑。只有等到它安静下来，才能慢慢接近，再喂它一点食，它就跟着你进去了，用不着驱赶就起到了驱赶的作用。"　◎《庄子》记载，黄帝在去具茨山会见神人大隗的路上，遇见一个放马的牧童，很有见解，就向他询问治理天下的办法，小童说不知道。黄帝又问，牧童最后说："治理天下和放马、管理马群也没什么大不同的，除掉捣乱的害群之马也就是了。"

十、卦　韵

徐稚束刍，任棠置薤。

【译文】徐稚献上一束青草，任棠摆上一棵薤菜。

【解说】◎东汉郭泰的母亲死了，徐稚去吊丧，在灵堂前放上了一束新割的青草就走了。大家都觉得奇怪，不知道这是为什么，郭泰说："这人一定是南州高人徐稚。《诗经》上说，'生刍一束，其人如玉。'我太不敢当了。"生刍（chú），新割的草。　◎任棠是汉代汉阳郡的一个教书先生，很有品节。新太守庞参到任后去拜访他。他在门口摆了一根薤菜，一盆水，自己抱着孙子伏在地上，一句话也没说。庞参仔细一考虑，明白了任棠的意思是让他做官清廉，根除恶势力，同时怜老恤幼。参见二卷十三覃韵"密惭王昱"条。

魏王墓开，孔子宅坏。

【译文】魏王的墓被掘开，孔子的故居被毁坏。

【解说】◎晋代太康二年，汲郡有一个叫不准的盗墓人挖开了战国时魏国国王的墓，出土了一大批写在竹简上的书。后来经过整理，发现这是一部记载古代历史的书，叫作《竹书纪年》。　◎汉代分封在山东的鲁恭王喜欢修建宫殿。他在拆毁孔子的故居以扩大自己房子时，在孔府的墙中发现了古人藏在里面的，用古代文字书写的《尚书》《论语》《孝经》等儒家经典。当时《尚书》已经失传，只靠口头传授，这次发现的《尚书》被后人称为《古文尚书》。

传砚晏殊，盗书杨玠。

【译文】晏殊有一块传给女婿的古砚，杨玠偷读了岳父的书。

【解说】◎宋代晏殊担任过宰相，他家有一块古砚，只传给女婿，叫作"传婿砚"。晏殊的女婿富弼，富弼的女婿冯京，冯京的孙婿朱圣予，朱圣予的女婿滕子济，都得到过这块古砚，也都做了宰相。　◎元代杨玠娶了崔季让的女儿。崔家有很多藏书，杨玠结婚之后，经常到书房里去看书，然后对人说："崔家的书被人偷光了，还不知道呢。"崔季让一听，马上让人检查一遍，杨玠敲着肚子说："已经藏在我的书箱中了。"

叔夜琴诗，元章书画。

【译文】嵇叔夜弹琴吟诗，米元章擅长书画。

【解说】◎嵇康是晋代文学家，字叔夜，为人豪迈，不同于常人，又有奇才，善于弹琴作诗，常常自我陶醉。　◎宋代大书画家米芾（fú）字元章，书法绘画都被称为一绝。他还收了很多书画作品，乘坐一条船在各地周游，在船上挂了一块牌子，上面写"米家书画船"。

陈密拔藩，韩常迁界。

【译文】陈嚣暗中拔起篱笆，韩系伯经常改变地界。

【解说】◎会稽人陈嚣和纪伯是邻居，纪伯夜里拔起两家之间的篱笆往前挪，偷陈家的地，陈嚣看见之后，等纪伯走了，暗中拔起篱笆又向后退了一丈，把地让给纪伯。纪伯发现他的做法，非常惭愧，不仅把多占的地还给了陈嚣，还自己主动又后退了一丈。　◎韩系伯是南朝齐时襄阳人。当地风俗，邻居之间在地界上种桑树作为标记，系伯觉得树荫影响对方的地，就把树向后面移了几尺，邻居家随即就把地占了，他又向后改变地界。经过这样几次，邻居很惭愧，就亲自上门道歉，把侵占的地还给了他。

张策辨铭，朱子画卦。

【译文】张策辨别铭文的错误，朱熹在沙上画八卦。

【解说】◎五代张策十三岁时，他的父亲淘井挖出一个古鼎，上面刻着铭文："魏黄初元年春二月，匠吉千。"张策看了说："魏国黄初元年是从十月份才开始用的年号，并没有二月，这条铭文有错误。"他的父亲很惊奇。 ◎宋代大思想家朱熹，被尊称为朱子。朱熹小时候和小伙伴在沙地上玩，别人打打闹闹，只有他单独坐在那里，用手指在沙子上画，一看，画的全是八卦。

马援还书，房乔集诫。

【译文】马援给侄子回信，房乔收集家训。

【解说】◎东汉伏波将军马援的侄子马严、马敦，都喜欢评论别人，并且喜欢结交侠客。马援给他们回信，谆谆告诫他们说话要慎重，不要随便评论别人和国家大事，又让他们学习老实稳重的人，不要学举止轻率的侠客。 ◎房乔就是唐代宰相房玄龄。他担任宰相十五年，女儿做了王妃，儿子做了驸马，权倾一时。但他治家有方，常怕儿子们骄横奢侈，仗势欺人，就搜集从古到今关于家教的言论写在屏风上，给每个儿子一个，说："照着这上面多加注意，就可以保全生命了。"

乌鼓彰颜，鹤珠报哙。

【译文】乌鸦衔鼓表彰颜乌，黑鹤衔珠报答哙参。

【解说】◎汉代东阳有一个叫颜乌的人，以孝顺父母著名。一天一群乌鸦衔着一只鼓，来到颜乌住的村子，乌鸦的嘴都累得受了伤。当地的人认为这是颜乌的孝顺行为感动了乌鸦，所以衔来一只鼓，是为了让远方的人都知道，就在鼓所在的地方设了一个县，叫乌伤县，后来改名为乌孝县。　◎哙（kuài）参非常孝顺母亲。一次有一只黑鹤被人射伤，飞到哙参家，他就收留下来并给它治好了伤。鹤被放走了之后，半夜来到门外，哙参发现雌雄两只鹤嘴里各衔了一颗夜明珠，放在他家作为报答。

谷拟探囊，胜方拾芥。

【译文】李谷把平定江南比成探囊取物，夏侯胜把获得官职比成弯腰拾芥子。

【解说】◎五代的时候，韩熙载要到南唐去，李谷给他送行，酒后临别时，韩熙载对李谷说："如果江南用我当宰相，我要长驱直入平定中原。"李谷说："如果中原用我做宰相，我平定江南就像探囊取物一样。"后来二人果然都做了各自国家的宰相，李谷占领了南唐的淮南地区，而韩熙载却没什么作为。　◎汉代夏侯胜给学生们讲经时常说："读书人要明白经学。如果学明白了，想做大官就像弯腰从地上拾芥菜子一样容易。如果学不明白，还不如回家种地去。"

沆觉厅宽，质甘门隘。

【译文】李沆觉得大厅已经很宽敞，范质甘愿大门窄小。

【解说】◎宋代宰相李沆建房子，大厅前面很不宽敞，仅能让马转过身来，有人说太窄了，李沆笑着说："建房子还要传给子孙，现在作为宰相府是小了一点，可是以后作为太祝、奉礼官的房子，已经够宽敞的了。"　◎范质也是宋代宰相，他生活俭朴。还在五代时，他住的房子很小，门楼也非常窄小。一次周太祖让后来的周世宗柴荣到他家里去，柴荣的马太高大，竟进不了门，只好下马走了进去。

十一、队　韵

我公杜争，吾父刘戴。

【译文】两地都争着要杜衍做长官，刘随被百姓当作父亲一样爱戴。

【解说】◎宋代杜衍担任乾州知州不到一年，就被调到凤翔府担任代理知府，两地的人民就在州界上争着要他，一边说："这是我们的大人，你们怎么能夺呢？"另一边说："现在他是我们的大人，没你们什么事。"　◎宋代刘随担任西南地区的永康军判官，严厉打击了欺压少数民族人民的贪官污吏。他被罢免后，少数民族几百人到转运使那里请愿，说："我们的父亲哪里去了？"朝廷看到他这样受人民爱戴，就又重新任命了他。

颜渊心斋，有若掌焠。

【译文】颜渊在心里进行斋戒，有若用火烫手掌。

【解说】◎颜渊就是颜回，孔子最优秀的学生。《庄子》中记载，颜回对孔子说："我无法进步了，有好办法吗？"孔子说："斋戒。"颜回说："我家里穷，已经几个月不吃肉不喝酒了，这能叫斋戒吗？"孔子说："这是祭祀方面的斋戒，不是修心养性的心斋。"颜回说："那么什么是心斋呢？"孔子说："就是把心空出来，去体会虚无的道理，就是心斋了。"其实这是庄子假借孔子师徒来说明自己观点。　◎有若也是孔子的学生。《荀子》中说他很有毅力，学习时困了为了制止自己睡着，就把手掌放在灯火上烧一下。焠（cuì），烧。

沈赋宫商，颜诗雕缋。

【译文】沈光的赋中有旋律，颜延之的诗像锦绣。

【解说】◎沈光是唐代人，他写了一篇《洞庭乐赋》，韦岫说赋中一片宫商。宫、商是我国音乐的两个音阶，这里指文章有音乐效果。　◎南朝和谢灵运齐名的诗人颜延之，曾经问鲍照，他和谢灵运到底谁更好一些，鲍照说："谢灵运的五言诗像刚刚开放的芙蓉，清新自然。你的诗像铺开的锦缎，满眼都是美丽的花纹，是精心织造的。"缋（huì），绘画，绣花。

子玉座铭，孝谦客诲。

【译文】崔子玉撰写《座右铭》，樊孝谦撰写《客诲》。

【解说】◎东汉崔瑗字子玉，他年轻时替兄报仇杀了人，被迫逃亡，后来被赦免，就写了一篇时刻提醒自己的铭文，放在座位的右边，叫作《座右铭》。　◎北齐樊逊字孝谦，做过小官，后来成为崔暹（xiān）的宾客。有人笑话他沉默寡言，不会赶时髦，他就仿照东方朔《客难》，写了一篇《客诲》，表明自己的心志。

嵇诗扑尘，阮酒浇块。

【译文】嵇康的诗可以扑去脸上的尘土，阮籍胸中的不痛快要用酒浇。

【解说】◎黄庭坚说："嵇康的诗有一种清新的气息，只要读一读就可以扑掉脸上的尘土气，更不用说细细咀嚼欣赏了。"　◎阮籍是晋代竹林七贤之一，放荡不羁，喜欢饮酒。一次王恭问王忱："阮籍和汉代司马相如相比怎么样？"王忱回答说："阮籍胸中有块垒，所以要用酒去浇。"块垒，垒起来的土块，比喻不平之气。

风树鱼悲，蓼莪哀废。

【译文】风吹树使皋鱼悲伤，王裒弟子不读《蓼莪》诗。

【解说】◎相传孔子和学生周游列国的时候，路上听到有人哭得很悲切，就上前询问，原来哭的人是皋鱼。孔子就问他："你看上去并不是家里有丧事，为什么哭得这样悲痛呢？"皋鱼回答说："我小的时候为了施展抱负，奔走于诸侯之间而对父母孝敬得少了。现在我看到树想静下来风却不停止，就想到子女想好好孝养双亲而双亲却等不到这一天，父母死了就再也见不到了，所以我也不想活了。"然后就站在那里死去了。孔子对学生们说："你们要汲取教训啊。"于是有十三个学生就告别老师，回家服侍父母去了。　◎晋代王裒的父亲被司马昭所杀，他非常悲痛，每天到父亲的坟上痛哭，把坟上的柏树都哭死了。他的母亲生前怕打雷，死了之后，每逢打雷，王裒就到坟上去陪着母亲，说："儿子在这里。"《诗经》中有一首怀念父母的《蓼莪》（lù é）诗，其中有"哀哀父母，生我劬劳"的句子，他每读到这里都痛哭流涕，于是他的学生们学习《诗经》时都放弃这一篇。

曹彬衣绨，羊陟茹菜。

【译文】曹彬穿着绨袍，羊陟只吃青菜。

【解说】◎宋代曹彬是皇帝的亲戚，担任晋州兵马都监。一次邻近地区的将军派一个人来给他送信，来人不认识曹彬，就问哪一位是曹监军，有人告诉他穿着绨袍的就是。使者以为别人骗他，笑道："哪有皇亲国戚穿绨袍的。"到后来才知道那人确实就是曹彬。绨（tí），一种粗糙的布。　◎羊陟是东汉人，他担任河南尹的时候，每天吃干饭、青菜，带头过简朴的生活。茹（rú），吃。

雉头裘焚，虎魄枕碎。

【译文】"雉头裘"被烧掉，"虎魄枕"被打碎。

【解说】◎有人献给晋武帝司马炎一件费时费工，用野鸡羽毛制成的皮衣"雉头裘"，司马炎认为这会导致追求奢侈浪费的风气，就在大殿前把它烧掉了，并下命令说："以后再有人送这类东西就治他的罪。" ◎虎魄，现在叫作琥珀，是松油的化石，可以治外伤。南朝宋武帝时，宁州献上一个虎魄制成的枕头，非常漂亮，也非常珍贵。当时因为要北伐，需要虎魄做药，武帝就把它捣碎分给了各路兵将。

宣文垢离，表圣辱耐。

【译文】刘宣文人称"离垢先生"，司空表圣自称"耐辱居士"。

【解说】◎梁代刘慧斐字宣文，博学多才，年轻时做过小官，后来路过庐山，遇见了隐士张孝秀，两人非常谈得来，于是产生长住庐山的念头。他就辞去官职，在山北建了一座园子住下来，把园子命名为"离垢园"，人们因此叫他"离垢先生"。 ◎唐代司空图字表圣，一生做过很多官，但时间都不长就辞职了，隐居在中条山，建了一座"休休亭"，自称"耐辱居士"。

王母献环，江妃解佩。

【译文】西王母献白玉环，江妃的女儿赠送玉佩。

【解说】◎传说西王母敬佩舜的品德，献给他一只白玉环及玉玦（jué），还有一幅地图。 ◎《列仙传》记载，江妃的两个女儿在长江汉水的水边游玩，遇见了郑交甫。郑交甫不知道她们是仙女，很喜欢她们，就对仆人说："我要下去，要她们佩带的玉佩。"仆人说："这里的人都善于说话，只怕要不到反被抢白一顿。"郑交甫不听，就下去向二女问候，并吟诵了一首诗，表达他对二女的好感，又向她们索要玉佩。二女也用诗来回答她们对他的好感，亲手解下玉佩交给他。郑交甫非常高兴，把玉佩藏在怀里，走了几十步，想拿出来看看，一掏怀里空空的，什么也没有，再回头找那两个女子，早已不见了。

十二、震　韵

王祥海康，郭汲河润。

【译文】王祥保障海、沂康宁，郭汲的政绩像江河滋润土地。

【解说】◎晋代王祥被徐州刺史吕虔任命为别驾，把州中的政事都交付给他。当时盗匪横行，王祥带领兵将四处征讨，消灭了大部分盗匪，保障了地方的安全。当时的人唱道："海、沂之康，实赖王祥；邦国不空，别驾之功。"海、沂，都是徐州管辖的地区。　◎郭汲是东汉人，被任命为颍川太守。临上任时，光武帝召见他并勉励说："你是有能力的好太守，颍川离京城不远，江河能滋润灌溉周围九里的地方，希望京城也能享受到你带来的福气。"郭汲上任后，果然政绩很好。

周勃报陈，廉颇谢蔺。

【译文】周勃报答陈平的好意，廉颇向蔺相如道歉。

【解说】◎陈平是汉初丞相，当时吕后掌权，她的兄弟们想废掉惠帝，颠覆刘氏政权，陈平很忧虑。陆贾给他出主意说："天下安定的时候，要看丞相；天下危乱的时候，要看大将。如果将相同心，那么局势就可以控制了，你为什么不结交掌兵权的太尉周勃呢？"陈平采纳了他的意见，就用五百金给周勃祝寿，又用隆重的宴会宴请他。周勃也同样答谢陈平，二人联合起来，终于安定了刘氏的天下。　◎战国时赵国的蔺相如因为出使秦国立了大功，被任命为上卿，职位在老将廉颇之上。廉颇说："我担任赵国的大将，攻城拔寨，建立了多少大功劳，而蔺相如只靠动动嘴，位子就比我还高，况且他出身微贱，我不甘心在他之下。"还扬言说："如果我见到蔺相如，一定当面羞辱他一顿。"相如听到了，就总躲着他，不和他见面，即使走在路上碰到了，也远远地躲开。他手下的人认为他怕廉颇，蔺相如说："我连秦王都不怕，怎么会怕廉将军呢？现在秦国不敢侵犯赵国，只是因为有我们两个人，如果我们二虎相争，必有一伤。我之所以这么做，是先为国家着想，然后才考虑私仇啊。"廉颇知道了这话，非常感动，就光着脊背，背着荆条，到蔺相如家请罪，说："我是不懂事的人，不知道您这样宽厚，请您处罚我吧。"从此，他们二人结下了生死与共的交情。

三短李谐，五长王缙。

【译文】李谐善于利用三个短处，王缙有五条长处。

【解说】◎北魏李谐很有风度，又善于辩论。他身材短小，还是六个指头，因为脖子上长着瘤子就抬着头，因为腿跛就慢慢走，因为口吃就慢慢说，反倒有一种独特的风采，人们都说他善于利用三个短处。　◎唐代王维和弟弟王缙都做官，王维在京城做京官，王缙在外地做地方官。王维就上书说自己有五条短处，王缙有六条长处，愿意自己辞职换取王缙调回京城。后来王缙果然被任命为京官。

濬益三刀，策加六印。

【译文】王濬梦到头上被加了三把刀，凌策梦到剑上加了六颗印。

【解说】◎晋代王濬担任广汉太守时，有一次做梦，梦见卧室的房梁上悬了三把刀，不一会儿又加上一把，惊醒后心里很厌恶。他手下的主簿李毅向他郑重祝贺道："三刀合起来是州字，又加了一把，就是增益一刀，您要去益州做官了。"后来果然有命令任命王濬为益州刺史。　◎宋代凌策担任过益州知州。当初他才考中科举的时候，曾经做了一个怪梦，梦见有人在一把剑上加了六颗印送给他。直到后来他六次担任剑门关外的官职，才明白这个梦原来预示着他的一生。

奈守王祥，葚分蔡顺。

【译文】王祥守着奈树，蔡顺分装桑葚。

【解说】◎王祥是晋代人，非常孝顺。他小时候继母对他不好，经常找借口虐待他。家里有一棵奈（nài）树结了果，继母让他看着，每逢有风雨他就抱着树哭泣。　◎蔡顺是汉末人。当时社会战乱不已，以致人吃人，蔡顺采来桑葚，把熟透了的黑桑葚和还没熟的红桑葚分开装着。农民起义军问他为什么这样做，他回答说："黑的给妈妈吃，红的我自己吃。"起义军很赞赏他，就送了他两升盐。

苗振倒绷，郑薰错认。

【译文】苗振倒绷孩儿，郑薰错认了人。

【解说】◎苗振是宋朝人，参加选拔翰林院官员的考试，晏殊对他说："你从政多年，一定不常写文章，最好温习温习。"苗振说："哪有当了三十年的接生婆把孩子包扎倒了的。"等到了考试时，苗振写了一句不通的诗"率土之滨莫非王"，结果没被录取。晏殊听到之后，说："苗君还是倒绷孩儿了。"倒绷孩儿，倒着包扎孩子，比喻一时失手。　◎郑薰是唐代官员，一次他主持科举考试，误把颜标当作忠臣鲁国公颜真卿的后代，为了让大家向忠臣学习，就让颜标中了状元。等后来问起这事，原来颜标和颜真卿毫无关系，是自己认错了人。有人嘲笑他说："主司头脑太冬烘，错认颜标是鲁公。"冬烘，迂腐，浅陋，含讽刺意。

推贤郭丹，疾恶朱震。

【译文】郭丹推荐贤人代替自己，朱震疾恶如风。

【解说】◎东汉郭丹是南阳人，太守杜诗聘请他担任功曹，他推荐了乡里的贤人代替自己，杜诗很为他的这种精神感动。　◎朱震，字伯厚，是东汉人，在州里担任从事，揭发了济阴太守单匡的罪行，并牵连到单匡的哥哥大太监单超，迫使为非作歹的宦官们有所收敛。当时的人们编了歌谣说："车如鸡栖马如狗，疾恶如风朱伯厚。"意思是说：别看朱震官不大，坐的车像鸡笼子，马像狗一样，但他痛恨坏人就像秋风扫落叶一样毫不留情。

地虎高昂，水龙王濬。

【译文】高昂自称地上之虎，王濬人称水中之龙。

【解说】◎高昂是北齐大将，勇猛无敌。他率兵进攻商洛，在渡黄河时祭祀河伯说："河伯是水中之神，高昂是地上之虎，路过了你的地方，所以敬你一杯酒。"　◎晋代羊祜担任征南大将军，准备消灭吴国，当时有童谣唱道："阿童复阿童，衔刀浮渡江。不畏岸上兽，但畏水中龙。"羊祜想，这预兆着水军能够成功，但阿童又是谁呢？正好这时益州刺史王濬被任命为大司农，羊祜知道他很有才能，又听说他小名叫阿童，就请求将王濬留在益州，命令他率船队顺长江而下，一举攻克了建康，灭掉了吴国。

网国推汤，成都仰舜。

【译文】商汤网罗了很多国家，舜能够建成都市。

【解说】◎传说商汤看见有人张网捕鸟，那人把四面全围上，在那里祝愿说："从天上掉下来的，从地里钻出来的，从四面飞过来的，都钻到我的网里。"商汤说："嘿，一网打尽，除了夏桀这个暴君谁能这样做呢？"那人于是去掉了三面网，只留了一面，重新祝愿说："愿向左的向左，愿向右的向右，愿高飞的高飞，愿低飞的低飞，我只捉那些命该如此的。"汉南的小国听说了这件事，说："汤的仁政施行到鸟兽的身上了。"就有四十个国家投奔了商朝。　◎《庄子》中说，舜就像羊肉的气味能够吸引蚂蚁一样，靠自己的品德吸引百姓聚到他的周围，所以能搬迁三次都很快建成了都城。

犬赍陆书，鸽系张信。

【译文】狗带着陆机的信，鸽子系着张九龄的信。

【解说】◎晋代陆机是华亭（今上海）人，在京城洛阳做官，很久没有收到家里的消息了。他养了一条叫"黄耳"的狗，非常聪明，就对狗说："你能够帮我带去书信并取回消息吗？"黄耳摇摇尾巴叫几声，像是答应。陆机就把信放在竹筒里，系在狗脖子上。狗自己找路回到南方，把信送到陆家，又带来回信。从此，陆机经常让这只狗送家信。赍（lài），带着。　◎唐代张九龄小时候养了一大群鸽子，每当要给朋友去信时，就把信系在鸽子的脚上，鸽子就会飞着给他送去。

十三、问　韵

文帝受言，太宗顾问。

【译文】汉文帝接受忠言，宋太宗亲自询问。

【解说】◎汉文帝喜欢别人给他提建议，每逢有官员上书，都要停下车接受，不可采纳的就放在一边，可以采纳的就表扬。　◎宋太宗对新考取的进士，往往亲自询问本人，年纪太轻的常常罢免不用。有人教寇准多报几岁，寇准说："我怎么可以欺君呢？"他还是考中了。

李贺鬼才，邓郁仙分。

【译文】李贺被称为鬼才，邓郁有神仙的缘分。

【解说】◎唐代诗人李贺的诗因为构思奇特，遣词造句往往出人意料，被后人称为"鬼才"。　◎南朝隐士邓郁，隐居在南岳衡山，三十年不下山，也不吃粮食，只喝泉水吃云母，日夜念经。忽然有一天仙人魏夫人乘云来到衡山，对他说："你有神仙的缘分，所以来找你，不久将在天上相会。"果然几年后有两只青鸟来到衡山，邓郁说："这是来接我的了。"然后就无疾而终。

朱墨宓铭，丹青溥训。

【译文】陈宓写作《朱墨铭》，虞溥借丹青教育学生。

【解说】◎宋代陈宓是朱熹的学生，他曾写了一篇《朱墨铭》，借朱和墨两种颜色的变化说明哲学问题。　◎虞溥是晋代人。他担任鄱阳内史时，大修学校，广收学生，教育学生们："说学问能够影响人，比染上丹青颜色还强。我只看见颜色时间久了可以褪色，还没见到学习久了还退步的人。"

浪迹志和，肆游灵运。

【译文】张志和浪迹四海，谢灵运酷爱旅游。

【解说】◎唐代诗人张志和中年之后不再做官，在江湖之间流浪，自称"烟波钓徒"。陆羽曾经问他都和谁来往，他回答说："宇宙就是房子，明月就是灯烛，和四海之间的朋友共处一室之中，并没有一时分别，还有什么来往好说呢？"　◎谢灵运是南朝宋诗人，生性喜欢旅游。在担任永嘉太守时，就肆意游览山水，后来回到家乡，更是终日寻山访水，还发明了一双专门登山用的鞋子。他游览风景，不是看一看就回去，而是一定要登上山的最高峰，进到岭的最深处，看到最美的风光才肯罢休。

丹被八州，亮宣二郡。

【译文】韦丹的德政覆盖八州，明亮的声誉传遍二郡。

【解说】◎唐代韦丹曾担任江南西道观察使，很有政绩。后来唐宣宗看书看到了韦丹的事迹，就问宰相："元和年间治理百姓，谁够得上第一？"周墀回答说："我曾经在江西做官，韦丹有大功劳。他的德政覆盖了江西八州，至今已经死了四十年，人民还在怀念他。"皇帝听了，就让人把韦丹的事迹刻在石碑上。　◎北魏明亮担任阳平太守，清白廉洁，爱护人民，做了许多好事，朝廷上下都传遍了他的美名。后来他又担任汲郡太守，还是和以前一样，名声传遍这两个郡，人民在很久之后还怀念他。

伯深缥醪，法善酥醅。

【译文】崔伯深被赏给缥醪酒，叶法善喝到了酥醅酒。

【解说】◎伯深是北魏崔浩的字。他担任给皇帝讲书的官，一次给皇帝讲到深夜，皇帝赏给他十瓶"缥醪（piāo láo）酒"和二两"水晶盐"，说："我品你讲课的味道，就像这酒和盐，所以让你也尝尝味道。"　◎古代有个道士叫叶法善，住在玄真观里。一次有十几个人去看他，大家都想喝点酒，这时有一个自称"曲秀才"的人闯了进来，又白又胖，坐在席间高谈阔论，一会儿化作一阵旋风不见了。叶法善说："会不会是妖怪在迷惑人呢？"就拿剑等在那里。过了一会儿，曲秀才又来高声谈论，叶法善一剑将他的头砍了下来。头落在地上，大家一看变成了坛子盖，再看那人已经变成了一坛浓浓的酒，就高高兴兴把它喝掉了，味道非常好。原来曲秀才是酒曲成精。酴醾（nóng yùn），浓酒。

临雪袁安，畏风满奋。

【译文】袁安对着大雪躺着，满奋怕风吹。

【解说】◎东汉袁安是汝阳人。一次下大雪，地上的积雪有一丈多深，汝阳县令出来巡视，看见人家都把门前的雪铲掉，出去找吃的，只有袁安门口没有路，以为袁安已经冻死了，就让人把雪铲了，进入袁家，发现袁安正在那里躺着，已经快僵了。县令问袁安为什么不出去，他说："下这么大的雪，每家人都在挨饿，不应该出去打扰别人。"县令觉得这个人很好，就推荐他做了孝廉。 ◎晋代人满奋怕风，在晋武帝那里坐着，北窗上安着琉璃，虽然很严实，但因为是透明的，满奋还是很不安。武帝笑话他，他说："我就像吴地的牛，被太阳热怕了，所以见到月亮也要喘。"

晏殊请题，苏颋易韵。

【译文】晏殊请求改变试题，苏颋自己改变了韵脚。

【解说】◎宋代晏殊七岁就能写文章，后来被作为神童推荐给皇帝，皇帝让他和上千名进士一起参加考试，他一点也不害怕，拿起笔来很快就写成了，受到皇帝赞赏。又过了两天考诗赋，晏殊报告说："这个题目我过去写过，请换一个题目。"皇帝看到他诚实，又看到他又快又好地写完了文章，几次夸奖他，让他做了秘书省正字官。 ◎唐朝苏颋五岁时，裴谈去找他父亲，正好看见他在，就让他背诵古文《枯树赋》。苏颋快背完的时候，因为不能说长辈的名字，赋中的"潭"字和"谈"字同音，就将韵脚给改了。原文是："昔年移柳，依依汉南。今看摇落，凄怆江潭。树犹如此，人何以堪。"苏颋改为"昔年移柳，依依汉阴。今看摇落，凄怆江浔。树犹如此，人何以任。"裴谈听了，非常惊奇，知道他长大后一定能成为大作家。

康祚捧痈，黔娄尝粪。

【译文】鲁康祚捧着疮痛哭，庾黔娄为父亲尝粪。

【解说】◎南朝鲁康祚是个孝子，他小时候，母亲乳房上长了一个大疮，请了很多医生都治不好，鲁康祚就跪在地上用两只手捧着疮痛哭，母亲觉得舒服一点，慢慢痊愈了。当时的人认为是鲁康祚的行为感动了神灵。痈（yōng），毒疮。　◎庾黔娄是南朝庾易的儿子，去外地做官还不到十天，忽然觉得心惊肉跳，就弃官急急忙忙跑回家，回去一看，父亲已经病了两天了。医生说："要知道病情转重还是转轻，只要尝尝粪是甜还是苦就行了。"庾易拉痢疾，黔娄就每次都取来尝，发现越来越甜，心里非常着急，每晚对着北极星磕头，要求代替父亲去死，但最后父亲还是死了。古代这类孝行在今天看来已不可接受。

尧鼓博咨，舜琴解愠。

【译文】唐尧设立鼓来广求意见，舜的琴声可以解除人民的愤怒。

【解说】◎传说唐尧在朝廷上设立一面大鼓，谁想提意见就可以敲鼓，用来广泛征求意见。　◎传说虞舜弹五弦琴，写了一首《南风》之诗，诗中说："南风之熏兮，可以解吾民之愠兮。南风之时兮，可以阜吾民之财兮。"大意是南风的温和，可以解除人民的恼怒；南风按时到来，可以增加人民的财富。愠（yùn），怒。

十四、愿　韵

虎渡宋均，蛇还虞愿。

【译文】老虎因为宋均渡江而去，蛇又回到虞愿床下。

【解说】◎东汉宋均担任九江的太守，境内老虎伤人，成为一害，每年设陷阱猎捕，还是咬伤很多人。宋均到任之后，给下属各县下令说："南方有老虎，就像北方有鸡猪一样是正常的。现在跑出来伤人，是因为有贪官污吏。如果除去坏人，任用好人，那么就可以把陷阱一类的东西都废掉了。"后来传说老虎听了他的话，都结伴游过长江到东边去了。　◎南朝虞愿担任晋安太守，勤政爱民。当地出产一种蛇，胆可以做药用，有人送给虞愿一条，他不忍心杀它，把它拿到二十里外的山里放掉了。过了一夜蛇又回到他的床下。他又把它送到四十里外的山中，第二天又回来了。人们都说这是他的仁慈心肠感动了蛇。

全琮空船，冯谖烧券。

【译文】全琮空船而去，冯谖烧去债券。

【解说】◎三国时，全柔担任桂阳太守。有一次，他让儿子全琮运一船米到吴地去做买卖，但全琮到吴地后，把米全部分给了缺粮的人，然后空船回到桂阳，全柔一见十分生气，全琮叩头回答说："做买卖并不是什么紧急的事情，现在有很多人忍受饥饿，所以我把米分给他们了。"全柔听完，转怒为喜，觉得自己的儿子是有志向的人。　◎孟尝君出了个布告，问门客有谁熟悉会计业务，可以到薛地去收债，冯谖（xuān）在布告上写了个"能"字。于是孟尝君让他带上债券出发，临行前，冯谖问："收完债后买些什么回来呢？"孟尝君说："我家少什么你就买什么吧。"冯谖到薛地后，让欠债人都来合券还债，债券合齐以后，冯谖假称孟尝君有命令说所有的债都一笔勾销，不用偿还了，当场把所有债券烧了，老百姓非常高兴，连呼孟尝君万岁。第二天，冯谖回到齐国，孟尝君问他买了什么回来，冯谖说替孟尝君买了仁义回来，孟尝君说："买仁义有什么用？"冯谖说："您就有'薛'这么一块封地，不爱护当地民众，还想法子去盘剥他们，对您不利。"后来，孟尝君失去齐王的信任，回到薛地，受到当地百姓的欢迎，这才领悟了冯谖的用意。

八叉庭筠，七步子建。

【译文】温庭筠叉八次手做一篇赋，曹子建走七步路做一首诗。

【解说】◎据说温庭筠文思敏捷，他作赋时，叉八次手，赋就做成了。　◎曹植字子建，他的哥哥魏文帝曹丕刁难他，让他在七步之内做出一首诗，否则就杀了他。曹植走了还不到七步就做好了"本是同根生，相煎何太急"那首诗。

宗魏割毡，子舆裹饭。

【译文】韩宗魏分割毛毡，子舆携带饭食。

【解说】◎韩亿字宗魏，宋代人，他与李若谷关系十分好，二人家里都很穷，到京师考试时，只有一块毛毡，后来二人分手时，就把毡子割开，各拿一块。　◎《庄子》中有个故事：子舆与子桑是好朋友，平时来往密切。有一次碰上连阴天，雨下个不停，子舆不见子桑来，想道，子桑大概是生病了，于是带着饭食去看望。到了子桑门口，听见屋里传出悲伤的歌声，歌中唱道："是父亲啊还是母亲，是天啊还是地？"子舆进去问道："歌中所唱是什么意思？"子桑回答说："我一直在想，是谁让我落到这种穷困的地步，是父母吗？不是。是天地吗？也不是。看来我的命运就该这样穷苦。"

步虚庾词，崇有裴论。

【译文】庾信写了《步虚词》，裴颜作了《崇有论》。

【解说】◎庾信是南朝文学家，他写过《道士步虚词十首》，讲的都是道家方面虚无缥缈的事情，文辞很美。　◎晋朝的风气，崇尚清谈，不做实际的事情，像何晏、阮籍等人都是这方面的代表。当时的尚书左仆射裴颜（wěi）对这种状况很忧虑，就写了一篇《崇有论》，希望能改变这种风气。

万卷李惊，十年沈恨。

【译文】李邕读万卷书的速度让人惊叹，沈攸之恨不能用十年的时间读书。

【解说】◎唐代李邕有一次见到掌管皇家图书的李峤，感叹自己看书不多，想看看皇家秘阁所藏的图书。李峤说："秘阁藏书上万卷，岂是一时半会儿能看完的。"李邕一再坚持。于是让他当了直秘书。但不久他就辞去了这个工作，李峤很惊奇，就问了他一些偏僻的书籍，李邕都回答得很流利，李峤不禁感叹说："你真不愧是名家子弟。"　◎南朝宋人沈攸之晚年好读书，平时手里总拿着书。他常感叹："早知道显达和穷困都是天命，真悔恨没有用十年的时间好好地读书。"

十五、翰　韵

张霸宅傍，孙期垄畔。

【译文】在张霸的住宅旁居住，在田垄边向孙期学习。

【解说】◎汉代张霸从很小的时候就勤奋学习，精通古代经典。跟随他学习的人，为了能就近请教，都在他家旁边买房子住下来。　◎孙期也是汉代人，家中贫穷，但他对母亲很孝顺，平时在大泽中给人放猪以养活家人。他很有学问，远处来向他学习的人常常拿着经书，在田垄上追着他请教问题。由于他的影响，乡里人都很谦让有礼。

玺探孙坚，剑掘雷焕。

【译文】孙坚探出玺印，雷焕掘出宝剑。

【解说】◎孙坚是三国时吴国的君主，他驻军洛阳时，有天早晨当地的一口井里忽然冒出五色雾气，军中都感到惊奇，不敢再去打水。孙坚命人下井探寻，找到一颗古印，上面有"受命于天，既寿永昌"的文字。　◎雷焕是晋代人，据说很善于观天象。张华因为看到天上北斗星附近常有紫气，就把他找来，二人晚上登楼观天，雷焕说："因为地下埋着的宝剑的剑气冲上了天空，所以才有紫气。"张华问剑大致埋在什么地方，雷焕说在江西豫章郡的丰城，于是张华派雷焕去做丰城县令。到任以后，雷焕果然在一个地方挖出两把古代的宝剑，他把其中一把送给张华，另外一把自己佩带。

诗伯推唐，文雄美汉。

【译文】唐代毕曜被称为诗伯，汉代司马迁等被赞美为文雄。

【解说】◎杜甫在《赠毕四》诗中写道："才大今诗伯，家贫苦宦卑。"毕四指的就是毕曜。伯，兄弟中的老大。　◎汉代司马相如、司马迁都擅长写文章，被誉为文章之雄。

杜颂勇功，岳称神算。

【译文】杜预的神勇功德受人称颂，岳飞号称神机妙算。

【解说】◎晋代杜预担任镇南大将军，吴国孙皓被平定后，三国鼎立的局面结束。杜预认为，天下虽然安定了，但不能忘记战争的危险，因此他建立学校，振兴教育，同时又加强战备。人们作歌颂扬他："后世没有叛乱是因为杜翁，谁都知道他的智慧与神勇大功。" ◎岳飞是南宋爱国将领，善于用兵，屡战屡胜。他曾说行军作战"运用之妙，存乎一心"。所以岳飞被人称为"神算"。《宋史》上记载，他有一次与敌人作战，说八天之内必定能打败敌人，别人都不信，但岳飞神机妙算，果然在八天之内将敌人打败。

砚焚陆机，笔阁王粲。

【译文】看了陆机的文章就想把笔砚烧了，因为王粲而搁笔。

【解说】◎晋代陆云有一次写信给哥哥陆机说："崔君苗每看到你的文章就想把自己的笔砚烧了。"意思是自叹不如。 ◎王粲是汉末人，很有才华，又善于辩论。当时的文人钟繇、王朗等虽然名气也很大，但在朝廷奏议写作这方面，他们在王粲面前都只能搁笔。阁，放，搁置，后作"搁"。

榻穿幼安，砚敝维翰。

【译文】管宁将木榻坐穿，桑维翰用"铁砚磨穿"发誓。

【解说】◎管宁字幼安，汉灵帝末年，因为天下混乱，他与朋友邴原到辽东避乱。朝廷屡次征他做官，都不应召。平时总坐在一个木床上，而且总保持着正襟危坐的姿势，就是跪坐在床上，从没有不符礼仪地伸腿坐在床上，五十五年的时间都是这样，所以膝盖跪着的地方都被磨穿了。 ◎五代时后晋人桑维翰长得很丑，个子很小但脸很长，他常常对镜自照，认为自己是个奇人，往后必定能做公卿。他考进士时，主考官不但觉得他长得丑，而且觉得他的姓也不好，因为桑和丧同音。有人劝他不必考进士，可以通过其他途径当官，他就铸了个铁砚台给别人看，说："这个砚台磨穿了，我就改变途径。"后来他终于考中进士，并做了中书令。敝，破旧，破烂。

扈羡凤齐，卢夸鳌冠。

【译文】扈蒙羡慕五凤齐飞，卢肇故意夸鳌戴巨冠。

【解说】◎宋太祖时，宋白、贾黄中、李至、吕蒙正、苏易简五人，同时被任命为翰林学士承旨，扈蒙赠诗说："五凤齐飞入翰林。"后来这五个人都成了著名的大臣。　◎唐代卢肇开元年间参加科举会试，没被考官录取，他就作了一篇谢启，其中说："巨鳌赑屃，首冠灵山。"考官见了，以为他是谢恩，就说："前些日子因为人数限制，没有选送你，我觉得有些抱歉，你为什么还向我谢恩呢？"卢肇说："我就知道大人要询问，一般来说，像蓬山一样的大石在上面，巨鳌顶着它，肯定是没有出头之日了。"听的人都禁不住大笑。

波臣辙呼，河伯洋叹。

【译文】波臣在车辙中呼救，河伯望洋兴叹。

【解说】◎庄子因为家里穷，就到监河侯那里想借些粟米，监河侯说："好。你等着吧，我不久就要得到一批金子，借给你三百金，可以吗？"庄子一听，很生气地说："我昨天来的时候，听到有人呼喊，我一看，原来是路上车辙里有条鲋鱼在呼叫，我问它要干什么，它说，'我是东海中的波臣，你能不能弄点水来救活我。'我说，'好，我正好要到吴越一带，我将引来西江的水来救你，可以吧。'鲋鱼生气地说，'我因为离开了我平常所处的地方，只要一点水就可以活命，如果像你说的那样，还不如早到干鱼市场上去找我呢！'"　◎河伯是黄河之神。秋天到来，千百条河流注入黄河，河伯欣然自喜，认为天下美景都在自己这里。他顺流而下，到达北海，却看不到水面的尽头，才领悟到自己的渺小，对北海之神感叹说："如果我不到你的面前，那该多么危险，我将永远被有见识的人嘲笑了。"

镫截姚崇，珮留郑涣。

【译文】姚崇截去马镫，郑涣留下玉珮。

【解说】◎姚崇是唐朝著名大臣，他做荆州长官，任期满后将要离开，荆州老百姓流着眼泪不忍他离去，他于是截下马镫，留下马鞭作为纪念。　◎郑涣是宋代人，他担任通判期满离开时，当地百姓挽留他，他留下自己的玉佩作为分别纪念。

灵公桃分，哀帝袖断。

【译文】卫灵公与弥子瑕分桃，汉哀帝为董贤割断袖子。

【解说】◎弥子瑕受到卫灵公的宠爱，有一次他与灵公在桃园里游玩，吃桃子觉得很甜，就把没吃完的那一半给灵公吃，灵公不认为这是无礼，反而说："这是他爱我的表现。"后来弥子瑕失去宠爱，这件事又成了他的罪状。　◎董贤因为长得俊美受到汉哀帝刘欣的宠爱。有一次，他白天睡觉时压住了哀帝的袖子，哀帝起来时，为了不惊醒他，就把自己的袖子割断。

十六、谏　韵

唐咏凿耕，虞歌烂漫。

【译文】唐尧时的壤父歌咏凿井耕田，虞舜时唱卿云烂漫歌。

【解说】◎壤父是唐尧时期的人。当时在尧的治理下，天下太平，百姓和乐，壤父已八十多岁，在道边击壤，旁边观看的人说："帝尧的恩德太大了！"壤父说："我太阳出来就工作，太阳落山就休息，凿井饮水，耕田吃饭，帝王对我有什么恩德呢？"击壤，古代一种游戏。　◎虞舜把帝位传给大禹之后，参加大禹主持的祭祀仪式，带领大家唱《卿云歌》："卿云烂兮，纠缦缦兮，日月光华，旦复旦兮。"大意是祥云烂漫，日月的光华每天普照大地。

永叔帖规，公权笔谏。

【译文】欧阳永叔利用春帖子规劝皇帝，柳公权借笔法提出劝告。

【解说】◎宋代欧阳修字永叔，他在翰林院任职时，每年要写祝贺新春的春帖子，宋仁宗读了很喜欢，就找来宫中所有的春帖子看，发现其中都包含着很深的寓意。皇帝感叹说："欧阳修拿起笔来就不忘规劝皇帝，真是尽到大臣的责任啊。"　◎唐代大书法家柳公权担任司封员外郎，一次皇帝向他问写字运笔的方法，他回答说："心正以后笔就正了，笔正了就能写好字了。"当时皇帝正纵情欢乐，所以柳公权假借笔法规劝他。

尺素剖鱼，帛书系雁。

【译文】鱼肚子里剖出尺素书，雁脚上系着帛书。

【解说】◎我国古乐府诗歌《饮马长城窟行》中有这样的诗句："客从远方来，遗我双鲤鱼。呼儿烹鲤鱼，中有尺素书。"尺素书，写在尺长的素白绢上的书信。　◎汉代苏武出使匈奴，被匈奴单于扣留，流放到严寒的北海放羊，让他等到公羊能挤出奶时才让他回去。汉朝与匈奴在放苏武回去这事上进行交涉，匈奴假说苏武已经死了。后来汉朝的使者又到匈奴，采用常惠的办法，说汉朝的皇帝打猎射到了一只雁，在雁脚上发现一封写在帛上的书信，信中说苏武现在还活着，在某地放羊。这样单于无法抵赖，只好承认苏武还活着，把他放了回去。

举戈晏婴，负锸许绾。

【译文】晏婴举戈说罪行，许绾扛锸出点力。

【解说】◎晏婴是齐国的相国。齐景公有一匹马被养马的人杀了，景公大怒，拿起戈要亲手杀死养马人。晏子说："他死了还不知罪，请让我说说他的罪行然后再杀他。"景公说："可以。"晏子就举着戈，走到那人面前说："你为大王养马而把马杀了，罪当死；你使大王因为一匹马就杀养马人，罪又当死；你使邻国都知道齐国的国君因为马杀人，又该当死罪。"听到这里，齐景公说："先生放了他，先生放了他，不要损害我仁义的名声。" ◎魏王下定决心建一座有天一半高的"中天台"，说："有胆敢反对的就处死。"许绾（wǎn）背着锸（chā）进来说："听说大王要建中天台，我也来出点力。"魏王说："你能出什么力呢？"许绾回答道："我虽然没有力气，但会测量。听说天地之间的距离有一万五千里，大王要建天的一半高，就是七千五百里，这么高的台的地基就要方圆八千里，现在魏国的国土没有这么大，大王必须把诸侯各国全部消灭掉，但这也只有五千里，大王还得占领四周的外国，这样才够八千里的地基。但是堆放材料、修建仓库以及种粮养活人的地方还没有，大王必须解决了这些问题才能动工兴建。"魏王听了他的计算，只好打消了这个念头。

成汤修肱，颛顼骈骭。

【译文】成汤的胳膊很长，颛顼的肋骨连成一块。

【解说】◎传说成汤的胳膊很长，后背像乌龟，身高九尺六寸。修，长。肱（gōng），胳臂。 ◎颛顼（zhuān xū）是传说中的上古帝王，相传他的肋骨是连成整块的。骈（pián），并连。骭（gàn），肋骨。

封除蝗灾，绘绝兽患。

【译文】戴封能免除蝗灾，李绘杜绝了猛兽的祸患。

【解说】◎东汉戴封担任西华令时，邻县闹蝗灾，但不进入西华的边界，后来上司派来检查工作的督邮来到县里，蝗虫忽然都飞来了。督邮当天走了以后，蝗虫也立刻不见了，全县都感到很奇怪。　◎北魏李绘担任高阳内史时，县中有三只猛兽伤人，人们很忧虑。李绘想修陷阱捕捉，那三头猛兽忽然自己互相打起来，全被咬死了。大家以为是李绘的教化感动了生灵，都劝他上报，他说：“这不过是偶然发生的事，并不是我的功劳。”

十七、霰　韵

缓带轻裘，葛巾毛扇。

【译义】羊祜穿着轻皮袍系着宽松的腰带，诸葛亮戴着葛布头巾拿着羽毛扇。

【解说】◎羊祜是晋朝大将，在军中常常穿着轻松的皮袍，系着宽松的腰带，不穿盔甲，只要十几个人保卫他。　◎诸葛亮和司马昭两军对阵，司马昭身穿盔甲，全副披挂，来到阵前，只见诸葛亮坐着一辆没有装饰的车，头戴葛布头巾，手拿羽毛扇，指挥三军，军队进退都按照他的调度。司马昭很佩服他。

足下文章，口中案卷。

【译文】申豫脚下有文章，张九龄口中断案件。

【解说】◎申豫作诗的时候，总是绕着屋子不停地走，每想到一个好句子，就高兴得拍着桌子大叫，人们说他的脚下有文章。　◎唐代张九龄在刑部任职时，每逢有案件需要审理，手下人都不敢擅自处理，先要提交给他。他对着囚犯一边审问，一边分清曲直，口中顺便就说出判决来，囚犯不论被判轻判重，都甘心服罪。当时的人把这叫作"张公口案"。

贡禹免冠，陈蕃投传。

【译文】贡禹被摘下了官帽就不再戴上，陈蕃扔掉符信弃官而去。

【解说】◎汉代贡禹担任河南令，年底因为公事被府里的官责备，让他摘下官帽谢罪。贡禹说："官帽一旦摘下来了，怎么能再戴上呢？"就不要官位回去了。　◎东汉陈蕃担任汝南刺史的属官别驾，因为提意见争论起来，就把手中的符传扔到地上走了。传（zhuàn），符信，官吏表示身份的信物。

陆母切葱，陶母剉荐。

【译文】陆绩的母亲切葱有一定尺寸，陶侃的母亲把草垫剉碎喂马。

【解说】◎东汉陆绩由于受别人的牵连被捕入狱，受到严刑拷打，他的母亲到京城去探听消息，又联系不上，就给他做饭，让看门的人送进去。陆绩平时很坚强，一看到饭就哭了起来，审问他的人就问他为什么，陆绩说："母亲来了又不能见面，所以伤心。"那人认为是狱卒通风报信，大怒，就要治狱卒的罪，陆绩说："我母亲切肉，从来都切得方方正正，切葱都切成一寸长，我看到送进来的菜，就知道是母亲做的，并不是有人报信。"审问他的人听了，去旅馆打听，果然陆绩说的是实话，就对他很同情，想办法救了他。　◎晋代陶侃的母亲姓湛，虽然陶家很穷，她还是每天纺线织布，赚来钱支持儿子结交人品好的朋友。范逵是一个品德高尚的人，一次在陶家过夜，正赶上大雪，湛氏就把自己铺的新草垫抽出来剉碎，喂了范逵的马，又偷偷剪下自己的头发卖给邻居，换来饭菜。范逵听说了，感动地说："如果不是有这样的母亲，怎么能生出这样的儿子呢？"陶侃后来很有成就。剉（cuò），铡切，砍。荐，草席，草垫。

元礼松风，濬冲岩电。

【译文】李元礼像劲松下的风，王濬冲像山岩下的闪电。

【解说】◎汉末李膺字元礼，他正直严肃，人们评论他说："李元礼就像劲松下吹过的风一样。"　◎晋代王戎字濬冲，他的眼睛很有神，敢直视太阳，裴楷见了他之后说："王戎的眼睛闪闪发光，就像山岩下面的闪电。"

揽辔范滂，据鞍马援。

【译文】范滂拉着缰绳，马援扶着马鞍。

【解说】◎东汉范滂品德高洁，很有名气。当时冀州闹饥荒，民不聊生，朝廷就任命他为请诏使，派他去调查情况。范滂登上车拉起缰绳，意气风发，立志使天下太平。等他来到冀州境内，当地官吏自知贪污犯罪，听说他要来就望风而逃。辔（pèi），驾驭牲口的缰绳。　◎东汉建武二十四年，汉朝进攻五溪蛮的战争失利，马援就主动要求出征，当时已经六十二岁了。皇帝考虑到他年纪大，没有批准，马援说："我还能穿着铁甲上马。"皇帝让他试一试，他扶着马鞍一回头，皇帝笑着说："这个老头真精神啊。"就派他去了。

丁颛置书，范馨遗砚。

【译文】丁颛为子孙买书，范馨留给孙子砚台。

【解说】◎宋人丁颙用他的全部财产买了八千卷书，说："我的子孙中定会出一个读书好学的人。"后来他的孙子丁度果然勤奋好学，官至宰相。 ◎晋代范乔两岁时，他的祖父范馨要死了，祖父摸着他的头说："可惜我看不到你长大了。"便把一块砚台传了给他。范乔五岁时，他的祖母给他讲这件事，范乔抱着砚台伤心痛哭起来，人们觉得他很早就懂事了。

王许黑头，沈讥白面。

【译文】王导推许诸葛恢将来是黑头公，沈庆之讥笑白面书生。

【解说】◎晋代诸葛恢担任地方官时，很有政绩，后来因逃避战乱，来到江南，当时的名流王导等人很欣赏他，对他说："你将来一定能成为黑头公。"黑头公，指大官，因为当大官的人都戴着乌纱帽。 ◎沈庆之是南朝宋人，当时宋文帝想要北伐，沈庆之反对，皇帝就让大官僚江湛等和他辩论，沈庆之说："治理国家也和治理一个家庭一样，问耕种的事要找家奴，问纺织的事要找使女，找一些白面书生有什么用。"说得大家都笑起来。

戴封与缣，陈寔遗绢。

【译文】戴封送给强盗七匹缣，陈寔送给小偷两匹绢。

【解说】◎汉朝人戴封一次走路时遇上强盗，把他的东西都抢走了，还有七匹缣，强盗没有发现。戴封就抱着七匹缣追上他们说："我知道你们缺东西，这些就送给你们吧。"强盗们很吃惊，说："这是大好人啊。"就把抢的东西都还给了他。 ◎陈寔是东汉人。一天夜里有一个小偷进了他家，藏在梁上，被陈寔发现了。陈寔假装没看到他，把子孙们都叫起来训话说："人不可以不自勉，不好的人也不一定生来就是坏人，坏毛病都是养成的，像藏在梁上的那位君子就是这样。"小偷听了非常害怕，就跳下来磕头认罪，陈寔慢慢开导他说："看你的样子不像坏人，你要努力克服自己的缺点重新做好人。"又拿了两匹绢送给他。从此全县再也没有盗窃事件了。

却筮颜含，投书殷羡。

【译文】颜含不要别人算卦，殷羡把书信都扔到江里。

【解说】◎颜含是晋朝人，年轻时立功封侯，年老退休，郭璞曾去拜访他，想替他算一卦，他说："人的寿命由天说了算，官位由人说了算，自己做到了天却不给的是命，人各有自己的命，用不着算卦。"筮（shì），占卜，算卦。　◎晋人殷羡去豫章上任，许多人托他带信，共有一百多封。走到石头城（今南京）的时候，殷羡把这些信都扔到了长江里，说："该沉的就沉下去，该浮的就浮起来，殷羡不给别人当邮差。"

十八、啸　韵

柱石霍光，栋梁和峤。

【译文】霍光是国家柱石，和峤是栋梁之材。

【解说】◎霍光是汉代大臣，汉昭帝时掌握大权十几年，使国家有了很大发展。昭帝死了之后，立刘贺为皇帝。刘贺荒淫无道，霍光很忧虑，就去找大司农田延年商量，田延年说："将军是国家的柱石，看这个人不合适，为什么不报告皇太后另选一个优秀的人立为皇帝呢？这种事古代的忠臣伊尹也做过，将军如果也这样做，那么就是汉朝的伊尹了。"霍光于是就和大臣们一起去找太后，废掉了刘贺，另立了汉宣帝

刘询。 ◎晋代和峤（qiáo）年轻时很有个性，庾颙见了他感叹说："和
峤就像千丈的松树那样挺拔庄重，虽然枝节多一些，但拿去建大厦却
是做栋梁的材料。"

霞举会稽，云飘逸少。

【译文】会稽王的举止像朝霞升起，王逸少的举止像白云飘荡。

【解说】◎晋简文帝未做皇帝之前被封为会稽王，他举止大方，仪态轩
昂，每当他来上朝时，人们觉得像朝霞升起一样。 ◎晋代大书法家
王羲之字逸少，当时的人评论他的举止有时像白云那样悠闲地飘荡，
有时又像受惊的龙那样矫健。后来人们又用"飘若游云，矫若惊龙"
来评价他的书法。

王嘉还书，李沆焚诏。

【译文】王嘉退还太后的诏书，李沆烧掉皇帝的诏书。

【解说】◎王嘉在汉哀帝时担任丞相，哀帝当时正宠爱董贤等人，想把
他们封为侯，又怕大臣们不同意，就让太后下命令给董贤等人加官晋
爵。王嘉把皇太后的诏书封起来退了回去，同时又向皇帝和太后提出
了批评。 ◎宋代李沆（hàng）担任宰相的时候，一天晚上宋真宗派
人送来亲笔诏书，想封刘氏为贵妃。李沆当着来人的面，拿蜡烛把诏
书烧了，同时让使者回去代他启奏皇帝，只说李沆认为不可以。后来
这件事就取消了。

胡奴窘宏，孟德胁劭。

【译文】陶胡奴使袁宏窘迫，曹操威胁许劭。

【解说】◎晋代袁宏写了一篇《东征赋》，里面没有提到陶侃，陶侃的
儿子胡奴就把他骗到一个小房间里，拔出刀来逼问他："我父亲立了那

么大的功劳，你写《东征赋》为什么忽略了他？"袁宏被逼无奈，便回答说："我大大颂扬了他，怎么能说没有呢？"就随口念下去道："精金百炼，在割能断。功则治人，职思靖乱。长沙之勋，为史所赞。"其实这些话都是他临时编的。　◎曹操还没发迹时，常常低三下四去求许劭（shào）评价他，许劭看不起他的人品，总不答应。曹操就找了一个空子威胁许劭，许劭没办法，就说："你是太平时期的奸贼，乱世里的英雄。"曹操听了非常高兴。

梁父亮吟，苏门登啸。

【译文】诸葛亮喜吟《梁父吟》，孙登在苏门山长啸。

【解说】◎诸葛亮还没出山时，喜欢吟诵《梁父吟》诗。　◎晋代阮籍有一次登苏门山，遇见了孙登，阮籍就和他探讨宇宙以及修身养性等问题，他都不回答。阮籍就一边长啸一边下山，走到半山腰，忽然听到山谷间响起一种声音就像凤凰鸣叫一样，知道是孙登的啸声。啸，吹口哨。

王不神羞，刘为鬼笑。

【译文】王义方不让神灵羞愧，刘伯龙被鬼嘲笑。

【解说】◎唐朝王义方因受别人牵连被贬为吉安丞，乘船过海的时候，水手拿酒肉请他祭祀海神，他盛海水发誓说："如果因为忠诚而得罪，因为孝敬而被责怪，就让天地间烟雾消除，大海千里风平浪静。神你听着我的话，不要让神感到羞愧。"当时正是盛夏时节，海上惊涛骇浪，大雾迷漫，他祭完之后，就海平天晴了。　◎南朝刘伯龙，年轻时很穷，后来当了官，一直做到武陵太守，反倒更穷了。传说有一次他在家里叫手下人来，想添一点家业，忽然看见一个鬼在一边大笑，刘伯龙感叹道："命里注定要贫穷，结果又被鬼嘲笑了一顿。"就不干了。

愣息喧哗，镜平酣叫。

【译文】崔愣能平息喧哗声，张镜能制止酣叫。

【解说】◎北魏崔愣（líng）担任车骑大将军。一次李浑请客，大家正喝酒喧哗的时候，崔愣来晚了，满座的客人没有一个人再说话。郑伯猷说："崔身长八尺，面部就像雕刻上去的，声音像洪钟，胸中藏了上千卷书，让人不能不又怕又服。" ◎南朝张镜很有学问，他的邻居是当时的名人颜延之，饮酒谈论，声音很大，非常喧闹。张镜默不作声。后来张镜和客人谈论学问，非常精辟深刻，颜延之从篱笆边听到了，心里很佩服，对客人说："那边有高人啊。"从此不再高声叫了。酣叫，很痛快地叫喊。

顾画通灵，卫书入妙。

【译文】顾恺之的画通灵气，卫夫人的字入妙品。

【解说】◎晋代大画家顾恺之的画非常生动，相传他画龙画成后不点眼睛，如果点上，龙就会从墙上飞走。他自己也很自负。一次他把一柜子他喜爱的画封上，寄存在桓玄那里，桓玄把画偷走了，又把封条贴上还给他，说没有打开过。顾恺之见封条没坏而画都不见了，直说："好画通灵气，变化了飞出去了，就像人成仙一样。"一点也不觉得奇怪。 ◎卫夫人是王羲之的老师，她的楷书达到了"妙"的境界。

雷泽舜渔，磻溪望钓。

【译文】舜帝在雷泽打鱼，吕望在磻溪垂钓。

【解说】◎传说舜亲自耕种、制陶和打鱼，而且非常孝敬父母，友爱兄弟。他在历山耕种的时候，耕田的人都主动让出地界。他在河滨烧陶的时候，烧陶的人烧出来的东西都不粗糙。他在雷泽打鱼的时候，打鱼的人都能均分收获。所以他当上帝王后，天下的风气就特别好了。　◎姜太公原名吕尚，又改名吕望。他在磻溪垂钓等待时机，最后周文王发现了他，请他做军师，协助武王灭掉了商朝，建立了周朝。磻，读 pán。

太白步迎，元崇辇召。

【译文】李太白受到皇帝徒步迎接，姚元崇被用步辇接来受召见。

【解说】◎李白被唐明皇征召入宫觐见时，明皇从步辇上下来，徒步迎接他，让他坐在七宝床上，亲手调制羹汤给他吃。　◎唐明皇在宫里非常想听姚元崇谈论当时的大事，七月十五那天，大雨不停，路上泥泞有一尺深，皇帝就命令用他乘坐的步辇去接姚元崇来。

十九、效　韵

野戏半生，牧嗟一觉。

【译文】魏野戏称半生半熟，杜牧感叹十年一觉。

【解说】◎宋代有个四川人叫魏野，很会作诗，在寇准手下做慕僚。寇准镇守北都，当地有一个歌妓，长得很漂亮，但举止生硬，人们都叫她"生张八"。寇准府里开宴会，她也来参加，寇准让她向魏野索要一首诗，魏野就赠给她一首，诗是这样的："君为北道生张八，我是西州熟魏三。莫怪尊前无笑语，半生半熟未相谙。"　◎唐代诗人杜牧青年时代在扬州，喜欢和歌妓舞女交往，生活比较随便。中年以后他回想这段生活，就写了一首诗："落魄江湖载酒行，楚腰纤细掌中轻。十年一觉扬州梦，赢得青楼薄幸名。"觉（jué），醒来。嗟，叹息，慨叹。

放翁书巢，仁裕诗窖。

【译文】陆放翁的书房叫"书巢"，王仁裕号称"诗窖"。

【解说】◎宋代大诗人陆游号放翁，他的房间里到处都是书，所以他就给它起了个名字叫"书巢"。　◎王仁裕是五代时期的人，一生写了一万多首诗，号称"诗窖"。

迁坐张敷，移床江敩。

【译文】张敷把座位搬开，江敩把坐床移走。

【解说】◎张敷是南朝宋人，他出身贵族，看不起别人。担任中书舍人时，他的两个同事狄当、周赳主管重要工作，心想张敷既是同僚，又出身名门贵族，应去拜访他。周赳说："万一他不愿意和我们交往，还不如不去。"狄当说："我们也是员外郎，还愁他不和我们坐在一起。"于是二人就去了。张敷先在离墙壁三四尺的地方放了两个座位，等两个人坐下后，就叫手下人："抬着我离客人远一点。"周赳他们走的时候脸上都变了颜色。　◎江敩（xiào）是南朝齐人，担任兵部尚书。当时有一个叫纪僧真的人受齐武帝的信任，担任了中书舍人，对皇帝说："我是本县的武官出身，因为皇帝栽培，地位高到这一步，也没有什么需要的了，只要求皇上能让我做士大夫，当一个文人。"皇帝说："这得由江敩他们出头，我没有办法，你可以自己去见他。"纪僧真就去见江敩，他刚在座榻上坐下，江敩就命令手下人说："把我的座位搬开，让给客人。"意思是不和他坐在一起，纪僧真只好垂头丧气回去了。

赵后缨裙，杨妃锦袜。

【译文】赵皇后裙子系长缨，杨贵妃袜子是锦袜。

【解说】◎汉成帝的皇后赵飞燕，身材非常轻巧。成帝经常和赵飞燕在太液池游玩，用沙棠木做了一只小船，用云母装饰，叫作云舟。皇帝经常担心小船荡来荡去吓坏赵飞燕，就让卫兵用绳索拉住船。每当一阵轻风吹过，赵飞燕像要随风落水一样，皇上就用绿带子系在她的裙子上。缨，带子。　◎杨贵妃在马嵬（wéi）坡被唐玄宗命令高力士勒死，在马嵬坡开客店的老太婆拾到了一只锦袎袜子，每当有客人想借来看一看，就得先交一百文钱，老太婆因此赚了大钱，成为富翁。袎（yào），袜筒。

桓女乘龙，陶妻喻豹。

【译文】桓焉的女儿像乘上了龙，陶答子的妻子用豹来说道理。

【解说】◎晋代桓焉有两个女儿，分别嫁给了孙俊和李元礼，这两个人都是很有作为的人，当时的人就说这两个女儿都乘上了龙。　◎答子是陶地的长官，他治理陶地三年，名誉没建立起来，家财却增加了三倍。他的妻子苦苦劝他，他也不听。当他过了五年退休时，后面跟了一百多辆拉财物的车。家族里的人都来奉承祝贺他，只有妻子抱着孩子哭泣，她的婆婆发怒说："怎么这样不吉利。"她说："丈夫的才能小而官职高，这就是自寻其害，功劳不大而家里富起来，这就是积攒灾祸。我听说南山有黑豹，在雨天七天不下来找食吃，是想让雨水滋润它的皮毛形成花纹后好藏身避害；猪不论什么都吃，好让自己肥，但它只能是等死。现在丈夫治理陶地，自己家里富了，国家却很穷，君王不信任他，百姓不拥护他，他要家破人亡的征兆已经出现了，我想和儿子一起离开这个家。"她的婆婆大怒，就把她赶出了家门。第二年，答子果然因为贪污财物被杀，他的妻子回家照顾婆婆，一直到死。

皂雕志憺，白马子孝。

【译文】王志憺被称为黑雕，张子孝被称为白马生。

【解说】◎王志愔是唐朝人，担任左台侍御史，执法很严厉，人们都怕他，叫他"皂雕"。皂就是黑色。　　◎东汉张湛字子孝，担任光禄勋，皇帝上朝的时候，处理事务有不合理的地方，张湛就指出他的错误。由于他常骑白马，光武帝每次见到张湛就说："白马生又要提意见了。"

二十、号　韵

士稚运囊，升卿增灶。

【译文】祖士稚搬运土袋子，虞升卿增添炉灶。

【解说】◎晋代大将祖逖字士稚，在与陈川作战时，与敌人分守一个城的两部分，祖逖占领了东城，敌人固守西城，相持了四十多天。祖逖让士兵用布袋子装上土，伪装成粮食，堆在高台上，又让几个人挑着米在城里走，故意让敌人抢去。当时敌人已经断粮，以为祖逖的军队粮食充足，都很害怕，丧失了斗志，祖逖因此取得了胜利。　　◎东汉虞诩字升卿，在去武都赴任的路上，被羌人截击，虞诩就把军队停下，不再前进，扬言说已经去朝廷求援，等救兵到了再出发。羌人听了，就去袭击别的县，虞诩趁此机会，率领人马日夜行军二百里，又让战士宿营时每人挖两个炉灶，以后每天增加一倍。羌人看到汉军的灶不断增加，以为是大量援军到了，就不敢发起进攻。

面侧刘筠，胆落温造。

【译文】晏殊见到刘筠侧面走过去，温造使李祐提心吊胆。

【解说】◎宋代刘筠担任翰林学士时，为皇帝起草罢免丁谓、李迪宰相职务的文书，过后丁谓又留任，让他另写一道文书，刘筠不接受命令，皇帝就又找晏殊来起草。刘筠从翰林院出来，正碰上晏殊过来，晏殊心中有愧，不敢向刘筠行礼，就侧着脸过去了。　◎唐代温造担任御史时，检举批评夏州节度使李祐违反制度进贡马匹。李祐知道后说："我雪夜入蔡州，捉拿吴元济，也没有点害怕，现在叫温御史吓得我提心吊胆。"

目刮吕蒙，腹容王导。

【译文】鲁肃对吕蒙要刮目相看，周颧肚子里能装下王导。

【解说】◎三国时孙权对吕蒙说："你现在掌权做事，为了提高自己工作能力应该多多学习。"吕蒙说："我在军队中事情太多了，恐怕没多少时间读书。"孙权说："我又不是让你搞研究当博士，只是让你多知道点历史，过去光武帝在战争年代还坚持读书，曹操也主张学习到老，你怎么就没志气呢？"于是吕蒙就认真读书。后来鲁肃去见他，谈话之间发现他很有见解，和以前大不一样，就拍着他的背说："我以为老弟只有军事上的谋略，不想今天学识这么渊博，不是以前吴下的那个阿蒙了。"吕蒙说："士人三天不见，就应该擦擦眼睛好好看看，老兄你怎么还是老眼光呢？"　◎晋代丞相王导枕着周颧的膝盖，指着他的肚子说："你这里有什么呀？"周颧说："这里头空空的什么也没有，不过能装下几百个像你这样的人。"

羊酪机轻，鲫羹肃好。

【译文】陆机不喜欢羊奶酪，王肃喜欢鲫鱼羹。

【解说】◎晋代陆机是江南人，到北方的洛阳做官，一次他去见王济，王济指着面前的几杯羊奶制成的奶酪问他："你们江南有什么东西能比上它？"陆机说："有千里湖的莼菜羹，还是没放盐和豆豉的呢。"◎北魏王肃是从江南投奔到北方来的。他才到洛阳的时候，不吃羊肉和奶酪等食物，经常吃鲫鱼羹和茶水。几年后他也习惯吃羊肉了。

书校薛涛，禅参琴操。

【译文】薛涛能校书，琴操会参禅。

【解说】◎唐代四川有一个妓女薛涛，很有才学。王建写诗称她是"万里桥边薛校书"。　◎苏东坡担任杭州太守时，杭州有一名妓女叫琴操，很懂佛学，东坡很喜欢她。一次游西湖，苏东坡和她开玩笑说："我当长老，你试着参禅说一说佛理。"就问："什么是湖中景？"琴操回答说："落霞与孤鹜齐飞，秋水共长天一色。"又问："什么是景中人？"回答说："裙拖六幅湘江水，鬓挽巫山一段云。"又问："什么叫人中景？"回答说："随他杨学士，憋煞鲍参军。"他们的问答都是一些很玄虚不容易理解的话。最后琴操反问苏东坡："这些又说明什么呢？"东坡回答道："门前冷落鞍马稀，老大嫁作商人妇。"其中暗含了妓女的最后结局。琴操听了明白过来，就出家做了尼姑。

事可人言，为须天告。

【译文】司马光做的事都可以对别人说，赵抃做的事都要告诉天。

【解说】◎宋代司马光说："我没有什么超过别人的地方，只是平生做的事，没有不可以对别人说的。"　◎宋代赵抃每天做了什么事，晚上都要郑重地向上天报告，不可以报告的事就不做。

奉释裴谈，饱禅陈慥。

【译文】信佛教的裴谈怕老婆，精通禅学的陈慥也怕老婆。

【解说】◎裴谈是唐朝人，笃信佛教。他的妻子很厉害，裴谈就像怕严厉的父亲那样怕她。他曾经对人说妻子有三条可怕的地方："年轻漂亮的时候，看上去就像活菩萨；生了孩子以后，看上去就像九子魔母，哪有人不怕九子魔母的？五六十岁以后再抹点脂粉化化妆，看上去就像母夜叉鸠盘茶，哪有人不怕夜叉的？"当时的皇帝也怕老婆，宫廷里演戏的小丑就唱了一首《回波词》说："回波尔时栲栳，怕妇也是大好。外边只有裴谈，内里无过李老。"可见裴谈怕老婆是全国有名的。　◎陈慥（zào）是宋代人，苏轼的朋友。他精通禅学，但老婆很厉害，陈慥很怕她。苏轼写诗和他开玩笑说："龙丘居士亦可怜，谈空说有夜不眠。忽闻河东狮子吼，拄杖落手心茫然。"把他老婆发脾气比喻成"河东狮子吼"。

莲社招陶，兰台聚到。

【译文】白莲社招陶潜参加，到溉参加兰台聚会。

【解说】◎晋代的慧远和尚组织了一个"白莲社"，写信叫陶渊明参加。陶渊明说："如果允许喝酒，我就去。"于是就去了。到了那里一看，根本没有酒，就皱着眉头回去了。　◎南朝到溉兄弟很有名。任昉担任御史中丞，经常召集到溉等人聚会，因为御史台又称兰台，所以人们把他们的聚会叫作"兰台聚"。

贵重孝经，籍垂忠诰。

【译文】宇文贵重视《孝经》，李籍之著《忠诰》。

【解说】◎北周的宇文贵小时候才开始学习《孝经》时就对人说："读了这一部经，就足够作为为人处世的根本了。"　◎北魏李籍之写了一篇宣扬忠义的文章《忠诰》。垂，流传。

丹为鸡鸣，文赖狗盗。

【译文】燕太子丹学鸡叫，田文幸亏有手下会装成狗盗东西。

【解说】◎传说燕太子丹在秦国做人质，秦国对他很不好，他想回国，秦王又不答应，假意说什么时候乌鸦白了头，马长了角，什么时候就可以放他回去。太子丹仰天叹息，天上的乌鸦就变成了白的，他又低头叹息，马头上就长出了角。秦王没办法，只好让他走，暗中在桥上装了机关想让他掉下去，结果太子丹过了桥机关也没发动。他跑到一个关口，关门还没开，就学鸡叫，于是所有的鸡都跟着叫，关门打开了，他逃了回去。　◎齐国孟尝君田文养了三千名食客。他出使秦国，秦昭王就任命他担任了相国。有人向昭王说他的坏话："孟尝君有才能，又是齐国人，现在担任秦国的相国，做事先考虑齐国后考虑秦国，秦国危险了。"昭王信了他的话，就把孟尝君抓了起来，准备杀掉。孟尝君派人去找秦昭王喜爱的妃子想办法救他。那妃子说："我想要他的狐白裘。"孟尝君有一件狐白裘，已经献给了昭王，他没有办法，就问手下，大家都想不出来什么主意，这时一个坐在最末的位子上的会伪装成狗偷东西的人说："我能得到狐白裘。"就在夜里装成狗钻进王宫，偷出了那件衣服，献给了贵妃，贵妃就向昭王说好话，放了孟尝君。孟尝君连夜逃跑，到了函谷关。当时的制度，关门夜里关闭，鸡叫后才开。秦王得到消息，派人追赶，孟尝君很着急。这时他的食客中有会学鸡叫的，就学了一声，附近的鸡全都叫了起来，关门打开了，孟尝君才靠这些鸡鸣狗盗的人脱了险。

二十一、个　韵

伯伦安拳，师德干唾。

【译文】刘伯伦经不起一拳，娄师德唾面自干。

【解说】◎晋代刘伶字伯伦，喜欢饮酒。他一次喝醉了，和一个俗人吵了起来，那人就伸胳膊挽袖子，拽着拳头要去打他。刘伶慢慢地说："我鸡一样的肋骨经不起你尊贵的拳头。"那个人听了，笑着罢休了。　◎娄师德是唐代宰相，他为人隐忍有度量，有人触犯了他，他就退让，从不发火。他的弟弟去代州做官，临走的时候，娄师德教他怎么忍耐，弟弟说："有人往脸上吐唾沫，擦掉就是了。"娄师德说："不对。擦了是给那人火上浇油。让它自己干就是了。"

入台鹈飞，及第蝇贺。

【译文】 牛僧孺做御史有鹨鹈飞来，中进士有苍蝇祝贺。

【解说】 ◎河南伊阙的县衙前有一条大溪，每当有人被提升为御史台的御史时，溪中就会出现一块沙滩。唐代牛僧孺在伊阙做县尉时，一天忽然又出现了沙滩，县令就带着官吏们去看，叫来县里的老人询问。有一个老吏说："这次应该有人被提升为分司御史，不是西台御史。因为每当有人升入西台时，沙滩上就会有一对鹨鹈（xī chì）出现，这已经验证过很多次了。"牛僧孺心想同事中没有比自己更出色的了，就举起酒杯祝祷说："既然已经有了沙滩，为什么还吝惜一对鹨鹈？"酒还没喝完，就有一对鹨鹈从天上飞到沙滩上。不到十天，牛僧孺就被任命为西台御史。　◎传说牛僧孺找人相命，相命的人说："你要到苍蝇向你祝贺时，才能考中进士。"牛僧孺不信他的话。等到中了进士之后，在家里院子中坐着，忽然有几万只苍蝇排成八行，向他鞠躬多次，好久才飞走。

吴祐嫌疑，郎基罪过。

【译文】 吴祐谈怎样避嫌疑，郎基犯了风流罪过。

【解说】 ◎东汉吴祐十二岁时，他的父亲吴恢担任南海太守，他就随父亲一起去南海。吴恢见南海竹子多，就想多制点竹简抄写经书，吴祜劝他说:"父亲千里跋涉,翻山越岭来到这里,虽然这里风气还不开化,却历来出产奇珍异宝,上起朝廷下到公卿都看着这里。书如果抄成了,要用好几辆车装,别人不知道还以为是搜括的财物,父亲应该避嫌才是。"吴恢听了,很高兴儿子小小年纪就这么谨慎,就不做这件事了。 ◎北齐郎基喜爱读书。他在颍川郡做官时,非常有能力,又非常廉洁,曾说:"在官府中连木枕头都不用做,更不用说比这重大的东西了。"只是让人抄了很多书。潘子义给他写信说:"在官府里抄书,也是风流罪过。"郎基回信说:"孔子说看一个人犯什么错误,就知道他的品格,你也这样看就行了。"

竖指天龙,安心达摩。

【译文】天龙竖起一根手指,达摩为弟子安心。

【解说】◎俱胝(zhī)和尚才出家时,天龙和尚到庙里来,举起一根指头给他看,俱胝一下子悟出了佛法,从此凡是有人来向他问佛法,他都只举起一根指头,不说一句话。临终时,他对弟子们说:"我得到了天龙和尚的一指禅,一生用不完。" ◎达摩是禅宗初祖,他的弟子慧可后来被尊为二祖。一次慧可对达摩说:"我的心不安宁,请老帅为我安心。"达摩说:"把心拿过来,我为你安心。"慧可过了好久说:"我找不到我的心了。"达摩说:"我已经为你安好了心。"慧可在达摩的引导下反观自心,感悟本心虚空因而获得安宁。

居易上升,渊明高卧。

【译文】白居易想升上仙府,陶渊明悠闲地躺在窗下。

【解说】◎白居易在庐山草堂炼丹修道,他做了一双"飞云履",用黑绫子制成,四周用白纱做成云彩的样子,又涂上上好香料,走起来就像脚下有云雾一样。他穿上这双鞋给山中的道友看,说:"我脚下生出了白云，不久就要飞升到仙府了。"　◎陶渊明曾经说："在夏夜明月当空，人闲着没事的时候，悠闲地躺在北窗下，吹来的清风很凉爽，那感觉就像是太古时代的人，无忧无虑。"

抱朴稚川，知余尧佐。

【译文】葛稚川自号抱朴子，陈尧佐自号知余子。

【解说】◎晋代葛洪字稚川，自号抱朴子。中年后在罗浮山炼丹，成为道士，写了一部著名的书《抱朴子》，是用他的号作为书名的。　◎宋代陈尧佐担任过宰相，生性节俭，看见动物一定告诉别人不要杀，家具、衣服等东西坏了就修补一下继续用。自号知余子，是表示常知有余的意思。

寄指难工，阳春寡和。

【译文】寄指的技巧很难掌握，"阳春白雪"曲高和寡。

【解说】◎寄指是琴的一种演奏手法，很难掌握。韩愈在《听颖师弹琴》诗中用"喧啾百鸟群，忽见孤凤凰"的句子形容颖师的琴声，有人说这是寄指弹出来的声音，韩愈表现得很传神。　◎楚威王问宋玉说："先生是不是品德有什么缺点，为什么人们都不特别地赞扬你呢？"宋玉回答："有一个人在郢中唱歌，一开始唱'下里巴人'，有几千人跟他唱；后来又唱'阳春白雪'，只有几十个人跟他唱。这是因为曲调越高雅，能跟着唱的人就越少啊。"和（hè），随着别人唱。

李德雨霈，元规尘污。

【译文】李德裕带来好雨，庾元规那里来的尘土弄脏人。

【解说】◎唐代中期，京城长安很久没有下雨，李德裕被任命为宰相，当天就下了一场大雨，京城中的人高兴地说："宰相不叫李德裕，他是李德雨呀。" ◎王导和庾亮都是晋朝的重臣，王导在京城担任丞相。庾亮在外任荆州刺史，掌握大权，又拥有重兵，趋炎附势的人都纷纷去投奔他。王导心里不痛快，每当西北风大作的时候，就举起扇子挡住脸，说："从庾元规那里来的尘土把人都搞脏了。"庾亮字元规，荆州在都城建康的西北方向，所以王导这么说是为了贬抑庾亮。

谊譬薪燃，预方竹破。

【译文】贾谊比喻为"柴堆燃烧"，杜预比方成"势如破竹"。

【解说】◎汉代贾谊在给皇帝讨论当时形势的上书中说："现在向皇帝进言的人都说已经天下太平，我却不这么看。打个比方，火在柴堆的下面，人躺在柴堆上面，以为火还没烧起来，人很安全。现在国家的形势就像这火一样。" ◎晋代大将杜预带兵进攻吴国，打了很多胜仗。这时有人说雨季到来，瘟疫将起，建议乘胜收兵，明冬再战。杜预说："现在军威正盛，敌人已经伤了元气，就像用刀劈竹子，砍开头几节以后剩下的都迎刃而解，用不了多大力气就可以破开了。"于是指挥大军，乘胜前进，一鼓作气灭掉了吴国。

安石逼人，孟公惊座。

【译文】谢安石气势逼人，陈孟公语惊四座。

【解说】◎晋代谢安字安石，年轻时去见王濛，交谈了很久。等他走了之后，王濛的儿子王修问父亲："刚才的客人和您比怎么样?"王濛说："这个人说起话来气势逼人。" ◎东汉陈遵字孟公，他学问渊博，特别是书法非常好，人们都愿和他交往。每到一处，人们都纷纷请他到自家来，唯恐落后。当时有一个人也姓陈字孟公，每到别人家报名时说："陈孟公来了。"在座的人无不震惊，等来了之后又不是大家想见的陈孟公，于是人们就给他起了个外号叫"陈惊座"。

二十二、祃　韵

唐王泛春，吴主消夏。

【译文】唐汝阳王建"泛春渠"蓄酒，吴王在销夏湾消磨夏天。

【解说】◎唐代汝阳王李琎用云梦石砌了一个"泛春渠"，在里面装满酒，又用金银制成龟和鱼漂在水上，用来做饮酒的工具。李琎自称"酿王"兼"曲部尚书"。　◎太湖洞庭西山脚下有一个地名叫销夏湾，那里水光澄澈，寒气通人，夏天非常凉爽，相传因为吴王在那里避过暑而得名。

氏重崔卢，门高王谢。

【译文】崔、卢的姓氏被看重，王、谢两家的门第高。

【解说】◎魏晋时期任用官员及交际都讲究门第高低，逐渐形成制度，历史上叫作门阀制度。当时几个大姓崔、卢、王、谢等门第最高，在各方面都享有特权，人们都把和崔、卢几家有婚姻关系当成很大的荣誉。到了唐朝以后，这几姓在政治上已经衰落了，但名声还在，人们还是愿意和他们通婚，这几家的子孙就借机索要很多钱财，人们说这是卖婚。唐太宗为了改变这种状况，就让大臣把天下的姓氏重新排一下，结果还是崔第一，卢第二，皇帝的李只排第三。太宗说："我倒不是对'崔''卢'在'李'前面有看法，只是这些人家已经衰落得好几代连做官的人都没有，还仗着旧时名望来赚钱，不肖子孙们还在那里安然出卖自己的姓氏，自以为了不起，我不明白人们还看重他们哪一点。现在功臣谋士，用自己的生命才智跟着我打天下，怎么能容忍他们花很多钱向过去的高门大户买婚为荣呢？"　◎梁武帝时候，侯景向武帝请求，要娶王、谢家的女儿为妻，武帝说："王、谢两家的门第太高了，你配不上，还是到朱、张以下的人家去找吧。"侯景发怒道："总有一天让他们的女儿去嫁奴才。"后来侯景叛乱，把王、谢等大姓的人杀了很多。

杨家移春，钱氏买夜。

【译文】杨家建造移春槛，钱家买来元宵夜。

【解说】◎唐朝权相杨国忠的子弟们每当春天来了的时候，就弄来很多名花异草，种在木栏杆里面，下面用木板做底，再安上木轮子，让人拉着。杨家的人走到哪里，花草就跟到哪里，可以随时观赏，把它叫作"移春槛"。　◎宋代元宵节赏灯会延长到五夜，相传是吴越国王钱俶（chù）归顺朝廷时用国土和金钱买了两夜。

强直朱晖，宽和黄霸。

【译文】朱晖刚强正直，黄霸宽大温和。

【解说】◎东汉朱晖为人刚强正直，担任临淮太守时，官吏和百姓又怕他又爱戴他，给他编了一首歌，唱道："强直自遂，南阳朱季。吏畏其威，民怀其惠。"朱晖字文季，是南阳人。　◎西汉黄霸担任河南太守丞，太守很信任他，百姓也爱戴他。当时朝廷用严酷的法律统治，百姓不堪其苦，只有黄霸采用宽大温和的办法。汉宣帝即位之后，想改变原来的做法，就任命他为廷尉正，他处理了很多案件，大家都以为公平。

阴铿回觞，顾荣辍炙。

【译文】阴铿把酒递给倒酒的人，顾荣把自己的烤肉送给端肉的人。

【解说】◎阴铿是南朝人，担任湘东王法曹参军。一次他和朋友们宴会喝酒，看见斟酒的过来，就回头把自己的酒杯和肉递给他。大家都笑话他，他说："我们这些人整天喝酒，而倒酒的人却不知道酒的味道，这不合情理。"后来侯景作乱，阴铿将要被捕，有人救了他，一问才知道就是那个给人倒酒的人。觞（shāng），酒杯。 ◎顾荣是西晋人，曾去参加别人的宴请，发觉端肉上菜的人有想吃肉的意思，就停下来不吃了，把自己那份送给了他。在座的人嘲笑他，他说："哪有天天端着肉却不知道肉味的道理？"西晋灭亡时，他逃到江南，每遇到危险，总有人帮助，一问才知道就是他给肉吃的那个人。

唐栋松生，商庭梓化。

【译文】唐尧的房梁上长了松树，商王的院子里梓树变成了松柏。

【解说】◎相传上古时许由想试探一下唐尧的品德，就对尧说："坐在华丽的宫殿上，面对高大的宫门，你富贵荣华的愿望也可以满足了。"尧回答说："我坐在华丽的宫殿上，看到茂盛的松树长在房梁上；我站在窗前，看到窗户上有含雨的云彩。虽然面对着宫阙，和高高的蓬莱山没什么两样；虽然对着城郭，就和众山围绕的昆仑山一样。我不知道有什么荣华富贵。" ◎周文王的妻子太姒（sì）梦见，商朝宫殿的院子里长满了荆棘，她的儿子姬发拿来周朝庭院中的梓树栽在那里，不久就都变成了松柏等成材大树。她把这个梦告诉了文王，文王就带领姬发和大臣们拜谢天地，感谢这个好梦。

郑浣学庐，刘梁讲舍。

【译文】郑浣建学堂，刘梁建讲堂。

【解说】◎唐朝郑浣担任山南西道节度使，原先他的父亲郑余庆在兴元建了一座学堂还没建完，兴元正在他的辖区之内，他就完成了父亲的工作。学堂建成，招收了很多学生，社会风气因此发生了很大变化。　◎东汉刘梁担任北新城长，他对县里人民说："过去很多官员兴办教育，产生了很大影响，我虽然是小地方的长官，也还有一小块地方归我管，如果按期聚会，探讨学问，那就是我的志向。"于是建了很大的讲堂，招收了几百名学生，每天亲自去讲课，大大提高了当地的文化水平。

噫呜咄嗟，暗噁叱咤。

【译文】噫呜咄嗟，李密不如杨玄感；暗噁叱咤，项羽胜过刘邦。

【解说】◎隋末李密的见识、胆略都很出众，杨玄感对他很佩服，就尽力去结交他。有一次他私下问李密："皇帝无道，隋朝不会太长久了，如果有一天争夺天下，你和我哪一个更强一些？"李密说："两军对阵，噫呜咄嗟（yì wū duō jiē）地怒喝一声，足以让敌人心惊，我不如你；招揽天下英雄听我指挥使用，使远近归顺，你不如我。"　◎韩信登坛拜将之后，刘邦问："将军能给我出些什么计策呢？"韩信说："大王自己想一想，大王的勇敢和仁义，和项羽比怎么样？"刘邦想了一会儿，说："不如他。"韩信向刘邦祝贺说："我也觉得大王不如他。不过我在他手下干过，项羽暗噁叱咤（yīn ě chì zhà），怒喝一声，能让千人丧胆，然而他不能任用良将，这只不过是匹夫之勇，不值得一提。项羽见了人，非常慈爱，谁有了病，痛哭流涕，亲自照顾，然而有人立了大功应该封赏爵位，官印在手里颠来倒去，就是不舍得给，他的仁爱都是妇人之仁，成不了大事。"

柳恽贴梅，萧铿插蔗。

【译文】柳恽用梅子贴住箭靶，萧铿插甘蔗代替靶子。

【解说】◎南朝柳恽文武双全，曾经和别人比赛射箭，嫌箭靶子太宽了，就摘下梅子贴在靶心上，每箭都能命中，看的人都很惊讶。　◎萧铿是南朝齐高帝的儿子，善于射箭。他曾经觉得箭靶子太大了，说整天射这个，有什么难的。就把甘蔗插在地上，在百步之外连射十箭，全都命中了目标。

扬州贯缠，海屋筹下。

【译文】腰缠十万贯上扬州，记录大海干涸的筹码已放满了十间屋子。

【解说】◎古代有一个故事说，有几个人在一起谈志向，一个人说："我想当扬州刺史。"另一个人说："我愿有很多钱财。"又有一个人说："我想骑鹤上天做神仙。"这时有一个人说："我愿腰缠十万贯，骑鹤上扬州。"　◎苏东坡讲了一个寓言，说有三个老人在一起吹牛，有人问他们的年龄，一个老人说："我已不知道我多大岁数了，只记得小时候和开天辟地的盘古有交情。"另一个老人说："每当海水变成桑田时，我就放下一根筹码做记录，现在我已经放满了十间屋子。"第三个老人说："我吃的蟠桃，三千年一开花，三千年一结果，吃完之后就把桃核扔到昆仑山下，现在已经堆得和昆仑山一样高了。"

二十三、漾　韵

伯升柱天，元干破浪。

【译文】刘伯升自称柱天都部，宗元干愿乘风破浪。

【解说】◎刘縯（yǎn）字伯升，是汉光武帝的哥哥。王莽篡夺汉朝的政权之后，天下大乱，刘縯就召集天下豪杰计议说："王莽非常残暴，百姓都反对他，现在又连年大旱，战乱不已，是推翻王莽恢复汉朝的时候了。"英雄们都赞成，于是就起兵抗暴。刘缜组织起队伍，自称"柱天都部"。　◎南朝宋人宗悫（què）字元干，他的父亲隐居在家不出去做官。宗悫小时候，他父亲问他的志向，他回答："愿乘长风破万里浪。"

许号虎侯，薛称虓将。

【译文】许褚号称虎侯，薛仁贵被称为虓将。

【解说】◎许褚是曹操手下爱将，非常勇猛。一次曹操和马超在阵前相逢，约定两个人单独说话，不许别人跟随。曹操只带了许褚一人，马超见状，想上前突然袭击他，又怕那个人是许褚太勇猛，就问曹操说："你手下那位虎侯在哪里？"曹操指着许褚，许褚一瞪眼，吓得马超没敢动手。原来许褚力大如虎，又有点缺心眼，人们都叫他虎痴，从此以后，人们又都叫他虎侯。　◎唐代薛仁贵出征辽东，班师回朝，皇帝对他说："我的老将都已经老了，想提拔一些猛将来担负天下大事，没有能超过你的。得了辽东我倒没太高兴，我高兴的是得到了你这员虓将。"虓将（xiāo），就是猛将。

领袖魏舒，襜褕边让。

【译文】魏舒是人们的表率，边让的才能有余。

【解说】◎晋代魏舒很受晋文帝的器重，每当散朝之后，文帝就目送他走出去，说："魏舒堂堂大丈夫，是人中的领袖。"领袖原意是衣领和衣袖，这里指起表率作用。　◎东汉边让很有才华，孔融把他推荐给曹操，说："把边让当成能覆盖九州的被子，虽然不够，但比起短衣服还是有余的。"襜褕（chān yú），短衣服。

覆鹿隍中，狎鸥海上。

【译文】郑人把鹿埋在护城壕里，有人在海边和海鸥玩。

【解说】◎《列子》中记载，郑国有一个人在野外砍柴，遇到了一头惊慌的鹿，追上去把它打死了，恐怕别人看见，就把它埋在护城壕中，上面又用柴草盖上。那人太高兴了，过了一会儿就忘了埋鹿的地方，以为是做了一个梦，就一路上唠叨着这事。有人听见了，就按他说的把鹿拿走了，回去告诉妻子："刚才砍柴人梦到得了一只鹿而又不知道在哪里，我现在得到了，那个人看来是真做了一个梦。"隍，没有水的护城壕。　◎《列子》中说，海边有一个人喜欢海鸥，每天早晨到海边，和海鸥一起玩，经常有几百只海鸥落在他身边。一天他父亲说："我听说海鸥都跟你玩，何不抓一只来给我玩玩。"第二天他去海边，海鸥都在天上飞舞，一只也不到他身边来了。狎，亲昵，亲近。

渴睡状元，伴食宰相。

【译文】状元是个渴睡汉，宰相只会陪人吃饭。

【解说】◎宋代吕蒙正到一个县游历，胡旦止随着做县官的父亲住在这里，有人向他夸奖吕蒙正，说他的"挑尽寒灯梦不成"诗句写得好，胡旦笑着说："乃是一个总想睡觉的汉子罢了。"第二年吕蒙正中了状元，给胡旦去信说："渴睡汉中了状元了。"胡旦回信说："等明年我也去考一回，如果我中个第二名，就算我输给了你。"第二年胡旦果然中了第一名。　◎唐代卢怀慎在开元元年被任命为宰相，他因为自己的才能比不上宰相姚崇，所以把公事都推给姚崇去办，当时的人嘲笑他是"伴食宰相"。

燔织公仪，焚车思旷。

【译文】公仪休烧掉织机，阮思旷烧掉了车。

【解说】◎公仪休是春秋时鲁国的相国，他主张领了国家俸禄的人就不应该再去和百姓争利益，得到了大的，就不应该再要小的。他吃到家里种的菜很好吃，就去菜园里把菜都拔掉扔了，看见家里织出了好布，马上就把妻子休了赶出家门，烧掉了织机，以免和农民工人争利。　◎晋朝阮裕字思旷，他有一辆漂亮的车，谁要来借，他都借给。有个人埋葬母亲想借车又不敢说，阮裕后来听说了，叹息道："我有车却让人不敢来借，要车有什么用？"于是就把车烧掉了。

好古扬雄，传经刘向。

【译文】扬雄推崇古代，刘向传授经书。

【解说】◎东汉扬雄是大学者，他担任一个小官，经历了四个皇帝都没有升迁，他并不在意。扬雄推崇古代的政治和道德，喜欢追求真理，写了许多著作。　◎刘向是汉末学者，他不巴结当时权势很大的外戚王凤等人，而是埋头整理古代典籍，并为皇家藏书编了目录，后来又讲学传授经典。

孙琴鞠通，何卷脉望。

【译文】孙凤的琴中有鞠通，何讽的书中有脉望。

【解说】◎《琅嬛记》中记载一个传说：孙凤有一张琴，名字叫吐绶，弹着不怎么好听，但是有人唱歌它就会自动伴奏。琴上有一个小孔，好像是虫子钻进去了。一天有一个道人化缘，看见了琴，说："这里面有蛀虫，如果不除掉，这琴就快朽了。"说着从一个小竹筒中倒出一点黑药末，放在小孔边，不一会儿就有一只绿色的小虫爬了出来，道人把虫装在竹筒中就走了。从此那张琴就不会自动伴奏了。后来孙凤向一个见多识广的人询问，那人说："这个小虫是奇珍异宝，叫作'鞠通'，如果谁耳聋，把它放在耳边很快就能治好。它喜欢吃梧桐，更喜欢吃墨。"孙凤这才明白那道士用的黑药就是墨。 ◎《酉阳杂俎》中说，唐朝有一个叫何讽的人，曾经买了一本黄纸古书，从中间掉出一个头发卷，圆弧有四寸，就像一个圆环。何讽就把它拉断，从两端滴出一升多水，烧了之后是头发味。他把这事告诉了道人，道人叹口气说："你是成不了仙的俗人，命里是注定的。仙经上说，蠹鱼三次吃掉书中的神仙二字，就变成这个东西，叫作'脉望'。它可以召来仙使送来仙丹，用里面滴出来的水服下去，就可以成仙。"何讽拿书一看，被蠹鱼吃掉的地方果然都是"神仙"二字，不禁非常懊悔。

横槊操雄，击壶敦壮。

【译文】横槊赋诗的曹操是大英雄，击打唾壶的王敦有壮志。

【解说】◎曹操既是军事家又是文学家，后人称他，上马横槊，下马赋诗，是真正的大英雄。 ◎晋代王敦名声很高，又立有大功，掌握了朝廷的兵权，就想操纵朝政，慢慢有了夺取帝位的企图。每当喝完酒之后，他就吟诵曹操的诗："老骥伏枥，志在千里。烈士暮年，壮心不已。"边吟边用如意打唾壶作为节拍，把壶的边都打坏了。唾壶，装痰、口水的壶。

晋平股肱，赵简保障。

【译文】中牟是晋平王的股肱之地，赵简子让晋阳成为赵国的保障。

【解说】◎晋平王问赵武说："中牟是国家的股肱，现在没有县令，谁可以做那个地方的好县令呢？"赵武说："邢伯子可以。"平公问："邢伯子不是你的仇人吗？"赵武回答说："私仇不进公家门。"股是大腿，肱是胳膊，股肱指重要的地方或人。 ◎赵简子派尹铎到晋阳去做官，尹铎问："你是让晋阳成为茧丝，为国家提供租税呢，还是让它成为国家的保障，捍卫边防呢？"赵简子说："让它成为保障。"

二十四、敬　韵

名子为任，字儿以郑。

【译文】给孩子起名多叫"任"，给孩子起字多用"郑"。

【解说】◎东汉任延担任九真太守，当时九真很落后，还不知道耕种，而且男女杂处，不知道结婚、组织家庭。任延到任后，教人民开荒种田及耕作技术，又把男女配为夫妻，组成家庭。当年风调雨顺，田地获得丰收，很多人家生了小孩，都说："我有这个孩子多靠任太守啊。"纷纷给孩子起名叫作"任"，以作纪念。　◎郑浑是三国时魏国人，他担任邵陵令的时候，天下还不安定，人民都不安心生产，生了孩子大多夭折，所以都不生。郑浑就督促人民耕作，鼓励农民开垦荒田种水稻。农民丰收了，有了孩子，多用"郑"作为名字。

谩语诃光，醉归让庆。

【译文】司马光因为说谎被斥责，石庆因喝醉回家被批评。

【解说】◎司马光五六岁时，拿一个青核桃玩，他姐姐想帮他把外面的青皮去掉，可是弄不下来。姐姐走后，一个使女用开水给他烫去了青皮。一会儿姐姐又来了，问是谁帮他把核桃皮去掉了，司马光说是自己干的。正好这时他父亲看见了，就骂他说："小孩子怎么能说谎？"司马光从此再也不敢说谎了。谩（màn）语，谎话。　◎汉代石奋为人非常恭敬谨慎，退休后在老家住。他的小儿子石庆担任内史，有一次喝醉了回来，进了大门不下车，石奋听了气得饭都不吃了。石庆很害怕，就脱光了上衣请罪，石奋不答应，全家都来替他请罪。石奋数落他说："内史是贵人，回到巷子里，巷子里的长辈都跑着躲，而内史却心安理得坐在车里，应该请罪。"此后，石庆和他的兄弟们回家都小跑着进门。

颙腹殊空，重心不净。

【译文】周颙的肚子太空了，谢重心中不干净。

【解说】◎王导看不起周颙肚子空空，没有才能，就在一次大家聚会饮酒时举着琉璃碗问："这个碗肚子这样空，为什么还说它是宝物呢？"周颙回答说："这个碗清澈透明，所以是宝物。"　◎有一次，晋代谢重和会稽王司马道子一起在夜里坐着，天空晴朗，月亮非常明净，道子觉得很好，谢重说："我觉得不如有一点云彩点缀点缀。"司马道子就跟他开玩笑说："你居心不干净，还想把青天也搞脏吗？"

扶毂恋张，攀车留孟。

【译文】扶着车轮眷恋张嶷，攀着车子挽留孟尝。

【解说】◎三国时蜀国张嶷（yí）担任越巂（xī）太守十五年，很有政绩，深受当地少数民族人民爱戴。他离任时，当地百姓恋恋不舍，扶着车轮送了一程又一程，有的一直送到成都。　◎东汉孟尝担任合浦太守，因病请求离职，走的时候人民攀住他的车子请他不要走，他没有办法，只好在夜里悄悄乘小船跑了。

度重巨源，量钦蒙正。

【译文】山巨源的度量被看重，吕蒙正的度量受人钦佩。

【解说】◎晋代山涛字巨源，他只见了嵇康和阮籍一面，就和他们成了好朋友。他的妻子韩氏觉得他与这两个人的交情和与别人不一样，就想见识一下他们。有一天这两个人又来了，韩氏就劝山涛留他们过夜，准备了酒肉供他们食用，自己透过墙洞去偷看他们，到天亮才想起离去。山涛问："这两人和我比怎么样？"他妻子说："你的才华不如他们，你可以靠你的学识和度量与他们交往。"山涛说："他们也常常认为我的度量胜过他们。" ◎吕蒙正不愿计较别人的过错。他担任参知政事的时候，去上朝，朝堂里帘子后面有人指着他说："这小子也能参政吗？"吕蒙正装着没听见就过去了。和他一起走的人很愤怒，就要去问那人的官位、姓名，吕蒙正马上制止了他，说："如果知道了，我一生也不会忘，还不如不知道呢。不问又有什么损失？"当时的人都佩服他度量大。

瑗号草贤，志称书圣。

【译文】崔瑗号称草贤，王志被称为书圣。

【解说】◎崔瑗是东汉书法家，善于写章草，王隐称他为"草贤"。 ◎王志是南朝梁书法家，善于写隶书，人们都学他的字，当时的另一个书法家徐希秀称他为"书圣"。

二十五、径　韵

端伯十花，诚斋九径。

【译文】曾端伯有十种鲜花朋友，杨诚斋九条小路都种上鲜花。

【解说】◎曾端伯在《十友调笑令》中说：有十种花做朋友，芳友是兰花，清友是梅花，奇友是蜡梅，殊友是瑞香花，净友是莲花，禅友是薝卜，佳友是菊花，仙友是桂花，名友是海棠，韵友是荼蘼，最后一种玉友是酒。 ◎诚斋是宋代诗人杨万里的号，他在《三三径诗序》中写道：东园新辟了九条小路，每条小路栽一种花，分别是江梅、海棠、桃、李、橘、杏、红梅、碧桃和芙蓉。

旷琴鹤鸣，巴瑟鱼听。

【译文】师旷的琴声引起鹤鸣，瓠巴弹瑟吸引鱼来听。

【解说】◎师旷是春秋时的著名琴师，他有一次弹琴，结果引来仙鹤随着他的琴声鸣叫。　◎瓠巴是传说中技艺高超的乐师，他弹奏瑟时，水里的鱼也停止游动，静静地聆听。

葛讶身分，朱称胆定。

【译文】敌人惊讶葛从周似乎会分身术，朱然胆大镇定。

【解说】◎葛从周是后梁将领，作战十分骁勇，在阵中往来冲杀，忽东忽西，敌人惊讶地称他是分身将。　◎朱然是三国时吴国将领，平时气度安闲，不喜欢修饰，但对自己的兵器却常用五彩装饰。他看起来并不惹人注目，但一遇到紧急的情况，却镇定非常，很有胆识。

武帝擢徒，缪公赎媵。

【译文】汉武帝提拔被判徒刑的人，秦穆公赎回陪嫁的百里奚。

【解说】◎汉武帝用人不问这人是什么身份，而是看这个人是否有才能，韩安国当时被判徒刑，别人向武帝推荐他，武帝经过考察，认为他确实有才能，于是提拔他做了官。擢（zhuó），提拔。　◎春秋时期，晋献公借道伐虢，顺便灭掉了虞国，俘虏了虞国国君和大夫百里奚。后来秦穆公娶晋国公主为夫人，百里奚作为陪嫁人也来到秦国，他乘机逃跑，却又被楚国人抓住了。秦穆公听说百里奚很有才能，就想用重金将他赎回来，但又怕楚国人知道了百里奚的价值后不答应，于是派人去楚国假装不经意地对楚国人说，我国有个叫百里奚的陪嫁的人跑到你们楚国了，我们准备用五张公羊皮把他换回来。楚国人不知底细，就答应了。缪，古通"穆"。秦缪公今多作秦穆公。媵（yìng），诸侯女儿出嫁时随嫁的人。

宋美范韩，汉崇寇邓。

【译文】宋代的范仲淹、韩琦被人赞美，汉代的寇恂、邓禹受人崇敬。

【解说】◎宋代的著名大臣范仲淹与韩琦在西部守边时，多谋善断而且勇敢善战，很有威望，当时有句谚语："军中有一韩，西贼听了心骨寒；军中有一范，西贼听说惊破胆。"　◎寇恂、邓禹都是汉代著名大臣，二人都有着很大的功劳，受到后人的崇敬。

赵璧连城，魏珠照乘。

【译文】赵国的玉璧价值连城，魏国的宝珠能照亮前后十二辆车。

【解说】◎战国时，赵惠文王得到了楚国的和氏璧，秦国国君昭王听说后，派人给惠文王送了一封信，表示愿意用十五座城交换和氏璧。　◎战国齐威王二十四年，齐王与魏王一块打猎，魏王问："大王有什么宝贝吗？"齐威王回答说："没有。"魏王感到奇怪，说道："像我国这样的小国，还有十枚直径一寸的夜明珠，能照亮前后十二辆车，为什么你们这样的大国连一件宝贝都没有呢？"齐威王说："我国的宝贝与你们不一样，贤能的大臣就是我们的宝贝。"

二十六、宥　韵

青习春秋，遵娴俎豆。

【译文】狄青学习《春秋左传》，祭遵对礼仪很娴熟。

【解说】◎狄青是宋代名将。在他还是个低级将领时，就被推荐给经略使韩琦和范仲淹，二人十分看重他，认定他必定能成为一名好将领，范仲淹又把一部《春秋左传》送给他，让他认真研读，领会古今战争的规律。　◎祭遵是汉代人，建武二年被任命为征虏将军，后来死在军中。大臣范升在给皇帝的上书中，称赞他在军中时选拔有文化的人做将领，平时遵守礼仪，举动都符合规范。

牛认刘宽，马归卓茂。

【译文】错认刘宽的牛，归还卓茂的马。

【解说】◎汉代人刘宽，性情宽容。一次，他乘牛车出行，有个丢了牛的人错把刘宽的牛认成自己丢的那头，刘宽也不解释，就把牛解给那人。后来丢的牛被找到了，那人把刘宽的牛送回，同时叩头请罪。刘宽说："牛长得比较像，你认错也是有原因的。现在你又把牛送回来了，不必谢罪。"　◎卓茂也是汉代人，他在出行时，马被别人错认，他问那人的马丢失多长时间了，别人说丢了有几个月了，卓茂暗想："自己的马几年前就有了，这个人肯定是认错了。"但他没有明说，还是把马给了那人。后来那人找到了丢失的马，很惭愧地把卓茂的马送了回来。

纳金魏收，觅米陈寿。

【译文】魏收接受贿赂的钱财，陈寿索要大米。

【解说】◎魏收是北齐人，他在撰写《魏书》时，对人物的评价完全根据自己的好恶，不问实际情况。比如，尔朱荣是魏朝的一个反贼，但魏收因为接受了尔朱荣儿子的贿赂，就在给尔朱荣作传时，尽量说好话。所以《魏书》被人称为"秽史"。　◎陈寿是三国时期的人，蜀国被平定以后，他做了晋朝的著作郎，撰写《三国志》。丁仪、丁廙二人是魏国的著名大臣，陈寿对他们的儿子说："给我一千斛大米，我可以给你们的父亲写篇好传记。"

逮乐逯忧，孝肥礼瘦。

【译文】戴逮欢乐戴逯忧虑，赵孝肥胖赵礼瘦弱。

【解说】◎晋朝的戴逮、戴逯兄弟志向不同，戴逮注重自身修养，讲究名士风度，而戴逯以武功出名。谢安曾经问戴逯，为什么兄弟俩志向不同。戴逯说："我是整天忧愁不堪，家兄不改变他的快乐。" ◎赵孝是汉代人。汉朝末年，天下大乱，连年饥荒，甚至出现了人吃人的现象，赵孝的弟弟赵礼被一群饥饿的人捉去，赵孝听说后，就把自己捆起来，找到那帮人说："赵礼长得瘦，不如我肥胖，请放了赵礼。"那帮人感到惊奇，同时也觉得赵孝很讲兄弟情义，就把他俩都放了。

庙像将观，孝经付授。

【译文】观看庙里的塑像，将《孝经》送给别人。

【解说】◎隋朝梁彦光做相州刺史时，州里有个叫焦通的人，喜欢喝酒，对父母很不好，被他的堂弟告到官府。梁彦光没有立即治他的罪，而是带他到孔庙去，庙里有一组塑像，表现的是韩伯俞因为母亲没有力气将自己打痛，感到伤心，对着母亲哭泣的情景。焦通看了，顿时悔悟，对自己过去的行为感到羞愧，从此改过自新。 ◎唐代的韦景骏做贵乡县令时，县里有一对母子打官司，韦景骏说："我小时候失去母亲，常常悲痛自己没有亲人的关怀，你现在有母亲却不知道孝顺。教育得不好，这是我的责任。"说着，禁不住流下眼泪。他把一部《孝经》送给那母子，让他们学习圣人的教诲。

嵩岳三呼，钧天九奏。

【译文】山岳三次欢呼万岁，钧天九次演奏乐曲。

【解说】◎《汉书》上记载，汉武帝祭祀嵩山时，跟随的官员都听见嵩山山间有呼喊"万岁"的声音，连续呼喊三次才停止。 ◎春秋时，晋国的赵简子忽然得了重病，昏沉沉不认得人。过了二天，赵简子清醒过来，对人说："我到了天帝住的地方，过得真是快乐！我和其他神仙在天宫游玩，美妙的音乐连续演奏了九次。"钧天，天的中央。古代神话中天帝住的地方。

利器别虞，奇材惜寇。

【译文】虞诩认为遇到盘根错节才能辨别利器，寇准虽是奇才可惜学问不大。

【解说】◎虞诩是汉代人，在朝廷中受到实权人物邓骘的排挤。后来朝歌这个地方发生叛乱，邓骘就派虞诩去做朝歌的长官，别人都替他担心，认为这是个倒霉的差事，他却说："立志不能太轻率，做事情不能怕困难，不碰到盘结在一块的根节，怎么能区别器具的锋利呢？"上任以后，他在很短的时间内就将叛乱平定了。 ◎张咏在成都时，听说寇准做了宰相，就对自己的下属说："寇公是个奇才，但可惜学问不够。"后来寇准遇到张咏，就问他有什么话要告诫自己，张咏说："《汉书·霍光传》不能不读。"寇准不明白是什么意思，回去把霍光的传记细读了一遍，读到传中说霍光不学无术，这才明白张咏的意思。

猿可报时，鱼能代漏。

【译文】猿猴能报时间，鱼能代替报时工具。

【解说】◎古代有个隐士名叫高太素，他在山中盖了二十多间房子，房子周围种了许多奇花异草，每到一个时辰，就有一只猿来到房前，先鞠躬，然后啼叫，十分准时。 ◎有个叫薛若社的人喜欢读书，常常整夜不睡觉。一天，有个和尚告诉他，晚上不睡觉有损健康。薛若社说："读书一入迷就忘了时间。"和尚于是送给他一条红色的鱼，告诉他这条鱼能报时，每到一更，鱼就跳一下，可以代替报时工具——漏壶。

君章琳琅，庭皓锦绣。

【译文】罗君章就像美玉一样，谢庭皓就像锦绣。

【解说】◎罗含字君章，是晋代人，谢尚曾赞扬他说："罗君章真是湘中的美玉。" ◎谢庭皓是唐代人，善于写辞赋，与徐寅不相上下，当时的人称他们是"锦绣堆"。意思是说他们华美的文章很多。

仁贵脱鍪，令公免胄。

【译文】薛仁贵摘下头盔，郭令公脱下甲胄。

【解说】◎薛仁贵是唐代名将。突厥将领元珍占据云州，薛仁贵带兵攻打，突厥人问："唐将是谁？"回答说："薛仁贵。"突厥人说："听说他已死在象州，怎么会又活了？"薛仁贵于是摘下头盔，与突厥将领相见，突厥人一见，大惊失色，都下马行礼，然后领兵退去。鍪（móu），头盔。 ◎唐肃宗时期，吐蕃、回纥等少数民族联合进攻唐朝，唐朝廷急忙派郭子仪带兵去平乱。郭子仪带领二千铁骑，在敌人阵中往来冲杀，回纥人问唐将是谁，回答说是郭子仪，回纥人说："郭子仪不是已经死了吗？"要求见一见才相信，郭子仪于是脱去甲胄，仅带几十个人来到敌人阵前，劝他们放下武器。最终说动了回纥人归顺，又乘势打败了吐蕃。郭子仪，曾任中书令官职，当时的人尊称其"令公"。

二十七、沁　韵

处叔樵薪，延元佣赁。

【译文】王处叔砍柴，王延元帮工。

【解说】◎晋朝人王隐字处叔，本来是著作佐郎，后来受别人的陷害丢了官职。他白天在山里砍柴，晚上读书、写作。　◎晋朝的王延字延元，他白天给人帮工，晚上读书，最终精通了文学、历史，成为有名的学者。

徐邈玩科，孔融嘲禁。

【译文】徐邈违反规定，孔融嘲弄禁令。

【解说】◎三国时，魏国有禁止饮酒的规定，但尚书郎徐邈（miǎo）违反规定，私下饮酒，而且喝得醉醺醺的，官员赵达去问他公事，他说："我中（zhòng）圣人了。"赵达把这事报告了曹操，曹操十分生气，渡辽将军鲜于辅为徐邈说情："平时喝酒的人把清酒叫圣人，浊酒叫贤人，徐邈平时为人很谨慎，这次是偶然喝醉说胡话。"曹操听从了鲜于辅的劝告，竟没有治徐邈的罪。中圣人，意思是说中酒了，酒喝过量了。　◎孔融天性爽朗，意气用事，屡次嘲弄冒犯曹操，曹操制定了酿酒的禁令，孔融不以为然，写信给曹操说，天上有酒旗星，地上有酒泉郡，人有像醇酒一样的美德，所以尧不喝千钟酒，就不能成为圣人，桀因为好色而亡国，你为什么不禁婚姻呢。曹操虽然表面上宽容，但内心很不舒服，御史大夫郗虑察言观色，就借故罢了孔融的官。

若水羊投，仲山马饮。

【译文】给倪若水送羊，项仲山饮马要付钱。

【解说】◎唐朝倪若水的藏书很多，书架上放不下，就放在床上，床上又架上床，弄得屋里不见天日，几个儿子轮流值日，替他看着书，有人来借书，必须先送上一只羊作为报酬。　◎汉代安陵人项仲山每次到渭水饮马，饮完后，必定投三枚钱到水里，作为买水钱。饮（yìn），给牲畜水喝。

班彪论符，桓谭非谶。

【译文】班彪论述符命，桓谭非议谶言。

【解说】◎西汉末年，天下大乱，史学家班彪当时只有二十多岁，为了避乱，投靠了割据一方的将领隗嚣。他写了一篇《王命论》，论述王位和符命都不是靠奸诈能得到的。　◎桓谭是汉代人，博学多才，他曾上书皇帝，论述谶言的错误和不可信。谶（chèn）言，迷信的人指将来要应验的预言、预兆。

山渔水樵，石漱流枕。

【译文】在山中打鱼、水中砍柴；枕着流水，用石头漱口。

【解说】◎明代宋濂在《竹溪逸民传》中写道，逸民年纪五十左右，性情淡泊，他曾说："我对世俗的事情看得很淡，不想什么联系，我将到山中捕鱼、水中砍柴。"他的朋友认为他胡说。他说："在山中捕鱼，说明我本意不在鱼；在水中砍柴，说明我的本意不在柴。"　◎孙楚是晋朝人，他与王济关系密切，有一次，他对王济表示要去隐居，在描述隐居生活时，本想说"枕着石头，用清泉漱口"，但错说成了"枕着清流，用石头漱口"。王济指出了他的错误，他分辩说："枕着清泉，是要洗去耳中的污言秽语；用石头漱口，是要让牙齿更锋利。"

枯骨文更，暍人武荫。

【译文】文王把枯骨重新埋葬，武王把中暑的人放在树荫下。

【解说】◎周文王时期，工匠建造灵台，挖地时挖出一副死人的骨头，主管的官员报告了文王，文王让手下人把骨头重新埋葬。消息传出，天下人都说文王是个贤君。　◎周武王有次出游，遇到一个中暑的人躺在路上，他让人把中暑的人抬到树荫下，自己抱着那个人给他扇风降温。暍（yè），中暑。

二十八、勘　韵

文举才疏，伯仁识闇。

【译文】孔文举才学空疏，周伯仁见识不明。

【解说】◎孔融字文举，他很自负，志向也很高，希望能干一番大事业。他志向虽然高，但才学空疏，不实用，所以最终还是被曹操杀害了。　◎晋代的周顗、周嵩、周谟兄弟三人，官位都很高。有一次他们的母亲在酒席上说："看到你们三人都大富大贵地站在我面前，我还愁什么呢？"周嵩站起来说："恐怕没您想的那么好。伯仁志大才疏，名声高而见识短，这要惹祸的。我的性子太直，也不容于人。只有小弟庸庸碌碌，能长在母亲的眼下。"伯仁是周顗的字，后来他果然和周嵩都被王敦杀害了。闇，通"暗"。

枯树感翔，嘉禾应憺。

【译文】枯树被褚翔感动得重新发芽，嘉禾因为萧憺长出六个穗。

【解说】◎梁代褚翔担任义兴太守时，废除苛捐杂税，不许官吏骚扰百姓，要使人们能安家乐居。义兴的西亭有一棵古树，已经枯死很多年了，忽然又发出了新芽，百姓们都说是被褚翔的善政感动的。　◎梁文帝的第十一个儿子萧憺被封为始兴王，当时刚打完仗，百姓很贫困。他精心治理，开垦荒地，减少徭役，慰问有人战死的人家，帮助解决他们的困难，百姓都安居乐业。这一年有一棵禾长了六个穗，被认为是萧憺善政的结果。

震警神知，雄严鬼瞰。

【译文】杨震警告有神灵知道，扬雄提醒有鬼看着。

【解说】◎东汉杨震为官清廉，王密担任县令后，在夜里没人时送给他金子，杨震说："我了解你，你怎么不了解我呢？"王密说："现在又没有人知道。"杨震回答说："神知，鬼知，你知，我知，怎么说没有人知道呢？" ◎扬雄在《解嘲》中说："高明之家，鬼瞰其室。"意思是说：一个人太自作聪明，知道得太多，就会引起鬼神的嫉妒并遭受伤害，鬼神保佑的是那些平常而不自满的人。

贾黯不欺，孙资无憾。

【译文】贾黯一生不欺骗，孙资没有怨恨的心。

【解说】◎宋代贾黯中了状元之后，去拜见范仲淹说："我偶然考中了科举，请您教导我。"范仲淹说："你不用愁不受重用，只是'不欺'二字，一生都要做到。"贾黯领受了他的话，终生不忘，经常对别人说："我从范公那里得到的教导，终生用不完。" ◎三国时魏国的孙资在家乡很有名，他的同乡田豫等都嫉妒他，暗中给他使坏。有一个叫杨丰的人跟随田豫专门给孙资造谣诽谤，结下了很深的怨仇。孙资既不说什么，也不怀恨在心。后来田豫他们内心惭愧，又对他的宽容很佩服，就请孙资忘掉怨仇，两家结为婚姻。孙资说："我没有怨仇，不知道怎么去忘掉，这都是你自己心里一会儿觉得交情薄，一会儿觉得交情厚罢了。"就允许儿子娶了田豫的女儿做妻子。

文季羹还，羲之炙啖。

【译文】莼羹还给了沈文季，王羲之先吃到烤肉。

【解说】◎南朝齐高帝宴请大臣，席上有莼菜羹和鲈鱼脍。大臣崔祖思是北方清河人，说："这两样菜是南北方都推崇的美味。"沈文季是江南人，就说："莼羹鲈脍是吴地的食物，不是崔祖思所能品味的。"崔祖思说："'飡鳖脍鲤'的诗句好像说的不是吴地的事。"沈文季说：

"'千里莼羹'的典故又何尝与北方有关。"齐高帝听他们引经据典，高兴地说："莼羹应该归还沈文季。"　◎晋代王羲之小时候不愿多说话，大家都不太注意他。当他十三岁时，去见周颛，周颛仔细观察，发现他很不一般。当时时兴吃牛心炙，就是烤牛心，客人们还都没吃，周颛先割给王羲之吃，从此他就出了名。

德裕石青，燕公珠绀。

【译文】李德裕的醒酒石是青色的，张说的记事珠是黑里透红的。

【解说】◎河南有一个婆罗亭，里面存着一块大青石，传说是唐代宰相李德裕的醒酒石。　◎张说，曾受封燕国公。唐代开元年间，张说担任了宰相，有人送给他一颗珠子，黑里透红，还放着光，叫作记事珠。如果有什么事忘记了，在手中转动这颗珠子，就不管大事小事，马上都能想起来。绀（gàn），黑中透红的颜色。

二十九、艳　韵

函谷秦关，长江陈堑。

【译文】函谷是秦国的边关，长江是陈朝的天堑。

【解说】◎函谷关在现在河南灵宝市南边，是古代著名关塞，也是秦国与东方各国边界上的战略要地。　◎南北朝后期，陈朝与隋朝以长江作为国界。隋朝的军队准备过江进攻陈朝，陈后主的大臣们请他提高警惕加以防备。奸臣孔范向陈后主说："长江天堑，自古以来就能阻挡兵马，敌军难道能飞过来吗？那些将领想立功，故意谎报军情紧急。我自恨官太小，敌人要是真来了，我立了功还能做太尉呢。"陈后主信了他的话，就不加防备，结果隋兵渡江，灭掉了陈朝。天堑（qiàn），天然形成的大沟。

姻成名墩，婚定题店。

【译文】姻缘成了就把土墩命名为婚姻墩，婚事定了把店名题作订婚店。

【解说】◎吴郡有一个地名叫婚姻墩，据说是有一个女子送葬路过这里，爱上了一个书生，后来结了婚，就把这地方叫作婚姻墩。　◎唐代小说《续幽怪录》中讲了一个故事：唐代的韦固是个孤儿，想早早结婚有个家。他到清河游历，住在宋城一个客店，有人给他介绍了一个女子，让他们在龙兴寺门口见面。韦固到了龙兴寺，那女子并没有来，却看见一个老人坐在那里看书。韦固就过去问老人看的是什么书，老人说："天下的婚书。"韦固高兴地问："你看看我这次约会能成功吗？"老人说："不能。你的妻子今年才三岁，十七年后嫁给你，她是店北面卖菜的陈老太的女儿，你跟我来，我指给你看。"韦固等那约会的女子直到天明，也没见她来，就随老人到菜市，看到一个很丑的老太婆抱着一个小女孩，老人说："那小孩就是你的妻子。"说完就溜走了。韦固很不高兴，就让人拿一把小刀刺了那女孩一下，正中眉心。十七年后，韦固已经在相州做了官，相州刺史把女儿嫁给了他。新娘的眉心贴了一朵花，韦固问她，她说："我是刺史的养女。我小时候父母双亡，由奶娘陈氏养大。三岁时抱着我在宋城的市场上，被坏人用刀刺伤，所以有一个伤疤。"韦固很吃惊，就把情形全告诉了她。从此夫妻更加恩爱。宋城的县官听说了这件事，就把那家客店题名为订婚店。

越石清刚，茂先朗赡。

【译文】刘越石的诗清纯刚健，张茂先的学问通达渊博。

【解说】◎晋代刘琨字越石，他既是武将，又是诗人，钟嵘《诗品》中说他的诗清纯刚健。　◎张华是晋初文学家，字茂先。史书上说他"学业优博，辞藻温丽，朗赡多通"，意思是学业优秀，学问渊博，通晓多种知识。朗是明白的意思，赡是富裕的意思。

郑灼削毫，扬雄提椠。

【译文】郑灼削笔毫抄书，扬雄提铅椠求学。

【解说】◎南朝郑灼家贫，每天夜以继日地抄书学习，毛笔上尖毫写没了，就用刀削一削接着用，终于成为大学者。　◎扬雄非常好学，经常怀里揣着写字用的铅，手上提着写字用的椠，到各地去找各种人谈话，记录方言。后来他利用这些材料编成了一本记录当时各地方语言词汇的书，就叫《方言》。椠（qiàn），古代削好了供书写用的木片。

陆海潘江，班香宋艳。

【译文】陆才如海，潘才如江；班固文香，宋玉诗艳。

【解说】◎陆机和潘岳都是晋代文学家，他们的作品都富有才华。评论家钟嵘在《诗品》中说："陆才如海，潘才如江。"　◎杜牧在《冬至日寄小侄阿宜诗》中说："高摘屈宋艳，浓薰班马香。"屈是屈原，宋是宋玉，战国时期大诗人。班是班固，马是司马迁，汉代大史学家。

魏武捉刀，汉高提剑。

【译文】魏武帝挎着刀，汉高祖提着剑。

【解说】◎魏武帝曹操一次会见匈奴的使者，认为自己长相不好，就让崔季珪代替他，自己拿着刀站在坐床边上。接见完了之后，曹操派人去问使者："魏王这人怎么样？"使者答道："魏王相貌不一般，不过床头拿刀的那人才是真英雄。"曹操听了这话，派人把使者追上杀了。　◎汉高祖刘邦讨伐英布时，被流箭射中，半路上发病，痛得很厉害。吕后给他找来医生，医生说："病可以治。"刘邦听了，骂医生说："我作为一个老百姓，提着三尺剑取得了天下，这不是天命吗？命既然归天上管，就是把神医扁鹊请来又有什么用。"于是不让医生给他治病。

三十、陷　韵

陆处舟居，家浮宅泛。

【译文】张融陆处无屋舟居无水，张志和愿意把家漂浮在水上。

【解说】◎南朝齐的张融很幽默，他在竟陵王手下做官时因公到京城，齐武帝问他住在哪里，他回答道："我在陆地上住没有屋子，在船里住又不在水上。"后来皇帝问他的堂兄张绪，张融究竟住在哪里，张绪说："他最近经常外出，没有固定的住处，暂时把小船拉到岸上住。"武帝听了，哈哈大笑。　◎唐代隐士张志和自号烟波钓徒，经常在水上坐着小船往来。颜真卿做了湖州太守，张志和来看他，颜真卿见他的船很破旧而且漏水，就给他换了个新的。张志和说："我愿意有一个漂浮在水上的房子，好来往在苕水和霅水之间。"

磐石醉侯，镜湖外监。

【译文】醉侯坐在磐石上，外监隐居在镜湖。

【解说】◎宋代种放是一名隐士，在终南山的东明峰上建了一个小草房住着。他喜欢饮酒，自己种高粱酿酒，每天喝着解闷，自称"云溪醉侯"。他经常背着琴带着酒，坐在溪流边的磐石上，常常是一坐一整天，碰见满月的时候，有时就坐到天明。　◎唐代诗人贺知章，担任秘书监，他晚年喜欢饮酒，行为怪诞，自称"四明狂客"，又自称"秘书外监"。后来他生了一场大病，病中梦见在上帝的天官里游玩了几天，醒了之后就要求回乡做道士，皇帝批准了。他把家乡的故居改为千秋观，把周围的几顷湖面作为放生池，皇帝赐名叫"镜湖"。

桓冲新衣，宣帝故剑。

【译文】桓冲不喜欢穿新衣，汉宣帝寻找小时候的旧剑。

【解说】◎晋代桓冲不喜欢穿新衣服。一次他洗完澡，妻子给他送来一套新衣服，他一见大怒，让人拿走。妻子把衣服又送了回来，说："衣服不经过穿新的阶段，怎么能变成旧衣服呢?"桓冲想想笑了，就穿上了。　◎汉宣帝小时候，和许广汉的女儿结了婚，后来做了皇帝，就封许氏为婕妤。当时掌权的大将军霍光有个小女儿，和皇太后是亲戚，大臣们商量立皇后，都偏重于霍光的女儿，宣帝就下诏寻找没做皇帝时用的旧剑，大臣们明白了皇帝的暗示，就立许婕妤为皇后。

抟被云留，毂蒙山赚。

【译文】陈抟的心已被白云留住，任毂受到山的欺骗。

【解说】◎陈抟（tuán）是宋初隐士，隐居在华山，常常闭门独卧，一百多天不醒。他应皇帝征召两次后，决定不再出山，后来皇帝又召见他，他推辞说："九重仙诏，休教丹凤衔来；一片野心，已被白云留住。"　◎唐代任毂（gǔ）精通经学，隐居在怀谷，希望借隐士的名声被请去当官，却怎么也等不来，就自己去京城打听。有人见状就写了一首诗嘲笑他说："云林应讶鹤书迟，自入京来探事宜。从此见山须合眼，被山相赚已多时。"

宋书六箴，唐保三鉴。

【译文】宋仁宗命令书写六篇箴言，唐太宗保有三面镜子。

【解说】◎宋朝吴充不到二十岁就中了进士，担任吴王的老师，他的年龄虽小，却很严肃，皇子很怕他。他写了六篇劝勉学生的《箴言》献上去，宋仁宗命令抄写很多份，赏赐给皇族。 ◎魏徵死后，唐太宗感叹地说："用铜做镜子，可以端正衣冠；用历史做镜子，可以知道兴废；用人作镜子，可以知道得失。我过去有这三面镜子，来防止自己的错误。现在魏徵死了，我少了一面镜子了。"保有，拥有。

周泽禁斋，庾诜礼忏。

【译文】周泽严守斋戒的禁律，庾诜礼佛忏悔。

【解说】◎东汉周泽担任主管祭祀的太常寺卿，严守清规戒律，以至于到了迂腐的地步。他曾经病倒在斋宫，他的妻子可怜他又老又病，就悄悄去看他，问他怎么不舒服。周泽大怒，认为女人进入斋宫是违反了禁令，就把她抓起来送进了监狱治罪。当时的人怀疑他是假装积极，编了一首歌说："生世不谐，作太常妻，一岁三百六十日，三百五十九日斋。"又有一人添上一句："一日不斋醉如泥。" ◎梁朝庾诜酷信佛教，每天在家拜佛忏悔，念《法华经》。后来一夜忽然见到一个和尚，自称愿公，相貌举止都很奇怪，管他叫上行先生，交给他一些香然后就走了。又过了几年，庾诜白天睡觉忽然惊醒说："愿公又来了，不可在凡间久住了。"说完以后，神色不变就死去了。

卷 五

一、屋 韵

崔易皮鞭，燕书木牍。

【译文】崔伯谦改用熟皮子做皮鞭，燕肃用木牍传集证人。

【解说】◎北朝齐崔伯谦担任济北太守，处理政务很得人心。对待富人，禁止他们奢侈，对待穷人，鼓励他们耕种。县里的公田土地肥沃，他就把它们都换给百姓。崔伯谦又把行刑用的皮鞭改为用熟皮子来做，以求打人轻一些，每次惩罚犯人都不忍心打出血来，只是轻打，让犯人感到耻辱而已。　◎宋代燕肃担任临邛县知县，当地百姓深受官吏骚扰之害。燕肃把木头削成能写字的木片，每次有诉讼案件牵涉到其他人，就把名字写在木牍上，让当事人自己去召集，使他们免受官差的欺压勒索。

谢举拂衣，李充抵肉。

【译文】谢举拂衣而去，李充把肉推到地上。

【解说】◎南朝梁谢举担任尚书仆射。当时有权势的邵陵王萧纶在娄湖建了一个园林，经常大宴宾客。他喜欢在酒后把大家的帽子收在一起，亲手撕破扔到痰盂里，谁都不敢说什么。一次谢举参加了宴会，萧纶又去拿他的帽子，谢举严肃地说："帽子关系人的尊严，下官我不敢听从您的命令。"然后就甩甩衣服走了。 ◎东汉李充很有名望，当时的大将军邓骘想借重他的名望，对他很尊敬。一次邓骘宴请李充，请来很多人作陪，席间邓骘请他推荐人才，李充就说出海内有德有才的人，与邓骘想让他说的人大不相同。邓骘想让他闭嘴，就劝他吃肉，李充把肉推到地上，说："说话要比吃肉痛快。"头也不回地走了。

张麦两岐，尹蚕四熟。

【译文】张堪重视农业，麦子长出双穗；尹思贞为政廉明，桑蚕一年四熟。

【解说】◎东汉渔阳太守张堪劝民耕种，开垦荒田，获得大丰收，一棵麦子竟长出两个麦穗。 ◎唐代尹思贞担任青州刺史，治理地方很有成绩，蚕一年结了四次茧，人们说是因为他的善政才会这样。

破胆班超，攻心马谡。

【译文】班超使敌人心惊胆破，马谡主张战争以攻心为上。

【解说】◎东汉班超出使西域，到鄯善国，国王待他很热情，后来忽然冷淡了下来，班超对手下人说："这一定是匈奴的使者来了，使鄯善王无从选择。"就把手下三十六人召集到一起痛饮，说："不入虎穴，不得虎子，现在的办法只有趁黑夜偷袭匈奴使者，把他们消灭掉，鄯善王才会心惊胆破，彻底脱离匈奴，投向我们。"于是便利用黑夜大风，一举杀掉了匈奴派来的使者及其随从，把使者的首级送给鄯善王。鄯善全国震惊，最终派王子作为人质，归顺了汉朝。 ◎三国时诸葛亮要征讨蜀国南方的叛乱，向马谡征求建议，马谡说："南中地势险要，那里的少数民族仗着地形，不服中原已经很久了，今天虽然平定了，明天还要反。《孙子兵法》说'攻心为上，攻城为下'，希望您能让他们心服。"诸葛亮采纳了他的意见，七擒孟获，终于使南方安定下来，得到了长期和平。

阎谢怀英，赵知茂叔。

【译文】阎立本向狄怀英道歉，赵抃终于了解了周茂叔。

【解说】◎唐代狄仁杰字怀英，最初担任汴州参军，被人诬告。负责案件的阎立本召他来讯问，很佩服他的才能，向他表示歉意，说："孔夫子说从一个人犯的错误，可以看出他的品德，你可以说是遗失在大海中的一颗明珠了。"然后推荐他担任了高官。 ◎宋代哲学家周敦颐字茂叔，担任合州判官，刑部来检查工作的使者赵抃听了别人的坏话，对他要求特别严，但周敦颐心里很坦然。后来赵抃担任虔州地方官，周敦颐担任他的副手，共事久了，赵抃看明白周敦颐的所作所为，心里很感动，拉着他的手说："我差一点误会了你，到今天我才算了解了你周茂叔。"

屏墙嘲温，柱石祝陆。

【译文】温彦博被讽刺成挡道的屏风，陆玩被祝愿为国家的柱石。

【解说】◎唐代温彦博担任吏部侍郎，没有任用候选人裴略，裴略就去找温彦博，自称善于解嘲。温彦博就指着屏风让他说，裴略说："高下八九尺，东西六七步；突兀当厅坐，几许遮贤路。"温彦博听了，说："这诗好像有点对着我来。"裴略说："就是扒你的肋骨，掏你的心，何止是对着你。"温彦博觉得自己是有点妒贤嫉能，心里惭愧，就给了裴略一个官做。 ◎晋代陆玩被任命为司空，有人去拜访他，向他要了美酒，倒在柱子下面，祝愿说："当今天下缺乏有才能的人，朝廷把你当作柱石，你不要让人家的栋梁倒塌下来。"陆玩笑着说："多谢你的良言。"

松柏世林，姜桂敦复。

【译文】宗世林有松柏之志，晏敦复有姜桂之性。

【解说】◎东汉末年的宗承字世林，和曹操同时期，非常看不起曹操的为人，不和他交往。等到曹操做了司空，大权独揽，就问宗承："现在可以交往了吗？"宗承回答道："松柏之志犹存。" ◎南宋晏敦复担任吏部侍郎，当时的金国提出非礼要求，秦桧主张屈服照办，晏敦复等人坚决抗争。秦桧就派亲信去劝说他服从，晏敦复说："我绝不会为了自己损害国家，况且我是属生姜肉桂的脾气，越老越辣，你不用再说下去了。"秦桧始终没能使他屈服。

羊续悬鱼，裴宽瘗鹿。

【译文】羊续把鱼悬在院中，裴宽把鹿埋在土里。

【解说】◎东汉羊续担任南阳太守，常常穿破衣，吃粗茶淡饭，车马也老旧得不成样子。他的副手曾经送给他一条鱼，羊续收下来就挂在院中。后来那人又来送鱼，羊续把原来那条指给他看，那人只好拿回去了。 ◎唐代裴宽担任润州参军，一次有一个人送给他鹿肉，放在那儿就走了，无法退还。裴宽不愿意收别人的礼物，就拿到菜园中埋了，这件事被润州刺史韦诜知道了，韦诜很欣赏他的品德，就把女儿嫁给了他。瘗（yì），埋。

庭诰著颜，家令撰穆。

【译文】颜延之著《庭诰》，穆宁撰《家令》。

【解说】◎南朝宋颜延之，曾写作《庭诰》一文，用来教育子弟。◎唐代穆宁退休后撰写了《家令》一文，来教育儿子，后来他的四个儿子都品学兼优，很有成就。

激读甄奴，爱才萧仆。

【译文】甄琛的家奴激励他读书，萧颖士的仆人爱慕他的才华。

【解说】◎北朝魏的甄琛（chēn）到都城去求学，结果迷上了围棋，每天夜以继日地下棋，每晚让奴仆给他拿着蜡烛，有时仆人睡着了，就被他狠狠打一顿。这样的事多了，仆人受不了就说："要是为读书掌烛而我睡着了，那是我的错。现在每天一夜夜下围棋，难道是你当初告别父母进京的原意吗？你老是打我，也多少有点没道理。"甄琛听了这话，觉得有道理，从此发愤求学，终于实现了愿望。 ◎唐代诗人萧颖士性格出奇地暴躁，有一个老仆人，跟随了他十几年，但萧颖士经常鞭打他，不堪忍受。有人劝这个仆人另换一个主人，他说："我不是不能去别的地方，现在留在这儿，是因为我爱主人的才华。"

二、沃 韵

乙譬虎威，轸方蛇足。

【译文】江乙说了个狐假虎威的譬喻，陈轸打了个画蛇添足的比方。

【解说】◎战国时，楚宣王问大臣们："听说北方邻国很害怕大将昭奚恤，这到底是怎么回事？"江乙回答说："老虎抓到一只狐狸，要吃掉它，狐狸说，'上帝让我做百兽的首领，你吃了我，就是违背了上帝的旨意。你如果不信，就跟在我后面，看百兽见了我有敢不走开的吗？'老虎就跟在他后面，果然看到群兽纷纷逃走，它不知道这是怕自己，还真以为是怕狐狸呢。现在楚国雄兵百万，都交给昭奚恤率领，所以北方各国怕他，其实是怕大王的军队啊。"这就是"狐假虎威"这个成语的由来。　◎楚国大将昭阳攻占了魏国八个城池，杀了魏军的统帅，使魏军全军覆没，接着他又乘胜进攻齐国。陈轸（zhěn）作为齐王的使者去见昭阳说："你现在立下的功劳可以得到楚王的最高奖赏，再怎样立功也不会得到更多的了。我给你打个比方，有一个人给手下的人一杯酒，大家说，一杯酒不够这么多人喝，请在地上画蛇，先画成的人就喝酒。有一个人先画成了，就把酒拿在手里，说，'我还能给蛇添上脚。'结果蛇脚没画完，别人已经画完了蛇，就把酒抢去喝了，说，'蛇本来就没有脚，你怎么能给他安上脚呢？'画蛇添足的人最后把酒也丢了。如果倚仗着战无不胜而不知道及时停止，连性命都难保，更不用说奖赏了。这多立的功，也就和蛇的脚差不多了。"昭阳觉得有理，就撤兵了。

安石碎金，士衡积玉。

【译文】谢安石的文字就像切碎的金子，陆士衡的文章就像堆积的美玉。

【解说】◎晋代谢安字安石。一次桓温拿着他写的文章对宾客说："这是谢安石的碎金啊。"　◎陆机字士衡，是西晋著名文学家。后来东晋的葛洪在书中称赞他的文章，说："陆机的文章就像昆仑山上堆积的美玉，夜晚都能放出光芒来。"

听琴钟期，相剑薛烛。

【译文】钟子期善于理解伯牙弹奏的琴曲，薛烛能判断宝剑的价值。

【解说】◎伯牙善于弹琴，钟子期善于听他弹琴。当伯牙用琴声表现登高山时，子期说："好啊！像泰山一样高。"当伯牙表现流水时，子期说："好啊！像长江黄河一样浩荡。"每次演奏，钟子期都能完全理解。伯牙感叹说："真了不起，你听到琴声想象的，正是我要表现的啊。"　◎越王勾践有五把宝剑，他找来善于相剑的薛烛，让他评价宝剑。连取两支剑，薛烛都说算不上宝剑，当取出名叫纯钩的剑时，纯钩光芒四射，越王说曾经有人估计它的价值等于两个有市场的乡、两个都城外加千匹骏马。薛烛说："当锻造这支剑时，赤堇山裂开为它出锡，若耶溪干涸为它出铜，天下第一铸剑高手欧冶子精心锻造，才造出这支剑。现在山已经合上了，水也测不到底，欧冶子已经死了，就是一城黄金一河珍珠，也再不能买到这样的宝物，就不要说两个城池和千匹骏马了。"

张谑窦开，杨嘲藩触。

【译文】张玄被嘲笑口中开狗洞，杨收嘲笑压倒篱笆的人。

【解说】◎晋代张玄八岁时，门牙掉了还没长上，有人嘲笑他说："你口中为什么开着狗洞呢？"张玄说："正是留着给你们出入的。"窦（dòu），孔，洞。　◎唐代杨收十三岁就善于写诗，村里人都来看他吟诗，以至于把他家篱笆都压倒了。杨收嘲笑他们说："你们又不是长着细角的羊，干什么要顶坏我的篱笆呢？"藩（fān），篱笆。

文学鸡廉，儒林狗曲。

【译文】文学的廉洁就像鸡吃东西一样少，儒林中的人竟用狗骂人。

【解说】◎汉代桓宽在《盐铁论》中记载，文学（读书人）与大夫相互攻击，大夫说："文学言论总是很廉洁，行动却很污浊。他的廉洁就像鸡吃东西那样一点点，他的贪婪却像狼吃东西一样多。"文学说："现在倒不怕读书人的鸡廉，而是怕掌权的人虎饱。"鸡廉，比喻小处廉洁。　◎《汉书·儒林传》中记载，王式很有学问，被任命为博士，原来的博士置酒欢迎他。有一个博士江生，对他不服气，看到大家都在恭维他，有点妒忌，就让歌手唱客人告别的歌《骊驹》。王式说："我听老师说这是客人告辞时唱的歌，主人不应该唱。"江生说："在哪本经上写着?"王式说："在《曲礼》上。"江生骂道："什么狗曲!"

羊头侯封，狗尾貂续。

【译文】称被随便封侯的人为烂羊头，用狗尾巴代替貂皮来讽刺任官太滥。

【解说】◎西汉末年，天下大乱，刘玄被推为更始帝，他登基后大肆封官纳爵，连一些杀羊的做饭的都当了大官，被封了侯。当时有歌谣："灶下养，中郎将；烂羊胃，骑都尉；烂羊头，关内侯"，讽刺这种现象。 ◎西晋赵王司马伦窃取帝位后，把他的同谋都任命为大官，其中很多是原来的奴仆，都给封了爵位。每当上朝时，到处都看到这些大官身上用作装饰的貂尾巴。当时的人编了谚语嘲笑他们说："貂不足，狗尾续。"

书晒郝隆，墨濡张旭。

【译文】郝隆晒肚子里的书，张旭用头发蘸墨写字。

【解说】◎晋代郝隆读书很多又很风趣。七月七日他看邻居都在晒衣服，就仰卧在院子里晒肚皮。有人问他干什么，他说："我晒书。" ◎张旭是唐代大书法家，他喜欢喝酒，喝到大醉才下笔创作，有时用头发蘸上墨写字，酒醒后自己看看认为是神来之笔，再写也写不出这样好的作品了。

宽化南阳，翁移西蜀。

【译文】刘宽感化了南阳百姓，文翁改变了四川的风俗。

【解说】◎东汉刘宽担任南阳太守，提倡学习，每到一地就与当地的读书人谈论学问，见到老人就谈论农活，见到少年就教育他们要学习礼仪。南阳百姓被他感化，当地风俗越变越好。　◎西汉文翁担任蜀郡（今四川）太守时，蜀地还是边远地区，文化落后。文翁就选拔当地优秀子弟到京城学习，又在成都建立学校，招收青少年入学，给读书人很多特殊的荣誉。几年后，蜀郡风气大开，人民纷纷要求入学学习，成为文化发达的地区。文翁在四川办的学校，是我国历史上第一所县级官办学校。

慎选花裀，孝然草褥。

【译文】许慎选用落花作为坐垫，焦孝然坐在草褥上。

【解说】◎唐代的许慎选为人潇洒，不拘小节。他经常在花下请客，不设椅凳，让仆人把落花聚在一起，说："我有落花做的坐垫，还要别的坐具干什么？"裀（yīn），床垫，坐垫。　◎焦先字孝然，是传说中的神仙，活到一百七十岁。他用草盖了一个茅屋，里面不设床席，就坐在草褥上。后来野火烧毁了他的茅屋，有人看到他安坐不动，屋子被烧没了，焦先连衣服都没烧着。

刘等蛟龙，陈侔鸿鹄。

【译文】刘备被比为池中的蛟龙，陈胜自比为高飞的鸿鹄。

【解说】◎刘备占领荆州时，周瑜对孙权说："刘备不是能久在人下的人。如果现在把荆州割让给他，让他有了发展的基地，恐怕就会像蛟龙得了云气一样，不会再留在池中了。"　◎陈胜是秦末农民起义领袖，他年轻时给别人种地，休息的时候感慨地说："如果谁富贵了，不要忘掉今天的人。"别人笑着说："你现在受雇给别人种地，哪儿来的富贵？"陈胜叹息说："燕雀怎么能知道鸿鹄的志向呢？"侔（móu），与……相等、相齐。

三、觉　韵

阙里系麟，岐山鸣鸑。

【译文】阙里有角上系了布条的麒麟，岐山有鸑鷟鸣叫。

【解说】◎阙里是孔子的故乡。传说孔子将要降生时，阙里出现了一只麒麟，孔子的母亲知道这是神兽，就在它的角上系了一根布条。后来有人从鲁国的大湖中捉到了一只麒麟，送给孔子看，角上的布条还在，孔子就知道自己要死了。　◎鸑鷟（yuè zhuó）就是凤凰。传说在周朝要兴起的时候，有鸑鷟在岐山上鸣叫。

夏后胼胝，周公吐握。

【译文】夏禹为治水手足胼胝，周公为人才吐脯握发。

【解说】◎夏禹治水，争分夺秒，日夜劳苦，以至手脚都磨起了厚厚的老茧。胼胝（pián zhī），手脚上的老茧。　◎周公在辅佐周成王的时候，对即将去鲁国做诸侯的儿子说："你不要因为是国君就对士人傲慢。我是文王的儿子，武王的弟弟，现在大王的叔叔，又是大王的重臣，我的身份也不算轻了。然而我曾经洗一次头发握住头发跑出去三次，吃一次饭把饭吐出三次，去迎接来人，害怕错失良才。"

渡水杯乘，识山锡卓。

【译文】乘坐一个木杯就能渡河，立在地上的锡杖能做山的标识。

【解说】◎传说有一个和尚，常常乘坐一只木杯渡河，因此被叫作杯渡。有一次他偷了别人家的一个金佛像，失主在后面快马追赶，他在前面慢慢走，可就是追不上。到了黄河边，他拿出一只木杯放在水上，乘坐上去，像飞一样就渡过去了。　◎梁武帝的时候，有一个和尚宝志和一个道士白鹤道人都看上了风景秀丽的潜山，都希望武帝把山赏赐给自己。武帝说："你们二人都有法术，就都用个东西在那里做个记号，谁做好了谁就去住。"道人说用白鹤去做记号，和尚说用直立的锡杖做记号。白鹤先飞到山下想停下来，忽然听到锡杖飞过来的声音。最后和尚的锡杖立在山下，道士的白鹤却吓飞了。于是这座山就归了宝志和尚。

王猛虱扪，张讥麈捉。

【译文】王猛谈话时用手捉虱子，张讥讲学时要手拿麈尾。

【解说】◎王猛是前秦苻坚的宰相，建立了很大的功业。在他还没出来做官时，一次去拜见桓温，一面谈论当时的国家大事，一面捉着虱子，旁若无人。桓温看到他的风度，就知道他是能有大成就的人。 ◎麈（zhǔ）尾是古代名士辩论时手中挥动的拂尘。南朝张讥很受陈后主尊重，后主新制了玉柄麈尾，亲手送给张讥，说："当今天下人才济济，但配得上它的只有张讥。"后来陈后主到一座寺庙，请张讥讲佛教教义，麈尾一时未能送来，皇帝就折了一根松枝，交给他说："就用它代替吧。"

帽遗王濛，果投潘岳。

【译文】卖帽子的女人送给王濛帽子，妇女都向潘岳扔果子。

【解说】◎晋代王濛的帽子破了，去市场上买，卖帽子的女人喜欢他英俊的相貌，就送给他一顶。遗（wèi），赠送。 ◎晋代的潘岳相貌英俊，他年少时经常拿着弹弓出去，妇女们见了，都连着手拦他，向他身上扔果子，结果装了一车果子回去。当时还有一个人叫张载，长相太丑，一出去小孩就向他扔石头瓦块，结果不敢出门。

楚客鬻珠，周人怀璞。

【译文】楚国客商卖宝珠，周国的人怀里揣着老鼠。

【解说】◎韩非子讲了一个故事：楚国一个人要去郑国卖宝珠，他用名贵的香木做了一个盒子，用珍珠美玉点缀，宝石翡翠装饰，结果郑国人把盒子买走了，把珠还给了他。这就是"买椟还珠"的故事。鬻（yù），卖。　◎《战国策》里记载，郑国人把没有雕琢的玉叫"璞"，周国人把还没熏制风干的死老鼠叫"璞"。周国人怀里揣着璞问郑国的商人要不要买，郑国人说："要。"掏出他的"璞"来一看，原来是死老鼠。

勒拟高光，亮方管乐。

【译文】石勒自比汉高祖、光武帝，诸葛亮自比管仲、乐毅。

【解说】◎后赵皇帝石勒问徐光说："我可以和自古以来哪个开国皇帝相比？"徐光说："汉高祖刘邦比不上你，曹操也比不上你，夏禹、商汤、周文王都比不上你，看来只有上古的祖先轩辕黄帝和你差不多。"石勒大笑说："人哪有没自知之明的，你说得太玄了。我遇到刘邦，就做他的臣属，和韩信他们去竞争了。如果遇上光武帝刘秀，就和他并驱中原，争夺天下，不知道谁胜谁负。我应该在二刘之间，怎么能和轩辕黄帝相比呢？"　◎诸葛亮没出名之前，常把自己比作战国时名臣管仲、乐（yuè）毅，当时的人都不相信，只有他的几个朋友认为确实是这样。

罗笺雁头，张笔麟角。

【译文】罗隐用的信笺叫雁头笺，张华用的笔叫麟角笔。

【解说】◎唐代诗人罗隐喜欢文具，他曾送给一位制笔工人苌凤一百张特制的稿纸"雁头笺"，读书人听说了，都拿着钱来买，还有人用成匹的绸缎来换。　◎晋代张华博学多才，写了一本《博物志》，进献皇帝，皇帝就赐给他纸墨笔砚，据说笔叫"麟角笔"，是用麒麟的角制成的笔杆。

珪能挟枪，恭善夺矟。

【译文】王珪能用胳膊夹住枪，尉迟恭擅长夺取矟。

【解说】◎北宋开封人王珪，自小练习武术，擅长使用铁鞭和铁杵，长大后入伍成为军官。宋仁宗康定元年，西夏入侵宋朝，进攻镇戎军，王珪带领三千骑兵前往增援，被西夏军包围。王珪在夜里出战，敌方一个骁将把长枪插在地上，叫嚣："谁敢来战！"然后用枪对着王珪直刺过去，伤了他的右臂。此时王珪左手举起铁杵，砸碎了他的脑袋。接着西夏另一位大将也挺枪刺来，王珪用胳膊夹住他的枪，用铁鞭打死了他。西夏军见此大惊，就撤退了。　　◎唐太宗李世民的大将尉迟恭善于躲开敌人的攻击，还能徒手夺走敌人的兵器。他曾和齐王李元吉表演，元吉用槊刺他，怎么也刺不着。李世民问他，夺矟与避矟哪一样难一些，尉迟恭说夺矟难。接着又和李元吉比试，一会儿工夫，元吉的矟就被夺走三次。矟（shuò），长矛。

韩信登坛，张良运幄。

【译文】韩信登坛拜将，张良运筹帷幄。

【解说】◎韩信刚投靠刘邦的时候，并没有受到刘邦的重用，韩信就偷偷跑掉了，被萧何追了回来。萧何劝刘邦说："韩信是天下无双的人才，大王想要夺取天下，非韩信不可，希望你能重用他。"刘邦采纳了萧何的建议，建了一个拜将台，用隆重的礼节，正式拜韩信为大将。　　◎张良是刘邦重要的谋士，刘邦建立汉朝后，论功行赏，张良没有参加过战斗，但功劳很高，刘邦说："在帐篷中出谋划策，而导致千里之外的胜利，这就是张良的功劳。"帷幄，军帐。

四、质　韵

汉后扪天，魏臣捧日。

【译文】汉代皇后梦到用手摸着天，魏国大臣梦到双手捧着太阳。

【解说】◎东汉和帝的皇后邓绥，曾经梦到用手摸着天，天上有钟乳石一样的东西，水滴下来，她就仰着头喝了。醒了之后问解梦的人，回答说这都是要做皇后的前兆，是最吉利的梦。　◎三国时程昱（yù）是曹操的谋士，他年轻时曾经梦到登上泰山，双手捧着太阳。后来曹操对他很信任，加以重用。

潞公耆英，司马真率。

【译文】文彦博发起耆英会，司马光组织真率会。

【解说】◎宋代时洛阳有尊重老人的风气。太师文彦博受封为潞国公，年老时镇守洛阳，就召集在洛阳年高望重的官员发起耆英会。与会者都在七十岁以上，只有司马光不到七十岁，文彦博看重他的为人，破例请他参加。这些耆英会的老人经常在一起游山玩水，吟诗作画。耆（qí），六十岁以上的年纪。　◎司马光在洛阳时，也组织了一个老年人的聚会，叫真率会，共有七个人，加起来有五百一十五岁。

壁凿匡衡，屋升江泌。

【译文】匡衡凿壁偷光，江泌爬上屋顶借月光。

【解说】◎汉代匡衡家贫好学，晚上点不起蜡烛，邻居家有蜡烛，他就把墙凿了一个小眼，借着透过来的烛光读书。后人以此为题，写了一篇《凿壁偷光赋》。　◎南朝江泌家贫好学。他白天砍柴为生，晚上读书，点不起蜡烛，只好借着月光。月亮落下去，他就爬上屋顶，睡着了摔下来，又爬上去。

齐士吹竽，赵王鼓瑟。

【译文】齐国有人假装会吹竽，赵王被迫为秦王弹奏瑟。

【解说】◎齐宣王喜欢听人吹竽，但喜欢三百人的合奏，有一个叫南郭先生的人自称会吹竽，宣王就留下了他和大家一起吹。宣王死了，他的儿子湣王即位。湣王喜欢听一个人的独奏，滥竽充数的南郭先生本来就不会吹，这次只好逃掉了。 ◎战国时赵王和秦王在渑池会见，秦王喝酒喝得高兴了，就对赵王说："我听说赵王善于演奏瑟，请给我弹一曲。"赵王惧怕强大的秦国，只好弹了一曲，秦王就叫人在史书上记载："某年某月，秦王命令赵王鼓瑟。"赵国大臣蔺相如见状，就上前说："我听说秦王擅长秦国音乐，请用缶（瓦盆）演奏一曲。"缶是秦国击打节奏的乐器。秦王不肯，蔺相如就要和他拼命，秦王只好在缶上敲了一下。蔺相如就叫来赵国的史官在史书上记下："某年某月，赵王命令秦王击缶。"这样为赵国保持了尊严。

郭祚怀瓝，萧琛掷栗。

【译文】郭祚怀里揣着黄瓝，萧琛扔栗子打中了皇帝。

【解说】◎北魏的郭祚担任尚书右仆射、太子少师。有一次他随世宗去东宫看太子，太子（也就是后来的肃宗）当时年龄还很小，郭祚在怀里揣了一个甜瓜，拿出来给太子，太子十分高兴。当时的人称郭祚是"黄瓝（pián）少师"。 ◎梁武帝萧衍在未做皇帝前与萧琛的关系很好，做了皇帝后二人仍很随便。一次宴会上萧琛喝醉了，伏在桌上，武帝就用一颗栗子去打他，萧琛就回手拿一颗栗子扔了过去，正打在皇帝脸上。当时有主管监察的御史中丞在席上，武帝不高兴了，说："有别人在场，不可以这样，你能解释一下吗？"萧琛就回答说："陛下投给我一颗丹心，我怎么敢不用战栗来回报呢？"说得皇帝笑了起来。战栗指恭敬害怕的样子。

甫里龟蒙，辋川摩诘。

【译文】陆龟蒙隐居在甫里，王摩诘隐居在辋川。

【解说】◎唐代文学家陆龟蒙，年轻时志行高尚，居住在松江的甫里，每天背山面水，品茶钓鱼，自称为甫里先生。　◎唐代大诗人王维字摩诘，他晚年在长安南面的蓝田建有一个别墅，叫辋（wǎng）川别业，里面风景绝佳，有很多名胜。他和诗友在辋川写了很多诗，最后编成一个集子，叫《辋川集》。

治诗毛苌，注易王弼。

【译文】毛苌研究《诗经》，王弼注释《周易》。

【解说】◎毛苌（cháng）是西汉人。《诗经》在汉初有好几个人记录研究，但只有毛苌记录的流传了下来，所以现在通行的《诗经》又叫"毛诗"。　◎王弼（bì）是东汉末年人，他博学多才，曾注释《周易》和《老子》，可惜只活了二十几岁就死了。

郑公回风，邹子移律。

【译文】郑弘能让风转向，邹衍把气候改变了。

【解说】◎东汉郑弘是会稽人，会稽有一座山叫射的（dì）山，传说是仙人射箭的地方。郑弘曾经在山上砍柴，拾到一支箭，不久有人来寻找，郑弘就还给了他。那人问郑弘想要点什么，郑弘知道他是神仙，就说："若耶溪上用船运柴太难了，希望能早晨刮南风，晚上刮北风。"后来这事果然发生了。　◎北方燕地土地肥沃，但气候寒冷，五谷不生。因为中国古代认为乐律与历法是联系在一起的，传说汉人邹衍吹奏与温暖相关联的乐曲，结果改变了乐律也就改变了气候，从此暖风吹来，地里长出了谷子。

酒盏碎琦，车茵污吉。

【译文】韩琦的玉酒杯被打碎了，丙吉的车垫被弄脏了。

【解说】◎宋代丞相韩琦，有人送给他两只玉酒杯，是出土的稀有宝物，韩琦很喜欢，每有宴会都专用个桌子把它们摆在那里用来敬酒。一次宴请客人，一个小吏不小心撞倒了桌子，把两只酒杯全摔碎了，小吏非常害怕，伏地请罪，韩琦微笑着说："东西都有个坏的时候，你是不小心，又不是故意的，有什么罪呢？"　◎汉代丙吉的车夫喜欢饮酒，一次喝醉了，吐在丙吉的车里，弄脏了车垫，主管的人要开除他。丙吉说："因为喝酒吃饭被开除，让这个人以后怎么见人。你忍耐一点，他只不过是弄脏丞相的车垫罢了。"茵，垫子。

苏轼服麻，陶潜种秫。

【译文】苏轼吃芝麻想成仙，陶潜种高粱来酿酒。

【解说】◎宋代文豪苏轼学道修仙，一次梦见一个道士对他说要想成仙就要吃胡麻。苏轼问什么是胡麻，道士说就是芝麻。后来苏轼经过研究，发现胡麻确实就是芝麻，就对他弟弟说："世间的人要是听说吃芝麻能成仙，一定会大笑。人们不知道胡麻是什么东西，找不到它，一定去山中找一些野草来当成胡麻，而不会去试试芝麻，人就是这样经常舍近求远啊。"　◎陶潜是晋代大诗人，他当过几天彭泽县令，命令把公田里全都种上秫（shú），就是高粱，好拿来酿酒，并说："能让我常常醉在酒中，就满足了。"他的妻儿坚持要求他种稻米，他没办法，只好每顷地种五十亩高粱，五十亩稻谷。

五、物　韵

倪羡登仙，阮嘲作佛。

【译文】倪若水羡慕别人做京官，阮裕嘲笑想做佛的人。

【解说】◎唐代强盛时期，官吏们都以做京官为荣，不愿意做地方官。倪若水担任汴州刺史，班景倩从扬州采访使被调为中央主管法律的大理寺少卿，路过汴州，倪若水给他饯行，对手下说："班先生是做神仙上天，我恨不能给他当仆人，也跟着上天。"　◎晋代何充担任中书令，酷爱佛法，大修庙宇，供养着几百名和尚，花费了亿万钱财而毫不吝惜。阮裕曾经跟他开玩笑说："你的志向大过宇宙，勇气超过古今。"何充问他缘故，他说："我想做个管几千户的郡守还办不到，你想做佛，志向还不大吗？"

湔裳解除，泛酒洗祓。

【译文】月底洗衣服来避邪，在水上泛杯来消除晦气。

【解说】◎古代风俗，每年正月月底要到河中洗衣服，既洗去衣服上的污垢，又解除生活中的厄运和邪气。湔（jiān），洗。　◎古代风俗，在三月三日到水边宴饮，把酒杯放在水上，流到谁那里谁就喝酒，认为这样可以祓除不祥。祓（fú）除，为除灾而举行的仪式。

衍不言钱，恭无长物。

【译文】王衍口中不说钱字，王恭没有多余的东西。

【解说】◎晋代王衍的妻子郭氏非常爱财，贪婪无厌，王衍非常痛恨，所以口中从来不说钱字。郭氏要试一试他，让婢女把钱堆在他的床四周，使他无法行动。王衍早晨起床看见钱，对婢女说："把这些阿堵物拿走。"就是不说钱字。　◎晋代王恭非常清廉，他的朋友王忱来看他，见到他坐的席子很好，以为他有多余的，就向他要。王恭就把坐的席子给了他，自己坐在草垫子上。王忱听说了这件事，很吃惊，王恭说："我平生没有多余的东西。"

上元官探，七夕巧乞。

【译文】上元节玩探官游戏，七夕日搞乞巧活动。

【解说】◎正月十五为上元节。唐代风俗，上元节要做面食，用写着官位的帖子包起来，大家吃的时候猜官位的大小，互相打赌，当作乐事。　◎古代风俗，七月七日牛郎织女相会的时候，少女们都要结彩线，穿七孔针，在院子中摆上瓜果向织女乞求手巧，如果有蜘蛛在瓜上结网，那么就是乞来了"巧"。

张籍辨盲，刘攽嘲吃。

【译文】张籍辨别什么是真盲，刘攽嘲弄口吃的人。

【解说】◎唐代诗人张籍后来双目失明，韩愈代他给李浙东写了一封信，信中说："我开始心里很悲伤，不幸两眼看不到东西，对天下已经没用了。后来又努力振作，想着现在心瞎了的人到处都是，我不过是眼瞎了，可心还知道判别是非，如果问我什么，我的口还能回答呢。"　◎宋代刘攽（bān）很风趣，他的同事王汾口吃，刘攽就在王汾的像上题词说："恐怕是周昌的本家，又怀疑是韩非的同类，没听到扬雄说话，只听到邓艾的口气。"周昌、韩非、扬雄、邓艾都是古代口吃的人。

石崇绿珠，杨素红拂。

【译文】石崇因为绿珠被害，杨素有一个执红拂的侠女。

【解说】◎晋代富豪石崇有一个爱妾绿珠，孙秀见到后就想把她夺过来，被石崇拒绝。孙秀就到掌权的赵王司马伦那里陷害石崇，劝赵王杀掉他。当时石崇正和绿珠在楼上饮酒，看到抓他的人来了，就对绿珠说："我现在因为你被人陷害，要被治罪了。"绿珠哭着说："我应当在你的面前以死表示我的心。"说完就跳楼自尽了。　◎唐代张说的小说《虬髯客传》里描写，隋代杨素有个拿红色拂尘的侍女，看到来拜访杨素的李靖，仰慕他的人才，就在深夜化装来到李靖所住的客店，投奔李靖，自称在杨素家里见到的人多了，都没有比得上李靖的，愿将终身托付给他。李靖就带她逃走了。

六、月　韵

安挟风霜，愈光日月。

【译文】刘安的文章挟带着风霜，韩愈的文章与日月同光。

【解说】◎汉淮南王刘安，主持编写了《淮南鸿烈》一书，又名《淮南子》。他对这本书很自负，说字里挟带着风霜。　◎唐代中期，宰相裴度平定了淮西吴元济的叛乱，命韩愈撰写《平淮西碑》。韩愈在碑文中歌颂了裴度的功绩，却忽略了立有大功的李愬。李愬的妻子是唐安公主的女儿，就向皇帝诉说碑文失实，皇帝又命令磨掉韩愈的碑文，让段文昌重写。但是后人只喜爱韩愈的文章，没有人读段文昌重写的碑文，所以有人在临江驿题了一首诗说："淮西功业冠吾唐，吏部文章日月光。千载断碑人脍炙，不知世有段文昌。"

舌耕忆遰，心织推勃。

【译文】靠舌耕种的人应记住贾遰，能用心织布的人当推王勃。

【解说】◎东汉贾遰是著名学者，他在家讲学，听讲的学生来自四面八方，送给他的米装满了粮仓。有人说贾遰不用力气耕种，而是用舌头耕种。　　◎唐代王勃是著名文学家，不论走到哪里都有很多人请求他写文章，送给他的布帛堆得好高，有人说他是用心织布，用笔耕田。

渥临御沟，航入仙窟。

【译文】卢渥路过皇官的水沟，拾到题诗红叶；裴航进入神仙的洞府，娶了仙女。

【解说】◎唐宣宗时，有一个读书人卢渥路过皇官的御沟，见水上漂着红叶，上面题了一首五言绝句，就将其藏在箱子里。后来宣宗放宫女出宫嫁人，卢渥前往择配，恰巧选中的就是题诗的宫女。婚后宫女发现了箱中红叶，卢渥才知道题诗的就是他的妻子。那首诗是这样的："流水何太急，深宫尽日闲。殷勤谢红叶，好去到人间。"　　◎《太平广记》中说：唐代长庆年间，有一个秀才裴航在蓝桥驿一户人家要水喝，发现送水的女孩云英非常漂亮，就向她的祖母要求娶她。祖母要求他去找捣仙丹的玉杵臼，如果能找到就把孙女嫁给他。后来裴航找到了玉杵臼，炼成了仙丹，和美女结了婚，才发现来的客人大多是神仙，连他的新婚妻子也是仙女。最后裴航自己也成了神仙。

济溺法船，渡迷宝筏。

【译文】佛法就是拯救落水人的船，佛法就是载渡迷航人的宝筏。

【解说】◎法船是佛教用语，意思佛法就像一只船，专门拯救世上落入苦海中的人。　　◎宝筏也是佛教用语，意思是佛法就像宝贵的渡水用具，把那些迷航的人送到彼岸。

莱公引衣，行本置笏。

【译文】寇准拉住皇帝的衣服，刘行本把笏放到地上。

【解说】◎宋名臣寇准被封为莱国公。太宗时期他担任员外郎，一次奏事触犯了皇帝的旨意，皇帝不高兴，站起来要走，寇准就用手拉住皇帝的衣服，让皇帝坐下处理完这件事才能走。太宗由此很欣赏他，曾说过："我有了寇准，就像唐太宗有了魏徵一样。" ◎唐高祖做皇帝后，任命刘行本为谏议大夫。一次高祖对一个小官发怒，在大殿前面打他，刘行本上前说："这个人平时表现很好，犯的错又小，请皇上宽大一点。"皇帝不理他。刘行本又向前说："皇上既然任命了我做谏官，我说的如果对，皇上怎么能不听？我说的如果不对，就应该用道理来批驳我，以明国法，您怎么能轻视我而不理我呢？"说完就把手里的笏放在地上走了。皇上郑重向他道歉，并原谅了那个犯错的人。

蒲且双连，养子百发。

【译文】蒲且子一箭穿两只鸟，养由基百发百中。

【解说】◎蒲且子是古代寓言中一个精于射箭的人，他用力量很小的弓，用带一根很细的绳子的箭，顺着风射上去，在空中射穿了两只鸟，并把它们连在一起。这样的成绩是由于用心专、用力匀才得来的。 ◎养由基是楚国最善于射箭的人，他能在百步之外射透杨树叶子，百发百中。

七、曷　韵

墨翟为鸢，王琚刻獭。

【译文】墨翟做的木鸢会飞，王琚刻的水獭能捕鱼。

【解说】◎战国哲学家墨子名翟。他用了三年时间做了一只木鸢（yuān），在天上飞了一天就坏了。他的学生说："先生的手太巧了，能让木鸢飞上天。"墨子说："不如制作车辏（ní）这种车上的小零件的人巧。用一小块木头，费不了一早晨事，就能拉起三十石重的东西，走远路能用几年。我做木鸢，用了三年时间，飞一天就坏了。"鸢，老鹰。　◎唐代柳州刺史王琚用木头刻了一个水獭，会在水里抓鱼，然后浮出水面。原来他在獭口中放了鱼饵，安上能触发的机关，用石头系上沉入水底。鱼吃了鱼饵，触发机关，水獭就把鱼咬在嘴里，甩掉石头浮上来。

身现牟尼，眉低菩萨。

【译文】释迦牟尼现身说法，菩萨塑像低眉顺目。

【解说】◎佛经中说，佛祖释迦牟尼显现各种形象，为大众演说佛法，普度众生。　◎隋朝薛道衡曾经到钟山开善寺游玩，问小和尚说："为什么金刚怒目圆睁，菩萨低眉顺目？"小和尚回答说："金刚瞪着大眼，是为了降伏妖魔；菩萨低着眉目，是为了表现慈悲。"

李约猿随，孔珪蛙聒。

【译文】李约养了一只猿跟随他，孔珪喜欢听蛙鸣。

【解说】◎唐代李约为人淡泊，不追求名利，一生不接近女色，喜欢收藏古玩。在湖州曾经得到一块古铁，能敲出优美的声音。他又养了一只猿猴，让它跟随自己在夜色中渡江，登金山，他敲击那块古铁，那只猿就会和（hè）着击铁声，发出啸声。　◎南朝齐的孔珪好文学，喜饮酒，风雅不俗。他在住宅中修造山水园林，一个人在园中饮酒，静听草丛中的蛙鸣，说："我把它当成两个乐队。"王晏曾经用乐队奏着乐去见他，听到蛙鸣声说："这也太吵闹了。"孔珪说："我听你的奏乐，还不如它呢。"王晏很惭愧。

沛葚充饥，操梅止渴。

【译文】杨沛收藏桑葚充饥，曹操令士兵望梅止渴。

【解说】◎三国时杨沛担任新郑地方官，当地经常闹饥荒，他就征收晒干了的桑葚，用来补充粮食，这样就积攒了很多。后来曹操带兵路过新郑，一千多人的队伍断了粮，杨沛就把干桑葚献上去。曹操非常高兴，重赏了他。　◎曹操行军，部队找不到水源，士兵都非常干渴，曹操假传命令说："前面有大梅林，有很多梅子，又甜又酸，可以解渴。"士兵听了，口中都流出了酸水，暂时缓解了干渴，乘着这个机会走到了前面的水源。

草系康成，菜名诸葛。

【译文】草名和郑康成有联系，蔓菁又名诸葛菜。

【解说】◎汉代郑玄字康成，他曾经在东莱不期山讲学，山下有一种比韭菜还大的草，当地人叫它"康成书带"。　◎诸葛亮行军每驻扎一个地方，就让士兵多种蔓菁，后来当地人就把蔓菁叫"诸葛菜"。

晋称七贤，魏黜八达。

【译文】晋代名士当数竹林七贤，魏明帝罢免了八达的官。

【解说】◎晋代有七个文人名士，相互友善，经常在竹林中游乐，人称"竹林七贤"。他们是：嵇康、阮籍、山涛、向秀、阮咸、王戎、刘伶。　◎三国时魏国诸葛诞等八个名士互相标榜，称为"八达"。有人向皇帝说他们沽名钓誉，华而不实，魏明帝讨厌他们，就罢了他们的官。

八、黠　韵

寇准脱骖，陈遵投辖。

【译文】寇准把客人的骖马解脱下来，陈遵把客人的车辖扔到井里。

【解说】◎宋代寇准少年富贵，性格豪放，喜欢痛饮。每次宴请客人，都要把大门关上，把客人马车上的马解脱下来，不让客人走。骖（cān），拉车的边马。　◎汉代陈遵是位大侠，喜欢饮酒。每次痛饮，都宾客满堂，他把门关上，把客人车上的配件车辖扔到井里，使客人有急事也走不了。

作书伏羲，制字苍颉。

【译文】伏羲发明了文字，仓颉创制了汉字。

【解说】◎关于汉字的发明，古代有两个传说。一是说上古圣人伏羲演画八卦，发明了文字，结束了结绳记事的历史。一是说黄帝的大臣仓颉根据自然界各种形象发明了文字。当文字发明之时，由于是人类发展史上的大事，所以天上降下了谷子，鬼在夜里哭泣。苍颉，今多作仓颉。

王忱风流，江总英拔。

【译文】王忱风度不凡，江总英俊秀拔。

【解说】◎晋代王忱刚成年就很有名声，一次他去拜见舅舅范宁，范宁说："你的风度气质，真是后起之秀。"王忱说："没有这样的舅舅，哪来这样的外甥。"　◎南朝陈代的江总，七岁就死了父亲，在外祖父家长大。他从小就聪明，性情纯厚。他的舅舅萧励是非常有名的人，特别钟爱他，曾对他说过："你的德行与众不同，神采英俊秀拔，以后的名气一定比我大。"

徐兼介通，顾半痴黠。

【译文】徐邈兼有孤介和通达两种品德，顾恺之身上一半痴傻一半狡猾。

【解说】◎三国魏人徐邈，很有操守。有人问卢钦："徐邈在武帝时期，人们都觉得他通情达理，可是后来人们又觉得他孤高不合群，这是为什么呢？"卢钦说："当初有人提倡清高，世人都装模作样来换取名声，而徐邈不改他的本色，所以人们觉得他'通'，也就是通情达理。后来风气大变，崇尚奢侈糜乱，世人又纷纷追求这些，徐邈还是坚持他原来的操守，不和世俗一样，所以又有人说他'介'，也就是清高不合群。原先的'通'和现在的'介'是因为世上的人变化无常，而不是徐邈变化了。"　◎顾恺之是东晋大画家，他自己常说："我身上一半是痴傻，一半是狡猾，合起来看，正好持平。"世传顾恺之有三绝：才绝、画绝、痴绝。

夏王磬鞀，黄帝栒揭。

【译文】夏禹设置了磬、鞀等五种乐器来帮助收集意见，黄帝用栒、揭来演奏乐曲。

【解说】◎古书《鬻子》记载，夏禹治理天下，用五种声音来帮他听取意见。门上悬挂了鼓、钟、铎、鼗（táo）、磬五种乐器，有来教给他道的就敲鼓，有来教给他义的就敲钟，有来教给他如何处事的就摇铎，有来告诉他忧虑的就击磬，有来告诉他诉讼案件的就摇鼗。夏禹曾经吃一次饭就起来接待十次，就这样他还害怕有人才被遗漏。　　◎传说黄帝命令他的乐官大容谱写"承云"乐曲，用桱（qiāng）、楬（jié）来演奏。

越石绝婴，披裘谢札。

【译文】越石父要和晏婴断绝关系，披裘公使季札赔礼。

【解说】◎战国时晏婴担任齐相，出行中发现贤人越石父被拘禁，就解下拉车的马，把他赎了出来，带回去后，没说什么就进内宅了。时间一长，越石父要求与晏子断绝关系，晏子很惊讶，说："我虽然不怎么样，可是也把你从困境中救出来，你为什么这么快就要走呢？"越石公说："我听说君子被不了解自己的人冤枉，被了解自己的人信任。我被捕，是因为我不被人了解，您救了我，说明您信任我。信任我而又不按礼节对待我，还不如在监狱里呢。"晏子听了，就按礼节把他奉为上宾。　　◎披裘公是吴国人。季札出游，见道上有别人丢的金子，就回头对披裘公说："你把它捡起来吧。"披裘公听了很生气，把手中的镰刀扔了，说："您为什么把自己看得那么高，把别人看得那么低呢？我在五月穿着皮袄背柴禾，你看我是那种捡人家金子的人吗？"季札听了大惊，连忙向他道歉。

九、屑　韵

韩愈驱涛，范云回雪。

【译文】韩愈的文章能激起波涛，范云的诗就像飘落的雪。

【解说】◎唐代李翱在《祭吏部韩侍郎文》中赞扬韩愈文章的气势能激起波涛，使云海翻涌。　◎范云是梁朝诗人，钟嵘《诗品》中评论他的诗，风格清秀婉转，就像轻风吹得雪花回旋下落一样。

蜂子投窗，螳螂当辙。

【译文】蜜蜂在窗纸上乱撞，螳螂挡在车道上。

【解说】◎宋代神赞禅师有一天在窗下看佛经，看到一只蜜蜂在窗纸上乱撞飞不出去，忽然悟出道理，说："世界这么广阔，不肯出去，却一个劲钻故纸堆干什么？"明白了求佛法不能死钻书本。他还写了一首诗说："空门不肯出，投窗也太痴。百年钻故纸，何日出头时。"◎传说螳螂这种昆虫只知进不知退，又不自量力，在车道沟中见到车轮，就上前举起前足挡住它，想阻止大车前进。

曲江走丸，彦国锯屑。

【译文】张九龄说话就像从山坡上往下滚泥丸，胡毋辅之谈吐就像锯木头时落下木屑。

【解说】◎唐代宰相张九龄号曲江，能言善辩，每次和别人讨论问题，滔滔不绝，就像从山坡上往下滚泥丸，无法阻挡，顺势而下。大家都佩服他能辩论。　◎晋代胡毋辅之字彦国，善于清谈，他的朋友王澄对别人说："彦国说话，佳言妙语就像锯木头时的木屑，绵绵不断地往下掉。"

李勋粥为，朱修菜设。

【译文】李勋为姐姐煮粥，朱修之的姐姐只给他吃菜汤。

【解说】◎唐代名将李勋很爱他姐姐。姐姐病了，李勋亲自为她煮粥，把胡须都烧掉了。姐姐让他停下，他说："姐姐体弱多病，我也要老了，就是想给你煮粥，又能煮几次？"　◎南朝宋朱修之担任荆州刺史，非常吝啬，缺少感情。他的姐姐在乡间饥寒交迫，无法生活，做大官的弟弟一点也不帮助。他到姐姐家里，姐姐故意做青菜汤和粗饭，想刺激他，结果他说："这是穷人家的好饭。"还是饱饱地吃了一顿。

织锦传苏，图形记薛。

【译文】人们传颂苏蕙织《璇玑图》，薛媛画像寄给丈夫。

【解说】◎前秦有一个叫苏蕙的才女，她的丈夫另有所爱，携带美妾在外地做官，和她断绝了音信。苏蕙心中哀怨，就织了一块叫《璇玑图》的锦，在上面织了八百多字的诗文，不管是正念还是反念，横念还是竖念，都可以组成诗。　◎宋代南楚材，家中有妻子薛媛，又在外面娶了一个女人，也不回家。薛媛就对着镜子画了一幅自画像，并题了一首诗寄给丈夫。南楚材看了，幡然悔悟，就回家和妻子白头偕老。那首诗是这样写的："欲下丹青笔，先拈宝镜寒。已经颜索寞，渐觉鬓凋残。泪眼描将易，愁肠写出难。恐君浑忘却，时展画图看。"

画诺资闲，追科城拙。

【译文】宗资无事做只能写"同意"，阳城不擅长收税。

【解说】◎汉代汝南太守宗资，任命范滂为功曹。南阳太守成瑨也任命岑晊为功曹。结果这两个功曹很能干，把县政都处理了，使得两个太守没事做，只能在报上来的文件上画圈，批一个"同意"。这两个地方的百姓编了歌谣说："汝南太守范孟博，南阳宗资主画诺。南阳太守岑公孝，弘农成瑨但坐啸。"孟博是范滂的字，公孝是岑晊的字。　◎唐代阳城担任道州刺史，不能按时收上税来，几次受到批评。在考察报告上，阳城自己写道："抚字心劳，追科政拙。"意思是说："我在爱护百姓方面尽了心，可是在收税方面差一点。"结果被评了一个"下下"等（九级考核中的倒数第一）。

风验鹊巢，雨占蚁穴。

【译文】鹊巢能验证风的大小，蚁穴能预报下雨。

【解说】◎古人发现，喜鹊巢能预报一年风的大小，如果风大，鹊巢就建得低。　◎蚂蚁能预测天气，如果要下雨了，蚂蚁就把蚁穴的进出口堵上。

薛号针神，赵称机绝。

【译文】薛夜来被称为"针神"，赵夫人被称为"机绝"。

【解说】◎魏文帝有一个宠爱的妃子薛夜来，善于做针线活，即使在帐子中不燃灯烛，也能很快完成裁剪缝纫。如果不是夜来裁制的衣服，文帝就不穿。后宫中人都称她是"针神"。　◎孙权的赵夫人善于绘画织锦，巧妙无双，能用五彩的丝线织成有云霞、龙蛇图案的锦缎，大的一尺见方，小的一寸左右，宫中的人都称她是"机绝"。

蜀重四英，汉称三杰。

【译文】蜀国尊重四英，汉代称颂三杰。

【解说】◎蜀国诸葛亮、蒋琬、费祎、董允被称为"四英"，受到人们尊重。　◎汉代开国功臣张良、萧何、韩信被称为"三杰"。刘邦说："运筹帷幄之中，决胜千里之外，我不如张良；安抚百姓，供应军需，我不如萧何；率领百万大军，百战必胜，我不如韩信。这三个人都是人中豪杰，而我能用他们，所以取得了天下。"

风月主彬，江山助说。

【译文】欧阳彬自称是风月主人，张说的创作得到了江山的帮助。

【解说】◎五代欧阳彬被任命为嘉州刺史，他很高兴，说："在青山绿水中做官，作诗饮酒，成为清风明月的主人，真是太好了。"　◎唐代张说文章写得很有气势，后来他被贬官到岳州，写出的诗更加感情丰富，描写细致，人们都说他得到了江山的帮助。

十、药　韵

韦丹放鼋，杨宝畜雀。

【译文】韦丹放了大鳖，杨宝救养黄雀。

【解说】◎唐代韦丹年近四十，连秀才也没考中。一次他骑了一头驴去洛阳，在桥上看见一个打鱼人打上了一只大鳖，有几尺长，快要死了。韦丹可怜它，就用驴换下它来，把它放了。后来韦丹碰见了一个自称叫元濬之的老人向他下拜说："我的命是你救的，为了报答你，我从天上抄下了你一生要做官的履历。"后来韦丹做了官，发现他的履历与纸上写的完全一样，连日子都不差。鼋（yuán），一种鳖。　◎汉代杨宝九岁时，看见一只黄雀被猫头鹰啄伤，落在树下，被一群蚂蚁围困，就起了怜悯之心，把它拿回来放在箱子里，用黄花喂养了一百多天，待黄雀复原后才把它放飞。黄雀走时恋恋不舍，去而复回。一天晚上三更，杨宝读书未睡，见一个黄衣童子站在面前，向他下拜，说道："我是西王母的使者，出使蓬莱，不慎被猫头鹰击伤。为了报答你的救命之恩，送给你四只白玉环，保佑你的世代子孙。"

王旦凌霄，房乔耸壑。

【译文】王旦像高插入云的山，房乔像耸立壑边的山。

【解说】◎耸壑凌霄指像高耸在深壑边的高山一样直入云霄，比喻人出人头地。宋代钱若水善于观察人，看见了王旦，说："真是宰相的人才。"后来两人在一起做官，钱若水常说："王旦凌霄耸壑，是国家的栋梁之材，前途不可限量，不是我能相比的。"　◎唐代房玄龄，名乔，十八岁就中了进士，被授予官职。吏部侍郎高孝基一向以知人善任闻名，说："我见的人多了，没有比得上这个年轻人的，他将来一定能担当国家重任，只恨我看不到他耸壑凌霄的时候了。"

宣礼巾箱，渊才布橐。

【译文】萧宣礼的巾箱里装着经书，刘渊才的布袋里装着书画。

【解说】◎南朝齐衡阳王萧钧字宣礼，好读书，曾经亲手用小字把五经抄在一起，放在随身携带的巾箱里，防止遗忘。陪他读书的人问他："殿下家里有的是书，干什么还费事抄写呢？"萧钧回答说："巾箱中有五经，方便随时阅读，而且亲手抄一遍，也就不容易忘了。"后世就把容易携带的袖珍本图书叫"巾箱本"。　◎宋代刘渊才在京城大官家做门客十几年，主人很尊重他。他的家里很穷，连粥都要吃不上了，他的父亲去信叫他回来。刘渊才骑着驴，背着一个布袋回到家，亲友们都以为他带回了金银珠宝，就催他打开看看。刘渊才得意地说："我现在是最富有的人，你们擦亮眼睛看着。"打开布袋一看，里面有李廷珪制的一块墨，文同画的一幅竹子，还有欧阳修《五代史》一书的手稿，剩下就什么也没有了。橐（tuó），袋子。

盈祖驾龙，瑰宾骑鹤。

【译文】茅盈的高祖驾龙成仙，荀瑰的客人骑着仙鹤。

【解说】◎《太平广记》中记载，东周的茅濛见天下将要大乱，就拜鬼谷子先生为师，学习道术，修炼长生。后来他在华山炼丹成功，在白天就驾着龙升天成仙了。再后来，他的后代子孙茅盈也成了仙人。　◎《述异记》中记载，荀瑰修道，去湖北一带游历，在夏口（今武昌）黄鹤楼上休息，望见西南方向有一个东西从天上飘飘降落，一眨眼的工夫就到了，原来是一位骑着仙鹤的客人。仙鹤停在门边，客人就和荀瑰一起喝酒，喝完以后又骑上鹤腾空飞去。

鷃笑鹏抟，蚁观鳌作。

【译文】斥鷃嘲笑大鹏的高飞，蚂蚁观看鳌鱼翻腾。

【解说】◎《庄子·逍遥游》中有一个寓言说，有一种大鸟叫鹏，它的背像泰山一样，它的翅膀就像从天上垂下来的云。它飞的时候，要搅动起巨大的旋风，直上九万里，在云气之上，青天之下，然后向南飞，要去天池。有一个小鸟斥鷃（yàn）笑它，说："它要到哪儿去呢？我扑腾着飞起来，不过几丈，而后自由自在地在草木之间飞翔，这也是飞的极点了。而它要到哪里去呢？"抟（tuán），本意指把散的东西捏聚在一起，这里指鹏飞时结聚风力。　◎《符子》中有一则寓言，说东海之中有一种大鱼叫鳌，它在海里翻腾时，激起的大浪能淹没天下最高的山。有蚂蚁听说了，就相约去海边看鳌。等了一个多月，鳌也没出来，蚂蚁们要回去了，忽然遇上了狂风巨浪，浪头高达万丈，海水像沸腾了一样，大地像打雷一样震动。蚂蚁说："这是鳌鱼将要出动了。"几天之后，风平浪静，海中浮起了小山，蚂蚁们说："鳌鱼翻天覆地，和我们搬运米粒有什么区别呢？他在天地之间逍遥，我们在洞穴中躲藏，这都是适应环境，与自然界达成和谐罢了，哪值得劳累了几百里来看他呢？"

道辅击蛇，希元烹鳄。

【译文】孔道辅打死毒蛇，陈希元烹煮鳄鱼。

【解说】◎宋代孔道辅担任宁州军事指挥官的属官，多次因事和将军争执曲直是非。有一条蛇在天庆观真武殿出现，县里的人以为是神，将军和大小官员都去拜它，还要把这件事报告给皇帝。孔道辅径直上前，用手中的笏板一下就把蛇头打烂了。看的人当时很吃惊，后来都对他表示佩服。　◎宋代陈尧佐字希元，担任潮州通判时，江中有鳄鱼吃了一个小孩，陈尧佐很伤心，就派两个人驾小船用网去抓鳄鱼。鳄鱼是残暴的动物，不是用网能捕到的，而这次却乖乖地钻进了网里。陈尧佐就写了一张布告，表示把鳄煮死了。大家都很惊奇。

溟忆鹏飞，濠知鱼乐。

【译文】大海记得鲲鹏奋飞，濠水边的庄子知道鱼的快乐。

【解说】◎大鹏是北溟中不知长几千里的大鱼鲲变来的，每当海水流动时，它就要飞到南溟去。南溟是传说中的天池。溟（míng），大海。大鹏展翅高飞的故事，参见上页。　◎《庄子》中记载，庄子和惠子在濠水的桥上，庄子说："看那鱼游得自由自在，它一定很快乐。"惠子说："你又不是鱼，怎么知道鱼的快乐呢？"庄子说："你又不是我，你怎么知道我不知道鱼的快乐呢？"

器辨阮咸，调工贺若。

【译文】辨别出的乐器叫阮咸，工于曲调的是贺若弼。

【解说】◎唐代时，一座古墓中出土了一个像琵琶的铜器，但琴身是圆的，大家都不知道是什么东西。元行冲说："这是阮咸发明的乐器。"他用木头重做一个，装上琴弦，声音明亮优雅，音乐家就把它定名为"阮咸"。 ◎隋代贺若弼精于音乐，为琴谱写了十个调子，其中第十个最优雅，但忘掉了名字，弹琴的人就叫它"贺若调"。

敬微薜萝，僧绍笋箨。

【译文】宗敬微身穿薜萝服，明僧绍戴着笋箨冠。

【解说】◎南朝隐士宗测字敬微，在庐山隐居。齐武帝的儿子萧子响给他送来很重的礼物，宗测说："我从小就有狂病，在山中采药，远道来到这里，吃点松子苍术，穿着薜荔女萝，已经很满足了，不敢接受别人的施舍。"薜（bì）荔、女萝，两种草。 ◎明僧绍也是南朝齐隐士，他去拜会高僧释僧远，齐高帝想见他，他就跑了，在摄山建了栖霞寺住下来。高帝后来对他的兄弟说："你哥哥是世外高人，我很想见见他。既然他不想见我，俗话说道不通风还通，我还是赐给他一只竹根如意，一顶笋箨冠吧。"笋箨冠是用竹笋的皮做的帽子。箨（tuò），竹笋上一片一片的皮。

陈檄愈风，杜诗除疟。

【译文】陈琳的檄文能治愈头风病，杜甫的诗句能除疟疾。

【解说】◎汉末陈琳担任曹操的文书，一次他替曹操起草了书信和檄文，送给曹操审阅。当时曹操头风病发作，躺在床上读陈琳的作品，一下子站起来说："这篇檄文治好了我的病。"后来给了陈琳很多赏赐。 ◎传说杜甫对他的诗很自负。郑虔的妻子得了疟疾，杜甫去看她说："你念我的诗，疟鬼就避开了。先念'日月低秦树，乾坤绕汉宫'，没好。再念'子章髑髅血模糊，手提掷还崔大夫'，还不好。再念'虬须似太宗，色映塞外春'，如果还不好，那么神医也没办法了。"其实这只是喜爱杜诗的人编的故事，杜甫本人就身患疟疾，多年未愈。

十一、陌 韵

跨驴彭年，倚马彦伯。

【译文】陈彭年骑驴构思，袁彦伯倚马写作。

【解说】◎宋人陈彭年很有才华。有一次他去赴宴会，骑在驴上边走边构思一篇赋，只自东华门到宫门这一小段路，就随口念出了几千字。 ◎东晋袁宏字彦伯，他随桓温出征北伐。军中急需一篇布告，桓温就叫袁宏倚着马背起草。袁宏文思敏捷，笔不停挥，一会儿就写满了七张纸，而且写得非常好。

延年位移，子上坐隔。

【译文】杜延年不坐他父亲的位子，纪子上与他父亲的座位被隔开。

【解说】◎汉代杜周担任过御史大夫，后来他的儿子杜延年也被任命为御史大夫。在他父亲工作过的地方，延年不敢坐父亲坐过的位子，而且把坐卧用具都另换了一个地方。 ◎三国时吴国纪鹭字子上。他的父亲纪亮担任尚书令，纪鹭担任中书令，官位比父亲还大一些。每当上朝的时候，为了避免他们父子相见不安，皇帝命令用屏风把他们的座位隔开。

元咏金针，李吟玉尺。

【译文】元好问的诗中歌咏金针，李白的诗吟咏玉尺。

【解说】◎金代大诗人元好问有一组评论历代诗人和作品的诗《论诗绝句》三十首，其中第三首有这样的二句："鸳鸯绣了从教看，莫把金针度与人。"　◎李白《上清宝鼎诗》中说："我居青空表，君处红埃中。仙人持玉尺，度君多少才。玉尺不可尽，君才无时休。"

勒红刘几，曳白张奭。

【译文】刘几的试卷被抹成"红勒帛"，张奭交了白卷。

【解说】◎宋代有一个叫刘几的人，写文章喜欢写一些奇怪难懂的句子，由于他很有名，人们纷纷效仿，致使成了一种风气。欧阳修非常痛恨这种文风，在他主持科举考试时，一旦发现这种文章就不录取。一次他读了一份考卷，其中的话非常难懂，说："这一定是刘几的文章。"然后用红笔从头抹到尾，叫作"红勒帛（勒帛就是腰带）"，再批上"荒谬"字样，张贴公布。后来知道试卷的作者果然是刘几。刘几经过欧阳修的批评帮助，改变了文风，最后写出来的文章很受欧阳修的赞赏。　◎唐玄宗时，苗晋卿担任吏部侍郎，主管选拔人才。他依附权贵，讨好在皇帝前受宠的御史中丞张倚，把张倚的儿子张奭评为第一。张奭不学无术，人们纷纷抗议。消息传到皇帝耳朵里，皇帝决定举行复试，结果张奭拿着笔，一天也没写出一个字，当时的人说这叫"曳白"，即拿着白纸交卷的意思。皇帝大怒，把苗晋卿和张倚等人都贬了官。后代就把交白卷叫"曳白"。

范滂版投，逄萌盾掷。

【译文】范滂把笏板扔在地上，逄萌把盾牌扔在地上。

【解说】◎东汉范滂做小官时就有很大名声，后来升任光禄勋主事。当时光禄勋是陈蕃，范滂按照规定的仪节去拜见陈蕃，陈蕃毫不客气地受了他一拜而没阻止他。范滂怀恨在心，把手中的笏板扔在地上，弃官而去，表示他不肯低于别人。　◎东汉逢萌家里穷，在县里当差，担任亭长，每天手拿盾牌负责捕捉盗贼。一次县尉来了，他去迎接拜见，回来以后把手中的盾牌一摔，说："大丈夫怎么能给别人跑腿办事呢？"然后就辞官走了。后来他到长安去求学，终于成为大学者。

朱仲献珠，安期留舄。

【译文】朱仲到朝廷献宝珠，安期给秦始皇留了一双玉鞋。

【解说】◎朱仲是汉代会稽人，经常在会稽卖珍珠。吕后掌权时，下诏书找直径三寸的珠子，朱仲读了以后说："给的钱值了。"就拿着三寸的珠子去皇宫献宝。珠子比要求的还好，吕后立刻赏给他五百金。鲁元公主偷偷给他七百金，求他找宝珠，朱仲就献给她一颗四寸的珠子。后来朝廷派人到会稽请他出来做官，他已经不知道去哪里了。　◎安期先生是山东琅琊人，在东海边卖药，当时的人都叫他"千岁翁"。秦始皇东巡，安期先生去见他，和他谈了三天三夜，临走时得到了很多赏赐。走到阜乡亭这个地方，安期先生把东西都留在那里，并留了一封信和一双赤玉舄，作为对秦始皇的报答。信中说："过几年到海上仙山蓬莱山去找我。"秦始皇就派徐福带领几百人渡海去找，但没有找到蓬莱山。舄（xì），鞋子。赤玉舄就是红玉雕的鞋子。

邠导母舆，香温父席。

【译文】崔邠给母亲的车引路，黄香给父亲暖席子。

【解说】◎唐代崔邠（bīn）被任命为太常卿。按照惯例，太常卿上任的时候要检阅国家乐队，举行游行，人们都跟在后边看。崔邠亲自引导他母亲的车从家里出来，参加检阅。京城的人都觉得他母亲很荣耀。　◎黄香是汉代孝子，他九岁死了母亲，对父亲非常孝顺。夏天用扇子扇凉父亲的席子，冬天就用身体焐热父亲的席子。

夏王却珠，虞帝捐璧。

【译文】夏禹不收河伯的宝珠，虞舜扔掉珍贵的玉璧。

【解说】◎传说黄河之神河伯宴请夏禹，并送给他能在夜中放光的宝珠"亥既珠"及其他人间没有的奇珍异宝多种，禹都没有接受，只收下了与治水有关的"河图"。　◎传说上古帝王尧和舜不爱钱财。《抱朴子》中说尧曾把金子扔到山里，舜把玉璧扔到山谷里。

天女散花，生公聚石。

【译文】天女撒下鲜花，生公给石头讲经。

【解说】◎佛经中说，佛陀讲经讲到精彩的地方时，就有天女现身，把鲜花撒到听讲的菩萨弟子们身上。　◎晋代有一个高僧竺道生，世称"生公"，在虎丘讲经，没有人信他，他就把石头聚在一起，讲给石头听。听到有道理的地方，石头们全都点头。

言富称朱，治生祖白。

【译文】人们都说陶朱公最富，做生意人的祖师是白圭。

【解说】◎战国时越国大臣范蠡，协助越王勾践卧薪尝胆，灭了吴国，报了越国的仇，之后就改变姓名，退隐江湖，做起生意来。他看到陶这个地方位居天下的中心，是诸侯各国的通商要道，就在陶定居下来，化名朱公，人称陶朱公。由于他善于经营，几十年后家财亿万，成为天下最富有的人。　◎白圭是周朝人，他总结了做生意的法则，就是别人不要的时候低价买进来，大家都要的时候高价卖出去。同时他勤俭节约，和手下人同甘共苦，善于抓住机会，成为成功的商人。后世把他当作商人的祖师爷。

十二、锡　韵

孔融让梨，陆绩怀桔。

【译文】孔融把大梨让给哥哥，陆绩藏橘子给母亲吃。

【解说】◎汉末孔融四岁的时候，和哥哥们一起吃梨，自己拿了个最小的。别人问他为什么，他说："我最小，所以应该拿小的。"　◎三国陆绩六岁的时候，在九江见袁术。袁术给他橘子吃，他就在怀里藏了三个。告辞的时候给袁术行礼，结果橘子掉在地上，袁术对他说："你做客怎么还藏橘子呀？"陆绩跪着回答说："我想拿回去给妈妈吃。"袁术对他小小年纪有这样的孝心感到很惊奇。

相马推皋，饭牛异戚。

【译文】善于相马的人首推九方皋，喂牛的宁戚不是普通人。

【解说】◎秦穆公问伯乐："你的年纪大了，后代中有会相马的吗？"伯乐说："我有一个一起打柴种菜的朋友九方皋，相马不在我之下，请让他来见您。"穆公见了他，让他去找好马。三个月后，九方皋回来报告说："已经在沙丘找到了一匹黄色的母马。"穆公派人去取，原来是一匹黑色的公马。穆公不高兴了，对伯乐说："算了吧，连颜色、公母都看不出来，还说什么能相马呢。"伯乐说："这就是千万人也比不了九方皋的地方。九方皋看马，是看它的精细的地方而不是粗的地方，看它的内在而不是外部。"把马牵来之后，果然是一匹天下少有的千里马。　◎宁戚想见齐桓公，可是又没有办法，就赶着牛车去齐国经商，晚上住在齐国城门外。桓公到郊外去迎接客人，夜里打开城门出城，宁戚正在车下喂牛，看见齐桓公出来，就敲着牛角放声高唱。桓公听见歌声，说："奇怪啊，这个唱歌的不是一般人。"就让他上了后面的车。

武子金沟，尧咨钱的。

【译文】王武子筑了一条金沟，陈尧咨用铜钱做箭靶。

【解说】◎晋代王济字武子，非常奢侈。他住在北邙山下，当时人多地贵，他喜欢骑马射箭，就买了一大片地，周围筑起矮墙，还把钱串起来围着地放，和墙一样长，当时的人称之为"金沟"。　◎宋代陈尧咨喜欢习武，曾经用铜钱吊在树上当靶子，一箭就射中目标。

谢畏甓怀，李防砖击。

【译文】谢泌害怕别人怀里揣着砖，皇帝让李延实防备有人拿砖头打他。

【解说】◎宋代谢泌一次奉命遣返科举考试落榜的举人回乡。由于落榜的人太多，大家心里有气，就聚众闹事，怀里揣着砖头，等谢泌出来要打他，吓得谢泌从小门逃走了。后来谢泌向皇帝报告这件事，皇帝问大臣，什么官最有威风，能让百姓害怕，大臣回答说"台杂"这个官威风，皇帝就任命他做了这个官。　◎北魏李延实被任命为山东的青州刺史，临去上任的时候，皇帝对他说："山东民风强悍，老百姓在迎接官员的时候怀里都揣着砖头，等到官员离任回家时就用砖头砸他。你要好好用心，把事情处理好。"

记礼后仓，补诗束晳。

【译文】后仓记录礼仪，束晳补作诗歌。

【解说】◎后仓是汉代学者，他研究古代的礼仪制度，写了一本几万字的著作。　◎束晳（xī）是晋代诗人，他把当时举行的敬老活动"乡饮酒"仪式上所唱的、词句不全或是音乐不配合的歌，全都补作了一遍，集在一起叫《补亡诗》。

香花送潜，瓠脯歌逖。

【译文】百姓用香花为卢潜送行，老人唱《瓠脯歌》歌颂祖逖。

【解说】◎北齐卢潜担任扬州刺史，很有政绩。离任时扬州人民因为他信佛，不吃酒肉，就沿着路摆满了鲜花，给他送行。　◎晋代祖逖担任豫州刺史，收复失地，鼓励农桑，以身作则，百姓很感动。一次摆酒宴请州里的老人，老人们称他是父母官，唱了一支歌，说："多么幸福啊，人民免做俘虏，感觉就像天上终于亮了，又遇到了慈父一般。献上舒心的美酒、甘甜的瓠脯来让您消除劳累，怎样歌颂恩情啊，唱歌跳舞。"瓠（hù）脯，葫芦干。

梁记御屏，鲁书殿壁。

【译文】梁鼎的名字被记在御屏上，"鲁直"两字被写在大殿的墙上。

【解说】◎宋代梁鼎担任地方官，很有成绩，宋太宗特别赏赐给他一条镶犀牛角的腰带，并把他的名字记在屏风上。　◎鲁宗道也是宋代人，他担任主管提意见的右正言这个官。由于他经常提意见，皇帝很烦他。鲁宗道就对皇帝说："您让我担任这个职务，难道是只想获取愿意听取意见的虚名吗？我不愿意占着位子不干事，请罢了我的官吧。"皇帝很感动，就在大殿的墙上写了"鲁直"两个字，好记住鲁宗道的正直。

柳恽捶琴，李牟吹笛。

【译文】柳恽用笔敲琴，李牟善吹笛子。

【解说】◎柳恽是南北朝时著名音乐家，擅长演奏琴曲。一次他构思一首诗没成，就用毛笔敲琴，有一个客人拿筷子配合他，柳恽忽然发现琴声非常有感情，就把它谱成了一首曲子。 ◎李牟善于吹笛子，一次他在长江的船上吹起了笛子，刚开始的时候，江中拥挤的船上的声音都静了下来，过了一会儿，就觉得江上起了微风，又一会儿，水手、商人们都被乐曲感动得叹息落泪。

韩康辞车，刘讦挂檄。

【译文】韩康推辞聘请他的专车，刘讦把任职公文挂在树上。

【解说】◎韩康是东汉隐士，他在山中采药，拿到长安的市场上去卖，三十多年，都卖一个价钱。一次一个女子去他那里买药，韩康坚持药价不改变，那女子发怒说："难道你是韩康不成，不能讨价还价？"韩康叹息说："我本来想逃避出名，现在连小女孩都知道我的名字，还卖什么药呢？"就躲到山中去了。汉桓帝用专车带着礼物去聘请他出山，韩康辞掉了专车，驾着自己拉柴的车从小道跑掉了。 ◎刘讦是南朝梁隐士。他所居住的州的刺史，发公文要聘用他，他把公文挂在树上逃走了。

厨戏陆澄，簏饥傅迪。

【译文】陆澄被戏称为书厨，傅迪被讽刺成书簏。

【解说】◎南朝的陆澄博览群书，无所不知，是当时最有学问的人。可是他书读得虽然多，却不理解书中的意思，像《易经》读了三年也没有读懂。有人戏称他是"书厨"。 ◎晋代刘柳担任尚书左仆射，只读

《老子》一书。当时右仆射傅迪读书很多，但不理解意义。傅迪看不起刘柳，认为他读书少，刘柳说："你读书虽然多，可是没什么心得，真可以说是一只书簏了。"书簏（lù），书筐。

十三、职 韵

安石龙睛，巨山龟息。

【译文】王安石得到龙的眼睛，李巨山像乌龟一样呼吸。

【解说】◎相面的人说："当大官的人都是龙的一部分，王安石是龙的眼睛，所以当了宰相。" ◎唐代李峤字巨山。他有五个兄弟，都在年轻时就死了。李峤长大后，他的母亲也很担心，就请当时著名的相面家袁天罡给他相面。袁天罡相面之后说："恐怕寿命不会太长。"母亲很伤心，请他再给看一看。到了夜里，二人在一起睡，袁天罡忽然发现李峤睡觉时不呼吸，用手试试鼻子下面，已经没有气了。袁天罡很吃惊，过了很久，才发现他的气由耳出入，于是就向李母道喜说："你的儿子一定有大贵大寿，他的呼吸和神龟是一样的啊。"

仁杰旌忠，次公彰德。

【译文】武则天表扬狄仁杰的忠心，汉宣帝表彰黄次公的品德。

【解说】◎唐代名臣狄仁杰担任幽州都督的时候，武则天赏赐给他一身紫袍，并亲手在袍子上绣了十二个字，来表扬他的忠诚。 ◎汉代黄霸字次公，他担任扬州刺史时有政绩，汉宣帝颁布诏书，赐给他高一丈的车伞，来表彰他的好品德。

王避墙东，向居灶北。

【译文】王君公在墙东逃避乱世，向栩坐在灶北的木板床上。

【解说】◎东汉王君公是个隐士，当时天下大乱，他不像别人那样逃入深山躲起来，而是在市场上买牛卖牛，用这样的方法逃避乱世。当时的人说："避世墙东王君公。"墙东指人聚居的地方。　◎向栩也是东汉人。他行为奇特，人们都琢磨不透。他喜欢读《老子》，总是穿一身奇装异服，坐在炉灶北面的木板床上，日子久了，木板上磨出了膝盖和脚趾的痕迹。他有时骑着驴去城中讨饭，有时又把乞丐们都叫到家里管吃管住，当时的人都不知道他要干什么。

箸侈何曾，厨饶韦陟。

【译文】何曾太奢侈，韦陟的厨房美味多。

【解说】◎何曾是晋代人，晋武帝时担任太傅。他生性奢侈，用具都非常高贵精美，吃的食物连皇帝都比不了。他一天吃的东西超过一万钱，还总说没有值得下筷子的地方。　◎唐朝韦陟也很奢侈，他家里吃一顿饭，厨房里扔掉的东西还能值上万钱。到别的大官家里吃饭，即使是费了最大功夫做出来的菜，他都一筷子也不动。

夷甫浮虚，濬冲俭啬。

【译文】王夷甫崇尚浮华虚名，王濬冲生性俭朴吝啬。

【解说】◎夷甫是晋代王衍的字。王衍担任丞相，不关心国家大事，却喜欢和文人名士整天在一起辩论一些虚无缥缈的问题，讨论《老子》《庄子》。后来石勒侵犯国土，他带兵征讨，全军覆没，自己也被俘虏。他分辩说他从来不关心政事，请求饶恕他，并劝石勒做皇帝。石勒很瞧不起他，就谴责了他一番，把他杀掉了。王衍临死时说："我如果不崇尚这些浮华不实的东西，而尽力去为国家服务，就不会落到这地步。" ◎晋代王戎字濬冲，生性喜欢钱财，非常吝啬。他有很多田地庄园，每年收进的钱财不计其数，他每天拿着算筹没日没夜地计算，总像没有够。又吝啬不舍得花钱，天下人都说他得了没办法治的绝症了。他的女儿借钱没还，回娘家时他就脸色很难看，后来还了钱，他就高兴起来。侄子结婚他送了一件衣服，婚礼完了之后就又要了回来。他家有好品种的李子拿出去卖，怕别人得了种，就一个一个地用锥子把李核钻一遍。因为这些事，他被天下人耻笑。

卫鹤书衔，郑牛字识。

【译文】卫家的鹤能找书，郑家的牛会认字。

【解说】◎相传卫济川养了六只鹤，每天喂它们粥饭，三年以后都会认字。卫济川想看什么书，就让鹤去找出叼来，每次都叼对了。 ◎汉代学者郑玄家里有一只牛，会用角在墙上撞出一个"八"字。

白脱利名，向耐官职。

【译文】白居易脱去了名利的枷锁，向敏中耐得住高官厚禄。

【解说】◎唐代诗人白居易学道，对别人说："我已经摆脱了名利的枷锁，进了修道的门，只是不知道什么时候才能炼成仙丹。" ◎宋代向敏中被任命为宰相，已经很久没有人被任命这个职务了。皇帝对李宗谔说："向敏中被任命这个要职，一定很高兴，家里来祝贺的人也一定很多，你去看看，不要说是我派你去的。"李宗谔到了向家一看，大门关着，一个客人也不见。他就进去向向敏中祝贺，敏中只是哼哈答应两声，一点也没有特别欣喜的表现。他又到厨房去问厨师，得知今天也没有宴请一个人。第二天，宗谔把这些情况报告了皇帝，皇帝说："向敏中真是能经得住高官的考验啊。"

镜悬陈堂，烛举燕国。

【译文】陈良翰的大堂上悬着明镜，给燕相的信中写着"举烛"。

【解说】◎宋代陈良翰担任浙江瑞安县的知县，当地风俗强悍，历来官吏都执法严厉，只有陈良翰用宽松的方法，结果县事治理得很好。有人问他有什么秘诀，他说："没有秘诀，只不过要心地公正，就像大堂中高悬的明镜一样罢了。"　◎《韩非子》中有一则寓言说，楚国有人在夜里给燕国的相国写信，烛火不明，他对拿蜡烛的人说："举烛"，结果就顺手把"举烛"二字写到了信中。相国收到这封信，看了以后说："信中说要举烛，这是让我眼睛亮一些，举贤任能的意思。"就按照这个意思向燕王说明，结果燕国达到大治。其实"举烛"并不是写信人的原意，只不过是错写在信中的两个字。

征识镎于，澄知服匿。

【译文】斛斯征认识乐器镎于，陆澄知道古物服匿。

【解说】◎北朝人斛斯征博览群书，精通音乐。有一种乐器叫镎（chún）于，当时已经失传了，有人从四川得到一个，谁都不知道是什么。斛斯征见了，说："这是镎于。"大家都不相信，他就按照古书上记载的演奏方法演奏了一遍，非常动听，大家这才信服。　◎南朝的陆澄博学多识，一次竟陵王萧子良得到一件古物，拿来问陆澄是什么东西，陆澄说："它叫服匿，是汉代匈奴单于给苏武的。"萧子良仔细看看古物的底下，隐隐约约有字，上面记的和陆澄说的一样。

刘连鹅毛，养拂蛉翼。

【译文】刘洪能连射鹅毛，养由基能射蜻蛉的左翅。

【解说】◎唐代有个将领叫刘洪，喜欢骑马射箭。让人在风中扔鹅毛，他连发弓箭，没有一根没射中，很受皇帝的赞赏。　◎养由基是楚国善于射箭的人，有一次楚庄王让他射蜻蛉，说："我要活的。"养由基拿起弓，向蜻蛉射了一箭，碰了蜻蛉的左翅一下，就把它射了下来，庄王非常高兴。蜻蛉（líng），就是蜻蜓，一种昆虫。

十四、辑　韵

肥水遁坚，昆阳逃邑。

【译文】淝水之战使苻坚逃窜，昆阳之战使王邑逃窜。

【解说】◎淝水又称肥水。公元383年，前秦苻坚率领百万大军进攻晋朝，晋朝派谢石、谢玄在寿阳迎敌，双方在淝水展开战斗。结果苻坚的百万大军竟被谢玄击败，苻坚本人也被流箭所伤。秦军一路风声鹤唳，草木皆兵，逃回了北方。淝水之战确立了南北朝对立的局面。◎公元23年，刘秀攻占了昆阳，王莽派王寻、王邑带百万大军包围了昆阳。刘秀以少胜多，消灭了王莽的主力，杀死了王寻，王邑单骑逃走。昆阳之战奠定了东汉建立的基础。

窦氏珠联，孔家鼎立。

【译文】窦氏五兄弟像五星联珠，孔家三兄弟像三足鼎立。

【解说】◎唐代窦群兄弟五人，都善于写作，五兄弟合作的文集起名叫《联珠集》，象征五兄弟就像天上的金、木、水、火、土五大行星相联一样。　◎宋代孔文仲兄弟三人，都很有才华，尤其是文学创作，享有很高的声誉，当时称为"三孔"。大诗人黄庭坚把他们和苏轼、苏辙相提并论，说："二苏连璧，三孔分鼎。"并写了一首诗，其中说："二苏上连璧，三孔立分鼎。""天不椓斯文，俱来集台省。"

至闻耕悲，俞受笞泣。

【译文】赵至听见父亲耕田声心里悲伤，伯俞被母亲笞打心痛落泪。

【解说】◎晋代赵至十三岁时去上学，听见他父亲耕地时吆喝牛的声音，就扔掉书哭起来。老师问他为什么，他说："我太小了，不能当官奉养父亲，让老父不得不勤苦耕作，所以伤心。"老师觉得他有志气。　◎《说苑》一书中记载，伯俞犯了错，他的母亲鞭打他，他哭了。他母亲说："以前打你，你都不哭，今天为什么哭了呢？"伯俞说："以前有错挨打时，打得都疼。这次妈妈没有力气，打不疼我，担心妈妈身体不好，所以就哭了。"笞（chī），用鞭、杖、竹板打。

郑惜饼皮，殷珍饭粒。

【译文】郑浣珍惜蒸饼皮，殷浩珍惜米饭粒。

【解说】◎郑浣是唐代宰相，平素教育子女要勤俭节约，不事铺张。一次他的一个在家种地的侄孙从农村来，穿着破衣裳，请求他帮助找个差事做。郑浣就帮助他找到了一个位置。给他送行的时候，那个侄孙把蒸饼的皮剥掉了然后才吃，郑浣勃然大怒，说："皮有什么吃不得的呢？我原来以为你种田生活困苦，一定知道耕种的艰难，你怎么比达官贵人家的纨绔子弟还奢侈浪费呢？"然后把那人扔掉的蒸饼皮都拿来吃了，把那人也打发回去了。　◎殷浩是晋代人，他在荆州任职时，正赶上发大水，他吃饭很节约，饭粒掉到地上都捡起吃了。他这样做一方面是想起表率作用，一方面是他生活俭朴。他经常对弟子们说："你们不要以为我做一州的长官就可以随便想怎样就怎样。安贫乐道是人的根本，怎么能爬到树枝上就扔掉树干呢？"

温舒蒲编，文宝柳缉。

【译文】路温舒把蒲草编在一起，孙文宝把杨柳做的木简编在一起。

【解说】◎汉代路温舒小时候放羊，他就在沼泽中采集蒲草，把它们编在一起，用来写字。　◎孙敬字文宝，也是汉代人。他在洛阳上学的时候，把杨木、柳木制成的木简编在一起，然后在上面抄写经典。

步骘菜茹，褚裒茗汁。

【译文】步骘甘愿吃青菜，褚裒只能喝茗汁。

【解说】◎三国时吴国步骘，年轻时和卫旌在一起种瓜，白天种瓜锻炼身体，晚上读书学习。后来他俩到会稽去找饭吃，怕受到当地豪绅焦征羌的欺侮，就借献瓜为名去拜见他，结果受到焦征羌的轻视和慢待。吃饭的时候，焦征羌在大厅中摆上酒席自己吃，却让他们二人在窗外坐着，只给他们一小盘青菜。卫旌很气愤，吃不下去，步骘却吃得很饱。回去的时候，卫旌责问步骘怎么能忍受，步骘回答说："他看见我们贫穷，就拿对待穷人的办法来对待我们。这对我们来说有什么可羞耻的呢？"　◎褚裒是晋代有名的人，当他随东晋王公逃到江南的时候，虽然已经很有名气，但认识他的人很少。一次他去吴中的金昌亭，当地有钱有势的人集会喝酒，没有人认识他，暗中叫手下人给他的碗里多盛茗汁，少盛粽子，茗汁一喝完马上就给加上，让他只能喝汤，吃不上饭。褚裒喝完之后，慢慢举起手说："我叫褚裒。"结果满座的人发现慢待了名人，都很狼狈。

十五、合　韵

孙楚情生，樊英礼答。

【译文】孙楚对亡妻有很深的感情，樊英向妻子答礼。

【解说】◎晋代孙楚的妻子死了，他写了一首追悼的诗，王武子看了以后说："真情能产生好文章，好文章又能更好地表达真情。"　◎东汉樊英病了，他的妻子派使女来问候，樊英下床答拜。他的学生陈寔觉得奇怪，就问他，樊英回答说："夫妻之间是平等的，所以应该答礼。使女是妻子的代表，我这样就是答拜妻子。"

少张上书，延寿闭阁。

【译文】许少张上书请罪，韩延寿闭门思过。

【解说】◎东汉许荆字少张，汉和帝时担任桂阳太守。一次他出去到耒阳县巡视，有一个叫蒋均的人与兄弟争夺财产，互相告状。许荆对他们说："我担任地方要职，而教育感化工作做得不好，错在太守。"就回头让手下人写报告，请求处分。蒋均兄弟感动、悔悟，都各自请罪。　◎汉代韩延寿担任左冯翊太守，高陵县有兄弟争夺田产，向韩延寿告状。他收到状纸后很伤心，说："我担任太守，为一郡作表率，不能使道德风气向好的方面转化，以至于兄弟骨肉互相争斗，这是太守的错。"于是对外称病不办公，在官署内关起门来反省自己的过错。他的手下人见他这样，也都检讨自己的责任，最后那兄弟二人都明白了道理，向对方道歉，愿意让出自己的田产。这件事使全郡人民都受到了教育。

江逌连鸡，曲端纵鸽。

【译文】江逌把鸡拴在一起，曲端放出鸽子。

【解说】◎晋代江逌（yóu）跟随殷浩北伐，与羌人姚襄的军队对阵。姚军在距离浩军十里的地方扎寨，向浩军进逼。江逌进军到敌人的兵营，将几百只鸡拴在一起，在它们脚上绑上火把，鸡受惊后拼命飞入姚军的大营，把敌人的营寨烧着了。江逌乘乱进攻，取得了胜利。　◎曲端是南宋张浚的部将。张浚去曲端的部队视察，发现军营中没有一个人，觉得很奇怪，就提出要检阅部队。曲端把五支部队的名册交上去，张浚提出其中的一支，曲端就打开笼子放出一只鸽子，一会儿接到命令的部队就来了。张浚很惊奇，又提出要看全部军队，曲端就把五只鸽子都放了出去，结果顷刻之间五支部队都集合好了。

次律团沙，僧虔采蜡。

【译文】房次律用沙子捏人，王僧虔用蜡捏凤凰。

【解说】◎唐代房琯字次律，他小时候在江边用沙子捏成一个睡着的嵇康人像，神态逼真，受到人们喜爱。　◎南朝人王僧虔小时候和兄弟们在一起玩，用蜡油捏了一只凤凰，受到伯父的称赞。也有记载说是他的弟弟王僧绰捏的。

张衡二京，刘昼六合。

【译文】张衡写作《二京赋》，刘昼写作《六合赋》。

【解说】◎东汉大科学家张衡同时又是著名文学家。他用了十年的时间构思创作了一篇描述汉代两个京城洛阳、长安盛况的《二京赋》，传诵一时。但刘勰在《文心雕龙》一书中评论说，写一篇赋用十年，虽然文章写得精心漂亮，也还是才华不够的表现。　◎北朝刘昼科举不中，发愤练习写作。曾经写了一篇《六合赋》，自己认为是绝世佳作。六合就是宇宙、天地、古今等总和的意思。他把这篇文章拿给魏收看，却不拜他，魏收很生气，说："赋的名字叫六合，已经是太愚蠢，文章比六合还愚蠢，你的四肢懒惰又比文章还讨厌。"刘昼不服气，又把《六合赋》拿给邢子才看，邢子才说："你这篇文章就像一只长癞的骆驼躺在那里，又笨重又难看。"

裴潜挂床，薛聪留榻。

【译文】裴潜的胡床被挂在柱上，薛聪的坐榻被保留。

【解说】◎三国时裴潜担任兖州刺史，做了一个胡床，像现在的交椅。他离任以后，当地人怀念他，就把胡床挂在柱子上。　◎北朝薛聪担任齐州刺史，很有政绩，死在任上。州里的官吏怀念他，把他坐过的坐榻保留了起来。

十六、叶　韵

借筹张良，遮说赵涉。

【译文】张良借筹码说计策，赵涉拦路献计谋。

【解说】◎刘邦听信了儒生郦食其的计策，要封被秦灭掉的六国的后代为王，命令赶快刻官印。正好这时张良来了，刘邦就问张良这个计策好不好。张良说："用了这个计策，大王就大势已去了。请借用这些筷子做筹码，说一说它的不可行。"说一条就用一根筹码记着，一共说了八条。刘邦气得把嘴里的饭都吐了出来，大骂："臭儒生险些坏了老子的事！"叫人赶快把金印毁掉了。　◎汉景帝的时候，吴楚王造反，周亚夫奉命镇压。大军出发，有一个叫赵涉的人拦住路向他献计，劝说他不要追求速度，应该秘密从后方包抄，使敌人措手不及。周亚夫采纳了他的意见，果然大获全胜。

惠蓄五车，张知三箧。

【译文】惠施藏有五车书，张安世知道三箧书。

【解说】◎惠施是战国时期的人，他知识丰富，藏书有五车。后世把学识丰富叫作"学富五车"。　◎汉代张安世，一次随皇帝出巡，皇帝丢了三小箱子书，别人都不知道丢了些什么内容，只有张安世知道，把里面的内容都说了出来。后来又买来了书和他说的校对，没有遗漏什么。当时的书都是写在竹简上，体积很大，不像现在三箱子这样多。箧（qiè），小箱子。

夏侯布衫，司马纸贴。

【译文】夏侯孜穿粗布衣衫，司马光用纸包茶叶。

【解说】◎唐代夏侯孜担任左拾遗，穿了一身粗布衣服去上朝，唐文宗见了，就问他为什么穿得这样寒酸，夏侯孜回答说这种布厚，可以御寒。皇帝由此知道他是一个正直的人。后来皇帝也穿这种衣服，带动了满朝官员都跟着穿。　◎宋代司马光和范镇都做过宰相，生活也一样俭朴。他们游览嵩山的时候，都带着茶叶，司马光用纸袋装着，范镇用个小黑盒装着。司马光见了，说："范镇你还有茶叶盒啊？"范镇就把小盒子送给了庙里的和尚。

虞困担篓，冯贫弹铗。

【译文】虞卿没发迹时戴着竹笠，冯谖贫穷时弹着长剑唱歌。

【解说】◎虞卿是战国时期的说客，他穿着草鞋，顶着竹笠去游说赵孝成王。第一次见面后，孝成王就赏了他一对白玉璧和百两黄金，第二次见面后，孝成王就让他当了赵国的大官。簦（dēng），竹笠。 ◎战国时齐国有一个叫冯谖的人，贫穷得无法活下去，就去投奔孟尝君做门客。一开始孟尝君对他冷淡，提供的食宿很差，冯谖就弹着长剑唱道："长剑回去吧，吃饭没有鱼。"底下人去报告孟尝君，孟尝君说："给他鱼。"过了不久，冯谖又弹着长剑唱："长剑回去吧，出门没有车。"底下的人都笑他，孟尝君说："给他配车。"过了不久，他又弹着长剑唱起来："长剑回去吧，没办法养家。"底下人都讨厌他了，认为他贪得无厌。孟尝君问明白他家有老母，就派人去照料他母亲的生活，冯谖从此就不再唱了。后来冯谖为孟尝君立了大功。铗（jiá）剑。

镜上菱花，珪颁桐叶。

【译文】献上菱花镜，颁发桐叶珪。

【解说】◎汉成帝的皇后赵飞燕初封婕妤时，各地贡献许多宝物祝贺，其中一面镜子叫"七出菱花镜"。 ◎周成王和他的弟弟叔虞在一起玩，顺手把一片梧桐叶削成诸侯王手中执的玉珪，交给弟弟，说："用这个封你为诸侯。"大臣史佚就请成王挑选黄道吉日，立叔虞为诸侯。成王说："我和他说着玩的。"史佚说："天子不能说了不算。"于是把唐国封给了叔虞。

马卿螃蜞，庄子蝴蝶。

【译文】司马长卿被比作螃蜞，庄子做梦变成蝴蝶。

【解说】◎汉代文学家司马相如字长卿。一次王吉做梦，梦到一只螃蟹在都亭中说人话："我明天要住在这里。"王吉觉得奇怪，就派人去都亭等着，结果司马长卿来了。王吉说："这个人的文章将横行一世。"后来人们就把螃蟹叫作长卿，害得司马相如的妻子卓文君一生不吃螃蟹。蟛蜞（péng qí），一种螃蟹。 ◎庄周一次梦见他变成了一只蝴蝶，自由自在。醒了之后，他搞不清自己做梦变成了蝴蝶，还是蝴蝶做梦变成了庄周。

涂诏李藩，绘图郑侠。

【译文】李藩涂改皇帝的诏书，郑侠画了灾民图。

【解说】◎唐代河东节度使王锷贿赂皇帝身边的人，要求兼任宰相，皇帝就给中书、门下二省发了一道密诏，上面写："王锷可以兼任宰相。"经过李藩之手，他拿笔把"兼任宰相"等字涂掉，上奏说"不可"。宰相权德舆大吃一惊，说："有不可的情况应该另写一份奏折，怎么可以涂改圣旨呢？"李藩说："迫不得已，重写就来不及了，一定要赶在今天。"后来皇帝重新考虑，取消了这道命令。 ◎宋代王安石变法，在民间造了一些弊端，又碰上大灾，人民生活困苦。反对新法的郑侠就把灾民的痛苦生活画了一幅图，越级交给了皇帝。皇帝看了图之后，就废除了新法的一部分内容。

君谟戏陈，忠恕嘲聂。

【译文】蔡君谟开陈亚的玩笑，郭忠恕嘲弄聂崇义。

【解说】◎宋代蔡襄字君谟。他有一次和陈亚开玩笑说："陈亚有心终是恶。"陈亚应声回敬道："蔡襄无口便成衰。"他们是用对方的名字互相打趣。 ◎郭忠恕、聂崇义都是宋初学者，一次郭忠恕拿聂崇义的姓开玩笑说："近贵全为聝，攀龙即作聋。虽然三个耳，其奈不成聪。"聂的繁体字写作"聶"。聂崇义听了说："我不会作诗，就用一副对联回答你吧。"就针对郭忠恕的名字说："勿笑有三耳，全胜畜二心。"郭忠恕觉得他的玩笑比自己的有水平。

陶潜举舆，袁粲步屐。

【译文】陶潜坐着篮舆，袁粲穿着木屐。

【解说】◎陶渊明，名潜，是晋代大诗人。江州刺史王弘想结识他，可又请不来，就让老朋友庞通之带着酒在陶潜经过的路上等着他。陶潜的脚有毛病，他让一个学生、两个儿子抬着篮舆，自己坐在里面，遇见有酒，就一起高兴地喝起来，这时王弘趁机加入，大家相处得很融洽。篮舆，竹轿。　◎南朝宋的袁粲担任宰相，喜欢游山玩水，饮酒赋诗。他有一次穿着木屐，在田野间的白杨林里散步，路上遇到一个读书人，就和他一起痛快地喝起酒来。第二天这个人以为自己被宰相看重，就到袁府求见，想得点好处。袁粲说："我昨天喝酒没有伴儿，只不过随便邀请他一下罢了。"最后也没见他。屟（xiè），通"屧"，木屐。

韩混渔樵，李从射猎。

【译文】韩世忠和渔夫樵夫混在一起，李广跟着别人去打猎。

【解说】◎宋代抗金名将韩世忠受秦桧排挤，辞去了职务，在杭州定居。每天骑着驴游览西湖，混在渔夫和樵夫中间，自称"清凉居士"。　◎汉代名将李广因战败被撤职，住在家乡。一次晚上他随别人去打猎，回来的时候路过灞陵亭，守卫的灞陵尉喝醉了，喝问他是谁，李广说："我是当年的李将军。"灞陵尉说："现在的将军也不能晚上行走，别说当年的了。"让他在外面过了一夜。

十七、洽　韵

旦守门风，坦持家法。

【译文】王旦坚守朴素的门风，裴坦保持勤俭的家法。

【解说】◎宋代王旦病重，把儿子们叫来说："我们家因品德高尚享有盛名，一定要勤俭朴素，保持良好家风，不要奢侈。我死后丧事从俭，不许陪葬金银物品。"　◎唐代裴坦担任宰相，但很朴素。他的儿子娶了杨收的女儿，陪嫁的东西都用金、玉做装饰，裴坦命令都拿掉，说："搞乱了我的家法。"

鸡肋知还，豚蹄讽狭。

【译文】鸡肋口令预示撤退，猪蹄的故事讽刺献出太少。

【解说】◎曹操进攻汉中，刘备固守，曹军难以取胜。一次曹操传出一个口令，叫"鸡肋"，底下人都不知道什么意思，主簿杨修便打点行装。别人很吃惊，问他怎么知道要行军，杨修说："鸡肋这个东西，扔掉了可惜，吃了又没有什么肉，和汉中的战况比较，所以知道大王要撤退。"　◎淳于髡是战国时齐国人。楚王进攻齐国，齐王派淳于髡去赵国请救兵，可是给的礼物又太少，淳于髡仰天大笑，给齐王讲了一个故事，说："我来的时候，看到路边有一个人在祈求丰收，他拿着一只猪蹄和一杯酒，在那里祷告说，'田边的粮食收一篓，洼地的粮食收一车。愿种五谷都丰收，高高堆满我的家。'我看他献上的东西太少，而想得到的东西太多，所以就笑他。"齐王听了，就又增加了许多贵重的礼物。后来淳于髡说动赵王发来了救兵，给齐国解了围。

韦氏一经，刘门七业。

【译文】韦氏精通诗经，刘家精通七门学问。

【解说】◎汉代韦贤精通《诗经》，给皇帝讲课，受到皇帝的尊重，最后担任丞相，还被封为扶阳侯。他的儿子韦玄成也因为精通《诗经》而担任丞相。所以当时的人们都说："留给儿子万箱黄金，不如教他一门经典。"　◎刘殷是晋代学者，他有七个儿子。他指导五个儿子，让他们每人分别掌握《易》《书》《诗》《礼》《春秋》五经中的一经，又让另外两个儿子分别研究《史记》和《汉书》。一家之中，七门专业都有人研究。

风人管穷，煦物宋洽。

【译文】管仲不能像春风吹过人一样带来温暖，宋璟像春天一样温暖万物。

【解说】◎孟简子担任卫国和梁国两国的宰相，因为犯罪逃到齐国。齐国的宰相管仲去迎接他，问："你担任两国的要职，手下有多少门客？现在有几个人和你一起来？"孟简子回答说："过去有三千人，现在只有三个。这三个人，有一个是我帮助他葬了父亲，有一个是我帮助他葬了母亲，还有一个是我救他哥哥出狱。"管仲听了，感叹道："我将来一定会走投无路。我不能像春风吹过那般给人温暖，也不能像夏雨下过那般给人滋润，我一定会走投无路的。"　◎唐代宋璟爱护百姓，体恤万物，全国上下都赞扬他，叫他"有脚阳春"，说他像春天那样，走到哪里，就给哪里带来温暖。

消子养鸡，龟蒙畜鸭。

【译文】纪消子善于训练斗鸡，陆龟蒙养了一只鸭子。

【解说】◎纪消子是传说中人物，他给周宣王养斗鸡，十天以后宣王问能去参加战斗了吗，他回答说鸡很骄傲，还不行。又过了十天说还是那样，又过了十天说鸡不够专心，受观众影响大，又过了十天，说："差不多了，现在别的鸡叫它已经不理会，没有反应，看上去就像木鸡一样呆，已经训练成了，别的鸡不敢和它对阵，见了它就往回跑。"　◎唐代诗人陆龟蒙养了一只鸭子，被一个从皇宫里来的人用弹弓打死。陆龟蒙跑出来大喊说："这只鸭子很神奇，能说人话，才要献给皇上，被你打死了，我们拿着死鸭子去官府理论吧。"那人从小在深宫长大，信以为真，就赔了他很多钱，然后问他："这只鸭子说些什么话呢?"陆龟蒙回答说："它能叫自己的名字。"那个人又气又笑，陆龟蒙把钱还他，说："只是和你开个玩笑。"后来宋代文豪苏东坡写了一首诗，说："千首文章二顷田，囊中未有一钱看。却因养得能言鸭，惊破王孙金弹丸。"

希逸乌训，怀明鸠狎。

【译文】萧希逸使乌鸦驯服，韩怀明使白鸠不怕人。

【解说】◎北齐萧放字希逸，死了父亲，他表现得很悲痛，结果连乌鸦都感动了。他在父亲墓前搭了一个小草棚守墓，外面树上有两只乌鸦，每天上午飞下来找食吃，下午就在树上不动，萧放来的时候就在树上哀叫，好像在哭泣一样。训，古通"驯"。　◎南朝韩怀明的母亲活到九十多岁死了，韩怀明非常伤心，十多天水米不进口，每天痛哭不止。结果有两只白鸠落在他守墓的草棚上，一点也不怕人，就像家禽一样，一直到服丧期满才飞走。因为白鸠是很少见的，所以人们都认为，它们是被韩怀明的孝行感动才飞来的。